中国信托业发展报告

(2021—2022)

中国信托业协会 编

中国财经出版传媒集团
中国财政经济出版社

图书在版编目（CIP）数据

中国信托业发展报告. 2021-2022 / 中国信托业协会编. -- 北京：中国财政经济出版社，2022.11

ISBN 978-7-5223-1705-2

Ⅰ.①中… Ⅱ.①中… Ⅲ.①信托业-研究报告-中国-2021-2022 Ⅳ.①F832.49

中国版本图书馆CIP数据核字（2022）第187461号

责任编辑：张　莹　　　　　　责任印制：刘春年
封面设计：中通世奥　　　　　责任校对：胡永立

中国信托业发展报告（2021—2022）
ZHONGGUO XINTUOYE FAZHAN BAOGAO（2021—2022）

中国财政经济出版社 出版

URL：http://www.cfeph.cn
E-mail：cfeph@cfeph.cn
（版权所有　翻印必究）

社址：北京市海淀区阜成路甲28号　邮政编码：100142
营销中心电话：010-88191522
天猫网店：中国财政经济出版社旗舰店
网址：https://zgczjjcbs.tmall.com
北京时捷印刷有限公司印刷　各地新华书店经销
成品尺寸：210mm×285mm　16开　24印张　350 000字
2022年11月第1版　2022年11月北京第1次印刷
定价：138.00元
ISBN 978-7-5223-1705-2
（图书出现印装问题，本社负责调换，电话：010-88190548）
本社图书质量投诉电话：010-88190744
打击盗版举报热线：010-88191661　QQ：2242791300

《中国信托业发展报告（2021—2022）》编审委员会

编委会成员：姚江涛　周瑞明　涂一锴　陈　赤　苏小军
　　　　　　俞华军　戴　巍　卫濛濛　刘孟革　张丽平
　　　　　　周小明　何　东　肖　璞　文海兴　漆艰明
　　　　　　闫建东　王亚斌　陈教侠　姚　渝　陈艳梅
　　　　　　蔡概还　郑　方

主　　　编：漆艰明

编写组成员：周小明　周　萍　王玉国　和晋予　袁　田
　　　　　　简永军　邓　婷　陶斐斐　孙李众　徐学涛
　　　　　　刘博研　梁光勇　方玉红　张　毅　杨显峰
　　　　　　韩　波　张恩瑜　付　饶　施　旖　陈明仁
　　　　　　彭　黛　张嘉怡　刘明娟　靖东晓　周静怡
　　　　　　吴思竹　张蕴蕾　张惠栋　潘亮宇　蒋　进
　　　　　　朱　英　朱逸哲　闫　利　周　末　郭思彤
　　　　　　熊志远　徐　因　杜　哲　朱文君　高　雅
　　　　　　任　萌　周轩宇　王思默

代 序

践行新发展理念，推动行业转型与健康发展

——在2022年中国信托业年会①上的讲话（节选）

中国银保监会党委委员、副主席　肖远企

大家对信托业发展都有一个共识，就是应该转型，但究竟怎么转却仁者见仁、智者见智。对于这个问题，社会很关注，各方都比较期待，需要深入思考。我想，要回答好这个问题、解决这个问题，主要还是需依靠我们信托业自身。未来信托业要实现成功转型，全行业必须共同努力，找准角色定位。

信托业未来能否实现长期健康发展，取决于信托业能否在金融体系中构建和发挥独特、不可替代的功能与作用。如果我们把金融体系看作是一个森林，森林里要有种类繁多的树木，才能旺盛，才能勃勃有生机。金融体系也一样，要有银行、保险、信托、证券、期货、基金等不同类型、功能作用互为补充的机构。这样，金融体系才是丰富、多样性的，才能有竞争有合作，既充满活力，又能有序发展。信托行业已有较大规模，是金融体系中一支重要力量。但随着经济向高质量发展转型，目前面临一些问题和困难。特别是信托机构的商业模式、盈利模式究竟是什么，在整个金融业中信托业究竟处于什么地位、扮演什么角色，这些都还不完全清晰。我们一定要想清楚，信托业的竞争力在哪里？现在做的这些业务能不能被其他机构取代？如果由其他机构来做，是不是比我们自己做得更好？在整个金融体系所扮演的角色，其他金融机构能不能替代？或者说其他金融机构要替代，成本有多高，边际收益是提高了还是下降了？如果这些方面都明确了，清晰了，信托行业找准了自己的定位，发展前景肯定非常光明。

---

① 2022年5月18日，2022年中国信托业年会以在线形式召开。该次年会由中国信托业协会主办，中国银保监会有关部门、各有关银保监局、信托保障基金、信托登记公司、70家协会会员单位，以及协会专家理事、智库单位等共300多位代表参会。

信托业未来能否实现长期健康发展，也取决于信托公司能否凭借自身专业能力和信誉取信于委托人。信托的生命在于信任。没有委托人的信任，信托就成了空中楼阁。"受人之托、忠人之事"，我们一定要做一个让人放心的高品质受托人，勤勉履职、忠实履职，专业履职。只有委托人对信托行业有信任，对信托公司有信心，才会把财产托付给信托公司管理。而只有他们放心把财产交给信托公司来管理和经营，信托业也才能够找到属于自己的发展空间。

当前必须对信托业务进行科学的分类。将信托公司的信托业务划分为三大类，即资产管理信托、资产服务信托和公益、慈善信托，在此基础上可进一步进行细分。通过科学的信托业务分类，一方面厘清不同信托业务的边界，使不同业务更加清晰、简明、通俗易懂，方便全社会特别是信托委托人理解；同时，引导信托业沿着分类的方向转型发展，让大家都了解信托是干什么用的，知道哪些业务可以和信托合作，哪些领域需要和信托合作。要研究推行信托公司分类监管。现有的信托公司各有各的资源禀赋，无论是股东实力、公司治理、信托文化，还是专业管理能力等方面，都有一定差异。可考虑根据信托公司监管评级、行业影响力、受托管理及风险抵御能力等的不同，对信托公司实施差别化监管，鼓励信托公司走差异化、特色化发展之路。

我在调研过程中，发现市场对信托的需求还是非常多的，在许多领域，信托都可以发挥重要作用，在某些领域甚至可以发挥独一无二的作用。信托业要积极培育和开拓本源业务，建立不同于银行、基金、理财、保险的商业模式，形成自身特色和核心竞争力。只有这样才能行稳致远，才能在整个金融结构中发挥重要的不可替代的作用。我们有充分理由相信，信托业一定有美好的未来。

2022 年 10 月

CONTENTS 目录

第一部分 导 论

一、行业发展环境深刻变化 ……………………………………………… 3
二、行业发展态势总体平稳 ……………………………………………… 4
三、业务发展结构调整显著 ……………………………………………… 6
四、新发展局面日渐形成 ………………………………………………… 10
五、新发展阶段行业的工作方向 ………………………………………… 13

第二部分 环境篇

第一章 市场环境 ………………………………………………………… 17
一、服务类信托市场显现 ………………………………………………… 18
二、投资类信托业务市场巨大 …………………………………………… 24
三、融资类信托业务市场萎缩 …………………………………………… 28
四、新市场格局正在形成 ………………………………………………… 29

第二章 监管环境 ………………………………………………………… 32
一、金融监管政策概览 …………………………………………………… 33
二、信托公司监管政策 …………………………………………………… 39
三、政策影响分析与思考 ………………………………………………… 44
四、辅助机构 ……………………………………………………………… 47

第三部分 机构篇

第三章 机构发展概况··················59
一、公司数量及区域分布··················59
二、公司资本及其变动情况··················62
三、股权结构及其变动情况··················68
四、从业人员及其变动情况··················75

第四章 业务经营情况··················79
一、行业经营业绩概况··················79
二、信托业务经营情况··················84
三、固有业务经营情况··················94

第五章 机构管理情况··················100
一、公司治理与内部控制··················100
二、合规管理与风险管理··················109
三、战略管理与品牌管理··················114
四、信息系统与金融科技··················124
五、公司党建与文化建设··················128

第六章 公司社会责任··················136
一、服务实体经济··················136
二、防控金融风险··················142
三、服务人民美好生活··················145
四、践行绿色理念··················148
五、强化人本关怀··················150

第四部分 业务篇（一）：资产管理信托

第七章 证券投资信托··················155
一、证券投资信托发展状况··················155

二、证券投资信托业务模式及其创新 164
　　三、证券投资信托业务发展面临的困难和挑战 169
　　四、证券投资信托业务发展特点以及展望 171

第八章　股权投资信托 173
　　一、我国股权投资市场发展情况 173
　　二、股权投资信托业务发展状况 176
　　三、信托公司股权投资业务模式分析 181
　　四、股权投资信托业务面临的机遇、挑战及趋势展望 189

第九章　融资类信托 198
　　一、融资类信托发展状况 198
　　二、融资类信托的主要投向 201
　　三、融资类信托发展展望 208

第十章　绿色信托 210
　　一、绿色信托发展状况 211
　　二、绿色信托业务模式创新 215
　　三、绿色信托发展展望 226

第五部分　业务篇（二）：资产服务信托

第十一章　资产证券化业务 231
　　一、资产证券化市场发展状况 231
　　二、信托公司资产证券化业务发展状况 239
　　三、资产证券化信托业务典型模式与创新 246
　　四、信托公司资产证券化业务展望 249

第十二章　家族信托 252
　　一、家族信托业务发展状况 252
　　二、家族信托业务模式及其创新 260
　　三、家族信托业务的机遇与挑战 267

第十三章　保险金信托 …………………………………………… 270
一、保险金信托发展状况 ……………………………………………… 270
二、保险金信托业务模式及其创新 …………………………………… 274
三、保险金信托发展展望 ……………………………………………… 281

第十四章　慈善信托 ……………………………………………… 284
一、慈善信托总体发展状况 …………………………………………… 284
二、信托公司慈善信托业务的发展与创新 …………………………… 288
三、慈善信托业务的挑战与展望 ……………………………………… 292

第十五章　服务信托的新探索 …………………………………… 297
一、特殊需要信托 ……………………………………………………… 297
二、预付类资金受托服务信托 ………………………………………… 303
三、破产重整信托 ……………………………………………………… 311
四、养老信托 …………………………………………………………… 323

后记 ………………………………………………………………… 331

图目录

图 1-1　我国资产证券化发行情况（亿元）……………………………………… 18
图 2-1　2015—2021 年保障基金资产规模 ……………………………………… 49
图 3-1　2017—2021 年信托公司增资变动情况 ………………………………… 66
图 3-2　2021 年度新增人数前十名信托公司 …………………………………… 76
图 3-3　2021 年度信托行业人员年龄分布 ……………………………………… 76
图 3-4　2021 年度信托行业人员学历分布 ……………………………………… 77
图 3-5　2021 年度信托行业岗位结构分析 ……………………………………… 78
图 4-1　2010—2021 年信托行业营业收入及同比增速情况 …………………… 80
图 4-2　2010—2021 年信托行业收入结构变化情况 …………………………… 81
图 4-3　2010—2021 年信托行业利润总额及同比增速情况 …………………… 81
图 4-4　2021 年信托公司净资产收益率分布区间图 …………………………… 83
图 4-5　2010—2021 年主动管理类信托和事务管理类信托规模及占比情况 … 86
图 4-6　2010—2021 年融资类、投资类、事务管理类信托情况 ……………… 87
图 4-7　2010—2021 年信托行业资金信托各投向占比变动情况 ……………… 88
图 4-8　2010—2021 年末资金信托基金、股票、债券投向规模及占比情况 … 89
图 4-9　2010—2021 年集合资金信托、单一资金信托及财产权信托规模及占比情况 … 91
图 4-10　2010—2021 年集合资金信托、单一资金信托及财产权信托规模增速情况 … 91
图 4-11　2010—2021 年信托行业信托业务收入及占比情况 …………………… 92
图 4-12　2010—2021 年信托业固有资产及净资产情况 ………………………… 94
图 4-13　2010—2021 年信托业净资产构成情况 ………………………………… 95
图 4-14　2010—2021 年信托业固有资产构成情况 ……………………………… 97
图 5-1　信托公司重要人事变动原因分析 ……………………………………… 102
图 5-2　信托公司董事会专业委员会设置情况 ………………………………… 102

图5-3	2021年度信托公司前中后台人力资源分布情况	105
图5-4	信托公司前台业务部门收入利润贡献集中度	106
图5-5	信托公司战略管理的部门设置	116
图5-6	信托公司战略管理的人员配置	116
图5-7	信托公司战略目标和发展定位的变动	117
图5-8	信托公司业务转型方向的选择	117
图5-9	信托公司开展战略分析的主要形式	118
图5-10	信托公司战略指标体系的搭建	118
图5-11	信托公司战略业务的考核	119
图5-12	信托公司战略落地欠佳的主要难点	119
图5-13	信托公司领导岗位党员占比分布	128
图5-14	信托公司部门正副职党员占比分布	129
图7-1	资金信托中投向证券市场的规模及占比	156
图7-2	证券信托规模超千亿元的信托公司	157
图7-3	投向债券的资金信托及其占证券投资信托的比重	158
图7-4	投向股票市场的资金信托及其占证券投资信托的比重	159
图7-5	上海信托投研体系示意图	161
图7-6	45家信托公司证券投资信托业务构成	162
图7-7	深圳模式交易结构示意图	165
图7-8	上海模式交易结构示意图	165
图8-1	2011—2021年中国股权投资募资市场变动情况	174
图8-2	2011—2021年中国股权投资市场投资变动情况	174
图8-3	2021年中国股权投资市场投资行业分布	175
图8-4	2021年中国股权投资市场退出方式分布（笔）	175
图8-5	2010—2021年信托业长期股权投资余额及占比	177
图8-6	2021年股权投资信托业务产业投向分布	178
图8-7	私募股权基金"J曲线"效应	180
图8-8	2021年股权投资信托业务的资金来源	181
图8-9	2021年股权投资信托业务模式分布（按投资规模划分）	182

图目录

图8-10 "信托计划+有限合伙"业务模式 …………………………………………… 186
图8-11 信托PE子公司历年披露投资案例数及投资金额变化情况 ………………… 188
图9-1 融资类、投资类及事务管理类业务规模及占比 …………………………… 200
图9-2 61家信托公司主动管理型融资业务存续规模（亿元）…………………… 200
图9-3 2021年信托产品违约规模及房地产类信托违约数量走势 ………………… 204
图9-4 2016—2021年中国人民币贷款余额 ………………………………………… 206
图10-1 2013—2021年绿色信托市场变动情况 ……………………………………… 212
图10-2 2021年与2020年绿色信托产品分类规模比较 …………………………… 213
图10-3 2021年绿色信托资金投向 …………………………………………………… 214
图10-4 粤财信托能效电厂项目交易结构图 ………………………………………… 216
图10-5 中航信托绿色循环经济股权投资项目交易结构图 ………………………… 218
图10-6 陕国投信托绿色中期票据投资项目交易结构图 …………………………… 219
图10-7 中航信托绿色乡村慈善信托交易结构图 …………………………………… 222
图10-8 中航信托碳中和主题信托计划交易结构图 ………………………………… 225
图11-1 2016—2021年我国资产证券化发行情况（亿元）………………………… 235
图11-2 粤财信托邮赢2021年第一期个人消费贷款资产支持证券交易结构图 …… 247
图12-1 2021年家族信托规模排名前十位的信托公司 …………………………… 253
图12-2 2021年末信托公司与外部机构合作开展家族信托业务情况（机构数占比）… 255
图12-3 2021年信托公司家族信托资产配置情况 …………………………………… 256
图12-4 2021年家族信托资产规模分布 ……………………………………………… 257
图12-5 2021年家族信托客户年龄分布（单数）…………………………………… 258
图12-6 2021年家族信托客户年龄分布（累计规模）……………………………… 259
图12-7 2021年家族信托设立目的分布（累计规模）……………………………… 259
图12-8 泰康信托上市股权家族信托项目结构图 …………………………………… 263
图12-9 五矿信托非上市股权家族信托项目结构图 ………………………………… 264
图12-10 平安信托家族信托与家族宪章关联管理模式 ……………………………… 266
图13-1 保险金信托1.0模式 …………………………………………………………… 275
图13-2 保险金信托2.0模式 …………………………………………………………… 275
图13-3 保险金信托3.0模式 …………………………………………………………… 276

图13-4	保险金信托1.5模式	278
图13-5	中信信托"家庭保单"交易结构图	279
图14-1	2016—2021年慈善信托备案数量	285
图14-2	2021年慈善信托期限分布	287
图14-3	信托公司慈善信托专职人员情况	292
图15-1	万向信托监护支援信托交易结构图	298
图15-2	万向信托复合型监护支援信托交易结构图	299
图15-3	光大信托身心障碍服务信托交易结构图	300
图15-4	平安信托"特殊需要+保险金"信托交易结构图	301
图15-5	中信信托·北京同泰平台事务管理信托交易结构图	304
图15-6	国通信托·服务信托系列单一事务管理信托交易结构图	305
图15-7	教育培训资金管理服务信托产品模式图	306
图15-8	校外培训资金监管服务信托产品模式图	306
图15-9	万向信托物业服务信托交易结构图	308
图15-10	中航信托社区发展基金管理信托交易结构图	308
图15-11	中航信托"双受托制"物业管理服务信托交易结构图	309
图15-12	渤钢集团破产重整方案	317
图15-13	方正集团破产重整方案	318
图15-14	方正集团财产权信托提供的清收服务	318
图15-15	国民信托中科建设重整项目结构图	319
图15-16	大业信托华瀚科技破产重整信托结构图	321
图15-17	五矿信托"颐享世家养老信托"交易结构图	328

表目录

表0-1　2018—2021年信托业规模、业绩和资本变化一览表 ……………………… 6

表0-2　2018—2021年信托业务结构变化一览表 …………………………………… 9

表1-1　全球与国内主要宏观经济金融数据 …………………………………………… 17

表2-1　中国银保监会公开提示信息梳理 ……………………………………………… 38

表2-2　现行有效信托相关法律法规 …………………………………………………… 44

表3-1　中国信托公司名录 ……………………………………………………………… 59

表3-2　信托公司注册地一览表 ………………………………………………………… 61

表3-3　2021年信托公司注册资本一览表 …………………………………………… 63

表3-4　2021年信托公司增资情况一览表 …………………………………………… 65

表3-5　金融机构控股信托公司一览表 ………………………………………………… 68

表3-6　央企控股信托公司一览表 ……………………………………………………… 69

表3-7　地方政府和国企控股的信托公司一览表 ……………………………………… 69

表3-8　实际控制人为民营企业的信托公司一览表 …………………………………… 70

表3-9　中外合资信托公司一览表 ……………………………………………………… 71

表3-10　2021年信托公司股权变更情况 ……………………………………………… 72

表4-1　2021年排名前十位的信托公司营业收入 …………………………………… 80

表4-2　2021年利润总额排名前十位的信托公司 …………………………………… 82

表4-3　2021年净利润排名前十位的信托公司 ……………………………………… 82

表4-4　2021年ROE排名前十位的信托公司 ………………………………………… 84

表4-5　2021年末信托资产规模排名前十位的信托公司 …………………………… 85

表4-6　2021年末信托资产规模各分布领域排名前十位的信托公司 ……………… 88

表4-7　2021年末证券投资信托规模排名前十位的信托公司 ……………………… 90

表4-8　2021年末财产权信托规模前十位的信托公司 ……………………………… 92

表4-9	2021年信托业务收入排名前十位的信托公司	93
表4-10	2021年末总资产排名前十位的信托公司	95
表4-11	2021年末注册资本排名前十位的信托公司	96
表4-12	2021年末净资产排名前十位的信托公司	96
表4-13	2021年固有业务收入排名前十位的信托公司	98
表5-1	2019—2021年信托公司治理相关监管政策	100
表5-2	独立董事人数情况	103
表5-3	2021年信托公司独立董事从业背景情况	103
表5-4	信托公司前台部门设置原则	104
表5-5	2021年度信托公司调整组织架构原因分析	106
表5-6	信托公司内控职能部门情况	107
表5-7	信托公司内部控制监督评价标准	108
表7-1	具有QDII展业资格的信托公司额度情况	162
表7-2	2021年调研公司QDII境外投资产品情况	163
表8-1	信托公司股权投资业务发展相关政策	190
表8-2	券商子公司管理规范梳理	194
表9-1	2021年消费金融政策汇总	206
表11-1	2021年资产证券化业务相关政策汇总	231
表11-2	我国资产证券化累计与存量情况（截至2021年12月31日）	234
表11-3	2021年开展信贷ABS的信托公司（按发行总额排序）	240
表11-4	信托公司为原始权益人参与的企业ABS基础资产（除未分类18笔外）	242
表11-5	2021年信托公司为原始权益人且基础资产为信托受益权的企业ABS项目	242
表11-6	2021年信托公司开展资产支持票据业务情况	244
表12-1	2021年家族信托按照委托财产类型分类的情况	254
表12-2	2021年家族信托按照委托财产类型分类的情况	257
表13-1	信托公司与保险公司合作开展保险金信托业务情况梳理	271
表13-2	中信信托与中信保诚人寿合作项目	273
表13-3	保险金信托不同业务模式结构对比	276
表13-4	保险金信托不同业务模式优点及适用场景	277

表目录

表14–1	信托公司新设及存续慈善信托排名情况	286
表15–1	2021年成立的特殊需要慈善信托情况	301
表15–2	典型信托公司破产重整业务开展情况	313
表15–3	信托公司开展破产重整信托情况统计	315
表15–4	2021年信托公司企业年金法人受托业务开展情况	325
表15–5	2021年信托公司企业基金账户管理情况	325
表15–6	国投泰康信托——"赫奕祈年1号集合资金信托计划"产品要素表	326
表15–7	2021年成立的养老慈善信托情况	328

01 | 第一部分
导 论

一、行业发展环境深刻变化

我国信托业自2001年《信托法》颁布实施后正式步入主营信托业务的规范发展阶段，在经历了2008—2017年高速发展的十年之后，从2018年开始，随着国内外经济金融形势的变化以及"资管新规"和"两压一降"监管政策的出台，信托业所处的发展环境开始发生深刻变化。与此相适应，信托业也进入了一个负增长的下行发展周期，主旋律是转型发展，至2021年底历时四年整。2021年，信托业面临的发展环境仍处于深刻变化的进程之中，总体形势依然复杂严峻。

从国际情况看，2021年全球新冠肺炎疫情仍在持续，世界经济复苏动力不足。根据世界银行数据，2021年全球GDP总量超95万亿美元，同比增长约5.7%，虽然实现了疫情初步缓解后的强势反弹，但复苏的主要动力来源于中美两国，其中美国GDP同比增长5.6%，规模达23.02万亿美元，居全球第一位，中国GDP实际增长率为8.1%，规模达114.4万亿元人民币（17.73万亿美元），位居全球第二，二者合计占全球GDP的43%，全球经济在整体上还远未恢复到疫情前水平。与此同时，2021年主要发达经济体通胀高企，导致全球抗通胀压力陡增。统计数据显示，2021年12月末，美国居民消费价格指数（CPI）同比高达7.0%，创近四十年以来最高纪录；欧元区调和消费者物价指数（HICP）同比达到5.0%，创1997年有统计以来最高纪录；英国CPI同比达5.4%，创近十年以来新高。除终端消费品外，全球大宗商品与生产材料价格也经历暴涨。2021年1—12月，国际货币基金组织（IMF）初级产品价格指数涨幅达48.5%，其中能源品价格指数涨幅更高达103%。12月，美国生产者价格指数（PPI）同比达10.0%，创2010年以来最高纪录。预计以美国为代表的发达经济体的量化宽松政策在2022年将迎来拐点而步入加息通道，加上美国主导的逆全球化和对中国发展的战略抑制不断升级，以及新冠肺炎疫情的反复等多种因素，全球经济依然面临较大的下行压力。

从国内情况看，2021年我国较好统筹了疫情防控和经济社会发展，GDP同比增长8.1%，CPI上涨0.9%，比2020年回落1.6个百分点，PPI由2020年下降1.8%转为上涨8.1%，广义货币（M2）余额同比增长9%，货币政策稳健灵活，流动性合理充裕，以上指标优于主要发达经济体表现，总体运行在合理区间。但是，从2021年全年来看，实体经济活跃度仍偏低，实体经济信贷需求继续减弱，信贷增速不及预期，虽然全年社会融资规模存量同比增长10%，达到314.13万亿元，但增量累计仅为31.35

万亿元，比2020年少3.44万亿元。而且GDP增速呈现"前高后低"，2021年第一季度同比增长18.3%，第二季度增长7.9%，第三季度增长4.9%，第四季度增长4.0%，结构上除了工业、出口对GDP贡献有所增加外，受消费低迷影响，餐饮、运输等服务业依然表现低迷，受融资紧张、需求低迷影响，地产、基础设施等行业投资贡献下降明显，经济下行压力明显增大。

从信托行业来看，一方面，随着经济下行压力加大，信用风险事件时有发生，信托业风险暴露也明显增加，特别是自严控房地产企业三道红线以及针对房企资金链监管以来，房地产企业的信用风险表现更为突出。根据用益信托金融研究院对公开资料的不完全统计，2021年信托产品违约金额达到1 500亿元，其中房地产违约风险项目涉及金额约917亿元，占比为61.10%。近年来更有安信信托、新时代信托、新华信托、四川信托四家信托公司被列为高风险公司而遭到整顿、接管或重组，信托行业在谋求发展的同时也开始面临防范化解金融风险的巨大压力。

另一方面，随着"资管新规"的颁布实施，近年来信托行业延续严监管、强监管的政策态势，要求信托公司压降长期主导的通道信托和融资信托业务，按照新的规范开展资产管理业务，并引导开展服务信托等本源信托业务。2021年，监管部门进一步推进"两项业务"的压降工作，要求各信托公司以2020年底的主动管理类融资信托规模为基础，2021年必须继续压降约20%的比例，对于通道类业务，则要求"应清尽清、能清尽清"。近年来，监管部门在加强业务监管的同时，也不断强化信托公司的机构监管，从股权管理到公司治理、合规风控等方方面面不断细化监管政策，目的是推动信托行业加快转型发展步伐，实现从传统的通道信托和融资信托为主的业务模式向投资信托和服务信托为主的业务模式转型。

尽管2021年面临的发展环境依然复杂严峻，但根据信托业协会公布的2021年第四季度行业数据，信托行业下行态势已经显示企稳，业务结构开始发生显著变化，新发展局面正日渐形成。

二、行业发展态势总体平稳

（一）信托规模止跌回稳

2021年底，全行业信托资产规模余额20.55万亿元，比上年末的20.49万亿元增加600亿元，同比增长0.29%，比第三季度20.44万亿元增加1 100亿元，环比增加0.52%。增幅虽然不大，却是信托业自2018年步入下行期以来的首年度止跌回升。信托业管理的信托资产规模自2017年达到26.25万亿元峰值以来，受政策和市场的调整影响，2018—2020年一直处于负增长的渐次回落之中，三年间规模分别降到22.70万亿元、21.61万亿元和20.49万亿元，同比降幅分别为13.50%、4.83%和5.17%。这种下行趋势在2021年前三个季度出现了明显的企稳迹象，至第四季度成功实现了止跌回升。

（二）经营业绩企稳回升

2021年底，全行业实现经营收入1 207.98亿元，相比2020年末的1 228.05亿元略降1.63%，相对平稳。事实上，自2018年调整以来，虽然信托资产规模降幅较大，但信托业经营收入一直保持了相对平稳态势，四年间有增有减但同比增减幅度均不大，分别为−4.20%、+5.22%、+2.33%、−1.63%。

相比经营收入有增有减的平稳态势而言，受刚性兑付等风险因素的侵蚀，2018—2020年信托业的利润总额一直处于下滑之中，三年同比降幅分别为11.20%、0.65%、19.79%，但这种下滑趋势在2021年度也同样得以扭转，成功实现了企稳回升。2021年底全行业实现利润总额601.67亿元，同比增长3.17%，实现人均利润199.22万元，同比增长1.43%，虽然增幅不大，但同样是2018年以来首年度实现正增长。

（三）主业地位稳定提升

特别需要指出的是，虽然自2018年以来信托业处于转型发展的调整下行期，信托规模持续下降，经营收入时增时减，但作为主业的信托业务收入除2018年度小幅下降2.91%外，其后年度则一直稳中有升，在经营收入中的占比更是逐年稳定提升，信托主业地位相当稳固。2021年底，全行业实现信托业务收入868.74亿元，同比增长0.49%，相比2017年四年间总计增长7.90%；信托业务收入占比为71.92%，同比提升1.53个百分点，相比2017年四年间总计提升4.30个百分点。

（四）资本实力持续增强

虽然近年来信托业风险暴露增加，但全行业资本实力也持续增强，风险抵御能力不断提升。2021年底，全行业固有资产8 752.96亿元，同比增长6.12%，相比2017

年四年间总计增长33.04%；所有者权益7 033.19亿元，同比增长4.80%，相比2017年四年间总计增长33.95%；实收资本3 256.28亿元，同比增长3.81%，相比2017年四年间总计增长34.69%；信托赔偿准备金346.28亿元，同比增长7.69%，相比2017年四年间更是增长了56.60%。2018—2021年信托业规模、业绩和资本变化见表0-1所示。

表0-1　　2018—2021年信托业规模、业绩和资本变化一览表

项目	2017年	2018年	2019年	2020年	2021年
信托资产规模（万亿元）	26.25	22.70 ↓	21.60 ↓	20.49 ↓	20.55 ↑
经营收入（亿元）	1 190.69	1 140.63 ↓	1 200.12 ↑	1 228.05 ↑	1 207.98 ↓
信托业务收入（亿元）	805.16	781.75 ↓	833.82 ↑	864.47 ↑	868.74 ↑
信托收入占比（%）	67.62	68.54 ↑	69.48 ↑	70.39 ↑	71.92% ↑
利润总额（亿元）	824.11	731.80 ↓	727.05 ↓	583.18 ↓	601.67 ↑
固有资产（亿元）	6 578.99	7 193.15 ↑	7 677.12 ↑	8 248.36 ↑	8 752.96 ↑
所有者权益（亿元）	5 250.67	5 749.30 ↑	6 316.27 ↑	6 711.23 ↑	7 033.19 ↑
实收资本（亿元）	2 417.70	2 654.15 ↑	2 842.40 ↑	3 136.85 ↑	3 256.28 ↑
信托赔偿准备金（亿元）	221.12	260.71 ↑	291.24 ↑	321.54 ↑	346.28 ↑

数据来源：根据中国信托业协会公开数据整理。

三、业务发展结构调整显著

（一）信托来源发生实质变化

在信托财产来源上，2018—2021年持续呈现"一降两升"趋势，即单一资金信托规模和占比大幅下降，集合资金信托规模和占比稳定提升，而管理财产信托规模和占比则大幅上升。到2021年底，信托来源结构已发生实质性变化。

单一资金信托加速下降。2021年底，单一资金信托规模降至4.42万亿元，比2020年末下降1.72万亿元，降幅达28.00%；占比降至21.49%，比2020年末下降8.45个百分点，规模与占比的年度降幅均为近年来最大。与2017年12.00万亿元规模和45.73%占比相比，单一资金信托四年间规模总计下降了63.20%，占比总计下降了24.24个百分点，到2021年底规模和占比在三大信托来源中均已从2017年的第一位降

至末尾，表明信托业按监管要求"去通道"已经取得实质效果。

集合资金信托继续稳步增长。2021年底，集合资金信托规模增至10.59万亿元，比2020年末增长4.10%；占比提升到51.53%，比2020年末上升1.89个百分点。与2017年9.91万亿元规模和37.74%占比相比，集合资金信托四年间规模总计增长6.91%，占比总计提升13.79个百分点，规模和占比自2019年以来在三大信托来源中均一直稳居第一位，成为本轮调整以来稳定信托业发展的主导力量。

管理财产信托快速增长。2021年底，管理财产信托规模增至5.54万亿元，比2020年末增加了1.36万亿元，增幅高达32.53%；占比进一步提升到26.98%，比2020年末上升6.56个百分点，规模与占比增幅均为近年来最大。与2017年4.34万亿元规模和16.53%占比相比，管理财产信托四年间规模总计增长了27.77%，占比总计提升了10.45个百分点，到2021年底无论是规模还是占比在三大信托来源中都首次超过了单一资金信托列居第二位，成为本轮调整以来稳定信托业发展的新生力量。

（二）信托功能发生重大变化

在信托管理功能上，2018—2021年，主动管理信托呈现持续上升趋势，事务管理信托呈现持续下降趋势，但无论是主动管理信托还是事务管理信托，其内部结构都在持续发生分化，主动管理信托中的融资信托加速下降，投资信托则持续上升，事务管理信托中的通道信托加速下降，而服务信托则快速上升。到2021年底，信托功能已经发生了重大变化。

主动管理信托继续稳步增长。2021年底，主动管理信托（融资信托+投资信托）规模增至12.08万亿元，比2020年末增长6.91%；占比提升到58.80%，比2020年末上升3.64个百分点。与2017年10.60万亿元规模和40.38%占比相比，主动管理信托四年间规模总计增长14.00%，占比总计提升18.42个百分点，已经成为信托业的主导业务，同时其内部结构也发生重大变化，融资信托加速下降，投资信托快速增长。

2021年底，融资信托规模降至3.58万亿元，比2020年末压缩了1.28万亿元，降幅高达26.28%；占比降至17.43%，比2020年末下降6.28个百分点，规模与占比的年度降幅均为近年来最大。与2019年峰值相比，两年间融资信托规模总计下降2.25万亿元，降幅总计达38.60%，占比总计回落9.57个百分点，按监管要求压降融资成效显著，融资信托已不再是主动管理信托的主导产品。与此同时，2021年底，投资信托规模则增至8.50万亿元，比2020年末增加2.06万亿元，增幅高达31.92%；占比则增至41.38%，比2020年末上升9.92个百分点，规模与占比的年度增幅均为近年来最大。与2017年的6.17万亿元规模和23.51%占比相比，投资信托四年间规模总计增加2.33万亿元，增幅总计达37.80%，占比总计提升17.87个百分点，已经成为主动管理信托最主要的产品形式。

事务管理信托继续下滑。2021年底，事务管理信托规模降至8.47万亿元，与2020年末相比下降7.85%；占比进一步降至41.20%，比2020年末下降3.64个百分点。与2017年15.65万亿元规模和59.62%占比相比，事务管理信托四年间规模总计下降45.89%，占比总计下降18.42个百分点，同时其内部结构也发生重大变化，通道信托驱动的事务管理信托快速下降，服务信托驱动的事务管理信托则快速增长。

虽然信托业协会公布的数据并没有对事务管理信托做通道信托和服务信托之分，但我们仍然可以通过分析来判断两者之间的此消彼长。在目前的统计口径上，通道信托主要反映为单一资金信托，为审慎起见，假定单一资金信托全部为通道信托（尽管并非如此），那么事务管理信托减去单一资金信托就可以视为服务信托的一个保底分析量（事实可能更高）。按此口径，虽然通道信托如前所述近年快速下滑，但服务信托却呈现了快速增长势头（见表0-2）。2021年底，服务信托规模约达4.05万亿元，比2020年末大幅增长32.35%，占比约达19.71%，比2020年末提升4.81个百分点。与2019年的底部估算值相比，服务信托两年间规模总计增加约1.41万亿元，增幅总计约达53.41%，占比总计约提升7.51个百分点，已经成为信托业转型发展强劲的新生力量。这也从侧面印证了，近年来单一资金信托虽然大幅下滑，但事务管理信托并没有出现同等幅度的大幅下滑而表现出相对平稳的态势，与服务信托的快速崛起不无关系。

（三）信托投向发生较大变化

2021年底，全行业资金信托规模为15.01万亿元，在投向上也发生了较大变化。总体说来，2018—2021年，资金信托表现出"一稳、一升、三降"的变化趋势。

"一稳"是资金信托投向工商企业的占比保持相对平稳。因受全球经济复苏缓慢、国内经济转型、压降非标融资等多种因素影响，2021年度资金信托投向工商企业的占比小幅下降为27.73%，同比下降2.68个百分点，但在所有投向中的占比仍然最高，稳居第一位。从2018—2021年的变化来看，前两年该投向占比保持小幅增长，后两年则出现了小幅下降，但总体比较平稳，也一直保持了在所有投向中位居第一的最高占比地位，信托业仍然持续发挥对实体经济的直接支持作用。

"一升"是资金信托投向证券市场的占比大幅提升。受资本市场发展、资管产品非标转标、投资者需求多元化等因素影响，资金信托投向证券市场的占比自2020年开始大幅提升，2020年底占比为13.87%，同比提升2.95个百分点，2021年底占比更是达到22.37%，同比大幅上升8.50个百分点，在所有投向中的名次也从2020年的第五位跃至第二位，成为仅次于工商企业的投向。

"三降"是资金信托投向基础产业、房地产和金融机构三大领域的占比呈现持续下降势头。受规范政府平台融资、防控地方政府债务风险等政策影响，资金信托投向基础产业的占比自2020年开始下降，2021年底继续降至11.25%，同比下降3.88个百分点，在所有投向中的占比名次也从前两年的第二位下降到了位居第六的末位。受房住不炒、规范房地产融资、防控房地产金融风险等因素影响，资金信托投向房地产的占比也自2020年开始下降，2021年底继续降至11.74%，同比下降2.23个百分点，在所有投向中的占比名次也从前两年的第三位下降到了位居第五的倒数第二位。受去通道、去嵌套等政策因素影响，资金信托投向金融机构的占比在2018—2020年一直持续下降，2021年底略有回升，占比为12.44%，同比回升0.28个百分点，在所有投向中位居第四。

表0-2 　　　　　2018—2021年信托业务结构变化一览表

项目		2017年	2018年	2019年	2020年	2021年
按来源分类						
单一资金信托	金额（万亿元）	12.00	9.84	8.01	6.13	4.42
	占比（%）	45.73	43.33	37.10	29.94	21.49
集合资金信托	金额（万亿元）	9.91	9.11	9.92	10.17	10.59
	占比（%）	37.74	40.12	45.93	49.65	51.53
管理财产信托	金额（万亿元）	4.34	3.76	3.67	4.18	5.54
	占比（%）	16.53	16.55	16.98	20.41	26.98

续表

项目		2017年	2018年	2019年	2020年	2021年
按功能分类						
主动管理信托	金额（万亿元）	10.60	9.46	10.95	11.30	12.08
	占比（%）	40.38	41.64	50.70	55.17	58.81
融资类	金额（万亿元）	4.43	4.35	5.83	4.86	3.58
	占比（%）	16.87	19.15	26.99	23.71	17.43
投资类	金额（万亿元）	6.17	5.11	5.12	6.44	8.50
	占比（%）	23.51	22.49	23.71	31.46	41.38
事务管理类	金额（万亿元）	15.65	13.25	10.65	9.19	8.47
	占比（%）	59.62	58.36	49.30	44.84	41.20
按投向分类占比						
工商企业（%）		27.84（1）	29.90（1）	30.60（1）	30.41（1）	27.73（1）
金融机构（%）		18.76（2）	15.99（2）	13.96（4）	12.17（6）	12.44（4）
基础产业（%）		14.49（3）	14.59（3）	15.72（2）	15.13（2）	11.25（6）
证券投资（%）		14.15（5）	11.59（6）	10.92（6）	13.87（5）	22.37（2）
房地产（%）		10.42（6）	14.18（4）	15.07（3）	13.97（4）	11.74（5）
其他（%）		14.33（4）	13.74（5）	13.72（5）	14.45（3）	14.47（3）

注：括号中的数字为各投向占比排名。
数据来源：根据中国信托业协会公开数据整理。

四、新发展局面日渐形成

（一）新发展起点已经显现

信托业在高速发展阶段（2008—2017年），主要业务是产品化、刚兑化的"融资信托+通道信托"，主要功能是发挥私募投行功能。这种发展模式弥补了当时融资金融体系的不足并契合了金融创新的需求，具有客观的市场基础和政策空间，但同时也带来了巨大的风险隐患，注定不可持续。随着"资管新规"和"两压一降"监管政策的出台，信托业自2018年开始不得不进入转型发展的艰难调整时期。调整是三方面的，即"压旧""规范"和"增新"。"压旧"是压降旧模式下的融资信托和通道信托业务，"规范"是按照资管新规要求规范资产管理业务，"增新"是开拓符合信托本源功能的新业务。

如前所述，信托业协会公布的数据表明，经过2018—2021年四年调整，信托业务的功能和结构已经发生了深刻变化，旧的发展动能日益衰减，新的发展动能日益增强，信托业转型发展卓有成效，新发展起点已经显现，主要体现为本轮调整的两个主旋律内在结构富有成效的此消彼长上。

一是通道信托和非通道信托成功此消彼长。本轮调整的一个主旋律就是压降通道信托业务，引导发展非通道信托业务，推动通道信托向非通道信托的转型。前面的分析已经表明，本轮调整以来，通道信托的压降已经取得实质效果，四年间单一资金信托规模下降了63.20%，占比下降了24.24个百分点，到2021年底规模仅剩4.42万亿元，占比仅为21.49%，规模和占比在信托资产中均已从2017年位居第一成功降至末位。与此同时，非通道信托业务中的主动管理信托四年间持续增长，规模总计增长了14.00%，占比总计提升18.42个百分点，到2021年底规模已达12.08万亿元，占比已达58.80%，主动管理信托已经替代通道信托成为信托业新发展阶段的主导业务。此外，非通道信托业务中的服务信托自2020年以来也得到快速增长，2020—2021年两年间规模总计约增长53.41%，占比总计约提升7.51个百分点，2021年底服务信托规模已约达4.05万亿元，占比已约达19.71%，已经成为信托业转型发展强劲的新生力量。

二是融资信托和投资信托成功此消彼长。本轮调整的另一个主旋律是在主动管理业务中，压降融资信托业务，引导发展投资信托业务，推动融资信托向投资信托的转型。前面的分析也充分表明，融资信托自2020年开始大幅降低，2020—2021年两年间规模总计压降了38.60%，占比总计回落9.57个百分点，2021年底融资信托规模已降至3.58万亿元，占比已降至17.43%，已不再是主动管理信托中的主导产品。与此同时，投资信托自2018年以来一直持续增长，2018—2021年四年间规模总计增长37.80%，占比总计提升17.87个百分点，2021年底投资信托规模已增至8.50万亿元，占比已增至41.38%，已经成为主动管理信托中的主导产品。

由此，我们可以得出一个基本判断，经过四年的调整，信托业新旧发展动能的转换已经达到了一个相对均衡的临界点，即新业务的增长规模已经可以兜住旧业务的压降规模，而且新业务的增速已经呈现出高于旧业务降速的趋势。2021年度信托资产规模的止跌回稳、经营业绩的企稳回升在很大程度上也印证了这个临界点已经显现，它意味着信托业本轮调整或已见底，从而成为信托业新发展阶段的一个起始点。

（二）新发展方向已经明确

应该承认，在经历了高速发展的繁华之后，信托业对于本轮的调整并没有充分的思想准备。习惯于"融资信托+通道信托"旧有发展模式的信托行业，又赶上了风险暴露的窗口期，对于转型发展的未来方向也曾陷入过迷茫困惑。所幸的是，经过四年艰难的业务调整和转型探索，时至今日，可以说信托业未来发展的迷雾已经驱散，新发展方向已经日益明晰。

奠定信托业新发展方向的基础来自三个方面：

一是信托的制度价值，它指明了信托业新发展阶段的功能定位。我国《信托法》虽然颁布实施已20余年，但社会对于信托制度的价值认知是一个渐进过程。信托制度以其独特的法律构造在社会财富管理方面具有无可比拟的创新价值，内含丰富而灵活的财产管理、金融服务和社会治理功能。信托业作为践行信托制度、发挥信托价值的主导金融机构，在其高速发展阶段，立足于当时的市场环境和监管政策，主要发掘了信托制度的私募投行功能，通过提供"融资信托产品和通道信托产品"，既满足社会经济发展对于非标债权融资的需求，也满足投资者对于固定收益产品的投资需求。如今市场和政策环境均已发生根本变化，未来信托的私募投行功能将逐渐淡化，信托的资产管理功能、财富管理功能和社会服务功能将登上历史舞台，成为信托业新发展阶段下的主导功能，而这些功能无一不是内生于信托的制度价值之内，信托财产独立性和风险隔离机制、信托目的和信托利益灵活安排机制、信托管理连续性机制、受托人谨慎尽职管理义务要求等独特的制度安排，可以充分保障这些功能的良好发挥。

二是信托的监管政策，它指明了信托业新发展阶段的业务方向。契合信托业新发展阶段的功能定位，信托业监管"新政"也日渐明朗。本轮调整以来，监管部门通过监管会议、领导讲话、窗口指导等多种方式，指明了信托业转型发展的三大业务方向：资产管理信托、资产服务信托、公益/慈善信托。这三大业务方向分别对应了新发展阶段信托业的三大功能，资产管理信托主要发挥资产管理功能，满足投资者多元化的投资理财需求；资产服务信托中的财富管理信托主要发挥财富管理功能，满足家庭（家族）保护财富、分配财富和传承财富的个性化、综合化需求；资产服务信托中的其他服务信托和慈善公益信托则主要发挥社会服务功能，满足特定的社会管理和服务需求。这些"新政"有效发挥了业务转型的引导作用，在此基础上，更加具有确定性的"新规"也正在紧锣密鼓地制定之中。可以说，新发展阶段下信托业务的发展方向已明，监管框架已基本形成，监管细则也将陆续推出，规范和推动信托业新发展的监管基础正逐步成型。

三是信托的市场需求，它指明了新发展方向的良好前景。信托业新发展方向下的功能和业务并非是水中月、镜中花，其具有广阔而深厚的市场基础。我国已经步入中高收入阶段，同时也正步入老龄化时代、大规模财富代际传承时代和共同富裕国策实施时代，由此催生了巨大的资产管理需求、综合化的财富管理需求以及公益慈善等社会服务需求，而这些需求的满足均离不开信托这一良好的管理工具和服务工具，毫无疑问，信托业新发展方向的前景可谓风光无限。本轮调整以来的四年探索实践也充分证明了这一点。虽然原有的融资信托和通道信托日渐萎缩，但各种策略驱动的、满足多样化资产管理需求的投资信托得到了充分发展，以资产证券化信托、家族信托、保险金信托为代表的服务信托更是快速发展，而员工利益信托、破产重整信托、涉众资金管理信托、特殊需要信托等其他类型的服务信托以及慈善信托也显示了良好的发展前景。

五、新发展阶段行业的工作方向

应该看到，当下信托行业正处于新发展阶段的起点线上，新发展局面的最终形成还需要社会各个层面付出更多的努力。对于立法部门，需要进一步完善信托基本法律制度和尽快建立诸如信托登记、信托税制等配套实施制度，以全面发挥信托的制度功能。对于监管部门，需要尽快出台与新发展方向相适应的监管规则，以推动新发展局面的形成。对于信托产品投资和信托服务消费者而言，需要不断深化关于信托价值与功能的认知，以更好使用信托工具满足自己的财产管理需求。

而对于承载新发展使命的信托业来说，更是需要未雨绸缪，励精图治。如何出清存量风险？如何形成新的发展战略和经营策略？如何打造与新业务相匹配的专业能力、专业团队、市场体系、管理流程？如何推动组织变革以应对新发展格局？如何真正构建法、德、能、勤"四位一体"的受托人文化？又如何培育、引导、教育客户认知、适应新发展格局？诸如此类种种问题，都需要每一家信托公司和每一位信托从业者认真回答并转化为有效的行动方案。只有如此，才能真正迎来信托业新发展的春天！

02 | 第二部分
环境篇

第一章
市场环境

2021年宏观经济与金融形势依然复杂严峻。从国际上看，全球经济在美国主导的逆全球化和新冠肺炎疫情的反复冲击下复苏艰难。全球供应链不畅、发达国家劳动力供给短缺等问题进一步凸显，全球通胀高企，主要央行宽松货币政策转向，全球金融市场风险在逐步加大。从国内来看，我国加快构建以国内大循环为主体、国内国际双循环相互促进的新发展格局，较好统筹了经济发展和疫情防控及国际关系。2021年，我国GDP同比增长8.1%，保持全球领先地位，国内生产总值达114.37万亿元，通胀温和，币值稳定，流动性合理充裕，经济金融运行总体平稳，但国内经济结构转型仍处于攻坚阶段，压制中国崛起的国际环境一时难以改变，经济发展的不确定性因素增加，经济下行压力加大。

新的市场环境正在催生信托业的新发展格局。在复杂严峻的宏观经济金融背景下，信托业的市场环境也在发生深刻的变化：一是服务类信托业务市场显现；二是投资类信托业务市场巨大；三是融资类信托业务市场萎缩；四是新市场格局正在形成。2021年全行业信托资产规模止跌回升以及信托业务结构发生的重大变化与上述市场环境的变化无不息息相关。

表1–1　　　全球与国内主要宏观经济金融数据　　　（单位：%）

项目	中国	全球	发达国家（地区）			新兴市场		
			美国	欧元区	日本	俄罗斯	印度	巴西
GDP增速	8.10	-3.10	4.90	4.00	1.20	4.30	8.40	4.00
制造业PMI	50.30	55.30	58.70	58.00	54.30	51.60	55.50	49.80
PPI	10.30		9.80	23.70	8.50	29.20		28.90
CPI	1.50		7.00	5.00	0.80			
零售消费	12.50		17.00	7.80	9.40			-4.20
失业率	5.10		3.90	7.20	2.70			

资料来源：国家统计局，万得资讯（Wind）。

一、服务类信托市场显现

信托公司以受托人的身份，利用信托独特的制度安排，为委托人提供灵活多样的资产受托服务即资产服务信托，是信托的本源业务。随着我国社会经济进入高质量发展阶段以及社会各方对信托与生具有的资产服务功能的认识不断深化，各类资产服务信托的需求已经显现出巨大的市场空间，信托公司开展资产证券化信托、家族信托、公益慈善信托以及各类创新型资产服务信托的市场基础逐渐形成。

（一）资产证券化市场持续扩容

从2004年国务院提出促进资本市场发展和探索开发资产证券化产品以来，我国资产证券化行业经历了试点、扩容和加速发展期。2014年以来，随着降杠杆和提高实体经济支持效率成为重要目标，资产证券化的制度体系进一步健全，基础资产类型不断丰富，我国资产证券化市场延续快速发展势头。

根据中国国债登记结算有限责任公司（以下简称"中央结算公司"）发布的《2021年资产证券化发展报告》及万得资讯公开数据统计（见图1-1），2021年，我国资产证券化市场发行各类产品3.1万亿元，同比增长8%，年末存量规模接近6万亿元，同比增长14%。其中：信贷资产证券化全年发行8 827亿元，同比增长10%；企业资产证券化全年发行15 750.43亿元，同比增长1%；银行间资产支持票据全年发行6 454.36亿元，同比增长26%。

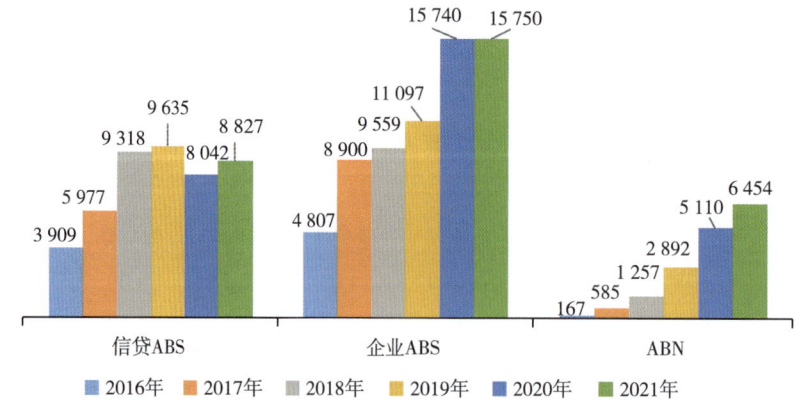

图1-1　我国资产证券化发行情况（亿元）

资料来源：万得资讯（Wind），中央结算公司。

就2021年资产证券化市场的特点而言，主要表现为三个方面：一是发行利率震荡下行。2021年，央行保持市场流动性的合理充裕，市场利率中枢下行与企业融资成本下降带动资产证券化产品发行利率整体呈震荡下行态势。二是产品收益率随发行利率同步下行，信用利差呈收窄走势。三是市场流动性在信贷资产证券化交易量的带动下整体有所改善，但受到企业资产证券化产品流动性大幅下降的影响，整体市场流动性仍然处于偏低水平。

2021年，监管机构进一步夯实资产证券化的长期稳定发展基础，在资产证券化方面出台政策和法规，其中：基础设施公募REITs、绿色资产支持票据、不良贷款资产证券化等是2021年资产证券化政策的主要关注焦点。在基础设施公募REITs方面，加大基础设施公募REITs供给，激活存量，创设增量，是基础设施建设投资改革创新的重要举措，为此，上海证券交易所、中国证券投资基金业协会分别针对基础设施公募REITs的实务操作发布相关政策指引。在绿色资产支持票据方面，中共中央办公厅、国务院办公厅印发《关于建立健全生态产品价值实现机制的意见》，要求加大绿色金融支持力度，支持生态环境提升及绿色产业发展，探索生态产品资产证券化路径和模式。为此，银行间市场交易商协会对碳中和资产支持证券的募集资金用途、项目评估遴选、募集资金管理、信息披露等做出明确规定。在相关政策的引导鼓励下，2021年绿色ABS发行显著提速，新发产品规模达到2020年的4.3倍。在不良贷款资产证券化方面，为有效拓宽不良贷款处置渠道和处置方式，缓解商业银行等不良率上升的压力，中国银保监会下发了《关于开展不良贷款转让试点工作的通知》，正式开展单户对公不良贷款转让和批量个人不良贷款转让试点。首批参与试点银行包括6家国有银行和12家全国性股份制银行。

预期未来，宏观经济环境长期稳中向好，随着直接融资占比的持续提高，我国资产证券化市场也将进一步深化发展，持续扩容。与此同时，伴随着二级市场做市商机制的完善、交易方式的丰富及投资人结构的优化，资产证券化产品将进一步得到投资人的认同，市场活跃度与流动性将继续得到改善。对于信托公司而言，不断发展的资产证券化市场为其开展资产证券化服务信托提供了广阔的市场空间，也为其布局全链条资产证券化业务和更加深入地参与资产证券化市场各类金融服务提供了深厚的市场基础。

（二）财富管理市场深化发展

从改革开放至今，中国财富管理市场已走过30余年。改革开放后的前十年中，随着经济的快速发展，居民储蓄持续积累，中国财富管理市场与财富管理业务初生萌芽。历经证券投资基金公开发行、第三方财富管理机构兴起、预期收益型理财产品快速增长与"资管新规"规范发展等标志性事件或阶段，时至今日，财富管理市场在快速发展中迎来了从单一的投资理财服务到综合化的多元财富管理服务的新阶段。

2021年，我国私人财富规模继续保持快速发展势头。根据招商银行与贝恩咨询联合发布的《2021中国私人财富报告》数据，私人财富市场已经逐步从2020年疫情突发的影响中恢复，重新回归两位数增长，2021年个人可投资资产总体规模预计可以达到288万亿元。在《麦肯锡中国金融业CEO季刊》2021春季刊中，以个人金融资产进行分层统计，2020年大众人群（个人金融资产小于25万美元）个人可投资资产规模约123.0万亿元，占比超过60%，是私人财富市场的主要客群；富裕人群（个人金融资产25万—100万美元）个人可投资资产规模约26.7万亿元，占比13%；高净值及超高净值人群（个人金融资产大于100万美元）个人可投资资产规模约53.3万亿元，占比26%。在财富管理客群快速增长的同时，私人财富的结构也在转变。根据中国社会科学院发布的《国家资产负债表》数据显示，我国居民总财富规模已经超过500万亿元，在2000—2020年的二十年复合增速超过15%，但财富结构已经开始发生转变。当前，以住房为主的居民非金融资产比重逐年下降，金融净资产占居民总财富规模的比重已经提升至50%以上。从储蓄到非储蓄，从实物资产到金融资产，从单一配资到多元配置是当前财富管理市场的特点。

从财富管理需求方面看，也在发生深刻变化，已经从过去单一的投资理财需求发展到了综合化、多元化和个性化财富管理需求的新阶段。目前，私人财富市场的客户需求已经从个人财产保值增值逐步延伸至家庭、企业、社会层面的综合管理服务需求。在家庭需求方面，财产保护、子女教育、养老规划、特殊人群照顾、资产配置、代际传承、税务法律筹划等需求进一步凸显；在企业需求方面，家企分离、员工利益规划、企业转型发展、企业治理与家族治理融合、企业管理代际交接等需求日益强烈；在社会需求方面，社会责任投资、慈善公益服务等社会需求持续增加。

可以预见，规模巨大并持续深化发展的财富管理市场，将为信托公司开展家族信托、资产配置信托、保险金信托等财富管理服务信托业务提供巨大的发展空间。

（三）公益慈善服务需求日益凸显

党的十九届四中全会首次提出要"重视发挥第三次分配作用，发展慈善等社会公益事业"，公益慈善事业作为第三次分配的重要方式，在促进共同富裕背景下，未来将获得巨大发展。

近年来，我国公益慈善事业已经呈现出良好的发展势头：一是公益慈善事业的发展已经上升到国家战略高度。2021年8月17日，中央财经委员会第十次会议研究扎实促进共同富裕问题，并提出要构建初次分配、再分配、第三次分配协调配套的基础性制度安排，以公益慈善为主体的第三次分配被认为是新时代国家治理的重大命题。公益慈善事业已经逐步从社会保障体系的补充上升到国家战略高度。二是慈善主体与领域进一步多元化。"第三次分配"视角下的社会公益和慈善的参与主体及覆盖领域呈多元化发展趋势，慈善资源贡献者已从少数企业家、慈善家广泛覆盖到大部分的社会群体，公益慈善行为的内容和方式更加灵活，涉及领域也已从最初的扶贫济困扩展到教育、医疗、文化、体育、环保等诸多领域，惠及民生领域与广大公共事业的进步。三是科技赋能改变公益慈善的方式。上海研究院现代慈善研究中心发布的《2021互联网慈善报告》指出，随着移动支付等互联网技术的飞速发展和智能终端的大规模普及，公益慈善事业借助科技不断创新。科技打破了过往公益慈善只能通过捐款、捐物等方式参与公益慈善事业的固有模式，平台化、标准化、透明化趋势凸显，公益慈善事业的参与门槛大大降低。四是公益慈善组织与商业企业进一步融合。现代商业和公益慈善正在愈加频繁地交叉，商业企业不再以逐利作为唯一目的，公益慈善机构正在加速探索以商业手段实现公益目标的创新模式与方法。2021年，诸多企业将追求ESG、SDGs等理念作为提升核心竞争力的重要因素，将社会责任与公益慈善作为其重要的战略发展与价值取向。与此同时，消费者也更加倾向为有社会担当的企业买单。

满足公益慈善事业的持续发展带动相关服务需求日益凸显，信托公司发挥本源优势，延伸公益慈善信托业务外延，建立健全配套的慈善服务体系，既是信托公司承担社会使命、履行社会责任的重要方式，也是行业转型发展的一个重要领域。

（四）新型服务信托空间巨大

信托公司基于受托服务定位，通过提升服务能力与水平，丰富多元信托服务供给，服务于社会治理及各类委托人特殊需求的空间也十分巨大。

1. 服务特殊需要人群的生活需求

特殊需要人群范围广泛，包括但不限于残障人士群体，他们需要长期依靠亲人照顾或社会帮助。习近平总书记曾多次强调，要"促进残障人士全面发展和共同富裕"。党的十九届五中全会从"完善帮扶残疾人、孤儿等社会福利制度""健全老年人、残疾人关爱服务体系和设施"等方面对基本民生保障做出新部署、提出新要求。当前，特殊需要人群所必须的长期照护与关爱问题，往往依靠政府财政补贴和公益慈善救助方式，长效、可持续地借助金融市场和社会各方力量，商业和服务相结合的解决方案尚未形成。

根据中国残联最新数据显示，我国残疾人总人数达到 8 502 万人，围绕残疾人等特殊需要人群的日常生活、医疗、照护等需求巨大。同时，围绕特殊需要人群各类需求的供需不平衡现象较为明显。在可取数据范围内，根据中国精神残疾人及亲友协会发布的《中国孤独症家庭需求蓝皮书》调研，以心智障碍特殊需求人群为例，超过80%的心智障碍家庭自评心智障碍者保障不足，差异化需求无法被满足。

在这样的背景下，信托公司回归制度本源，充分发挥信托的服务功能，探索特殊需要服务信托，服务于特殊需要人群日常生活、医疗、照护等需求，具有显著的社会价值和巨大空间。

2. 服务涉众性社会资金的管理需求

涉众性社会资金通常是为促进交易或实现特定目的，向不特定多数人收取，并以该资金作为担保财产或进行非投资性运营等活动的资金。近年来，由于涉众性社会资金涉及多种商业领域，管理与监管机构不同，我国基本采取分类管理的形式，缺乏统一的顶层设计导致涉众性社会资金在管理运用过程中多存在涉众性资金与企业自有资金混同运用、涉众性资金各相关方之间权责不清晰、资金使用效率低等问题或风险。

2020年初，中国银保监会信托部主任在全国"两会"提案中建议，"进一步强化信托机制在涉众性社会资金管理方面的推广应用，在预付式消费、分享经济、物业维修基金等领域，推广运用信托机制进行资金管理"。随着互联网平台等业态和场景的持续多元，涉众性社会资金的场景持续丰富，资金体量不断增长。以上述提案中提到的分享经济市场为例，国家信息中心发布的《中国共享经济发展报告（2022）》

显示，2021年中国共享经济市场交易规模约3.69万亿元，同比增长约9.2%，增速较2020年明显提升，发展韧性和潜力巨大。此外，预付式消费、物业维修基金等领域的涉众性资金市场规模也均在万亿元以上。

涉众性社会资金不仅规模巨大，而且客观上存在运用信托机制管理市场需求的功能。信托公司回归本源，充分挖掘信托财产独立和破产隔离等制度优势，受托开展涉众性社会资金管理，能够有效提升涉众性社会资金安全和使用效率，解决涉众性资金管理的痛点与需求。

3. 服务自然人管理身后财产的需求

2020年5月，《民法典》首次明确自然人可依法设立遗嘱信托。遗嘱信托是委托人以遗嘱设立信托，委托受托人一次性或持续性管理身后财产。遗嘱信托在保障遗嘱人意思自治、财富传承、减少遗产纠纷、维护受益人权益、满足遗嘱人特殊目的等方面具有较大价值。随着我国居民个人财富的积累，委托人往往希望身故后能够按照其生前意图，更好地发挥财产效益、避免遗产纠纷、规避继承人因缺乏经验或任意挥霍等造成财富损失等风险，这是经济社会发展的趋势使然。随着我国逐步进入老龄化社会，大量老年人群体的财产代际传承需求将进一步增加。遗嘱信托在资产隔离、破产保护与事务管理等方面充分体现出信托本源功能，是发挥信托制度优势、创新服务信托业务模式的实际践行。

4. 服务养老第三支柱与养老保障体系建设的需求

当前，我国养老保障体系由基本养老保险、补充养老保险、个人养老金三个部分构成。根据管理主体分为政府、企业、个人三个层面，以此形成养老保障体系的三大支柱。其中，第一、第二支柱养老金占比分别约为70.7%、29.2%，第三支柱占比不足0.1%。海外养老金资产占居民金融资产较高的国家，占比能够达到60%—70%水平，而我国养老保险体系第三支柱仍处于严重的缺位状态。近年来，加强养老第三支柱建设的政策文件频出，鼓励银行、信托等金融机构创新发展具备养老功能的专业养老产品。

从实践经验看，我国个人养老产品仍处于探索阶段，产品种类相对匮乏、同质化程度较高，养老产品的供给渠道亟待拓宽。信托本源与养老特征高度匹配：一是通过发挥信托财产独立性，养老资产可以有效独立于个人资产，规避养老资产受到个人资产波动产生的不确定性影响；二是信托的长期性能够保障养老资产匹配委托人养老的资产配置与事务管理需求。中国保险行业协会发布的《中国养老金第三支柱研究报告》中提出,至2030年末,第三支柱养老金规模有望达10万亿元。在顶层设计加速完善,政策大力支持下,信托发挥本源优势,创新探索多种模式的养老服务信托业务,参与养老第三支柱建设发展潜力巨大。

二、投资类信托业务市场巨大

中国信托业协会数据显示,自2017年以来,全行业投资类信托一直持续增长,2018—2021年四年间规模总计增加了2.33万亿元,到2021年末,投资类信托规模达8.50万亿元,占比增至41.38%,规模与占比的年度增幅均为近年来最大,投资类产品已经成为资产管理信托产品的主导产品。可以预见,这种增长势头未来还会继续,究其原因既有政策面的引导,更源于市场面的巨大需求。

(一)日益健全的多层次资本市场

完善资本市场基础制度,健全多层次资本市场,提高直接融资比例,是我国"十四五"规划和2035年远景目标确立的一个重大目标。2021年,多层次资本市场体系进一步健全完善,注册制稳步推进、北京证券交易所成功设立,资本市场在支持实体经济和中小企业高质量发展过程中展现出强大动力。2021年,A股市场全年稳健运行、健康发展,基金市场规模再创历史新高,债券市场保持平稳增长。

在股票市场方面,在融资端,2021年A股市场IPO势头强劲,493只新股上市,融资总额高达5 478亿元,同比增长17%,继2020年后再创近10年新高。其中,超过七成的IPO以注册制方式发行,注册制IPO数量和筹资额占比分别为73%和65%。科创板以2 062亿元融资额居于首位,占比为38%,其次是上海主板,融资金额1 688亿元。北京证券交易所2021年11月开市以来,年内11只新股在北交所实现上市,共获直接融资额20亿元。在投资端,2021年全年上证综指上涨0.57%,深证成指上涨0.41%,创业板指报收平盘,市场整体平稳运行。

在债券市场方面,2021年债券市场发行虽较往年增速趋缓,但全年各类债券发行合计仍高达61.63万亿元,同比增长8%。在净融资规模排名前十位的行业中,除综合类、综合支持服务、公路与铁路和其他多元金融服务行业净融资规模同比有所下降外,其他行业净融资规模同比均有所增长。在净融资规模排名前十位之外的行业,煤炭与供消费用燃料行业净融资规模降幅最大，可能受煤炭行业信用环境趋紧，叠加煤炭价格波动影响；房地产开发行业净融资规模也有较大降幅，主要是因为一系列限制房地产融资的政策出台以及房地产企业违约事件增多，导致房地产行业融资持续收紧。同时，债券信用风险仍是市场关注的重点，2021年债券市场实质违约规模微降，但同样反映企业流动性压力的债券展期规模却大幅增长，债券市场整体信用风险水平同比升高。

在基金市场方面，公募和私募基金发行规模持续增加。公募基金方面，证券投资基金业协会数据显示，2021年末，公募基金资产管理规模达到24.47万亿元，同比增长22.53%，再创历史新高。各类型公募基金在资产管理规模、数量、份额等方面均出现显著增长。以产品类型区分，货币型基金管理规模占比最高，为38.27%；债券型和混合型基金分别排名第二和第三位；股票型基金占比为9.21%位居第四；第五到第八位分别为FOF、QDII基金、另类投资基金、REITs等基金类型。值得一提的是，2021年FOF加速发展，管理规模从2017年末的130亿元增至2021年末的1 933亿元，四年平均复合增速接近100%。公募基金FOF规模的快速提升，显现出其长期深耕标准化证券投资的深厚积累。私募证券投资基金方面，截至2021年末，管理规模达到6.12万亿元，同比增加2.36万亿元，增幅高达62.2%。其中，量化管理人规模增长较快，2021年新增14家百亿元级量化管理人，备案数量最多的10家证券私募投资基金全部为量化机构。

对信托公司而言，多层次资本市场建设提速的背景与引导信托公司加快标准化投资类业务转型的政策导向，都为信托公司深度参与资本市场、开展标品投资业务带来契机。一方面，过往以企业储蓄、居民储蓄等形式存在及投放于非标融资产品的资金需要，以稳妥的方式拥抱资本市场；另一方面，资产管理机构在去通道、去嵌套、打破刚性兑付的监管要求下，过去占据资管市场相当份额的"无风险高收益"非标刚兑产品正在逐步清理压降。创设与投资人风险收益偏好相适配的标准化投资信托产品，既具有市场基础，也符合政策方向，更能满足投资者多元化资产配置需求。

（二）整体活跃的股权投资市场

2021年，在鼓励提升直接融资比例大背景下，监管部门出台多项政策引导股权投资市场规范发展。整体来看，股权投资市场2021年全年活跃度较2020年大幅提升，募资与投资两端均再次进入万亿元时代。

从募资情况看，我国股权投资市场2021年募资总规模大幅提升，达到2.21万亿元，同比上升幅度高达84.5%。市场扩容同时，募资结构两极分化态势持续：单只规模超百亿元的大额基金（政府引导基金、大型产业基金、并购基金和基建基金等）纷纷成立，而单只基金平均募集规模持续下滑，规模不足1亿元的基金占比超过56%，10亿元以下的基金数量占比超过90%。在基金管理人背景方面，大额人民币基金管理人多具备国资背景。以单只基金规模划分，1亿—10亿元规模的基金中，非国资背景管理人占比超过50%；10亿—20亿元、20亿—50亿元、50亿—100亿元规模的基金中，国资背景管理人的占比均超过50%；而单只规模大于100亿元的基金，全部为具有国资背景管理人。在募资市场基金类型分布方面，2021年，创业投资基金在新基金数量上超过成长基金位居第一，年内创业投资基金新募基金3 564只。从募资金额看，成长基金仍维持在第一位，年内成长基金共计募得资金13 019.77亿元。

从投资情况看，2021年股权投资市场的热度空前，投资数量12 327起，同比上升63%，投资总金额14 228.70亿元，同比上升60.4%，投资数量和投资金额双增并大幅超过疫情前水平，创历史新高。在投资行业分布方面，2021年70%投资案例分布在IT、生物技术/医疗健康、半导体及电子设备、互联网四大行业。相较2020年，汽车、清洁技术和半导体行业投资升温。同时，随着新冠肺炎疫情防控常态化，以及对健康中国建设的重视程度持续提高，医疗赛道整体投资活跃度提升，行业重要地位凸显。

从退出情况看，2021年股权投资市场退出共发生4 532起，同比上升18%。其中通过IPO退出的案例数量持续上升。随着2021年注册制改革推进及北交所成功设立，通过上市渠道实现股权投资退出的渠道进一步畅通，被投企业IPO数量较2020年同期大幅上升，达到3 099起，同比增长27%，占股权投资市场退出数量的68%。IPO常态化背景下，并购和借壳退出案例数量明显下滑，同比分别下降37.3%和91.2%。

股权投资业务是信托转型升级，推动资金运用方式从以贷款为主向多元化投资转型，体现和提升主动管理能力的领域，也是信托助力科技创新、深化服务实体的重要抓手，更是满足投资者多元化资产配置需求的产品品类。而股权投资市场整体活跃，退出渠道进一步顺畅，则为信托公司布局股权投资信托业务奠定了良好的市场基础。

（三）"双碳"目标下绿色金融新机会

"双碳"目标下，中国绿色金融市场产品创新频出，目前已有的绿色金融产品包括绿色信贷、绿色债券、绿色基金、绿色保险、绿色信托、绿色PPP等。近年来，我国绿色金融体系建设持续快速推进，已经成为全球最大的绿色金融市场之一。根据联合国的测算，要实现《巴黎协定》的气温上升控制目标，全球需要总投资大约为90万亿美元，中国实现"双碳"同样需要巨量的资金投入，当前中国绿色金融产品远不能满足"碳中和"投融资需求，绿色金融发展正处于换挡升级期，信托公司参与绿色金融市场空间巨大。

从绿色信贷市场发展来看，"双碳"目标下，中国绿色信贷需求体量巨大。根据清华大学气候变化与可持续发展研究院的估算，实现1.5℃目标导向转型路径需累计新增投资约138万亿元人民币。根据中国绿色金融委员会测算，未来30年内中国在《绿色产业目录》确定的211个领域内将产生487万亿元的绿色低碳投资需求。综合估算，中国实现"双碳"目标战略所需投资大约在150万亿到500万亿元。与巨大的投资需求相比较而言，目前绿色信贷产品远未满足相关需求。

从绿色债券市场发展来看，在2021年COP 26联合国气候峰会中，越来越多的国家做出了碳减排或净零排放承诺。"力争2030年前实现碳达峰，2060年前实现碳中和"是中国的承诺。近几十年来，中国采取了多样化的气候行动，包括节能降耗、投资可再生能源和开展碳市场试点等，全国碳排放权交易市场也于2021年启动。根据公开资料数据，2021年上半年，中国境内外绿色债券合计发行规模约人民币3 077.79亿元，已超2020年全年水平。绿色债券的发债主体与产品持续、市场覆盖区域持续扩大、人民币发债比重加大，是中国绿色债券市场未来发展的趋势和重点所在。

从ESG投资市场发展来看，中国国内的碳市场和ESG投资现今仍处于探索阶段，政策指导文件、监管体系、信息披露机制与评价管理等方面仍在不断快速建设中。根据商道融绿2020年《A股上市公司ESG评级分析报告》，2009—2020年中国A股ESG报告发布数量持续稳定增长，ESG披露总量从2009年371份发展到2020年1 021份，随政策规范和监管加紧，国内ESG披露状况逐年改善。2021年7月16日，全国碳排放权交易市场启动上线交易，发电行业成为首个纳入全国碳市场的行业，配额规模超过40亿吨/年，全国碳市场未来发展空间和潜力巨大。

"十四五"期间，"碳中和""碳达峰"成为污染防治攻坚战的主攻目标，绿色金融市场发展空间广阔，为信托公司布局绿色金融业务提供了巨大的市场机会。

三、融资类信托业务市场萎缩

中国信托业协会数据显示，自2017年以来，全行业融资类信托规模持续下降，截至2021年底，融资类信托规模已降至3.58万亿元，占比更是降至17.43%，融资类产品已经不是资产管理信托的主导产品。在政策限制与需求萎缩的双重作用下，可以预见，融资类信托业务在未来还会持续呈现萎缩势头。

（一）传统基础设施融资需求减弱

基础设施投资在过往经济发展中是带动固定资产投资的重要力量，也是推动GDP增长的重要动力。2021年，宏观政策淡化总量刺激，重点关注结构调整，基础设施投资的资金来源整体偏紧。根据国际统计局数据显示，2021年全国基础设施投资（不含电力、热力、燃气及水生产和供应业）同比增长0.4%，增速处于有数据以来最低水平。2021年基础设施投资市场整体增长偏弱，主要体现出以下三个特征：一是公共预算投资在基础设施投资领域的比例明显下降；二是专项债发行节奏放缓，且投向基础设施比重下滑；三是地方政府隐性负债监管政策趋严、基础设施投融资平台非标融资持续压降。在此背景下，基础设施建设的领域与投融资模式发生快速变化。

从投融资模式看，严控新增隐性债务的政策基调不会改变，隐性债务"控增化存"导向一以贯之。2021年12月召开的中央经济工作会议强调，要坚决遏制新增地方政府隐性债务。与此同时，特殊再融资债券持续扩容，隐性债务显性化成为当前最主流的化债方式。后疫情时代，伴随经济逐步修复，政府专项债将代替非标融资等传统模式，成为基础设施建设的主要资金来源。与此相关，信托公司传统业务中，以基础设施融资信托方式为地方政府投融资平台提供信贷资金的市场需求势必进一步萎缩。

从投向领域来看，根据2021年专项债投向统计，超过35%的专项债投向市政与产业园区建设，接近20%投向交通等基础建设项目，约25%投向棚改、城乡发展以及社会事业。同时，专项债投向保障性安居工程、经济带建设与重点战略项目的比重在持续增加。基础设施投资的领域在持续发生变化。未来，围绕新型基础设施建设、新型城镇化以及交通水利等重大工程的"两新一重"建设，是基础设施投资的重点。对于新型基础建设投资，数字经济重点产业和数字化应用场景等方面将有较大发展空间；对于新型城镇化建设投资，保障性租赁住房、旧城改造以及管道改造和建设等方面将是发力重点；对于交通、水利等重大工程建设投资，重点关注风电、光伏等清洁能源基地建设，特高压输电通道建设，以及国家水网骨干工程和交通强国建设工程等具有广阔空间。尽管存在上述新的市场机会，但监管政策对于非标融资的限制，仍然制约了基础设施融资信托的开展。

（二）传统房地产融资需求萎缩

在"2021—2022中国经济年会"上，中央财经委员会办公室副主任表示，房地产业规模大、链条长、牵涉面广，在国民经济中、在全社会固定资产投资、地方财政收入、金融机构贷款总额中都占有相当高的份额，对于经济金融稳定和风险防范具有重要的系统性影响。2021年12月召开的中央经济工作会议提出："加强预期引导，探索新的发展模式，坚持租购并举，加快发展长租房市场，推进保障性住房建设，支持商品房市场更好满足购房者的合理住房需求，因城施策促进房地产业良性循环和健康发展。"房地产领域政策延续"房住不炒"主基调，坚持"因城施策"与"租购并举"，以促进房地产业的良性循环成为房地产调控的重要目标。

在这样的整体趋势与背景下，全面实行"三道红线"，加强对房地产行业融资的监管，降低房地产行业杠杆率，推动房地产行业脱离金融属性、回归服务民生是大势所趋，因此，信托传统的以融资模式开展房地产信托的需求大幅萎缩。未来，信托公司在房地产领域，需要加速探索传统非标信贷以外的，具有直接融资特点的创新模式，在参与推动租赁住房与保障房的发展中，助力房地产行业良性循环和健康发展。

四、新市场格局正在形成

我国的资产管理和财富管理市场经过多年的发展，已经形成银行、信托、券商、保险、基金等多类机构并存、竞争与合作并举的市场格局。2018年"资管新规"颁布之前，各机构依赖分业监管下的差异化牌照红利创设产品，缺乏公平的市场竞争，而协作则多表现为异业间为突破分业限制而进行的监管套利行为，所谓的"市场乱象"根源即在于此。《关于规范金融机构资产管理业务的指导意见》（以下简称"资管新规"）出台的目的就是要统一产品的监管标准，消除市场乱象。2021年是"资管新规"过渡期结束之年，这意味着资产管理和财富管理市场上以往扭曲的竞协关系将告别历史，取而代之的将是一种基于公平和能力互补的良性竞协关系。

（一）竞争性的资产管理市场

2018年"资管新规"颁布以前，包括信托公司在内的各类资产管理机构所创设的产品，并无统一的准入标准和监管标准，均有基于牌照红利的保护型领域，缺乏竞争性和公平性。"资管新规"对各类资产管理机构创设的产品建立了统一的监管标准，2021年过渡期结束之后，过往不同资产管理机构依靠分业监管带来的牌照红利将不复存在，真正以能力驱动的公平竞争的资产管理时代已经到来。

在竞争性的资产管理市场中，资产、产品、资金、渠道、投研、科技六个方面核心要素将发挥关键作用。在资金与渠道方面，未来围绕居民财富的财富管理需求、机构资金的委外需求、养老保障需求以及产业升级与结构优化的需求，将构成增量资金的主要来源。在产品方面，围绕净值化产品构建完善的产品体系，打造具备较强规模效应或盈利能力的拳头产品，将成为构建竞争优势的重要途径。在资产与投研方面，深耕垂直领域，提升投研实力，对特定投资策略的运用以及对特定优质资产的把控将成为核心能力。在科技方面，以移动互联网、人工智能、区块链、云计算、大数据、流程自动化等为代表的技术，正在逐渐运用于资产管理的营销获客、产品投顾、产品投研、投资决策、风险管控、运营管理等业务环节，大幅提升运营效率的同时，显著拓宽金融服务边界。

（二）协作性的财富管理市场

如果说以产品为中心、以销售为抓手的资产管理市场更多表现为竞争性，那么，对于以客户为中心、以服务为抓手的财富管理市场而言，在机构间的竞争以外，更多需要的是各类服务机构的协作与协同。事实上，要完全满足客户综合化、多元化、个性化的财富管理服务需求，任一服务机构均难以单独做到，而是需要不同禀赋与能力的机构之间的通力合作与协同服务。

从财富管理服务供给端来看，目前已经初步形成多元主体参与的服务生态链。信托公司、私人银行、第三方财富公司、家族办公室、券商私行、保险公司等作为重要参与方，均依托自身优势为私人财富客户提供相应服务。信托公司以受托人服务平台的制度优势以及独特的产品优势提供家族信托服务。私人银行凭借广泛的客户基础、丰富的产品线和金融服务能力，与信托公司合作开展家族信托业务与其他理财服务。第三方财富公司基于贴近客户、营销能力强等优势，与客户建立紧密联系，围绕财富客户深挖家族财富管理需求。家族办公室充分发挥经营模式灵活、服务定制化程度较高、法律咨询与税务咨询专业度较强等优势，为客户提供离岸家族信、跨境税务筹划、境外资本运作等服务。券商财富依托其在资本市场的持续积累与投研能力，挖掘民营上市公司企业家的家族财富需求。保险公司通过开展保险金信托业务与信托公司合作切入家族信托，利用保单、年金等具有特定财富管理功能的产品，参与到家族财富管理市场中来。

（三）信托公司发展面临新的机遇与挑战

在竞争性的资产管理市场中，各类资产管理机构将依托禀赋进行差异化竞争，围绕资产、产品、资金、渠道、投研、科技等核心要素中一个或多个方面，持续深耕并构建自身核心竞争优势，与其他资产管理机构正面角逐市场份额。我国资产管理市场不仅规模巨大，而且在产业周期上处于发展期，对于信托公司而言，无疑是一个巨大的发展机遇。但是在统一监管标准下的竞争性资产管理市场上，信托公司并无先发优势，如何在坚守防范化解风险底线的基础上，构建起自身的差异化核心竞争力，赢得属于信托的市场份额，是信托公司发展面临的巨大挑战。与资产管理市场一样，我国的财富管理市场同样潜力巨大，而且在产业周期上处于发展期的起步阶段，对于信托公司而言，要抓住这一难得的重大市场机遇。与此同时，如何充分发挥制度优势，携手其他服务机构，迅速打造领先优势，拓展业务生态圈，则是信托公司布局财富管理市场的关键挑战。

第二章

监管环境

我国信托公司自1979年重新恢复设立至今，已走过四十多年，在这期间监管机构一直着力研究经济发展、改革方向，不断构建和完善监管体系，以更完善的监管制度、丰富的监管手段，指引和推动着信托业的发展转型。

1979—1997年，统一监管时期，人民银行为主要监管机构。1982年人民银行下设金融机构管理司，后改称银行司，制定相应的法律对银行业、保险业、证券业、信托业及外汇业务等业务进行监管。

1997—2018年，"一行三会"监管时期，20世纪80年代末期至90年代初期，证券市场发展加速，保险等行业亟须专业监管，1997年11月以亚洲金融危机爆发成为契机，中共中央和国务院在北京召开第一次全国金融工作会议，提出对金融业实行分业监管，成立了证监会、保监会，分别负责证券业和保险业的监管，人民银行专司对银行业、信托业进行监管；随着银行业改制重组，2013年银监会成立，标志着我国金融监管体制从人民银行统一监管模式逐渐演变成"一行三会"的分业监管体系。

2018年至今，"一委一行两会"监管时期，随着信托、证券与保险行业的高速发展，不同行业之间的业务交叉合作，导致了监管重叠或监管盲区的出现。为解决这一问题，2018年3月银监会与保监会合并成为中国银行保险监督管理委员会，并对金融稳定发展委员会、中国人民银行与中国银保监会的职能进行调整优化，形成"一委一行两会"的崭新监管体系，在监管力度逐步加强的同时，更加关注各行业的公平竞争与健康转型，形成现场监管与非现场监管相结合、微观监管与宏观监管并重、国内单边监管向国际多边监管转变的新格局。

一、金融监管政策概览

当前金融监管政策的主要目标，一是回归本源，防止"脱实向虚"，服务实体经济和人民美好生活的需要；二是防范化解金融风险，守住不发生系统性金融风险底线；三是规范引导金融机构依法合规审慎经营，维护金融市场平稳运行。围绕上述主要目标，2021年，中国银保监会与中国人民银行等金融监管机构持续发挥监管政策的引领、指导与督促作用，发布监管政策超过50项。

（一）推动重点领域金融服务

1.继续加大普惠金融支持力度

为应对新冠肺炎疫情的不利影响，进一步提升金融服务整体效能，保持对经济恢复的必要支持力度，强化对中小微企业的金融支持，加强民生领域金融支持，2021年4月，中国银保监会办公厅印发了《关于2021年进一步推动小微企业金融服务高质量发展的通知》（银保监办发〔2021〕49号），提出围绕小微企业金融供给总量有效增长，质量、效率和效益整体提升的总体目标，要求银行等金融机构特别是大型银行要带头做好小微企业贷款服务，确保普惠型小微贷款实现户数、增速的双双增长；要继续优化金融供给结构，对先进制造业、战略产业、小微企业做好金融服务与中长期信贷支持，同时要丰富普惠保险产品、督促金融机构完善"敢贷愿贷"机制，在风险可控基础上，充分利用资产证券化等金融工具盘活信贷存量，持续投放小微企业贷款。

2.持续推动金融助力乡村振兴

实施乡村振兴战略，是党的十九大做出的重大决策部署，是决胜全面建成小康社会、全面建设社会主义现代化国家的重大历史任务，是新时代做好"三农"工作的总抓手。为督促银行业、保险业高质量服务乡村振兴，科学推进相关战略部署，2021年3月，中国银保监会、财政部、中国人民银行、国家乡村振兴局联合发布《关于深入扎实做好过渡期脱贫人口小额信贷工作的通知》（银保监发〔2021〕6号），提出要扎实做好脱贫人口小额信贷的全流程管理与风险防控工作，使贷款精准用于支持生产经营，支持脱贫地区特色支柱产业发展等，4月及9月又分别发布了《关于2021年银行业保险业高质量服务乡村振兴的通知》（银保监办发〔2021〕44号）和《支持国家乡村振兴重点帮扶县工作方案》（银保监办发〔2021〕97号），充分听取全国"两会"代表委员对金融支持乡村振兴的意见建议，进一步提升监管精准性，提高监管能力和乡村振兴金融服务水平。

3.继续完善养老金融监管引导

2021年底我国65岁以上人口占比达到14%，正式进入深度老龄化社会，而继续建设和完善第三支柱养老金融产品供给体系是当前全金融行业的重要工作。为此，2021年5月，中国银保监会发布《关于开展专属商业养老保险试点的通知》（银保监办发〔2021〕57号），由中国人民人寿、中国人寿、太平人寿、太平洋人寿、泰康人寿和新华人寿6家人身险公司在浙江省（含宁波市）和重庆市开展专属商业养老保险试点，试点期为一年，并随后出台城乡居民大病保险、城市定制型商业医疗保险以及保险公司参与长期护理保险制度试点等一系列相关管理细则，引入费率调整机制等，进一步完善老年群体相关保险制度建设。2021年12月，中国银保监会再度发布《关于规范和促进养老保险机构发展的通知》，强调养老保险机构要聚焦养老主业，鼓励发展安全性高、保障性强、满足长期或终身领取需求的养老保险，剥离保险资产管理业务，压降清理现有个人养老保障管理产品，健全机制建设，规范发展，防范风险。理财子公司方面，2021年9月，中国银保监会发布《关于开展养老理财产品试点的通知》，结合国家养老或金融领域改革试点区域，选择"四地四家机构"进行试点，一年内由工银理财在武汉和成都、建信理财和招银理财在深圳、光大理财在青岛开展养老理财产品试点工作。

2021年3月"两会"期间，全国政协委员金李认为："信托机制极具创新力和灵活性，和养老第三支柱建设契合度高。通过'大力发展养老信托'，可以培育出取代房地产的经济新动能，为资本市场提供更多优质资产供给。"并提出，可借鉴他国经验，通过设置行业协会、放宽政策限制、税收优惠等，推动养老信托产业发展，更好地吸引社会资金进入养老产业。

4.保障经济平稳运行

2021年5月，云南省大理州漾濞县和青海省果洛州玛多县先后发生6.4级和7.4级地震，对当地人民生命财产安全和生产生活造成严重影响。针对此情况，中国银保监会在6月下发《切实做好云南青海地震抗震救灾和灾后恢复重建金融支持有关工作的通知》，要求各地银保监局确保金融服务畅通，加强统筹，简化理赔流程手续，维护群众切身利益，同时，指导各金融机构做好灾害救助和灾后重建相关金融工作。

2021年下半年，受到海外疫情影响，国内煤炭出现短缺，随即煤炭价格飞升，甚至影响到部分地区电力供应。2021年10月，中国银保监会下发《关于服务煤电行业正常生产和商品市场有序流通保障经济平稳运行有关事项的通知》（银保监发〔2021〕42号），要求各金融机构要保障好煤电、煤炭、钢铁、有色金属等生产企业合理融资需求，并支持传统产业改造升级，促进更多资金投向绿色低碳发展领域，并严防银行保险资金被违规用于煤炭、钢铁等大宗商品投机炒作，保障商品市场正常秩序。

（二）强化金融风险防范化解

1.加强房地产领域风险防范

在房地产领域，为维持房地产市场平稳健康发展，2021年3月，中国银保监会办公厅、住房和城乡建设部办公厅、中国人民银行办公厅联合印发了《关于防止经营用途贷款违规流入房地产领域的通知》督促银行业金融机构进一步强化审慎合规经营，严防经营用途贷款违规流入房地产领域。2021年9月，人民银行、银保监会联合召开房地产金融工作座谈会。会议由人民银行行长易纲主持，人民银行、银保监会，住房城乡建设部、证监会相关领导与部门负责同志及全国24家主要银行负责同志参加会议。会议明确要求各家金融机构要按照法治化、市场化原则，配合相关部门和地方政府共同维护房地产市场的平稳健康发展，维护住房消费者合法权益。此外，相关监管部门于8月约谈恒大集团，并在12月及时就恒大债务问题发言，明确恒大未能履行担保义务为市场个案，不会对银行业保险业正常运营造成负面影响，及时防范了恒大集团风险事件的风险外溢，缓解其对资本市场造成的不良影响。

2.加强地方政府债务风险管控，防范化解隐性债务风险

2018年以来地方隐性债务问题广受关注，尽快化解隐性债务风险也成为各方共识。根据公开信息，2020年末至2022年初，已有27个省份发行再融资债券超过9 000亿元以置换当地的隐性债务。政策方面，2021年4月，国务院在《关于进一步深化预算管理制度改革的意见》（国发〔2021〕5号）中指出，要坚决遏制隐性债务增量、妥善化解风险、建立健全常态化、市场化、法制化的债务违约处置机制。2021年7月，中国银保监会随即发布《银行保险机构进一步做好地方政府隐性债务风险防范化解工作的指导意见》（银保监发〔2021〕15号），要求金融机构在地方政府债务风险化

解中，提高站位、强调合规底线、夯实主体责任，强调银行、信托、保险等机构不得以任何形式配合地方政府新增隐性债务，并积极配合地方隐性债务的妥善化解工作。此外，财政部在2021年1月、2月、6月、9月分别印发地方政府债务评级、信息公开管理、债券项目绩效管理、债券资金用途等多个管理办法，完善地方政府债券在评级、信披、发行与资金运用等多个方面的操作细节，提高债务使用效率、从源头把控地方政府债务风险并提升政府债务在市场的信用度。除财政部外，国务院和中共中央办公厅也分别印发了《关于进一步深化预算管理制度改革的意见》和《关于加强地方人大对政府债务审查监督的意见》，进一步加强对地方举债的审查监督力度、压实地方主体责任并提升地方对政府债务风险预警与应急处置能力。

3.强化金融机构风险处置能力

在风险防范化解方面，2021年1月，中国银保监会会同发展改革委、中国人民银行、中国证监会联合印发了《金融机构债权人委员会工作规程》，进一步规范和完善了债委会管理制度。同月，中国银保监会下发《关于进一步推动村镇银行化解风险改革重组有关事项的通知》（银保监办发〔2020〕124号），切实推动村镇银行补充资本、深化改革、化解风险。2021年2月10日，《防范和处置非法集资条例》正式实施，同月，司法部、中国银保监会负责人就《防范和处置非法集资条例》答记者问，提出防范和处置非法集资是一项长期、艰巨的系统性工程，要坚决落实党中央、国务院防范化解重大风险的决策部署，对非法集资坚持防范为主、打早打小、综合治理、稳妥处置的原则。2021年6月，银保监会出台《银行保险机构恢复和处置计划实施暂行办法》（银保监发〔2021〕16号），要求金融机构基于自身实际经营情况，提前制定"遗嘱"，通过风险预判提前规划重大风险情况下的应对和处置措施，一方面将审慎经营理念贯穿业务全流程，另一方面也可以在风险发生时，夯实各方主体责任，实现快速有效的风险处置，维护金融稳定。此外，为加强互联网金融监管，2020年以来，监管机构不断加强对互联网贷款的监管力度，为进一步引导商业银行规范开展互联网贷款业务，2021年2月银保监会下发《关于进一步规范商业银行互联网贷款业务的通知》（银保监办发〔2021〕24号），进一步明确了互联网贷款内涵及范围、出资比例、集中度与限额指标，就贷款风险管理、合作机构管理、消费者保护等方面提出了更高的风控要求，引导和督促金融机构通过互联网贷款增强对实体经济发展和消费升级，满足小微企业和居民日益增长的融资需求。值得注意的是，通知明确将信托公司纳入监管范围。2021年3月，专门针对校园贷现象，银保监会下发《关于进一步规范大学生互联网消费贷款监督管理工作的通知》，明确小额贷款公司不得向大学生发放互联网消费贷款，加强持牌金融机构大学生互联网消费贷款业务的风险管理，并做好大学生教育、引导和帮扶力度，严厉打击套路贷、高利贷和非法催收行为。

此外，为进一步加强对网络平台从事金融业务的监管，2021年4月，人民银行、银保监会、证监会、外汇管理局等金融管理部门联合对13家从事金融业务的网络平台企业进行约谈，强调金融业务必须持牌经营、纳入监管，支付要回归本源、要打破信息垄断、加强内控规范、完善公司治理，规范企业发行交易资产证券化产品以及赴境外上市行为，并要求强化消费者保护工作。

4.深化消费者保护制度建设

一直以来，消费者权益保护工作都是维护金融秩序、防范和化解金融风险的重要内容。近年来，各家金融机构更是将消费者权益保护工作纳入企业长期发展战略。2021年，中国银保监会对6家银行与消费金融公司侵害消费者权益行为进行了通报。7月，银保监会出台《银行保险机构消费者权益保护监管评价办法》（银保监发〔2021〕24号），弥补了现有监管体系中对前端约束不足的现状，并通过定量指标评价清晰指出各金融机构在消保工作中的薄弱环节，督促其有针对性地提升消费者保护工作质效，同时鼓励金融机构积极开展和参与纠纷多元化解，并将落实情况纳入评价内容，有效提升了金融机构积极性，减少纠纷。2021年9月，银行业保险业纠纷在线诉调对接系统正式上线，打通了在线调解的有效途径，进一步提升银行保险消费者获得调解服务的便利性。

此外，2021年12月，中国银保监会在官网发文，强调要加强金融消费者权益保护提升金融服务适老化水平，各金融机构要根据3月出台的《关于银行保险机构切实解决老年人运用智能技术困难的通知》（银保监办发〔2021〕40号）开展辖区内老年人金融需求调研，要提高金融服务的适老性，并加强知识普及与教育，关注老年人金融知识薄弱环节，强化老年人消费者风险防范意识。

（三）建立健全金融监管规范

1.建立健全机构治理机制

近两年，中国银保监会持续推进《健全银行业保险业公司治理三年行动方案

（2020—2022年）》，各金融机构的公司治理制度建设水平不断提升，切实做好股权与关联交易整治，深化公司治理改革，已初见成效。2021年1月至10月，银保监会分别就机构治理、董事监事履职、大股东行为、声誉风险管理和关联交易管理等方面，出台了相关监管细则（见表2-1）。其中，6月发布的《银行保险机构公司治理准则》（银保监发〔2021〕14号）是我国银行保险机构共同遵循的公司治理纲领性监管制度。准则首次在监管层面明确对国有机构党的领导与公司治理有机融合提出要求，并明确对民营机构提出，要积极发挥党组织的政治核心作用。同时，准则对银行保险机构的股东、董事、监事以及各治理主体的职责进行明确，要求银行保险机构要完善激励约束机制，加强内控审计与风险防范，是健全银行保险业公司治理的重要举措。

表2-1 中国银保监会公开提示信息梳理

名称	发布日期	主要内容
《银行保险机构大股东行为监管办法（试行）》	2021-10-14	严格约束和监管大股东行为，强化大股东责任，规范相关流程，强化监管指导
《银行保险机构关联交易管理办法》（征求意见稿）	2021-06-21	顺应行业发展需要，借鉴国内外制度经验，对关联交易进行监督管理
《银行保险机构公司治理准则》	2021-06-08	银行业保险业共同遵循的公司治理纲领性监管制度，明确了各治理主体的职责，强化了治理机制运行的规范性
《银行保险机构董事监事履职评价办法（试行）》	2021-05-31	吸收国际实践和国内探索，完善董事监事履职评价体系，加强银行保险机构董事监事履职的规范性和有效性
《银行保险机构声誉风险管理办法（试行）》	2021-02-18	对旧的声誉风险管理指引进行修订，形成融合统一的声誉风险监管制度，指导行业机构有效防范应对声誉风险

数据来源：根据公开资料整理。

2.建立完善业务监管规则

保险机构方面，2021年，中国银保监会继续督促保险机构加快商业养老保险产品、长期护理保险、定制型保险产品等创新产品研发试点，发布了《关于进一步丰富人身保险产品供给的指导意见》《关于规范和促进养老保险机构发展的通知》《再保险业务管理规定》（修订）、《财产保险公司保险条款和保险费率管理办法》《保险公司偿付能力监管规则（Ⅱ）》《保险集团公司监督管理办法（征求意见稿）》以及保险公司、保险资产管理公司评级办法、外资保险公司管理条例实施细则等一系列监管规则。

理财子公司方面，2021年12月，银保监会发布《理财公司理财产品流动性风险管理办法》，这一制度是对资管新规以及《商业银行理财业务监督管理办法》等制度的深化和补充，通过借鉴国内外监管实践，重点对理财产品流动性管控进行了明确与规范，从而督促理财子公司建立更加完善的流动性管理体系，更好地推动理财产品净值化转型，为投资者创造长期收益提供支持，保障投资者权益。2021年5—6月，银保监会还分别下发了《理财公司理财产品销售管理暂行办法》与《关于规范现金管理类理财产品管理有关事项的通知》，对理财产品的销售、投资等行为进行规范和完善。此外，还下发养老理财产品试点相关通知，督促理财子公司探索养老理财转型路径。

3.进一步提升监管效能

2021年，监管部门通过对各类银行机构、保险机构的监管统筹，不断完善互联网金融监管制度体系，升级机构内控要求与风险防范、风险处置手段，出台商业银行、保险资产管理公司、消费金融公司等一系列监管评级办法，完善信托公司监管评级要求，形成了一套健全完善、统一协调的监管评价体系。与此同时，监管部门不断加强监管力度，细化监管指标，2021年1月发布《监管数据安全管理办法》，明确监管数据应按照安全、准确、完整和依法合规的原则进行，避免重复、过度采集，监管数据的使用行为应通过管理和技术手段确保可追溯，银保监会归口管理部门要做好信息安全保障工作。2021年8月，发布《中国银行保险监督管理委员会派出机构监管职责规定》，进一步明确派出机构的监管授权与职责划分，提升监管分工科学性、有效性，充分发挥派出机构监管作用，提高整体监管效能。

二、信托公司监管政策

2021年，中国银保监会对信托公司的监管政策主要集中在强化机构管理、推动业务转型和加强风险化解三个方面。

（一）强化机构管理

1.健全公司治理机制

2021年，银保监会出台的各项银行业机构治理的相关监管文件，包括《银行保险机构大股东行为监管办法（试行）》《银行保险机构关联交易管理办法》（征求意见稿）、《银行保险机构公司治理准则》《银行保险机构董事监事履职评价办法（试行）》以及《银行保险机构声誉风险管理办法（试行）》等制度，均适用于信托公司，都对信托公司的内部治理提出了统一的要求和标准。尤其是《银行保险机构声誉风险管理办法（试行）》的发布，有利于指导整个行业加强声誉风险管理，改变外界对信托行业的整体印象。

2.规范非金融子公司

2021年7月，为防范信托公司通过非金融子公司进行监管套利、藏匿风险等事件的发生，银保监会正式下发《中国银保监会办公厅关于清理规范信托公司非金融子公司业务的通知》，要求信托公司从压缩层级、规范业务角度出发，整顿规范下属非金融子公司。通知内容主要包括：一是要求信托公司全面梳理境内一级非金融子公司及其在境内外投资企业，仅可选择保留一家目前经营范围涵盖投资管理或资产管理类业务的境内一级非金融子公司，其余子公司需要在3年内完成清理退出工作；二是要求自通知下发之日起，信托公司严禁新增境内一级非金融子公司，已设立的境内一级非金融子公司不得新增对境内外企业的投资。从其影响看，该通知对于信托公司固有资金参与股权投资有一定限制，但总体而言，规范对象系目前已经有较大规模投放、参与设立非金融子公司较多的信托公司，但对行业整体而言影响较为有限。

3.整顿异地机构

2021年10月，中国银保监会办公厅下发《关于整顿信托公司异地部门有关事项的通知（征求意见稿）》，这一征求意见稿是继资管新规、《信托公司股权管理办法》之后，监管部门对信托公司管理的进一步深化。主要内容：一是要求整顿异地总部，要求公司主要管理层、所有中台部门必须设在注册地，不在注册地的或执行"双总部"运营模式的，需在一年内完成整改，迁回注册地；二是要求可在北京、上海、江苏、浙江、湖北、广东、四川七地设立异地前台部门，但每个省级行政区域内仅可选择一地集中设立异地部门，且应设有地区负责人，合计异地部门总数不得超过22个，员工总数不得超过公司总员工数的35%。

征求意见稿主要目的是整治近年来部分信托公司迅速扩张，异地部门管理粗放，业务同质化严重，存在风险隐患等问题，特别是整顿部分信托公司通过异地部门进行监管套利等违规行为。异地部门监管有利于加强信托公司属地监管功能，强化信托业务风险防范能力，也有利于助力信托公司提升专业能力，加快转型效率。此外，压缩同质化业务部门可以避免恶性竞争，也可侧面督促信托从业人员主动学习，积极向服务信托等本源业务转型。

4.完善监管评级

2021年，监管部门进一步完善与细化了信托公司监管评级要求，对信托公司影响较大的是对监管政策落实方面新增4个扣分项，在"监管政策落实情况"项下，未能落实房地产信托业务规模管控要求、风险项目未按照规定纳入台账、通道业务与融资业务压降工作完成进度慢等，都可能导致信托公司最高被扣除4分。同时，非标资金池清理处置进度不符合要求的情形，也可能导致信托公司最高被扣4分，这一分值较之前有所提高。另外，本次评级要求调整也对关联交易、股东入股资金要求、股东履职等方面，以及信托业务涉及虚构底层资产、消费金融业务核心风控环节外包、风险资产处置目标未达成等信托业务细项分别设置扣分项，并根据信托业务近两年的转型实际情况，调整了信保基金相关的扣分要求，进一步提升监管效率与监管力度。此外，为加强信托公司评级对机构业务转型与引导等方面的功能，结合近两年我国经济社会发展的实际需求，设置了信托支持复工复产、支持受疫情影响较大的地区与行业、多元化发展绿色信托业务以及信托公司加大力度支持脱贫攻坚、新农村建设、知识产权保护等多个加分项目，也更有利于监管机构督促信托公司加速转型创新。

（二）推动业务转型

2021年，监管部门出台的业务相关管理规范主要集中在督促信托公司加速完成"两压一降"的重要任务，同时，监管部门通过窗口指导、现场检查、举办会议和学习讨论等方式，创新性地推动信托公司业务积极转型。

1.持续开展"两压一降"

2021年3月，监管部门下发《关于辖内信托公司做好2021年"两项业务"压降及风险资产处置相关工作的通知》，通知要求信托公司必须做好通道业务、融资信托业务规模压降以及清理非标资金池等相关工作。同时，严格划分"信托投资项目"分类，将债权投资、应收账款投资、附加回购、收益补偿、对赌等条款的股权投资、定向私募债、永续债等划分在信托投资科目之外，进一步封堵了信托资金绕道，变相开展房地产融资业务的各类途径。2021年11月，监管部门再次下发《关于进一步推进信托公司"两项业务"压降有关事项》的通知，明确信托公司以2020年底主动管理融资类信托业务规模为基础，2021年全年必须压降20%的比例。此外，信托公司要加快存续通道业务的清理力度，2021年底前做到"应清尽清、能清尽清"，通道类业务到期的原则上不允许续作，未到期的应与委托人及交易对手沟通争取提前结束。可以看出，监管对于"两项业务"压降工作，保持了高压态势，同时，也将压降指标落实情况纳入考核，作为信托公司监管评级的新增指标项，未能达到监管压降要求的信托公司，可能会对未来展业造成一定影响。

2.推动转型业务探索

2021年"两会"期间，涉及信托的提案达到五份，为近年最多。其中，全国政协委员、中国证监会原主席肖钢建议，进一步"完善信托制度，推行家族信托"；全国人大代表、中国银保监会信托监管部主任赖秀福建议完善我国家族信托税收政策；全国政协委员、北京大学光华管理学院副院长金李再次关注养老信托；全国人大代表张智富提到要修改和完善信托财产登记制度，全国人大代表、陕西省律师协会副会长方燕提出，从促进养老产业发展角度看，发展养老信托正当时。

2022年初，监管部门召集有关信托公司以及各部委、最高人民法院等，对信托公司协助开展涉众性资金管理的现有模式、经验进行了介绍与交流，探讨并推动以信托方式开展涉众性资金管理。

2022年4月，《关于调整信托业务分类有关事项的通知（征求意见稿）》正式下发，征求意见稿的核心内容是对信托业务做三分类：资产管理信托、资产服务信托、公益/慈善信托。其中资产管理信托项下有固定收益类产管理信托、权益类资产管理信托、商品及金融衍生品类资产管理信托、混合类资产管理信托四项分类；资产服务信托项有行政管理受托服务信托、资产证券化受托服务信托、风险处置受托服务信托、财富管理受托服务信托四项分类，且这四项分类下仍各有细项的子分类。征求意见稿中，慈善信托首次作为单一分类出现，其重要性不言而喻，而融资业务作为过去信托公司的主营业务，则并未出现在资产管理分类下。信托新三分类制度的下发，不仅对信托公司进一步明确转型方向具有重要意义，同时也为信托行业潜在风险的有效防控提供了监管保障。未来，随着信托行业的不断创新实践、社会民众对于信托认知度的不断提高，预计资产服务信托、慈善信托等业务将在保障人民群众财产安全、服务人民群众美好生活方面发挥重要作用。

（三）加强风险化解处置

1.推进风险资产处置

2021年5月，为进一步加快推动信托行业化解不良资产，防范金融风险，银保监会发布《关于推进信托公司与专业机构合作处置风险资产的通知》，同意信托公司和中国信托业保障基金有限责任公司、金融资产管理公司和地方资产管理公司等专业机构合作处置信托公司固有不良资产和信托风险资产，并鼓励信托公司通过与专业机构合作，探索风险资产处置的多种模式，包括向专业机构转让、向特殊目的载体转让、委托专业机构处置、信托业保障基金公司反委托收购等市场化手段。该通知是对2020年6月监管部门已经下发的《关于信托公司风险处置相关工作的通知》的进一步补充和完善，为信托公司开展不良资产处置工作指明了更加清晰的市场化路径，也明确表明中国信托业保障基金公司可以更好地发挥其化解、处置信托业风险的职能，在信托行业风险出清过程中发挥积极作用。此外，通知出台也有利于防范信托公司在与资产管理机构开展不良资产业务中可能存在的风险隐患，防范虚假出表等违规行为。从长远看，规范和加速信托公司风险资产处置，有利于推动整个行业加快摆脱历史包袱，也为行业的深度转型创造有利条件。

2.推进高风险机构处置

截至2021年末，列入高风险名单的信托公司有安信信托、四川信托、华信信托、新华信托和新时代信托等，推进对这些高风险机构的风险处置，是2021年监管部门的一项重要工作。从风险化解情况看，安信信托的风险处置已经初见成效。2021年12月24日，安信信托官微发布《关于上海维安投资管理有限公司受让安信信托自然人投资者信托受益权的通知》，对投资人持有的信托受益权根据其本金规模分为四档，每一档按照不同比例回购，也可选择当期回购与远期回购两种方式，当然远期回购的利率要高于当期。公开信息显示，超过九成自然人投资者选择了这一处置方案。从长远看，安信模式或为未来信托公司打破刚兑，探索处置不良资产提供新的思路和路径。

三、政策影响分析与思考

严格意义上来说，2021年并非监管政策频发的一年，但是从形式与效果看，信托行业的监管手段更加多样、监管目标也更加精准、监管效果更加凸显、监管范围的覆盖面也更广（现行有效信托相关法律法规，见表2-2）。总体来看，监管一方面在加快精准拆弹，加速信托行业的历史风险包袱化解的步伐；另一方面，监管也更加注重追根溯源，理清发生问题的根源所在，提前发现和预防风险。与此同时，如何兼顾平衡风险处置与行业发展，已经成为监管部门最为重视的课题。事实上，在过去数十年信托行业高速奔跑的过程中，很难停下来思考，信托行业在中国金融业的定位到底在哪里，又应该为国家的发展做出怎样的贡献。而2018年至今这一轮严监管态势下的行业下行，对信托行业而言，或不失为一个颇佳的契机，监管机构多样化的监管手段，继续完善监管制度体系，出台清晰明确的信托业务分类标准等，督促信托公司彻底出清风险、正本清源，回归"受托人"定位，从根本上重新夯实信托人的信托文化基础建设，树立信托行业服务社会、服务实体经济、服务人民群众的正确价值观，形成差异化、特色化、可持续发展的展业模式。

表2-2　　　　　　　　　现行有效信托相关法律法规

文号/发布时间	法律法规名称与分类
一法	
2001年4月28日中华人民共和国主席令第五十号	《中华人民共和国信托法》
三规	
银监会令〔2007〕2号	《信托公司管理办法》
银监会令〔2007〕3号	《信托公司集合资金信托计划管理办法》
银监会令〔2010〕5号	《信托公司净资本管理办法》
其他法律法规	
银保监办发〔2020〕12号	《中国银保监会信托公司行政许可事项实施办法》
银保监会令〔2020〕6号	《中国银保监会非银行金融机构行政许可事项实施办法》
银保监会令〔2020〕4号	《信托公司股权管理暂行办法》

续表1

文号/发布时间	法律法规名称与分类
其他法律法规	
银监发〔2017〕47号	《信托登记管理办法》
银监会令〔2015〕5号	《中国银监会信托公司行政许可事项实施办法》
银监发〔2014〕50号	《信托业保障基金管理办法》
银监发〔2011〕70号	《信托公司参与股指期货交易业务指引》
银监发〔2009〕11号	《信托公司证券投资信托业务操作指引》
银监发〔2008〕45号	《信托公司私人股权投资信托业务操作指引》
银监发〔2008〕83号	《银行与信托公司业务合作指引》
银监发〔2007〕4号	《信托公司治理指引》
银监发〔2007〕27号	《信托公司受托境外理财业务管理暂行办法》
银监发〔2005〕1号	《信托投资公司信息披露管理暂行办法》
指导意见与通知等	
银保监办发〔2021〕85号	《中国银保监会办公厅关于清理规范信托公司非金融子公司业务的通知》
银保监发〔2019〕38号	《中国银保监会关于银行保险机构加强消费者权益保护工作体制机制建设的指导意见》
银保监办发〔2019〕194号	《中国银保监会办公厅关于开展银行保险机构侵害消费者权益乱象整治工作的通知》
银保监办发〔2019〕144号	《中国银保监会办公厅关于保险资金投资集合资金信托有关事项的通知》
银保监发〔2019〕23号	《中国银保监会关于开展"巩固治乱象成果 促进合规建设"工作的通知》
银保监会信托函〔2018〕37号	《关于加强规范资产管理业务过渡期内信托监管工作的通知》
民发〔2016〕151号	《民政部、中国银行业监督管理委员会关于做好慈善信托备案有关工作的通知》
银监办发〔2016〕58号	《中国银监会办公厅关于进一步加强信托公司风险监管工作的意见》
银监办发〔2014〕99号	《中国银行业监督管理委员会办公厅关于信托公司风险监管的指导意见》

续表2

文号/发布时间	法律法规名称与分类
指导意见与通知等	
银监办发〔2012〕70号	《中国银监会办公厅关于信托公司票据信托业务等有关事项的通知》
银监发〔2011〕11号	《中国银监会关于印发信托公司净资本计算标准有关事项的通知》
非银发〔2011〕14号	《关于做好信托公司净资本监管、银信合作业务转表及信托产品营销等有关事项的通知》
银监发〔2011〕92号	《中国银行业监督管理委员会、财政部关于规范金融资产管理公司投资信托和理财产品的通知》
银监通〔2010〕2号	《中国银监会关于加强信托公司结构化信托业务监管有关问题的通知》
银监办发〔2010〕52号	《中国银监会办公厅关于加强信托公司房地产信托业务监管有关问题的通知》
银监办发〔2010〕343号	《中国银监会办公厅关于信托公司房地产信托业务风险提示的通知》
银监发〔2009〕25号	《中国银监会关于支持信托公司创新发展有关问题的通知》
银监办发〔2009〕155号	《中国银监会办公厅关于信托公司信政合作业务风险提示的通知》
银监发〔2009〕84号	《关于信托公司开展项目融资业务涉及项目资本金有关问题的通知》
银监办发〔2008〕93号	《中国银监会办公厅关于鼓励信托公司开展公益信托业务支持灾后重建工作的通知》
银监办发〔2008〕265号	《中国银监会办公厅关于加强信托公司房地产、证券业务监管有关问题的通知》
银监发〔2007〕162号	《中国银监会办公厅关于调整信托公司受托境外理财业务境外投资范围的通知》
征求意见稿	
2022年4月	《关于调整信托业务分类有关事项的通知（征求意见稿）》
2022年2月	《信托业保障基金和流动性互助基金管理办法（征求意见稿）》
2020年5月	《信托公司资金信托管理暂行办法（征求意见稿）》

四、辅助机构

我国信托业发展的基础环境除了必要的市场环境、有效的监管环境外，还有三大保障环境：信托业保障基金、信托登记公司、信托业协会。以上基础环境相互作用，共同推动、促进信托业规范、有序、健康发展。

（一）信托业保障基金

专栏2-1

信托业保障机制

2014年，原银监会针对信托行业风险暴露、缺乏行业安全网的问题，提出了建立信托业保障机制的构想。2014年7月，国务院批准设立中国信托业保障基金（以下简称"保障基金"）和中国信托业保障基金有限责任公司（以下简称"保障基金公司"）。同年12月，原银监会和财政部联合发布《信托业保障基金管理办法》，随后原银监会发布《中国信托业保障基金有限责任公司监督管理办法》。2015年1月，保障基金公司正式投入运营。信托业保障机制的建立，是探索构建信托业市场化风险处置机制、促进行业持续健康发展的一项重要金融制度创新。

（1）保障基金定位于化解和处置信托业风险

保障基金是利用行业自筹方式建立，依靠行业自身力量化解处置行业风险。一是保障基金是非政府性行业互助基金。保障基金由信托业市场参与者共同筹集，按照市场化原则化解和处置行业风险。信托业协会牵头组织成立基金理事会，作为保障基金的决策和监督机构；理事会成员由信托业协会推荐，经行业半数以上信托公司同意后产生。二是保障基金筹集采取认购制。为快速筹集、积累基金，信托业保障基金采取认购制募集资金。信托产品到期清算时，保障基金公司向基金认购者返还基金本金及固定利息，利息分配后剩余计入保障基金留存收益。三是保障基金使用方式主要包括流动性支持和参与风险处置。《信托业保障基金管理办法》第十九条明确规定，保障基金可向临时资金周转困难的信托公司提供短期流动性支持;同时在信托公司资不抵债、破产重整、关闭撤销等情况下,可以使用保障基金参与风险处置。

(2)保障基金公司以管理保障基金为主要职责

保障基金公司由信托业协会联合13家信托公司出资设立,采取公司化经营、市场化运作的运行机制。一是保障基金公司定位于保障基金的管理人。根据《信托业保障基金管理办法》,保障基金公司作为基金管理人,以管理保障基金为主要职责,以化解和处置信托业风险为主要目标和任务。二是保障基金公司为银行业金融机构。《中国信托业保障基金有限责任公司监督管理办法》明确规定,保障基金公司为持牌经营的银行业金融机构,并经营经监管部门批准的金融业务。三是资本金项下业务是基金业务的有效补充。保障基金公司在资本金项下可开展流动性支持、资产收购等业务,协同化解处置信托行业风险。

1. 保障基金规模

信托业保障基金是依照相关规定由信托业市场参与者共同筹集并由中国信托业保障基金有限责任公司(以下简称"保障基金公司")统筹管理运用的互助性行业风险防范化解基金。目前,保障基金认购方式包括:(1)信托公司按净资产余额的1%认购。(2)资金信托按新发行金额的1%认购,其中,属于购买标准化产品的投资性资金信托的,由信托公司认购;属于融资性资金信托的,由融资者认购。(3)新设立的财产信托按信托公司收取报酬的5%计算,由信托公司认购。

保障基金建立之初,适逢行业快速发展,在认购制筹集模式下,基金规模迅速积累(见图2-1)。近年来,受信托公司新发行规模下降、清算规模上升、信托产品结构变化等因素影响,保障基金从2018年第二季度起开始出现当期认购规模净退回的情形,基金规模在2019年达到峰值后逐年下降。2021年,保障基金公司共完成5期保障基金认购、清算和收益分配工作,向信托公司分配基金收益21.09亿元,2021年末保障基金认购余额达1 371.48亿元,保障基金资产总额达1 467.03亿元。

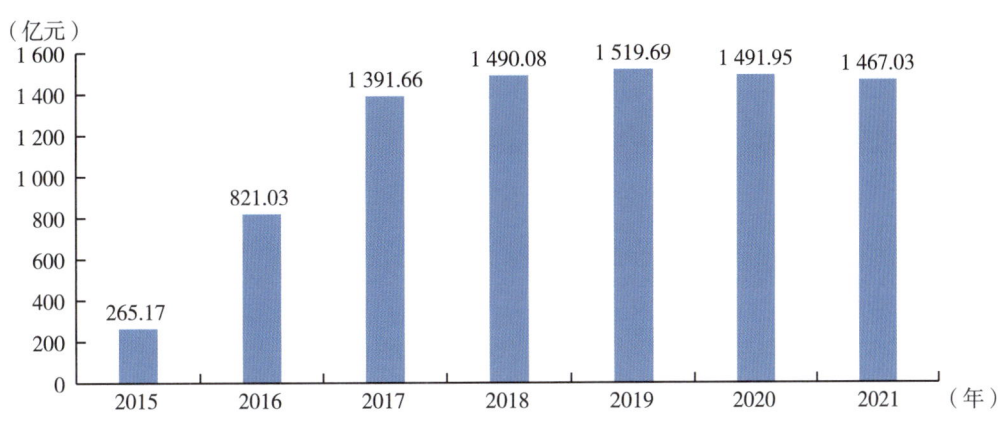

图2-1　2015—2021年保障基金资产规模

2.保障基金的管理运用

2021年，受政策调控、市场变化、疫情冲击等多种因素影响，信托业重点领域风险加速暴露。保障基金公司立足行业"稳定器"功能，统筹公司资本金和保障基金两种资源，积极协同化解处置行业风险，维护行业稳定运行。

一是助力缓解行业流动性风险。贴合行业转型需求，针对敏感时点突发性产品大额赎回导致的临时流动性问题，及时向相关信托公司提供紧急资金支持，防范化解行业转型中的新型业务风险。2021年向信托公司提供流动性支持260.30亿元，有效缓解行业流动性风险。

二是助力处置行业风险资产。以落实银保监会《关于推进信托公司与专业机构合作处置风险资产的通知》为契机，着力推进行业风险资产化解工作。2021年，保障基金公司继续稳健开展行业风险资产的反委托收购业务，积极探索买断式收购处置方式，与信达公司、上实集团签署战略合作协议，逐步扩大行业风险资产处置生态圈。保障基金公司2021年全年收购风险资产296.58亿元，助力化解行业风险资产成效显著。

三是全面参与高风险信托机构处置。在监管部门指导下，保障基金公司积极参与安信信托市场化重组以及新华信托、新时代信托接托管等高风险机构处置工作，协助开展风险摸底排查、处置方案论证等，为相关机构维持稳定和推进重组提供专业支持。

四是加强保障基金资产配置。在做好使用保障基金参与风险处置工作的同时，综合考虑流动性、安全性和收益性原则，动态调整基金资产配置策略，优化投资久期安排，加强基金流动性管理，在保障重要节点化险资金需求的同时，提升了基金使用效率和收益水平。

3. 保障机制的完善

近年来，监管部门积极推进信托业保障机制的完善与优化。2022年2月11日，银保监会与财政部修订了《信托业保障基金管理办法》，提出了《信托业保障基金和流动性互助基金管理办法（征求意见稿）》，并向社会公开征求意见。主要修订内容包括：一是优化基金筹集机制。设立缴纳制保障基金，与认购制基金双轨并行；基于信托公司风险状况实行差异化保障基金缴费标准，信托公司不再按净资产1%认购基金。二是明确基金定位和使用方式。认购制基金主要发挥信托业流动性调剂功能，缴纳制基金可以通过阶段性持股、设立过桥机构等方式参与信托公司风险处置。三是强化道德风险防范。要求信托公司及其股东应当严格执行恢复与处置计划，积极开展自救。基金参与化险，应当遵循社会公平性原则，避免产生逆向激励。明确基金使用的禁止性行为，并对相关责任人建立追责问责机制。

2022年《政府工作报告》提出，设立金融稳定保障基金，发挥存款保险制度和行业保障基金的作用，运用市场化、法治化方式化解风险隐患，有效应对外部冲击，牢牢守住不发生系统性风险的底线。人民银行有关负责人在2022年第一季度金融统计数据新闻发布会上指出，金融稳定保障基金定位于由中央掌握的应对重大金融风险的后备资金，与存款保险基金和相关行业保障基金双层运行、协同配合，是我国金融安全网的重要组成部分，共同维护我国金融稳定与安全。在常规金融风险处置中，主要由存款保险基金和相关行业保障基金依法依职责投入，不涉及金融稳定保障基金的使用；在重大金融风险处置中，金融机构、股东和实际控制人、地方政府、存款保险基金和相关行业保障基金等各方，依法依职责充分投入相应资源后仍有缺口的，经批准后，按程序使用金融稳定保障基金进行重大金融风险处置。

（二）信托登记公司

中国信托登记有限责任公司（以下简称"信托登记公司"）是经国务院同意、由原中国银监会批准设立并由其实施监督管理，现由中国银保监会直接监督管理、提供信托业基础服务的会管非银行金融机构，于2016年12月26日对外宣告成立。成立5年多来，建立信托业集中统一的登记平台，填补信托业集中统一登记行业服务空白,获得上海市政府授予的2017年度上海金融创新成果奖特等奖;建立集中管理的信托受益权账户系统,实现信托受益权账户体系建设零的突破;实现信托业标准化监管全量数据采集,标志着统一的信托业标准化监管数据信息库首次建成;实现信托资产估值突破,填补信托行业第三方估值的空白;在全国首推不动产及未上市企业股权信托财产信息登记在沪查询试点,助力探索信托财产登记制度难题;成立信托业金融科技专业委员会,推动行业金融科技创新应用和成果转化。

党的十八届三中全会提出了"完善金融市场体系""加强金融基础设施建设"等要求,信托业作为我国重要的金融子行业,在完善金融市场体系、服务实体经济、满足投资者需求等方面发挥着作用重要。设立信托登记公司,是落实中央有关精神的重要方面,是加强金融基础设施建设的重要举措,行业稳健发展不可或缺的制度安排,理清市场责任和严肃市场纪律的内在需求,还是动态跟踪行业运行和强化行业监管的重要手段。

原中国银监会颁布的《中国信托登记有限责任公司监督管理办法》中,明确信托登记公司可以开展集合信托计划发行公示,信托产品及其信托受益权登记,信托产品发行、交易、转让、结算,信托受益权账户的设立和管理,信托产品及其权益的估值、评价、查询和咨询,信托产品权属纠纷的查询和举证,其他不需要办理法定权属登记的信托财产登记服务以及国务院银行业监督管理机构批准的其他业务等八类业务。

为了进一步支持信托登记规范运行,在中国银保监会关心支持下,我国信托登记制度框架逐步夯实。一是《信托登记管理办法》于2017年8月底由原中国银监会正式颁布发行,及时填补了信托登记领域制度空白,构建了全国信托业统一的信托登记制度,成为信托业业务规则的重要一环;在此基础上,《中国信托登记有限责任公司信托登记管理细则》于2018年8月由原中国银监会批准发布,细化明确各登记流程及操作内容,进一步增强信托登记的科学性、规范性和可操作性。二是《中国信托登记有限责任公司信托受益权账户管理细则》于2019年9月由原中国银监会批准发布,明确了"信托受益权账户是中国信登为受益人开立的记载其信托受益权及其变动情况的簿记账户""信托受益权账户由信托登记公司集中管理"的监管要求,我国信托登记事业进入了一个新的历史时期。三是《信托公司股权管理办法》于2020年2月由中国银保监会正式发布,规定了原则上将信托公司股权在中国信登进行集中托管等要求,进一步丰富了信托登记机制内涵。

1. 信托登记服务平台建设

信托产品登记是信托登记公司核心基础职能,2017年9月1日信托登记系统的上线投产,实现了信托产品及其受益权信息的预登记、初始登记、变更登记、终止登记、更正登记功能以及集合信托产品成立在官网同步公示的功能,成为信托产品及其信托受益权登记与信息统计平台、信托业监管信息服务平台的重要依托,标志着信托登记机制正式落地生效。围绕以信托产品登记为核心基础功能,信托登记公司进一步拓展了信托受益权信息定期报送、信托受益权账户管理信息、信托业标准化监管数据和信托公司关联方名单表数据采集等银保监会赋予的基础登记职能,同时还实现了信托产品发布业务、信托资产估值业务、信托财产登记信息、投资者综合服务等数据信息管理;目前信托登记公司正在推动信托公司股权信息登记托管等工作。

2. 2021年的新发展

2021年,信托登记公司持续推进服务平台建设的优化与完善。

一是强化登记数据治理。围绕数据"全"与"准",开展登记数据全面比对补正工作;通过通报、约谈、定向培训等方式,督促信托公司及时、准确报送信托登记数据;在信托登记系统中新上线了推送预登记形式审查意见至属地监管局的功能,强化信托产品准入"站岗放哨";基于20余万笔信托产品信息、60多亿条信托业标准化数据、100多万条受益权信息在内的全量登记数据,发挥行业风险、市场结构和行业趋势动态等方面的监测预测功能。

二是拓展行业服务功能。2021年,信托登记公司面向行业机构推出了产品展示服务、统计分析服务、数字风控服务、信息技术服务、行业培训服务、业务咨询服务和行业活动服务7大板块、16项细项的会员服务;与中债估值中心合作推出了针对信托产品的第三方估值及相关服务,以满足信托产品净值化管理的需要;通过"信托特定项目登记模块"功能,全力支持信托公司在薪资发放等各类涉众型服务信托业务的场景运用;在全国首推信托财产信息登记在沪查询试点,进一步维护金融机构资产交易安全,助力探索信托财产登记制度难题。

三是进行行业金融科技生态建设。2021年,信托登记公司支持中国信托业协会发起成立信托业金融科技专委会并被推选为主任委员单位,联合68家信托公司以及31家金融科技专业机构共同发起设立信托业金融科技创新联合实验室，搭建行业"共研共建共享共治"的金融科技服务平台和保障机制，首创性推出信托业标准化监管数据智能报送质检服务，同时主动开展同业合作，引入关联交易辅助报送平台服务，支持行业机构如期完成关联交易监管数据采集报送。

（三）信托业协会

延伸阅读——中国信托业协会

中国信托业协会（以下简称"协会"）成立于2005年5月，是全国性信托业自律组织，接受业务主管单位银保监会和社团登记管理机关民政部的业务指导和监督管理。

截至目前，协会共有会员单位70家。其中，信托公司68家，会计师事务所和律师事务所各1家。

协会的职能是自律、维权、协调、服务，一直以促进会员单位实现共同利益为宗旨，遵守宪法、法律、法规和国家政策，认真履行职能，发挥相关管理部门与信托业间的桥梁纽带作用，维护信托业合法权益，维护信托业市场秩序，提高信托从业人员素质，促进行业健康发展。

协会的决策机构为会员大会、理事会、常务理事会，监督机构为监事会。协会设秘书处作为协会办事机构。此外，设有自律、研发、人才与培训、消费者权益保护、养老信托和金融科技专业委员会，以更好助力行业发展。

2021年，协会围绕自律组织的功能定位，认真贯彻中央和银保监会决策部署，在引导行业回归信托本源、贯彻落实资管新规、防范化解金融风险、服务实体经济等方面继续发挥积极的行业自律和服务保障作用。

1.自律建设与维权活动

（1）开展信托文化建设普及年活动

2021年是信托文化建设普及年。协会在监管部门指导下，聚行业之力，组织开展了信托文化普及年工作。协会在全行业开展了"信托文化常识"学习及测试活动，活动对象涵盖68家信托公司从业人员。与此同时，搭建平台开展交流活动，举办了

"信托公司受托人文化建设"主题沙龙活动,并与西南财经大学、中铁信托联合举办了"中国信托业高质量发展论坛"。

(2)开展内控合规管理建设年活动

2021年,协会配合监管部门开展了内控合规管理建设年活动。组织起草并发布《中国信托业内控合规管理倡议书》,引导全行业强化内控合规管理建设工作;组织"信托公司内控合规管理建设"专题培训会;举办行业信托知识竞赛活动以赛促学、以赛促练,不断强化信托从业人员内控合规意识,提升内控合规管理能力。

(3)组织完成2020年度行业评级

协会已连续6年开展行业评级工作,对引领信托公司壮大资本实力、强化风控意识、化解金融风险、提升运营效率、履行社会责任等发挥了积极作用。2021年,继续在总结前期经验基础上完成了2020年度行业评级。

(4)关注会员单位维权诉求

2021年,协会探索更多维权手段和途径,维护信托公司正当合法权益。

一是加强与立法司法机关沟通联系,共同推进信托相关法律法规以及裁判环境的完善。2021年,协会与北京金融法院建立了协同工作机制,在政策法规资源共享与解读、裁判指引、典型案例发布、多元化纠纷解决等方面进行合作。

二是就相关会员单位维权诉求,征求会员权益保障工作小组意见,并围绕案件争议焦点组织召开线上专题研讨会,为信托公司下一步工作提供参考性指导。

三是密切关注相关会员单位所涉案件进展,就部分法律争议问题向法院出具意见函,以维护会员单位合法权益、助力行业健康发展。

2.研究交流与培训活动

(1)持续开展研究与交流

一是参与中国人民银行牵头开展的《信托法》后评估工作;就九三学社拟提出的《关于促进建立老年人与残疾人特殊需要信托的建议(征求意见稿)》提出研究建议;配合相关部门开展信托业支持绿色低碳转型专题调研、召开专题座谈会并组织信托公司参与相关标准编制工作,为未来绿色信托标准制定和绿色信托绩效评估研究工作奠定基础;举办"信托公司受托人文化建设""信托公司全面风险管理体系建设""信托公司家族信托业务发展""信托公司绿色信托业务发展""养老信托业务机遇与挑战""信托公司内控合规管理"等6期主题沙龙与"新金融工具准则实施与应对"工作交流会。

二是发布行业数据及研究报告。按季度发布行业数据并发布《信托业季度分析报告》，编制发布《中国信托业2020—2021年社会责任报告》《中国信托业发展报告（2020—2021）》和《中国信托业年鉴（2020—2021）》，真实反映中国信托市场运行情况，记录行业阶段性成果。

三是持续开展行业专题研究。聚焦行业前沿问题，组织开展专题研究并评选出"信托参与社会治理的模式及机制研究"等10篇有代表性的研究报告，汇编形成《2021年信托业专题研究报告》，助推行业发展转型与业务创新。

（2）持续开展行业培训

一是继续开展全员培训和专题培训。结合疫情防控工作要求，2021年全员培训项目均以在线班的形式开展，并从课程内容、平台建设、考试形式等方面改进全员培训项目同时组织专家完善题库建设并推进师资库规范化建设。此外，协会着眼于行业转型升级需要，围绕党建引领、人才建设、风险管理、内控合规、热点业务等行业关切主题，邀请相关领域知名专家学者进行授课，组织开展了6场专题培训。

二是组织全员培训必修教材和辅助教材的修订出版工作。其中，必修教材《信托公司经营实务（第二版）》于2021年1月出版发行，辅助教材《信托法务（第二版）》于2021年8月修订出版，《信托监管与自律》的修订工作正在加快推进，并结合教材修订，同步推进题库建设和视频课程录制。

三是开展人才建设与培训工作调研。以区域座谈的形式，邀请北京、上海、中西部地区的24家信托公司进行了座谈交流。充分了解行业现状、听取公司对协会开展人才建设及培训工作的意见建议，形成了《信托行业人才建设与培训工作调研报告》。

（3）促进信托业数字化转型

一是协会金融科技专业委员会正式成立，主任委员单位积极引导行业机构联合成立"金融科技创新联合实验室"，并以"共研、共建、共享、共治"理念，充分凝聚行业各方智慧与资源，深入梳理行业数字化转型痛点，进行行业数字化转型的有益探索，并启动《信托业金融科技应用发展白皮书》撰写工作。

二是立足金融科技赋能和生态共建视角，召开了"2021年信托业转型发展论坛"，积极推动行业开展数字化转型交流研讨。

3.行业宣传活动

（1）举办投资者教育和消费者权益保护活动

2021年，协会多举措举办投资者教育和消费者权益保护活动。

一是制作信托投资者教育宣传视频。采用动漫视频形式普及信托基础、信托投资及防风险知识。

二是组织编制《信托知识百问百答》手册第2、第3册，包含知识条目200条。向68家信托公司发放行业统一知识手册、投教视频等，通过多种方式向行业从业人员、投资者和社会公众普及信托金融知识、宣传信托文化理念。

三是配合监管部门开展"3·15"消费者权益保护教育宣传周和金融知识进万家活动。组织主题为"典制时代的资产管理，市场与权利保护"的线上讲座。

四是稳妥处置消费者投诉。2021年协会共受理消费者投诉4项。协会本着矛盾不激化、案件不上移，尽可能在协会层面解决的原则，与涉诉单位及时联系沟通并督促妥善处理。

（2）强化正面宣传导向

2021年，协会不断巩固与主流财经媒体的合作，积极引领行业正向舆情。

一是不断探索新型宣传方式，展现行业良好形象。2021年，协会参加了《信托大家谈（第一期）》节目录制，并接受了"人民网"采访，正面宣传信托业加强文化建设、努力转型发展的情况。

二是加强信息传播，强化信息平台的宣传引导。协会坚持每个工作日在协会官网、微信公众号发布行业最新动态。2021年，协会微信公众号用户数达到75 485人，全年推送信息252期。

三是做好舆情监测及负面舆情处理工作。坚持收集、整理当日涉及信托行业及信托公司的新闻舆情，汇编形成《信托每日舆情》发送至相关单位。

2022年，协会毫不动摇坚持以习近平新时代中国特色社会主义思想为指导，坚持稳中求进工作总基调，全面贯彻新发展理念，精准服务新发展格局。结合监管部门对协会的工作要求及协会自身定位，克服目前国内新冠肺炎疫情多点散发、局部多发的影响，认真履行自律、维权、协调、服务职能，扎实开展各项工作，助力行业高质量发展、转型，以实际行动迎接党的二十大胜利召开。

03 | 第三部分
机构篇

第三章
机构发展概况

一、公司数量及区域分布

（一）公司名称及数量

截至2021年底，全国正式获得中国银保监会批准，具有运营牌照的信托公司共有68家。

表3-1　　　　　　　　　　中国信托公司名录

序号	公司名称	序号	公司名称
1	安徽国元信托有限责任公司	35	山东省国际信托股份有限公司
2	安信信托股份有限公司	36	山西信托股份有限公司
3	百瑞信托有限责任公司	37	陕西省国际信托股份有限公司
4	北方国际信托股份有限公司	38	上海爱建信托有限责任公司
5	北京国际信托有限公司	39	上海国际信托有限公司
6	渤海国际信托股份有限公司	40	四川信托有限公司
7	长安国际信托股份有限公司	41	苏州信托有限公司
8	长城新盛信托有限责任公司	42	天津信托有限责任公司
9	重庆国际信托股份有限公司	43	万向信托股份公司
10	大业信托有限责任公司	44	五矿国际信托有限公司
11	东莞信托有限公司	45	西部信托有限公司
12	光大兴陇信托有限责任公司	46	西藏信托有限公司
13	广东粤财信托有限公司	47	厦门国际信托有限公司

续表

序号	公司名称	序号	公司名称
14	国联信托股份有限公司	48	新华信托股份有限公司
15	国民信托有限公司	49	新时代信托股份有限公司
16	国通信托有限责任公司	50	兴业国际信托有限公司
17	国投泰康信托有限公司	51	雪松国际信托股份有限公司
18	杭州工商信托股份有限公司	52	英大国际信托有限责任公司
19	湖南省财信信托有限责任公司	53	云南国际信托有限公司
20	华澳国际信托有限公司	54	浙商金汇信托股份有限公司
21	华宝信托有限责任公司	55	中诚信托有限责任公司
22	华宸信托有限责任公司	56	中国对外经济贸易信托有限公司
23	华能贵诚信托有限公司	57	中国金谷国际信托有限责任公司
24	华融国际信托有限责任公司	58	中国民生信托有限公司
25	华润深国投信托有限公司	59	中海信托股份有限公司
26	华鑫国际信托有限公司	60	中航信托股份有限公司
27	华信信托股份有限公司	61	中建设信托股份有限公司
28	吉林省信托有限责任公司	62	中粮信托有限责任公司
29	建信信托有限责任公司	63	中融国际信托有限公司
30	江苏省国际信托有限责任公司	64	中泰信托有限责任公司
31	交银国际信托有限公司	65	中铁信托有限责任公司
32	昆仑信托有限责任公司	66	中信信托有限责任公司
33	陆家嘴国际信托有限公司	67	中原信托有限公司
34	平安信托有限责任公司	68	紫金信托有限责任公司

注：按拼音字母顺序，信托公司排名不分先后。
数据来源：根据中国信托业协会调研问卷、公司公开披露信息整理。

根据公开信息显示，68家信托公司中，有5家属于高风险机构，目前处于化解处置阶段，其中：新时代信托、新华信托自2020年7月起由中国银保监会依法实施接管并于2021年7月延长接管期限一年，四川信托自2020年12月起由四川省银保监局和地方金融管理局成立联合小组接管，华信信托于2021年2月在中国银保监会指导下由大连市人民政府会同金融管理部门派出工作组，指导并督促风险处置，安信信托已公布风险处置方案并于2021年7月发布公告拟筹划重大资产出售及非公开发行股票。

（二）公司区域分布

从注册地的地域分布来看，信托公司存在着一定程度的不平衡。注册地在北京、上海、广东、浙江等经济发达地区的信托公司居多，其中北京市、上海市分别有11家和7家（见表3-2），广东省和浙江省各有5家，其余省市自治区的信托公司数量较少，广西、海南和宁夏目前还没有一家信托公司。

表3-2　　　　　　　　　　　　信托公司注册地一览表

序号	地区	信托公司数量	备注
1	北京	11家	北京信托、国民信托、国投泰康信托、华鑫信托金谷信托、民生信托、外贸信托、英大信托中诚信托、中粮信托、中信信托
2	上海	7家	上海信托、华宝信托、中海信托、华澳信托中泰信托、安信信托、爱建信托
3	广东	5家	大业信托、东莞信托、粤财信托、平安信托华润信托
4	浙江	5家	昆仑信托、杭工商信托、万向信托、浙金信托中建投信托
5	江苏	4家	国联信托、江苏信托、苏州信托、紫金信托
6	陕西	3家	陕国投信托、西部信托、长安信托
7	天津	2家	天津信托、北方信托
8	重庆	2家	新华信托、重庆信托
9	安徽	2家	国元信托、建信信托
10	福建	2家	兴业信托、厦门信托
11	内蒙古	2家	华宸信托、新时代信托
12	河南	2家	百瑞信托、中原信托
13	山东	2家	山东信托、陆家嘴信托
14	新疆	2家	华融信托、长城信托
15	江西	2家	雪松信托、中航信托
16	湖北	2家	国通信托、交银国际信托

续表

序号	地区	信托公司数量	备注
17	四川	2家	四川信托、中铁信托
18	辽宁	1家	华信信托
19	黑龙江	1家	中融信托
20	吉林	1家	吉林信托
21	河北	1家	渤海信托
22	山西	1家	山西信托
23	甘肃	1家	光大信托
24	贵州	1家	华能信托
25	湖南	1家	财信信托
26	西藏	1家	西藏信托
27	云南	1家	云南信托
28	青海	1家	五矿信托

数据来源：根据中国信托业协会调研问卷、公司公开披露信息整理。

二、公司资本及其变动情况

（一）注册资本概览

根据信托业协会调研资料及各信托公司年报数据显示，截至2021年末，68家信托公司注册资本总额为3 256.03亿元，比2020年增加115.35亿元，增幅为3.67%；每家公司平均注册资本47.88亿元，比2020年增加1.70亿元，增幅为3.67%。

2021年注册资本在100亿元及以上的信托公司共9家，位居行业首位的是重庆信托，注册资本150亿元。其他100亿元以上的信托公司还包括五矿信托、平安信托、中融信托、中信信托、华润信托、建信信托、昆仑信托、兴业信托，注册资本分别为130.51亿元、130.00亿元、120.00亿元、112.76亿元、110.00亿元、105.00亿元、102.00亿元、100.00亿元（见表3-3）。

表3-3　　2021年信托公司注册资本一览表　　（单位：亿元）

序号	公司名称	2021年	2020年
1	重庆信托	150.00	150.00
2	五矿信托	130.51	130.51
3	平安信托	130.00	130.00
4	中融信托	120.00	120.00
5	中信信托	112.76	112.76
6	华润信托	110.00	110.00
7	建信信托	105.00	105.00
8	昆仑信托	102.00	102.00
9	兴业信托	100.00	100.00
10	陆家嘴信托	90.00	48.00
11	江苏信托	87.60	87.60
12	光大信托	84.18	84.18
13	外贸信托	80.00	80.00
14	华鑫信托	73.95	58.25
15	民生信托	70.00	70.00
16	华信信托	66.00	66.00
17	中航信托	64.66	46.57
18	华能信托	61.95	61.95
19	新时代信托	60.00	60.00
20	交银国际信托	57.65	57.65
21	安信信托	54.69	54.69
22	上海信托	50.00	50.00
23	中建投信托	50.00	50.00
24	中铁信托	50.00	50.00
25	华宝信托	47.44	47.44
26	山东信托	46.59	46.59
27	爱建信托	46.03	46.03
28	财信信托	43.80	43.80

续表1

序号	公司名称	2021年	2020年
29	国元信托	42.00	42.00
30	新华信托	42.00	42.00
31	国通信托	41.58	32.00
32	英大信托	40.29	40.29
33	百瑞信托	40.00	40.00
34	中原信托	40.00	40.00
35	陕国投信托	39.64	39.64
36	粤财信托	38.00	38.00
37	厦门信托	37.50	37.50
38	渤海信托	36.00	36.00
39	四川信托	35.00	35.00
40	长安信托	33.30	33.30
41	紫金信托	32.71	24.53
42	华融信托	30.36	30.36
43	雪松信托	30.05	30.05
44	国联信托	30.00	30.00
45	西藏信托	30.00	30.00
46	浙金信托	28.80	17.00
47	中粮信托	28.31	28.31
48	国投信托	26.71	26.71
49	华澳信托	25.00	25.00
50	中海信托	25.00	25.00
51	中诚信托	24.57	24.57
52	北京信托	22.00	22.00
53	金谷信托	22.00	22.00
54	西部信托	20.80	20.80
55	大业信托	20.00	10.00
56	天津信托	17.00	17.00

续表2

序号	公司名称	2021年	2020年
57	吉林信托	15.96	15.96
58	杭工商信托	15.00	15.00
59	东莞信托	14.50	14.50
60	山西信托	13.57	13.57
61	万向信托	13.39	13.39
62	苏州信托	12.00	12.00
63	云南信托	12.00	12.00
64	北方信托	10.01	10.01
65	国民信托	10.00	10.00
66	华宸信托	8.00	8.00
67	中泰信托	5.17	5.17
68	长城信托	3.00	3.00

数据来源：根据中国信托业协会调研问卷、公司公开披露信息整理。

（二）增资情况分析

2021年共有7家信托公司增资，总计增资规模约为115.35亿元（见表3-4）。

表3-4　　　　　　　　2021年信托公司增资情况一览表

序号	公司名称	增资前（亿元）	增资后（亿元）	增资方式	增资时间
1	中航信托	46.57	64.66	资本公积转增注册资本	2021年7月
2	陆家嘴信托	48.00	90.00	现金和未分配利润转增注册资本	2021年7月
3	紫金信托	24.53	32.71	引入新战略投资者	2021年9月
4	大业信托	10.00	20.00	资本公积和未分配利润转增注册资本	2021年10月
5	华鑫信托	58.25	73.95	股东现金增资	2021年12月
6	国通信托	32.00	41.58	股东现金增资	2021年12月
7	浙金信托	17.00	28.80	股东现金增资	2021年12月

数据来源：根据中国信托业协会调研问卷、公司公开披露信息整理。

2017—2021年信托公司增资变动情况如图3-1所示。

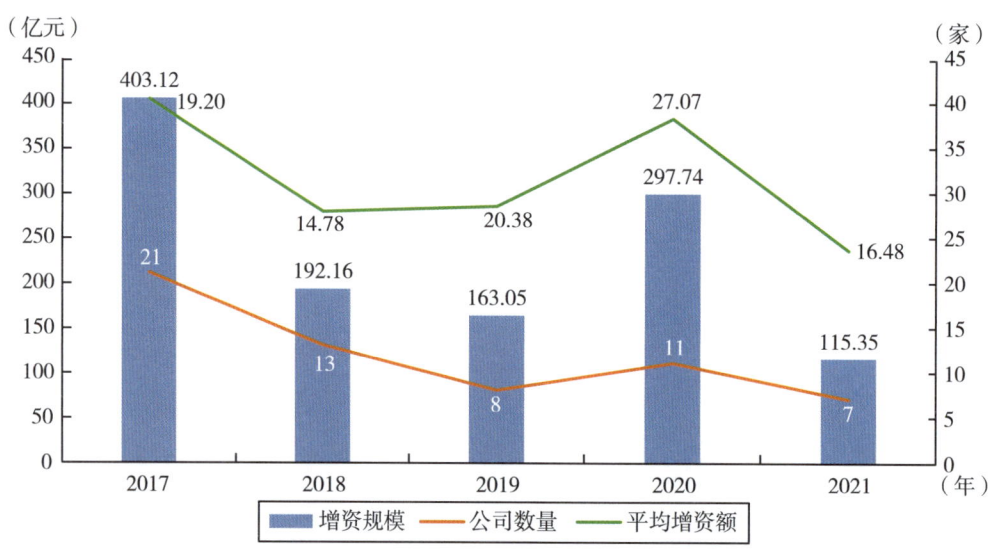

图3-1　2017—2021年信托公司增资变动情况

数据来源：根据中国信托业协会调研问卷、公司公开披露信息整理。

近年来，信托公司注册资本持续增加，2021年增资潮仍在延续，但从增资总额、增资公司数量来看，较2020年有所趋缓。

一是同比增资步伐有所放缓。与2020年增资情况相比，2021年增资公司数量基本持平，但在增资金额上差异显著，增资总额同比下降61.26%。从单体情况来看，2020年完成增资的11家信托公司中，增资规模超20亿元以上的信托公司就有5家，建信信托、五矿信托、江苏信托三家信托公司增资规模均超过50亿元，建信信托更是达到80.33亿元；而2021年完成增资的7家信托公司中，增资规模多位于20亿元以下，占比为85%，无一家信托公司增资规模超50亿元。

二是年内增资幅度分化较大。在2021年完成增资的信托公司中，2家公司增资规模小于10亿元，其中最少的为紫金信托，增资金额为8.18亿元；增资规模主要集中在15亿—20亿元区间；最多的为陆家嘴信托，2021年内2次增资，合计增资42亿元，增资完成后进入行业注册资本排名前10位。

三是增资主要由控股股东主导。2021年，信托公司增资方式主要为控股股东进行股权增持。中航信托、陆家嘴信托、华鑫信托等6家信托公司均通过控股股东增资方式实现注册资本提升。紫金信托则以引入新战略投资者的方式实施增资，引入的新股东为江苏宁沪高速公路股份有限公司。

（三）增资原因分析

信托公司注册资本的持续增加，是顺应监管要求，促进业务发展，提升风险抵御能力的需要。

1. 顺应监管要求及政策导向

近年来的监管政策导向对信托公司资本实力提出了更高的要求。2016年3月16日，原银监会下发《进一步加强信托公司风险监管工作的意见》（银监办发〔2016〕58号），要求信托公司强化资本管理，加大利润留存，督促信托公司股东及时补足资本。2020年银保监会发布的《信托公司股权管理暂行办法》（中国银行保险监督管理委员会令〔2020年第4号〕）对持有5%以上股份的股东规定，"应当具备持续的资本补充能力，并根据监管规定书面承诺在必要时向信托公司补充资本"。2020年5月的《信托公司资金信托管理暂行办法（征求意见稿）》规定"信托公司管理的全部集合资金信托计划投资于同一融资人及其关联方的非标准化债权类资产的合计金额不得超过信托公司净资产的百分之三十"。这些政策要求对2021年信托公司增资有持续影响。

2. 提高风险抵御能力和市场认可度

一方面，为防控金融风险、守住不发生系统性金融风险底线，监管部门对信托公司自2020年开始实施了净资本管理办法，而夯实资本实力既是信托公司缓冲、抵补风险的坚实保障，也是支撑信托公司业务长期稳健发展的基础。另一方面，近年来，受全球经济下行、新冠肺炎疫情冲击等多重因素影响，行业风险加剧暴露，部分信托公司暴雷等新闻屡见报端，信托行业陷入舆论的漩涡中。作为反映信托公司资本厚度和抵御风险硬实力的重要指标，增厚注册资本能维护信托公司品牌形象，提升市场认可度。

3. 未来业务创新与当下转型发展需要

根据监管部门"分类经营、扶优限劣"的监管思路，《信托公司监管评级办法》和《信托公司行业评级指引（试行）》都将净资本作为信托公司评级的核心考量项目之一并直接影响评级得分，同时将信托公司的业务经营与评级结果挂钩，评级较低的信托公司将不得开展各种创新型信托业务，增厚资本有助于信托公司获得更高的监管评级，开展更广泛的业务类型。同时，信托行业目前面临监管趋严和业务转型的双重压力，信托公司需要保持自身的业务规模和盈利能力，资金实力将成为影响信托公司转型的重要因素。

三、股权结构及其变动情况

（一）股东背景情况

按照信托公司控股股东或第一大股东的类型进行分类，信托公司的股东类型可分为金融机构控股、央企控股、地方政府和国企控股、民营企业控股、中外合资五类。在现有的68家信托公司中，具有金融机构股东背景的公司有13家（见表3-5），具有央企背景的公司有15家（见表3-6），具有地方政府和国企背景的公司有27家（见表3-7），具有民营企业背景的公司有13家（见表3-8）。此外，有7家公司具有外资股东背景（见表3-9）。各类控股股东中，地方国资、金融集团、央企均带有显著的国有资本背景，而非国有资本背景的信托公司仅占到约13%。

1.金融机构控股的信托公司

表3-5　　　　　　　　金融机构控股信托公司一览表

序号	公司名称	控股股东	持股比例（%）
1	中信信托有限责任公司	中国中信有限公司	82.26
2	交银国际信托有限公司	交通银行股份有限公司	85.00
3	中诚信托有限责任公司	中国人民保险集团股份有限公司	32.92
4	平安信托有限责任公司	中国平安保险（集团）股份有限公司	99.88
5	建信信托有限责任公司	中国建设银行股份有限公司	67.00
6	中建投信托有限责任公司	中国建银投资有限责任公司	90.05
7	兴业国际信托有限公司	兴业银行股份有限公司	73.00
8	华融国际信托有限责任公司	中国华融资产管理股份有限公司	76.79
9	长城新盛信托有限责任公司	中国长城资产管理公司	35.00
10	中国金谷国际信托有限公司	中国信达资产管理股份有限公司	92.29
11	光大兴陇信托有限责任公司	中国光大集团股份有限公司	51.00
12	大业信托有限责任公司	中国东方资产管理股份有限公司	41.67
13	上海国际信托有限公司	上海浦东发展银行股份有限公司	97.33

数据来源：根据中国信托业协会调研问卷、公司公开披露信息整理。

2. 央企控股的信托公司

表 3-6　　　　　　　　央企控股信托公司一览表

序号	公司名称	控股股东	持股比例（%）
1	华鑫国际信托有限公司	中国华电集团有限公司	76.25
2	中航信托股份有限公司	中航投资控股有限公司	84.42
3	昆仑信托有限责任公司	中油资产管理有限公司	82.18
4	中粮信托有限责任公司	中粮资本投资有限公司	80.51
5	中海信托股份有限责任公司	中国海洋石油集团有限公司	95.00
6	华宝信托有限责任公司	中国宝武钢铁集团有限公司	98.00
7	五矿国际信托有限公司	五矿资本控股有限公司	78.00
8	华能贵诚信托有限公司	华能资本服务有限公司	67.74
9	国投泰康信托有限公司	国投资本控股有限公司	61.29
10	中铁信托有限责任公司	中国中铁股份有限公司	78.91
11	中国对外经济贸易信托有限公司	中国中化股份有限公司	97.26
12	英大国际信托有限责任公司	国网英大国际控股集团有限公司	73.49
13	百瑞信托有限责任公司	国家电投集团资本控股有限公司	50.24
14	华润深国投信托有限公司	华润金控投资有限公司	51.00
15	中融国际信托有限公司	经纬纺织机械股份有限公司	37.47

数据来源：根据中国信托业协会调研数据、公司公开披露信息整理。

3. 地方政府和国企控股的信托公司

表 3-7　　　　　　地方政府和国企控股的信托公司一览表

序号	公司名称	控股股东	持股比例（%）
1	陆家嘴国际信托有限公司	上海陆家嘴金融发展有限公司	71.61
2	陕西省国际信托股份有限公司	陕西煤业化工集团有限责任公司	34.58
3	长安国际信托股份有限公司	西安投资控股有限公司	40.44
4	浙商金汇信托股份有限公司	浙江东方金融控股集团股份有限公司	87.01
5	重庆国际信托有限公司	同方国信投资控股有限公司	66.99
6	江苏省国际信托有限责任公司	江苏国信股份有限公司	81.49

续表

序号	公司名称	控股股东	持股比例（%）
7	华信信托股份有限公司	华信汇通集团有限公司	25.91
8	安徽国元信托有限责任公司	安徽国元金融控股集团有限责任公司	49.69
9	山东省国际信托有限公司	山东省鲁信投资控股集团有限公司	48.13
10	西藏信托有限公司	西藏自治区财政厅	89.43
11	吉林省信托有限责任公司	吉林省财政厅	97.50
12	广东粤财信托有限公司	广东粤财投资控股有限公司	98.14
13	天津信托有限责任公司	上海上实（集团）有限公司	77.58
14	厦门国际信托有限公司	厦门金圆金控股份有限公司	80.00
15	山西信托有限责任公司	山西金融投资控股集团有限公司	90.70
16	国联信托股份有限公司	无锡市国联发展（集团）有限公司	69.92
17	中原信托有限公司	河南投资集团有限公司	58.96
18	北方国际信托股份有限公司	天津泰达投资控股有限公司	32.33
19	西部信托有限公司	陕西省电力建设投资开发公司	57.78
20	东莞信托有限公司	东莞金融控股集团有限公司	60.83
21	湖南省财信信托有限责任公司	湖南财信投资控股有限责任公司	96.00
22	杭州工商信托股份有限公司	杭州市金融投资集团有限公司	57.99
23	苏州信托有限公司	苏州国际发展集团有限公司	70.01
24	北京国际信托有限公司	北京市国有资产经营有限责任公司	34.30
25	国通信托有限公司	武汉金融控股（集团）有限公司	75.00
26	紫金信托有限公司	南京紫金投资集团有限责任公司	50.67
27	华宸信托有限责任公司	内蒙古交通投资（集团）有限责任公司	36.50

数据来源：根据中国信托业协会调研问卷、公司公开披露信息整理。

4. 实际控制人为民营企业的信托公司

表3-8　　　　　　实际控制人为民营企业的信托公司一览表

序号	信托公司	实际控制人	持股比例（%）
1	雪松国际信托股份有限公司	雪松控股集团有限公司	71.30
2	新华信托股份有限公司	上海珊瑚礁信息系统有限公司	40.00
3	新时代信托股份有限公司	新时代远景（北京）投资有限公司	58.54

续表

序号	信托公司	实际控制人	持股比例（%）
4	国民信托有限公司	上海丰益股权投资基金有限公司	31.73
5	安信信托投资股份有限公司	上海国之杰投资发展有限公司	52.44
6	上海爱建信托有限责任公司	上海爱建集团股份有限公司	99.33
7	四川信托有限公司	四川宏达（集团）有限公司	31.04
8	万向信托股份公司	中国万向控股有限公司	76.50
9	中国民生信托有限公司	武汉中央商务区建设投资股份有限公司	82.71
10	华澳国际信托有限公司	北京融达投资有限公司	50.01
11	中泰信托有限责任公司	中国华闻投资控股有限公司	31.57
12	渤海国际信托有限公司	海航资本集团有限公司	51.23
13	云南国际信托有限公司	涌金实业（集团）有限公司	24.50

数据来源：根据中国信托业协会调研数据、公司公开披露信息整理。

5. 中外合资信托公司

表3-9　　　　　　　　　　中外合资信托公司一览表

序号	信托公司	外资股东	持股比例（%）
1	紫金信托有限责任公司	三井住友信托银行股份有限公司	20.00
2	北京国际信托有限公司	威益投资有限公司	19.99
3	中粮信托有限责任公司	蒙特利尔银行	16.24
4	百瑞信托有限责任公司	摩根大通	19.99
5	中航信托股份有限公司	华侨银行有限公司	15.58
6	国通信托有限责任公司	东亚银行有限公司	15.38
7	新华信托股份有限公司	巴克莱银行有限公司	5.57

数据来源：根据中国信托业协会调研数据、公司公开披露信息整理。

股东数量方面，15家信托公司的股东数量为2家，18家信托公司股东数量为3家，8家企业股东数量超过10家。整体而言，信托公司股权相对集中，33家信托公司股东数量不超过3家，特别是央企背景的信托公司，股权更加集中于有实力的股东，大股东对公司定位、战略发展的意图更加坚定，公司管理和执行能力较强，近年来的发展业绩表现突出。

（二）股权变更情况概览

根据中国信托业协会反馈的65家信托公司调研数据统计，2021年度共有国元信托、华宸信托、中铁信托、英大信托、民生信托、中航信托、紫金信托、云南信托、华鑫信托、国通信托、浙金信托11家信托公司先后进行股权结构调整，相较于2021年8家公司发生股权变更，数量有所增加，活跃度有所提高。从股权变更方式来看，国元信托、华宸信托、云南信托、英大信托等为无偿划转；中航信托、华鑫信托、国通信托、浙金信托为增资后控股股东股权变化；中铁信托为部分股东退出，部分股东增资；民生信托等为协议转让；紫金信托则为公开引进战略投资者及非控股股东而变化。从控股股东股权比例来看，中航信托、华信信托的控股比例上升，紫金信托的控股比例下降，其余公司的控股比例不变（见表3-10）。

表3-10　　　　　　　　2021年信托公司股权变更情况

序号	公司名称	股权结构调整时间	股权结构变动情况	变更后的公司股权结构
1	国元信托	2021年2月	中建资本控股有限公司受让深圳中海投资管理有限公司持有的公司36.63%股权	安徽国元金融控股集团有限责任公司49.69%； 中建资本控股有限公司36.63%； 安徽皖投资产管理有限公司8.16%； 安徽国控资本有限公司4.59%； 安徽皖维高新材料股份有限公司0.62%； 安徽新力金融股份有限公司0.18%； 安徽省信用担保集团有限公司0.06%； 安徽国生电器有限责任公司0.06%
2	华宸信托	2021年3月	内蒙古自治区财政厅受让内蒙古自治区人民政府国有资产监督管理委员会持有的30.2%的股权	内蒙古交通投资（集团）有限责任公司36.5%； 中国大唐集团资本控股有限公司32.45%； 内蒙古自治区财政厅30.2%； 呼和浩特市财政局0.5%； 巴彦淖尔市国有资产服务中心0.18%； 众兴集团有限公司0.18%
3	中铁信托	2021年4月	原股东成都电冶有限责任公司退出，成都工投资产经营有限公司增资330.32万元	中国中铁股份有限公司78.91%； 中铁二局建设有限公司7.23%； 成都产业资本控股集团有限公司3.50%； 其他9.36%

续表 1

序号	公司名称	股权结构调整时间	股权结构变动情况	变更后的公司股权结构
4	英大信托	2021年8月	原股东中国南方电网有限责任公司将其持有25%股权无偿划转至其全资子公司南方电网资本控股有限公司	国网英大股份有限公司73.49%；南方电网资本控股有限公司25.00%；济钢集团有限公司0.82%；山东网瑞物产有限公司0.69%
5	民生信托	2021年8月	武汉中央商务区股份有限公司将5.95%股权转让至江苏洋河酒厂股份有限公司	武汉中央商务区股份有限公司76.76%；浙江泛海建设控股有限公司10.71%；北京首都旅游集团有限责任公司6.50%；江苏洋河酒厂股份有限公司5.95%；中国青旅集团有限公司0.09%；中国铁道旅行社集团有限公司0.04%
6	中航信托	2021年8月	中航投资持股比例从82.73%增加至84.42%，华侨银行持股比例从17.27%下降至15.58%	中航投资控股有限公司84.42%；华侨银行有限公司15.58%
7	紫金信托	2021年9月	引入的新股东江苏宁沪高速公路股份有限公司出资比例为20%，外资股东日本三井住友信托银行出资比例由19.99%增至20%。同时，公司控股股东南京紫金投资集团有限责任公司受让公司原股东南京江北新区产业投资集团有限公司、金智科技所持公司全部股份，出资比例由60.01%变更为50.67%。股东南京新工投资集团有限责任公司、三胞集团有限公司出资比例分别由7.34%和5.11%变更为5.5%和3.83%	南京紫金投资集团有限责任公司50.67%；三井住友信托银行股份有限公司20%；江苏宁沪高速公路股份有限公司20%；南京新工投资集团有限公司5.5%；三胞集团有限公司3.83%
8	云南信托	2021年11月	原股东云南省财政厅持有的25%股权划转至云南省国有金融资本控股集团有限公司持有	云南省国有金融资本控股集团有限公司25%；涌金实业（集团）有限公司24.5%；上海纳米创业投资有限公司23%；北京知金科技投资有限公司17.5%；深圳中民电商控股有限公司7.5%；云南合和（集团）股份有限公司2.5%
9	华鑫信托	2021年12月	中国华电集团资本控股有限公司持股比例由69.84%变更为76.25%，中国华电集团财务有限公司持股比例由30.16%变更为23.75%	中国华电集团资本控股有限公司76.25%；中国华电集团财务有限公司23.75%

续表2

序号	公司名称	股权结构调整时间	股权结构变动情况	变更后的公司股权结构
10	国通信托	2021年12月	武汉金融控股（集团）有限公司增资24亿元，持股比例上升至75.00%	武汉金融控股（集团）有限公司75.00%；东亚银行有限公司15.38%；北大方正集团有限公司9.62%
11	浙金信托	2021年12月	浙江东方金融控股集团股份有限公司持股比例由78%上升至87.01%	浙江东方金融控股集团股份有限公司87.01%；中国国际金融股份有限公司10.33%；传化集团有限公司2.66%

数据来源：根据中国信托业协会调研问卷整理，有效数据样本为65家信托公司提供。

虽然随着"资管新规"和"两压一降"监管政策的出台，信托业自2018年开始步入转型发展期，但信托牌照价值在股权变化层面仍然得到很大认可。2021年11家发生股权变更的信托公司均不涉及控股股东变化，说明控股股东对于信托牌照价值的认可度较高，这有利于信托公司持续稳定的发展。部分控股股东还增大持股比例，积极支持信托公司增资，体现了其对信托公司发展的重视和支持，将增强信托公司的综合实力与竞争力。

（三）股权变更原因分析

2021年，信托公司股权变更的原因主要包括控股股东增资、引进战略投资者、地方政府股东政策性调整等。

（1）控股股东增资

2020年1月20日，中国银保监会发布《信托公司股权管理暂行办法》（以下简称《暂行办法》），对信托公司股权管理做了全面系统的规定。《暂行办法》规定，投资人书面承诺必要时向信托公司补充资本；信托公司出现资本不足或其他情形时，主要股东应当补充资本；还要求将"主要股东应当在必要时向信托公司补充资本"写入章程；主要股东每年通过信托公司向监管部门报告资本补充能力。控股股东增资既顺应了监管要求，又利于支持信托公司发展，同时也能够为股东带来投资回报。

（2）引进战略投资者

从信托公司角度看，引进战略投资人能够帮助信托公司实现增资，同时还可以优化股权结构，提升公司治理水平，引进新资源，实现新的协同效应。以民生信托为例，2021年8月，北京银保监局批复同意武汉中央商务区股份有限公司将其持有的民生信托5.95%股权转让至江苏洋河酒厂股份有限公司。民生信托在公开信息中指出，江苏洋河作为国有背景的上市公司，在行业内和资本市场上有较高的美誉度和影响力，其入股将会振奋市场信心，有利于提升公司风险应对能力，提高公司治理水平，实现长期稳健发展。从战略投资者角度看，是对信托公司投资价值的认可。以紫金信托为例，2021年，新股东宁沪高速认缴6.54亿元新增注册资本，增资后所占股权比例为20%。根据宁沪高速披露，当前配置信托行业金融资产时点较为合适，本次投资有利于分散经营风险、提升利润水平，符合公司全体股东的利益。原股东南京江北新区产业投资集团有限公司、金智科技所持公司均转让所持全部股份，其中金智科技表示回笼资金，去杠杆剥离非主业资产，集中力量及资源发展主营业务及碳中和业务。

（3）地方政府股东政策性调整

根据问卷反馈及公开信息显示，云南信托股权调整的原因是中共云南省委办公厅下发《关于同意组建云南省国有金融资本控股集团有限公司的批复》（云办复〔2019〕1号），明确云南省国有金融资本控股集团有限公司为国有独资企业，由省财政厅代表省人民政府依法履行出资人职责，以现金和股权出资，包括：无偿划转云南国际信托有限公司国有股权等。2021年11月，云南银保监局批准云南信托股东云南省财政厅变更为云南金控集团。华宸信托股权调整的原因是为改善公司治理结构，提高抗风险能力，实现自治区本级国有金融资本集中统一管理，统筹优化国有金融资本战略布局，按照内蒙古自治区政府国资委与内蒙古自治区财政厅签订的《内蒙古自治区本级国有金融企业股权划转和出资人责任交接协议书》的内容，进行国有股权无偿划转。

四、从业人员及其变动情况

（一）行业人员规模保持稳定

根据64家信托公司反馈数据，2021年度信托行业人员为21 191人，人员规模与2020年相比基本稳定。其中，新增人数为2 386人，流出人数为2 397人。新增人数最多的公司为平安信托，为189人；新增人数前10位公司为平安信托、光大信托、山东信托、天津信托、中航信托、外贸信托、金谷信托、华润信托、百瑞信托和民生信托（见图3-2）。在反馈相关数据的60家信托公司中，净增人数最多的公司为平安信托，净增人数为105人，占目前员工总数的12%。

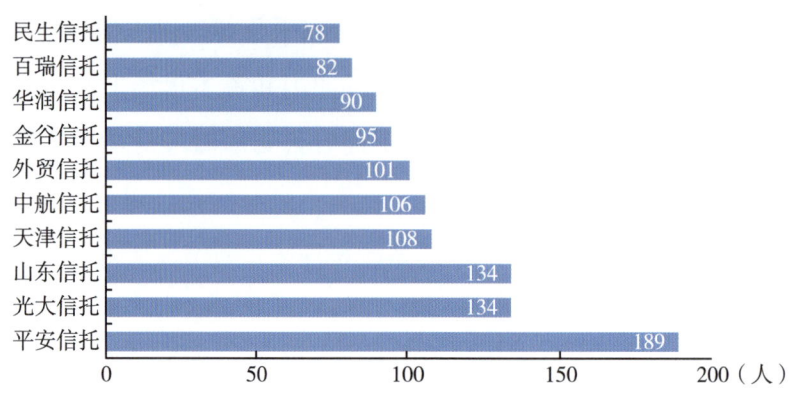

图3-2 2021年度新增人数前十名信托公司

数据来源：中国信托业协会调研。

（二）青壮年为行业主力

根据64家信托公司反馈数据，对行业21 191名员工的年龄统计基本可以反映整个信托行业的年龄分布情况。30岁以下人员为4 166人，占比为19.66%；31—40岁人员为12 461人，占比为58.80%；41—50岁人员3 331人，占比为15.72%；51岁以上人员1 233人，占比为5.82%。40岁以下员工人数占比为78.46%，反映出信托行业人员的主力为青壮年（见图3-3）。

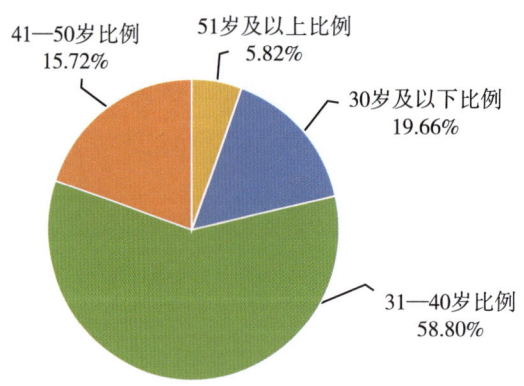

图3-3 2021年度信托行业人员年龄分布

数据来源：中国信托业协会调研。

（三）高学历特点明显

根据64家信托公司反馈数据，目前信托业从业人员中，有本科学历的8 211人，占比为38.75%；硕士研究生人数11 746人，占比为55.43%；博士研究生431人，占比为2.03%；专科及其他815人，占比为3.85%。本科及以上学历人数占据整体学历分布的96.15%，信托从业人员的高学历特点非常突出（见图3-4）。

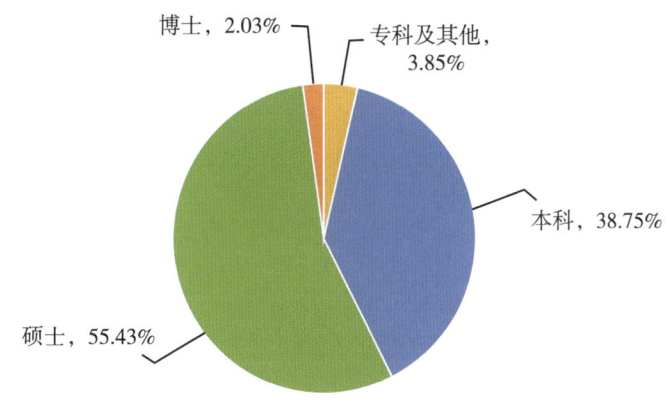

图3-4　2021年度信托行业人员学历分布

数据来源：中国信托业协会调研。

（四）各部门人员占比基本保持稳定

在反馈相关数据的44家信托公司中（相关人员15 449人），各部门岗位人员占比基本保持稳定。前台人员（业务部门和财富部门）占比为60.82%，中台人员（风控合规、研发、营运受托和科技部门）占比为19.37%，后台人员（其他职能部门）占比为19.81%。

前台板块中，业务部门人员6 574人，占行业人数比为42.55%，其中标品部门1 612人，占比为10.43%，非标部门3 901人，占比为25.25%，其他部门1 061人，占比为6.87%；财富部门2 823人，占比为18.27%。中台板块中，风控合规部门1 155人，占比为7.48%；研发部门146人，占比为0.95%；营运受托部门1 014人，占比为6.56%；科技部门677人，占比为4.38%；科技与科技外包人数达到1 255人，其中，中信信托、中航信托、平安信托的科技与科技外包人数分别为134人、118人、116人，位列反馈相关数据的前三位，科技支撑的重要性日益显现。其他职能部门人数3 060人，占比为19.81%（见图3-5）。

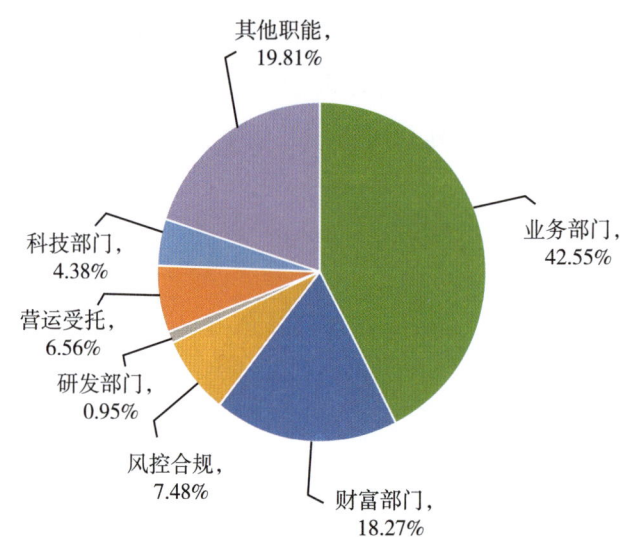

图3-5　2021年度信托行业岗位结构分析

数据来源：中国信托业协会调研。

|第四章|
业务经营情况

　　信托公司业务包括基于信托资产受托管理的信托业务、基于固有资产运作的固有业务以及基于财务顾问、承销等其他中介服务业务，其中信托业务是主营业务。信托公司经营成果体现为信托业务业绩、固有业务业绩和其他业务业绩，综合形成整体经营业绩。2021年，信托业营业收入总额略降，但主营的信托业务收入继续增长，利润总额和净利润企稳回升，经营业绩总体平稳。同时，信托业务结构持续优化、资本实力继续增强，也持续为受益人创造了较好收益。从主要经营指标来看，信托业继续保持分化格局，头部信托公司的竞争优势仍然较为突出。

一、行业经营业绩概况

（一）整体收入情况

1. 营业收入小幅下降

　　2021年，全行业68家信托公司共实现营业收入1 207.98亿元，平均每家信托公司17.76亿元，同比略降1.63%，营业收入延续总体平稳状态。2010年以来，信托业营业收入经历了从持续增长到小幅回落、总体平稳的过程，2010—2015年保持持续增长，但增速逐渐趋缓，2016—2021年有增有减，其中有三个年度小幅下行，两个年度小幅增长，但增减幅度均较小，总体保持平稳状态（见图4-1）。

2. 营业收入持续分化

　　行业内部来看，以61家已经披露2021年报的信托公司为分析基数，各公司营业收入及同比变动持续呈现一定差异。从同比增速分布来看，2021年23家信托公司营业收入同比增长，38家信托公司同比下降，多数信托公司营业收入同比出现下降。从市场集中度角度来看，头部信托公司仍表现出较大竞争优势，61家信托公司共实现营业收入1 113.02亿元,前十名信托公司共实现营业收入463.94亿元,占比达41.69%,较2020年略有上升,头部信托公司所占市场份额同比继续提高(见表4-1)。

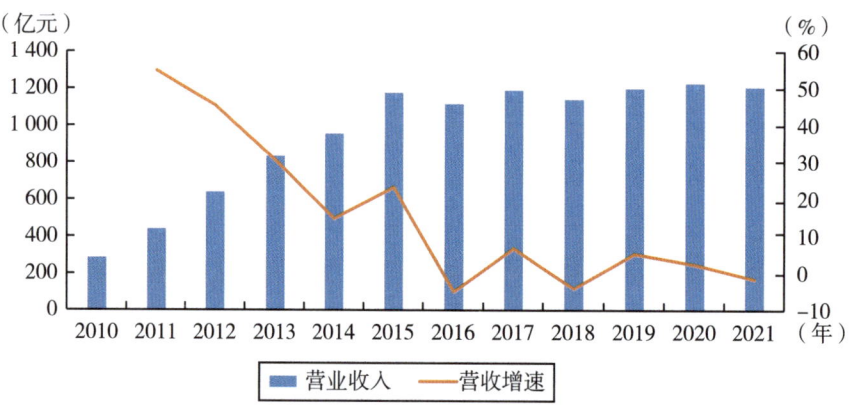

图4-1 2010—2021年信托行业营业收入及同比增速情况

数据来源:中国信托业协会。

表4-1　　　　　2021年排名前十位的信托公司营业收入

排名	信托公司	2021年(亿元)	2020年(亿元)	增速(%)
1	中信信托	67.20	70.73	−4.99
2	光大信托	62.04	56.30	10.18
3	华能信托	60.23	60.30	−0.11
4	中融信托	49.03	45.64	7.44
5	五矿信托	45.97	51.64	−10.98
6	华润信托	43.69	38.37	13.88
7	建信信托	36.21	28.36	27.69
8	中航信托	34.87	37.65	−7.38
9	外贸信托	33.44	30.89	8.24
10	平安信托	31.27	54.61	−42.74

数据来源:各信托公司年报。

3.信托主业地位稳固

近年来,虽然信托公司总体营业收入出现小幅波动,但信托主业更加突出,信托业务收入持续占据主导地位,信托业务收入规模平稳增长,在营业收入中的占比也稳步提升（见图4-2）。2021年全行业68家信托公司实现信托业务收入868.74亿元，平均每家信托公司12.78亿元，同比增长0.49%，在营业收入中的占比约为71.92%，同比提高1.53个百分点。

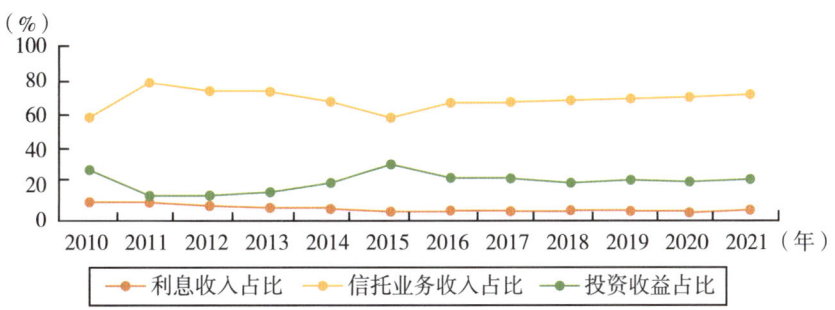

图4-2　2010—2021年信托行业收入结构变化情况

数据来源：中国信托业协会。

（二）整体利润情况

1. 行业利润恢复正增长

2021年，全行业68家信托公司实现利润总额601.67亿元，平均每家信托公司8.85亿元，同比增长3.17%，为2018年以来的首度正增长。2010年以来，信托业利润总额经历了从持续增长到负增长再到企稳回升的过程，2010—2017年保持持续增长但增幅逐渐趋缓，自2018年以来出现连续三年负增长，但2021年重新恢复正增长，虽然增幅不大，但表明了行业企稳回升的态势（见图4-3）。

图4-3　2010—2021年信托行业利润总额及同比增速情况

数据来源：中国信托业协会。

2. 多数机构利润提升

以已经披露年报的61家信托公司为分析基数，2021年有32家公司利润总额实现增长，29家公司出现下降；有35家公司净利润实现增长，26家公司出现下降。从同比变动区间分布来看，多数信托公司利润水平波动较大，利润总额同比变动超过20%的信托公司共14家，同比变动超过-20%的有19家；净利润同比变动超过20%的信托公司共16家，同比变动超过-20%的有18家。同时，盈利水平的行业分化仍较为明显，2021年排名前十位的头部信托公司利润总额在全行业中的占比为48.55%，较2020年度行业占比下降了8.86个百分点；排名前十位的头部信托公司净利润在全行业中的占比为49.51%，较2020年度行业占比下降了11.6个百分点，虽然有所下降，但利润总额和净利润仍然占据了全行业近五成，集中度仍然较高（见表4-2、表4-3）。

表4-2　　　　　　　　2021年利润总额排名前十位的信托公司

排名	信托公司	2021年（亿元）	2020年（亿元）	增速（%）
1	华能信托	50.03	50.36	-0.65
2	华润信托	37.52	31.40	19.48
3	中信信托	36.53	29.34	24.51
4	五矿信托	31.34	37.03	-15.37
5	建信信托	29.48	21.97	34.17
6	江苏信托	22.53	22.10	1.95
7	中航信托	22.10	26.15	-15.48
8	外贸信托	21.30	18.47	15.29
9	陆家嘴信托	21.16	15.39	37.54
10	光大信托	20.88	35.09	-40.51

数据来源：各信托公司年报。

表4-3　　　　　　　　2021年净利润排名前十位的信托公司

排名	信托公司	2021年（亿元）	2020年（亿元）	增速（%）
1	华能信托	37.90	37.97	-0.17
2	华润信托	33.11	27.41	20.79
3	中信信托	27.82	20.33	36.85

续表

排名	信托公司	2021年（亿元）	2020年（亿元）	增速（%）
4	五矿信托	23.62	27.84	-15.14
5	建信信托	22.02	16.56	32.95
6	江苏信托	20.40	19.44	4.91
7	中航信托	16.79	19.81	-15.24
8	重庆信托	16.67	24.49	-31.92
9	外贸信托	16.43	14.21	15.66
10	陆家嘴信托	15.86	11.52	37.64

数据来源：各信托公司年报。

（三）净资产收益率情况

以已经披露年报的61家信托公司为分析基数，2021年61家信托公司平均净资产收益率为6.27%，较2020年平均净资产收益率7.17%下降了0.91个百分点。从净资产收益率分布区间来看，61家信托公司净资产收益率的分布区间整体形态与2020年基本一致。具体来看，2021年信托公司净资产收益率中位数为8.17%，同比下降0.27个百分点。其中，净资产收益率位于（5%—10%］信托公司最多，有28家，较2020年减少4家；其次是位于（10%—15%］有15家，与2020年持平；再次是位于［0—5%］有13家，较2020年增加5家。有4家信托公司净资产收益率为负值，与2020年持平（见图4-4、表4-4）。

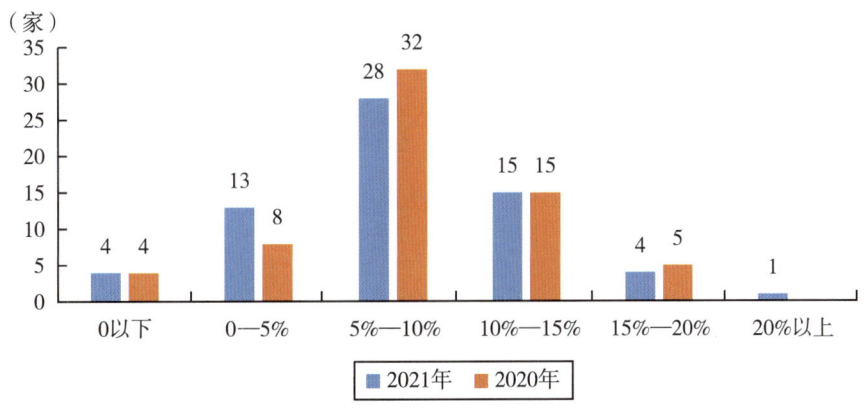

图4-4　2021年信托公司净资产收益率分布区间图

数据来源：各信托公司年报。

表4-4　　　　　2021年ROE排名前十位的信托公司　　　　（单位：%）

排名	信托公司	2021年	2020年	增长
1	万向信托	20.22	19.44	0.78
2	陆家嘴信托	17.39	18.89	−1.50
3	粤财信托	16.69	13.04	3.64
4	华能信托	15.63	17.48	−1.85
5	华融信托	15.21	−96.99	112.20
6	华宝信托	13.32	8.37	4.95
7	紫金信托	13.05	13.53	−0.48
8	国投泰康信托	12.86	13.57	−0.71
9	华润信托	12.71	11.68	1.03
10	厦门信托	12.66	11.02	1.64

数据来源：各信托公司年报。

二、信托业务经营情况

（一）信托资产规模情况

行业信托资产规模止跌回升。自2017年行业信托资产规模达到26.25万亿元峰值以来，一直处于渐次回落的下行通道中，2021年首次实现了止跌回升。2021年末，全行业68家信托公司管理的信托资产规模余额达到20.55万亿元，平均每家信托公司3 021.88亿元，同比增长0.29%。

多数信托公司信托资产规模同比下降。2021年末，已披露年报的61家信托公司平均信托资产规模余额为3 256.96亿元，虽然同比增长1.17%，但共有39家公司信托资产规模余额同比下降，其中16家同比降幅超过20%，只有22家信托公司实现增长，增速最高同时也是增加规模最大的是外贸信托，从2020年末的6 751.27亿元增长至2021年末的11 051.38亿元，规模余额增加4 300亿元，同比增长63.59%。具体来看，外贸信托、华润信托、建信信托、五矿信托和中原信托信托资产规模余额增长均超过千亿元，外贸信托、山西信托、中原信托、云南信托等9家信托公司信托资产规模余额同比增速超过20%。

头部信托公司优势十分显著。截至2021年末，信托资产规模行业均值为3 021.88亿元，但61家已披露年报的信托公司中仅21家公司超过行业均值，且头部信托公司增长较快，信托资产规模的上限进一步提高，但下限则进一步降低，行业首尾差距继续拉大。2021年，按可比口径计算，已披露年报的61家信托公司中，头部信托公司信托资产规模所占市场份额同比进一步扩大，市场集中度进一步提高，前十家头部信托公司的信托资产规模市场集中度达到49.29%，同比进一步提高了3.23个百分点（见表4-5）。

表4-5　　2021年末信托资产规模排名前十位的信托公司

排名	信托公司	2021年（亿元）	2020年（亿元）	同比增速（%）
1	建信信托	16 977.29	15 261.14	11.25
2	华润信托	13 089.38	10 237.04	27.86
3	外贸信托	11 051.38	6 751.29	63.69
4	光大信托	10 957.03	10 260.76	6.79
5	中信信托	9 787.78	12 246.59	−20.08
6	五矿信托	8 174.05	7 028.52	16.30
7	华能信托	8 068.51	8 504.00	−5.12
8	中航信托	6 774.71	6 665.30	1.64
9	英大信托	6 652.82	5 742.54	15.85
10	中融信托	6 387.30	7 176.30	−10.99

数据来源：各信托公司年报。

（二）信托业务结构情况

1.主动管理类信托规模继续增长，事务管理类规模继续下降

截至2021年末，全行业68家信托公司主动管理类信托规模稳步增长至12.08万亿元，平均每家信托公司1 776.91亿元，同比增长6.91%，在信托资产规模中的占比达到58.80%，较2020年末同比提高3.64个百分点，自2018年以来处于持续上升态势；事务管理类信托规模平稳下降，规模降至8.47万亿元，平均每家信托公司1 244.97亿

元，同比下降7.85%，在信托资产中的规模降至41.20%，已连续三年降至50%以下（见图4-5）。

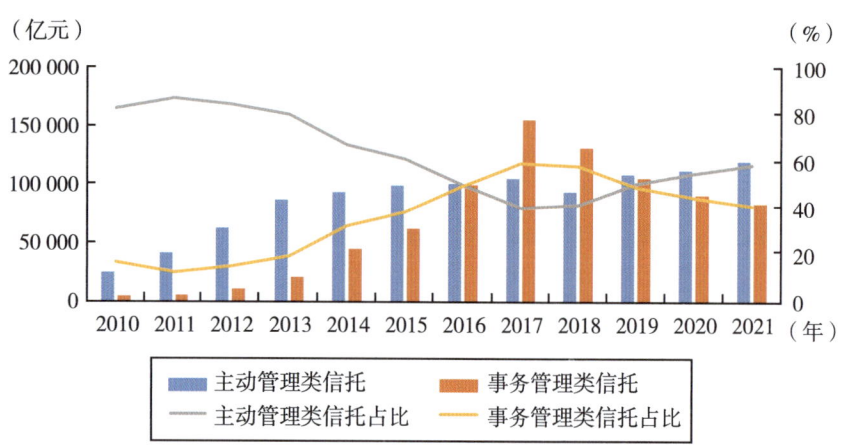

图4-5　2010—2021年主动管理类信托和事务管理类信托规模及占比情况

数据来源：中国信托业协会。

头部信托公司在主动管理类信托方面的优势更加显著。从规模余额来看，按可比口径计算，主动管理类信托规模居于前十的信托公司，整体增速约26.83%，几乎达到61家已披露年报信托公司平均增速的两倍，排名居于第一位和第二位的外贸信托、华润信托，同比增速更是达到78.42%和62.67%，其增长规模亦居于行业前两位。从新增规模来看，行业前十的信托公司同比增速达到57.96%，较61家已披露年报信托公司平均增速高出31.79个百分点。主动管理类信托规模排名前四位的外贸信托、华润信托、光大信托和五矿信托，其年内新增信托规模，包括新增主动管理类信托规模和新增被动管理类规模排名均处于行业前四位，且4家信托公司新增主动管理类信托规模和新增被动管理类信托规模均超过5 000亿元。

2.投资类信托规模大幅增长，融资类规模有效压缩

在主动管理类信托中，投资类信托规模快速增长，融资类信托规模则继续压缩。截至2021年末，全行业68家信托公司投资类信托规模增至8.50万亿元，同比增加2.06万亿元，增幅高达31.92%，占比增至41.38%，同比上升9.92个百分点，规模与占比的年度增幅均为近年来最大，融资类信托规模则降至3.58万亿元，同比压缩1.28万亿元，降幅高达26.28%；占比降至17.43%，同比下降6.28个百分点，规模与占比的年度降幅均为近年来最大（见图4-6）。

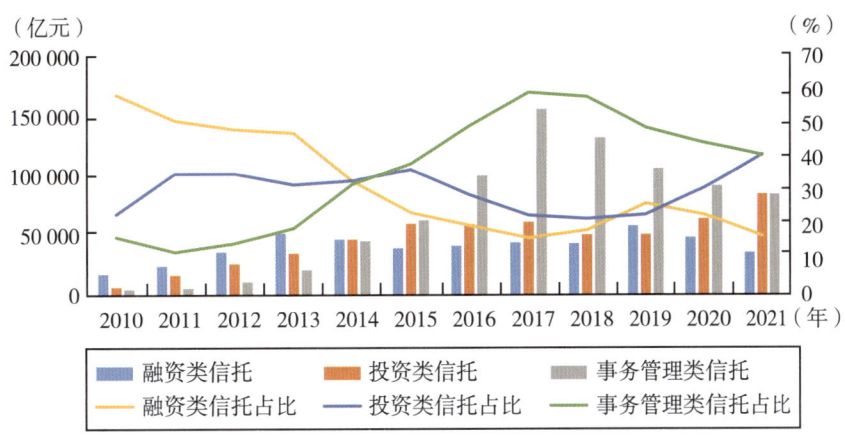

图4-6 2010—2021年融资类、投资类、事务管理类信托情况

数据来源：中国信托业协会。

在对投资类信托规模的贡献方面，证券投资信托规模占比最高。2021年末，按可比口径计算，61家已披露年报的信托公司平均投资类信托规模1 377.89亿元，同比增加316.76亿元，同比增长29.85%。从60家披露主被动管理类信托规模细项的信托公司数据来看，平均证券投资类信托、股权投资类[①]信托规模分别约为766.38亿元和350.12亿元，证券投资类信托在投资类信托中也已占据主要地位。

头部信托公司在投资类信托中的竞争优势十分突出。从投资类信托绝对规模来看，头部信托公司投资类信托规模余额及余额净增和信托资产规模的整体排名较为一致。投资类信托规模较大的信托公司，其年度投资类信托规模余额净增及信托资产规模余额往往也较高。投资类信托规模排名前十位的信托公司，有6家信托公司投资类信托规模余额净增同样居于前十位，有8家信托公司的信托资产规模同样居于前十位，体现了头部信托公司更强的资源获取和项目落地能力。从市场集中度来看，由于华润信托、外贸信托投资类信托的高速增长，市场份额向头部信托公司高度集中。从全行业集中度指标来看，华润信托、外贸信托2家公司已占据市场份额的10%，行业前十的信托公司市场集中度达到60.37%，同比进一步提高2.43个百分点。

3.工商企业信托规模仍居第一，证券投资信托规模升至第二

2021年，工商企业信托规模占比仍居第一位，但证券投资信托规模占比已升至第二位。截至2021年末，全行业68家信托公司的资金信托规模为15.01万亿元，资金信托投向工商企业的占比为27.73%，同比虽小幅下降了2.68个百分点，但在所

---

① 部分信托公司合并披露投资类，采取将其归入证券投资类粗略估计。

有投向中的占比仍然最高,稳居第一位。受资本市场发展、资管产品非标转标、投资者需求多元化等因素影响,资金信托投向证券市场的占比自2020年开始大幅提升,2020年末占比为13.87%,同比提升了2.95个百分点,2021年末占比更是达到了22.37%,同比大幅上升了8.50个百分点,在所有投向中的名次也从2020年末的第五位跃至第二位,成为仅次于工商企业的投向。与之相比,资金信托投向基础产业、房地产领域的占比则呈现下降态势。2021年末资金信托投向基础产业占比降至11.25%,较2020年下降了3.88个百分点,在所有投向中的占比名次也从前两年的第二位下降到了末位第六位。受房住不炒、规范房地产融资、防控房地产金融风险等因素影响,2021年末资金信托投向房地产的占比降至11.74%,较2020年下降了2.23个百分点,在所有投向中的占比名次也从前两年的第三位下降到了位居第五的倒数第二位。受去通道、去嵌套等政策因素影响,资金信托投向金融机构的占比在2018—2020年一直持续下降,2021年底略有回升,占比为12.44%,较2020年略回升0.28个百分点,在所有投向中列居第四位(见图4-7、表4-6)。

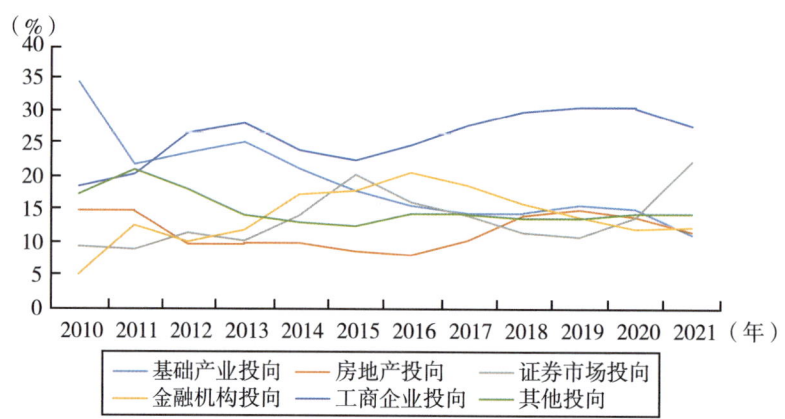

图4-7　2010—2021年信托行业资金信托各投向占比变动情况

数据来源:中国信托业协会。

表4-6　2021年末信托资产规模各分布领域排名前十位的信托公司

排名	基础产业	房地产	证券市场	工商企业	金融机构	其他
1	英大信托	中信信托	华润信托	光大信托	建信信托	建信信托
2	光大信托	中航信托	外贸信托	中融信托	上海信托	华能信托
3	上海信托	光大信托	五矿信托	百瑞信托	中信信托	五矿信托

续表

排名	基础产业	房地产	证券市场	工商企业	金融机构	其他
4	中信信托	中融信托	建信信托	中航信托	中海信托	外贸信托
5	交银信托	长安信托	平安信托	西部信托	中融信托	华润信托
6	江苏信托	五矿信托	江苏信托	渤海信托	光大信托	中航信托
7	华鑫信托	北京信托	华宝信托	中信信托	交银信托	中信信托
8	陕国投	兴业信托	光大信托	华润信托	外贸信托	中原信托
9	百瑞信托	中诚信托	交银信托	云南信托	华能信托	中建投信托
10	中融信托	平安信托	中信信托	粤财信托	平安信托	中铁信托

数据来源：各信托公司年报。

目前，信托公司证券投资信托业务以债券投资业务为主。截至2021年末资金信托中债券投向达2.35万亿元，同比增长57.72%；股票投向0.72万亿元，同比增长34.58%；基金投向0.28万亿元，同比增长21.74%（见图4-8）。此外，FOF业务也有较快增长。根据普益标准数据，2020年全年信托业合计新发行288只FOF类产品，超过前十年的累计发行量，2021年以来保持加速增长态势，前三个季度新发行产品数量已达到546款。

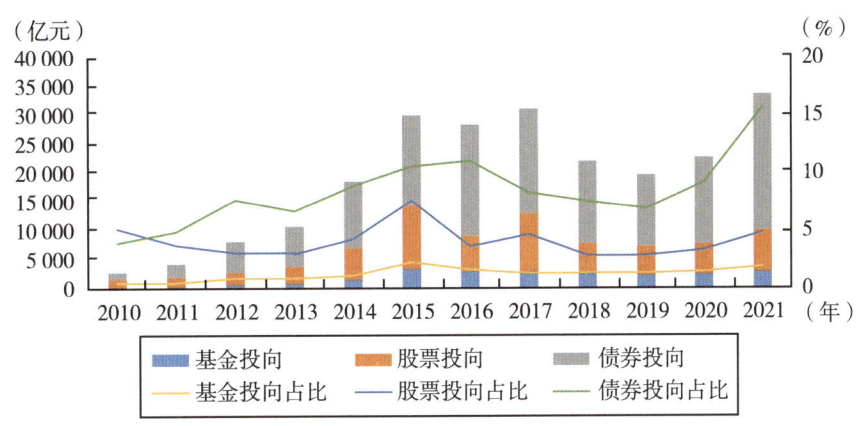

图4-8 2010—2021年末资金信托基金、股票、债券投向规模及占比情况

数据来源：中国信托业协会。

各信托投向领域中证券投资信托的头部化最为显著。华润信托、外贸信托证券投资信托规模已分别达到8 434.15亿元和7 098.30亿元，两家信托公司合计达到行业

规模的近四成,排名位居三到五名的五矿信托、建信信托、平安信托证券投资信托规模分别为3 003.57亿元、2 376.56亿元和2 141.42亿元,排名前五位的信托公司证券投资信托规模合计达到2.31万亿元,已超过行业规模的半数。增量指标来看,61家信托公司中证券投资信托余额净增前十名合计占据市场份额的96.58%,几乎贡献行业证券投资信托余额净增的全部(见表4-7)。

表4-7　　2021年末证券投资信托规模排名前十位的信托公司

排名	信托公司	2021年(亿元)	2020年(亿元)	增速(%)
1	华润信托	8 434.15	5 446.09	54.87
2	外贸信托	7 098.30	3 054.71	132.37
3	五矿信托	3 003.57	704.29	326.47
4	建信信托	2 376.56	2 817.64	−15.65
5	平安信托	2 141.22	980.56	118.37
6	江苏信托	2 021.42	971.92	107.98
7	华宝信托	1 485.32	842.48	76.30
8	光大信托	1 403.70	970.79	44.59
9	交银信托	1 255.67	809.48	55.12
10	中信信托	1 168.46	917.37	27.37

数据来源:各信托公司年报。

4. 集合资金信托为主,财产权信托快速增长

从信托财产来源看,集合资金信托继续稳步增长,2021年末规模增至10.59万亿元,同比增长4.10%,占比提升到51.53%,同比上升1.89个百分点,规模和占比自2019年以来在三大信托来源中均一直稳居第一位。单一资金信托则加速下降,2021年末规模降至4.42万亿元,同比下降1.72万亿元,降幅达28.00%,占比降至21.49%,同比下降8.45个百分点,规模与占比的年度降幅均为近年来最大,信托业按监管要求"去通道"已经取得实质效果。与此同时,财产权信托快速增长,增速显著高于集合资金信托和单一资金信托,2021年末财产权信托规模增至5.54万亿元,同比增长32.53%,规模占比进一步提升到26.98%,同比上升6.56个百分点,规模与占比增幅均为近年来最大(见图4-9、图4-10)。

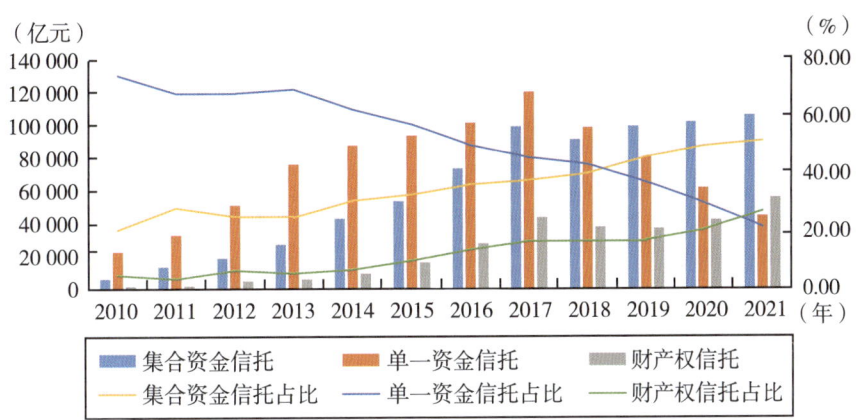

图 4-9　2010—2021年集合资金信托、单一资金信托及财产权信托规模及占比情况

数据来源：中国信托业协会。

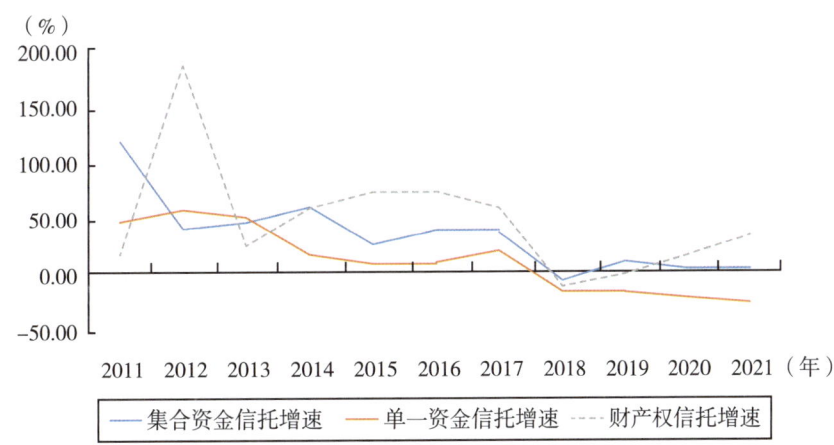

图 4-10　2010—2021年集合资金信托、单一资金信托及财产权信托规模增速情况

数据来源：中国信托业协会。

财产权信托的快速增长，得益于近年来信托公司推进转型发展过程中对资产服务信托业务的布局和重视。2021年末，按可比口径计算，在披露年报61家信托公司中，财产权信托规模前十的信托公司均在资产证券化信托、家族信托、破产重整信托等典型资产服务信托业务方面存在显著优势，但排名前十位的信托公司平均增速均略低于行业平均增速，说明头部信托公司仍然占据较大市场份额但市场集中度略有下降，也从侧面反映出资产服务类信托市场潜力较大，且存在赶超的可能（见表4-8）。

表4-8　　2021年末财产权信托规模前十位的信托公司

排名	信托公司	2021年（亿元）	2020年（亿元）	增速（%）
1	建信信托	10 331.52	7 966.83	29.68
2	英大信托	5 630.88	4 844.22	16.24
3	华能信托	3 349.51	3 738.00	−10.39
4	华润信托	3 237.88	2 722.83	18.92
5	上海信托	2 735.53	1 761.79	55.27
6	中海信托	2 267.44	1 705.90	32.92
7	粤财信托	1 987.21	858.06	131.59
8	外贸信托	1 784.37	1 257.96	41.85
9	交银信托	1 685.25	67.21	2 407.45
10	光大信托	1 548.24	906.94	70.71

数据来源：各信托公司年报。

（三）信托业务收入情况

1. 信托业务收入占比稳定

2021年，全行业68家信托公司共实现信托业务收入868.74亿元，同比增长0.49%。除2018年外，2010年以来信托业务收入整体呈现持续增长同时增速趋缓的发展态势，但在营业收入中的占比方面一直占据主导地位且稳步提升。2021年全行业信托业务收入在营业收入中的占比达到71.92%，同比提升1.53个百分点，继续保持了稳步提升态势（见图4-11）。

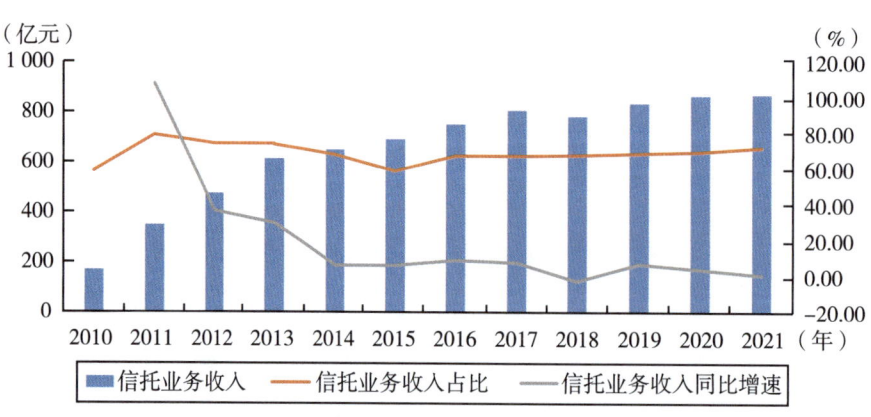

图4-11　2010—2021年信托行业信托业务收入及占比情况

数据来源：中国信托业协会。

头部信托公司受益于信托资产规模的更快扩张，信托业务收入市场份额也进一步提高。2021年，信托业务收入前十的公司占全行业信托业务收入总额的占比达46.14%，较2020年进一步提升2.03个百分点，市场集中度进一步提高（见表4-9）。

表4-9　　2021年信托业务收入排名前十位的信托公司

排名	信托公司	2021年（亿元）	2020年（亿元）	增速（%）
1	光大信托	56.94	47.90	18.87
2	中信信托	56.42	57.86	-2.49
3	华能信托	49.20	38.23	28.69
4	五矿信托	45.24	37.54	20.50
5	中融信托	44.52	39.24	13.47
6	中航信托	39.50	38.26	3.24
7	平安信托	32.44	38.84	-16.47
8	建信信托	32.22	28.16	14.45
9	英大信托	21.20	16.99	24.79
10	外贸信托	19.93	18.17	9.74

数据来源：各信托公司年报。

2.信托报酬率略有提升

行业整体信托报酬率略有提升，助力行业信托业务收入实现增长。根据"信托业务收入/两年信托资产规模余额"估算信托报酬率，2021年全行业信托报酬率约0.4134%，较2020年提高0.0126个百分点。大部分信托公司信托报酬率同比提升，按可比口径计算，2021年已披露年报的61家信托公司中，共有43家信托公司信托报酬率同比提高。

信托业务结构对信托报酬率影响较大。结合各信托公司年报已清算结束信托加权平均信托报酬率情况，目前信托公司开展事务管理类信托业务往往信托报酬率较低，而投资类、融资类信托等业务的信托报酬率相对较高。根据"信托业务收入/两年信托资产规模余额"估算信托报酬率，按可比口径计算，2021年已披露年报的61家信托公司中，信托资产规模较大的信托公司往往信托报酬率较低，且其信托报酬率出现了进一步下行的趋势，而信托资产规模较小且主动管理类房地产信托业务或融资类信托业务占比较高的信托公司，信托报酬率相对较高且出现了同比提升。

3.向投资者创造收益与收益率略降

2021年，受宏观经济增速下行、新冠肺炎疫情反复、资本市场波动等综合影响，大类资产投资回报率有所下行，信托业管理的信托资产规模虽略有增长，但信托项目利润实现情况和清算项目收益率也受到了一定影响。

信托项目当期利润略有下降。2021年，按可比口径计算，已披露年报61家信托公司信托项目营业收入合计为1.19万亿元，同比下降16.86%；累计实现净利润9 509.68亿元，同比下降24%，但仍处于较高位置，持续为客户创造了更多财富价值。

已清算项目收益率小幅下降。2021年，按可比口径计算，已披露年报的61家信托公司合计已清算结束集合类、单一类、财产管理类信托项目规模9.14万亿元，已清算结束信托项目年化收益约0.53万亿元，加权平均年化收益率约5.84%，较2020年略降0.09个百分点，但仍高于同期企债指数、国债指数、定期存款、沪深300等国内主要大类资产收益率。

三、固有业务经营情况

（一）固有资产规模情况

信托业固有资产和净资产规模持续保持增长，资本实力持续增强。截至2021年末，全行业68家信托公司固有资产总额为8 752.96亿元，同比增长6.12%；固有负债总额为1 719.77亿元，同比增长11.88%；净资产总额为7 033.19亿元，同比增长4.80%；资产负债率为19.65%，同比上升1.01个百分点（见图4-12、表4-10）。

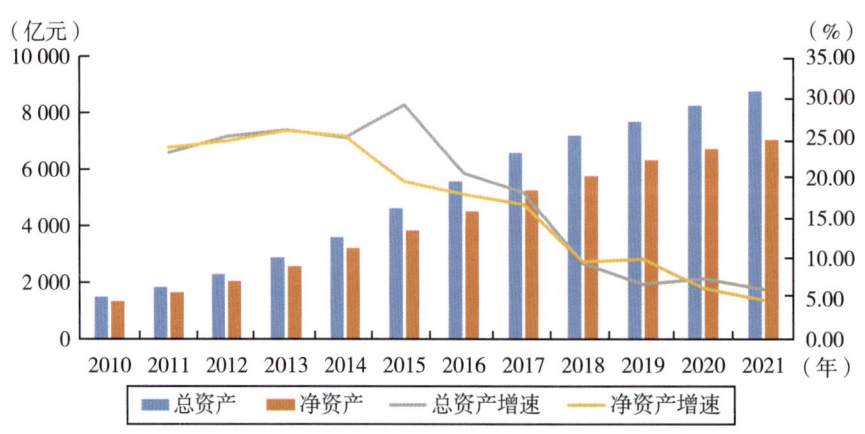

图4-12　2010—2021年信托业固有资产及净资产情况

数据来源：中国信托业协会。

表4-10　　2021年末总资产排名前十位的信托公司

排名	信托公司	2021年（亿元）	2020年（亿元）	增速（%）
1	中信信托	364.99	349.03	4.57
2	平安信托	322.91	344.25	−6.20
3	华润信托	320.85	265.13	21.01
4	重庆信托	314.67	295.13	6.62
5	华能信托	285.08	274.56	3.83
6	江苏信托	278.69	280.74	−0.73
7	五矿信托	269.75	250.23	7.80
8	建信信托	268.94	255.47	5.27
9	中融信托	242.71	224.62	8.05
10	兴业信托	226.89	212.81	6.62

数据来源：各信托公司年报。

信托业净资产各主要构成均创历史新高，且保持了占比相对稳定的态势，行业整体风险抵御能力进一步提升。截至2021年末，信托业净资产构成中，实收资本为3 256.28亿元，同比增长3.81%，在净资产中的占比为46.30%；信托赔偿准备为346.28亿元，同比增长7.69%，在净资产中的占比为4.92%；未分配利润为1 936.73亿元，在净资产中的占比为27.54%（见图4-13、表4-11、表4-12）。

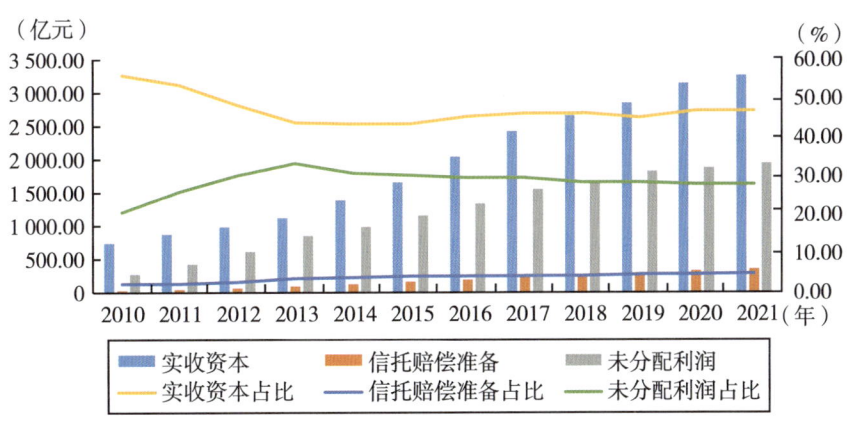

图4-13　2010—2021年信托业净资产构成情况

数据来源：中国信托业协会。

表4-11　　2021年末注册资本排名前十位的信托公司

排名	信托公司	2021年（亿元）	2020年（亿元）	增速（%）
1	重庆信托	150.00	150.00	0.00
2	五矿信托	130.51	130.51	0.00
3	平安信托	130.00	130.00	0.00
4	中融信托	120.00	120.00	0.00
5	中信信托	112.76	112.76	0.00
6	华润信托	110.00	110.00	0.00
7	建信信托	105.00	105.00	0.00
8	昆仑信托	102.27	102.27	0.00
9	兴业信托	100.00	100.00	0.00
10	陆家嘴信托	90.00	48.00	87.50

数据来源：各信托公司年报。

表4-12　　2021年末净资产排名前十位的信托公司

排名	信托公司	2021年（亿元）	2020年（亿元）	增速（%）
1	中信信托	320.55	304.51	5.27
2	平安信托	273.20	263.37	3.73
3	华润信托	272.54	248.41	9.71
4	重庆信托	265.80	263.76	0.77
5	华能信托	254.97	230.19	10.77
6	江苏信托	241.84	223.07	8.41
7	五矿信托	231.60	224.68	3.08
8	建信信托	225.61	206.51	9.25
9	外贸信托	197.89	189.83	4.25
10	中融信托	193.08	190.61	1.29

数据来源：各信托公司年报。

（二）固有资产结构情况

1.固有资产运用仍以投资类资产为主

截至2021年末，全行业固有资产中，货币类资产、贷款、投资分别为652.13亿元、643.03亿元和6 985.92亿元,其中投资类资产规模占比达到79.81%,是固有资产的主要构成。货币类资产规模增长同时占比也有所提高,行业流动性有所改善。截至2021年末,全行业固有资产中货币类资产规模652.13亿元,同比增长10.36%,货币类资产占比7.45%,较2020年末提高0.29个百分点(见图4-14)。

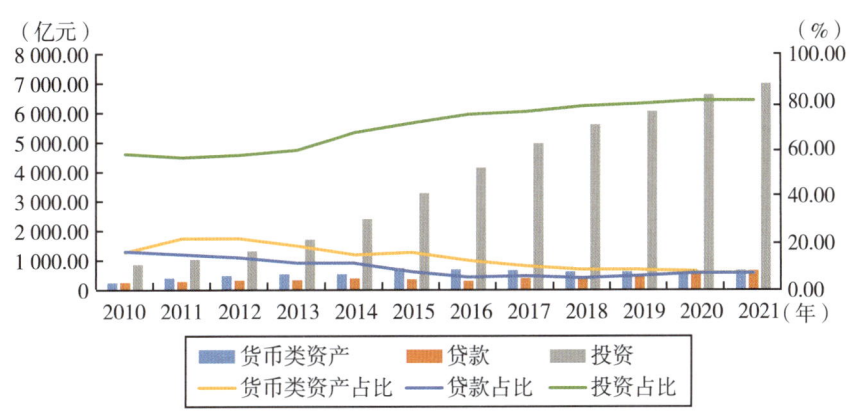

图4-14　2010—2021年信托业固有资产构成情况

数据来源:中国信托业协会。

2.交易性金融资产形成一定规模,证券市场投向增速较快

根据59家已在年报中披露交易性金融资产数据的信托公司年报数据,截至2021年末,59家公司平均交易性金融资产达62.77亿元,已经形成较大规模。交易性金融资产科目的变动,一方面与执行新的会计准则有关,按照新的会计准则,金融资产分类和计量转变为三分类,原应收账款、应收利息、可供出售金融资产、金融产品投资等科目部分或全部应按照金融资产的性质确认为交易性金融资产科目,这同时也有利于更为准确地体现信托公司对该类金融资产的积极管理态度;另一方面与部分信托公司通过固有资金投资金融产品有一定关系。结合损益表来看,交易性金融资产按照市价估值,由于其公允价值变动直接计入当期损益,因此较大规模的交易性金融资产也加大了营业收入和利润水平的波动。

固有资产投向领域方面,证券市场投向增速最快,从59家已在年报中披露该数据的信托公司年报数据来看,平均固有资产证券投资额为21.52亿元,绝对金额并不大,但同比增速达到45.65%。证券投向的快速发展,与信托公司以固有资金支持公司标品投资业务开展,甚至使用部分自有资金孵化标品投资产品有一定关系。

(三)固有业务收入情况

1. 固有业务收入整体下降

由于其他业务收入占比极小,本章将固有及其他业务收入统称为固有业务收入。2021年全行业合计实现固有业务收入339.24亿元,平均每家信托公司4.99亿元,同比下降6.69%,在营业收入中的占比为28.08%,同比下降1.53个百分点。其中:全行业实现利息收入62.52亿元,平均每家信托公司0.92亿元,同比增长13.21%,在营业收入中的占比约为6.00%,同比提高1.50个百分点,全行业实现投资收益299.34亿元,平均每家信托公司4.40亿元,同比增长10.46%,在营业收入中的占比约为23.50%,同比提高1.43个百分点(具体资料见表4-13)。

表4-13　　　　2021年固有业务收入排名前十位的信托公司

排名	信托公司	2021年(亿元)	2020年(亿元)	增速(%)
1	华润信托	27.67	21.87	26.49
2	江苏信托	16.72	15.09	10.80
3	山东信托	14.29	11.53	23.93
4	上海信托	13.51	14.17	−4.65
5	外贸信托	13.50	12.73	6.09
6	粤财信托	13.29	9.00	47.54
7	华融信托	12.80	−22.34	—
8	华能信托	11.03	22.06	−50.02
9	中信信托	10.78	12.87	−16.25
10	重庆信托	10.44	14.40	−27.53

数据来源:各信托公司年报。

2. 投资收益及公允价值变动损益影响较大

投资收益整体贡献了约1/4的营业收入以及绝大部分的固有业务收入。2021年全行业固有资产中投资类资产6 985.92亿元,共实现投资收益299.34亿元,同比增长10.46%,在营业收入中的占比为23.50%。2021年,按可比口径计算,已披露年报的61家信托公司中,部分信托公司投资收益贡献较大。绝对金额来看,61家信托公司中,共19家信托公司实现投资收益超过5亿元,其中10家公司超过10亿元,华润信托实现投资收益23.93亿元居于行业第一位。部分信托公司的投资收益对营业收入的贡献较大，共18家信托公司实现投资收益对营业收入的贡献度超过30%，其中9家信托公司超过50%。

公允价值变动损益对盈利水平的影响也较为突出。从行业整体来看，2021年，按可比口径计算，以披露年报61家信托公司平均公允价值变动损益为–1.40亿元，较2020年的–0.48亿元继续减少0.92亿元。61家信托公司中共30家信托公司2021年公允价值变动损益为负数，其中9家信托公司该项指标拉低营业收入超过5亿元，2家公司甚至超过20亿元。年度变动方面，有8家信托公司公允价值变动损益低于–10亿元，其中5家低于–20亿元。部分信托公司公允价值变动损益对营业收入造成较大影响，主要基于以下三方面的原因：一是与执行新金融工具准则有较大关系，交易性金融资产采用市价计量和估值，其变动直接影响当期损益；二是与2021年资本市场出现一定波动有关；三是与部分信托公司投资金融产品亏损有一定关系。

综上分析，2021年信托行业业务经营总体有喜有忧。从积极因素看，行业管理资产规模、利润等盈利指标开始企稳回升；信托主业地位更加稳固，信托业务结构也持续优化；固有资本实力不断提高，行业抵御风险能力进一步增强。但信托行业管理资产规模、收入增长比较乏力，回升基础还不够稳固；与其他资管同业相比业务转型任务还比较重，发展差距有所拉大；固有资产中投资类资产配置占比较高，流动性风险抵御能力有所下降。

第五章
机构管理情况

一、公司治理与内部控制

（一）公司治理持续优化

1. 治理规则日臻完备

以2007年原中国银监会出台的《信托公司治理指引》为基石，监管部门不断完善信托公司治理规则，引导信托公司建立科学合理的内部治理结构。

2021年，中国银保监会陆续出台多项政策文件，推动银行保险机构提高公司治理质效。2021年6月，银保监会印发《银行保险机构公司治理准则》，首次将党的领导与公司治理有机融合的要求正式写入银行业保险业监管制度，吸收整合现有银行业监管规制与保险业监管规制的核心内容，借鉴引入《二十国集团/经合组织公司治理原则》相关做法，成为我国包括信托公司在内的银行保险机构共同遵循的公司治理纲领性监管制度。7月，《银行保险机构董事监事履职评价办法（试行）》施行，从忠实、勤勉、专业性、独立性和道德水准、合规性五个维度确定董事监事职责，进一步规范董事监事履职行为，促进银行业保险业稳健可持续发展。9月，印发《银行保险机构大股东行为监管办法（试行）》，进一步加强股权监管，推动大股东依法履行义务，规范行使权利，有效防范金融风险（见表5-1）。

表5-1　2019—2021年信托公司治理相关监管政策

出台时间	监管政策
2021年	《银行保险机构公司治理准则》
2021年	《银行保险机构董事监事履职评价办法（试行）》

续表

出台时间	监管政策
2021年	《银行保险机构大股东行为监管办法（试行）》
2020年	《信托公司行政许可事项实施办法》（修订）
2020年	《健全银行业保险业公司治理三年行动方案（2020—2022年）》
2020年	《信托公司股权管理暂行办法》
2019年	《银行保险机构公司治理监管评估办法（试行）》

2. 治理体系日益健全

信托公司按照监管规则要求，持续建立健全内部治理体系，各治理机构相互制衡，公司治理规范性、有效性不断提升。

（1）"三会一层"架构健全

根据监管政策要求，信托公司应当建立由股东大会、董事会、监事会和高级管理层组成的法人治理结构。68家信托公司年报数据显示，所有信托公司均已建立健全"三会一层"组织架构，形成了权力机构、决策机构、监督机构和管理层之间分工配合、相互协调、相互制衡的运作机制，从制度上、程序上和操作上保障了公司治理依法合规有效运行。

信托公司"三会一层"人员配置方面，能够有效满足监管要求和管理需要。根据协会对65家信托公司的调研数据，2021年，信托公司董事会平均有9位成员，独立董事占比34%；监事会平均有5位成员，外部监事占比26%；高级管理层平均有7位成员，其中市场化选聘高管占比32%。

2021年，8家信托公司董事长变更，14家信托公司监事长变更，16家信托公司总经理变更。值得注意的是，除了正常的人事变动外，有2家信托公司领导人员因监管处罚等负面原因被动更换，监管对公司治理的刚性约束作用开始显现（见图5-1）。

（2）专业委员会设立完备

为提升董事会决策的科学性、有效性，信托公司在董事会下均设立了各类专业委员会履行董事会赋予的专项职责。根据协会调研数据统计，几乎所有信托公司都设立了信托委员会、风险管理委员会、审计委员会、关联交易委员会、薪酬委员会；48家信托公司单独设立了消费者权益保护委员会，其他公司多由信托委员会承担消费者保护职能；42家信托公司单独设立了战略规划委员会；37家信托公司设立提名委员会，且一般与薪酬委员会合并设立；11家信托公司设立了投资决策委员会（见图5-2）。

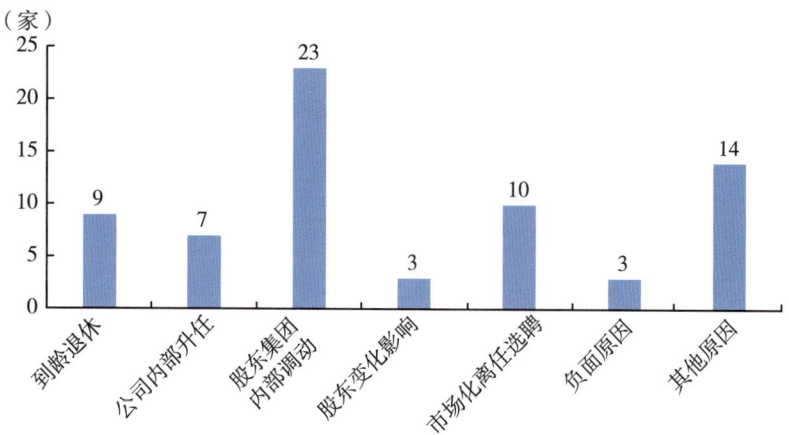

图5-1　信托公司重要人事变动原因分析

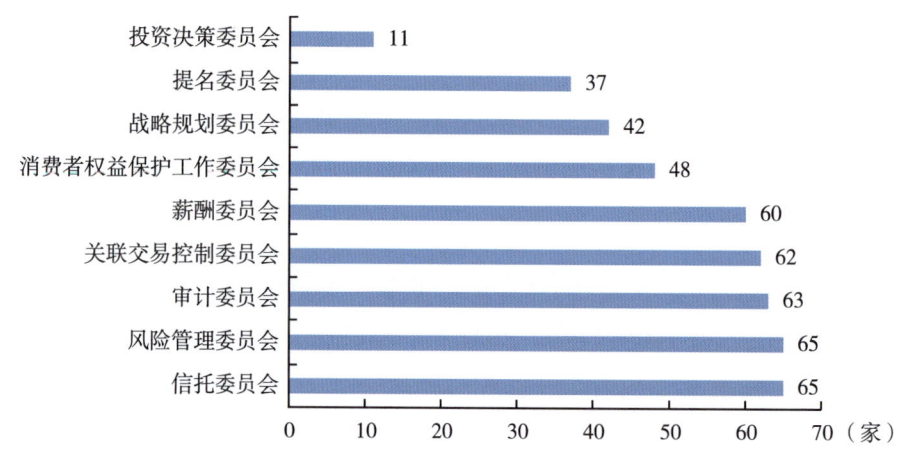

图5-2　信托公司董事会专业委员会设置情况

除董事会下设专业委员会外，信托公司均不同程度、不同形式在经营管理层下设相关委员会。例如，国投泰康信托设有信托业务决策委员会和固有业务决策委员会，天津信托设有固定收益类业务风险审批委员会、股权投资业务投资决策委员会和证券市场业务投资决策委员会，西藏信托设有固有业务审查委员会、投资决策委员会和年金管理委员会。

根据职责划分，信托公司的审批架构目前主要采用两种模式：董事会及下设专业委员会与经营层分级授权审批模式、授权经营层负责业务审批模式。根据协会调研数据，47家公司采取第一种模式，即由董事会下设专业委员会负责对超过经营层授权审批范围内的业务进行审批，经营层及下设的项目审查委员会在授权范围内进行决策；14家公司采取第二种模式。此外，有4家信托公司对于信托业务和固有业务采用不同的审批架构，如中航信托，采取信托业务由董事会授权经营层负责业务审批，固有业务及关联交易相关事项按照授权由董事会及经营层分级审批。

（3）独立董事制度作用有效发挥

根据协会调研数据，截至2021年末，信托行业董事会成员中平均有34%为独立董事。绝大多数信托公司的独立董事都在3人以上，仅有12家公司独立董事人数不及3人，但均在抓紧开展独立董事聘任工作（见表5-2）。

表5-2　　　　　　　　　　　独立董事人数情况

独立董事人数（人）	信托公司数量（家）	百分比（%）
1	1	1.6
2	11	17.5
3	44	69.8
4	5	7.9
5	2	3.2

信托公司选聘的独立董事从业背景主要包括高校及科研院所、金融机构、工商企业、政府部门以及律师事务所等其他机构。根据协会调研数据，各家信托公司聘请的独立董事中具有高校及科研院所背景的占比为50.8%（见表5-3），持续居各类从业背景首位，说明信托公司重视引入具有学术科研背景的独立董事，旨在提高公司的创新管理水平，尤其有助于信托公司在行业转型期创新发展。

表5-3　　　　　　　　　2021年信托公司独立董事从业背景情况

独立董事从业背景	独立董事数量（人）	独立董事人数占比（%）
高校及科研院所	95	50.8
金融机构	26	13.9
工商企业	22	11.8
政府部门	4	2.1
其他	37	19.8

（4）党的领导与公司治理有机融合持续深化

信托公司将党的领导融入公司治理各个环节。国有信托公司按照有关规定，将党建工作要求写入公司章程，落实党组织在公司治理结构中的法定地位；不断完善"双向进入、交叉任职"领导机制，发挥党委把方向、管大局、保落实的领导作用，落实重大经营管理事项党委前置研究要求，建立党委与董事会、监事会等治理主体间沟通机制，推进议事规则与决策流程衔接更加有效；健全党委领导下以职工代表大会为基本形式的民主管理制度，保证职工代表依法有序参与公司治理。民营信托公司按照党组织设置有关规定，建立党的组织机构，积极发挥党组织的政治核心作用，加强政治引领，促进持续健康发展。

（二）组织架构动态调整

1.业务部门资源集中

信托公司设置前台业务部门，主要考量因素有信托产品类型、信托投向领域、信托展业区域和业务量等。根据协会统计数据，信托公司在设置业务部门时，倾向于同时采取多种考量因素，例如既有以标品投资部门等以信托产品类别冠名的部门，又有绿色信托事业部等以投向领域冠名的部门，同时还存在北京业务部、上海业务部等区域冠名的部门（见表5-4）。多类设置原则共存的现象在一定程度上说明了信托公司组织体系的灵活性，但同时也在专业化和协同性方面遇到挑战。

表5-4　　　　　　　　　信托公司前台部门设置原则

设置原则	信托公司数量（家）
信托产品类别	5
信托投向领域	1
信托展业区域	8
信托产品类别+投向领域	7
信托产品类别+展业区域	11
信托投向领域+展业区域	2
信托产品类别+投向领域+展业区域	19
无分类，按业务量划分团队	7

信托公司人力资源集中分布在前台业务部门。根据协会调研数据，从部门数量来看，前台部门平均占比为64%；从人员数量来看，前台员工平均占比为63%（见图5-3）。18家信托公司设置信托业务管理总部，其职能涵盖业务发展规划与考核、业务推进与管理、协调与其他部门的配合工作等。58家信托公司设置异地业务部门或团队，以总部所在区域辐射范围和发达城市群为主，包括京津冀、长三角、粤港澳等地区。

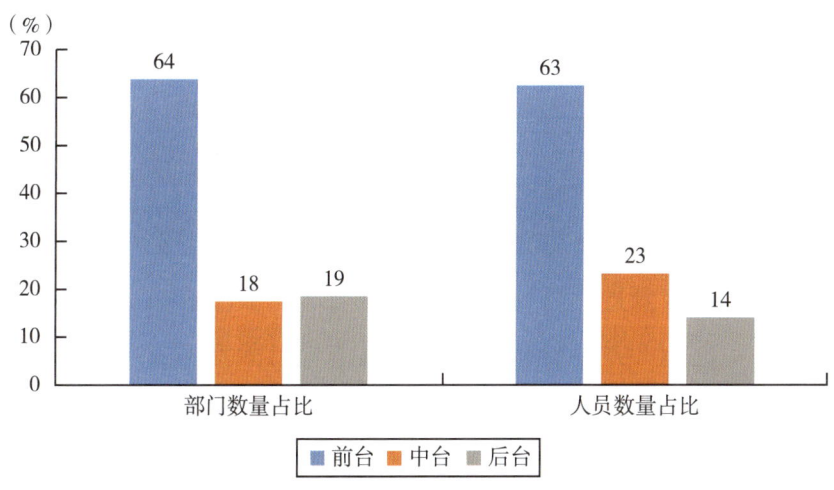

图5-3　2021年度信托公司前中后台人力资源分布情况

根据协会调研数据，2021年度信托公司前台各业务部门的收入利润贡献度并不平衡，集中度较高。以1—10分为评价标准，10分表示集中度非常高，某业务部门作主要贡献；1分表示各业务部门贡献非常均衡。由图5-4可知，大多数信托公司业务部门收入利润贡献集中度较高，部分业务部门尚处于业务突破期，未构成公司利润增长动力。

2.财富管理部门前台化

财富管理作为信托公司主要转型发展方向，贯穿产品设计、资产配置、产品营销全流程，信托公司财富管理部门随之进行转型改造。根据协会统计数据，2021年末，超过90%的信托公司将财富管理部门定位为前台部门。具体来看，大致可以分为以下几类。

第一类，财富管理部门仅承担销售职能，且以销售本公司产品为主，部门架构较为简单，由总部营销团队和异地营销团队构成。此类信托公司数量较少。

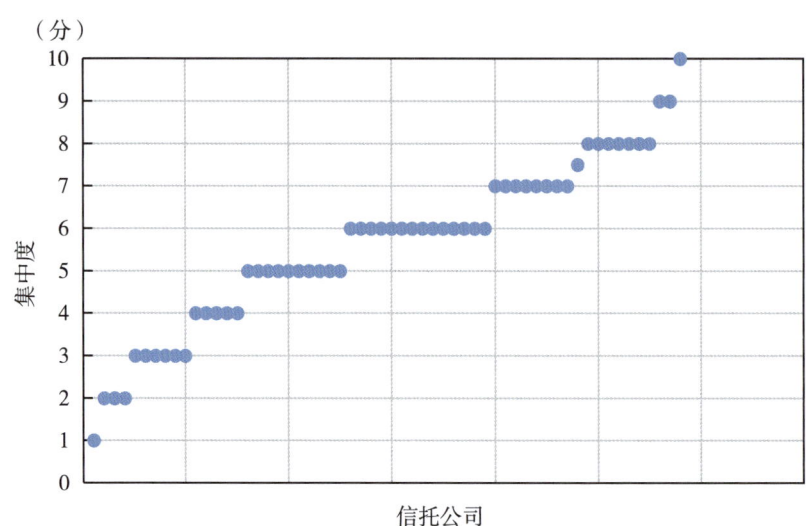

图5-4　信托公司前台业务部门收入利润贡献集中度

第二类，财富管理部门同时承担销售、高净值客户理财和家族财富业务三类职能。部门架构分为两层，在财富管理总部基础上，设产品中心、机构客户部、家族财富办公室等二级部门，以及多地营销团队。此类信托公司数量占比过半，体现出信托行业财富管理业务发展趋势。

第三类，财富管理部门在第二类的基础上，另有创新产品研发职能。此类信托公司数量也较少。

3.组织架构适时调整

信托公司组织架构调整频率主要受内外部环境影响，2021年度，大多数信托公司做出组织架构调整。2018—2021年，信托行业的主旋律是转型发展，信托公司在探索过程中，伴随着监管政策变化、战略规划调整，于组织架构方面不断做出调整，以求优化职能职责分工，提升业务拓展效率。对于调整成效，根据协会调研数据，只有少数公司自评分为10分满分，大多数信托公司自评分为8分，表明组织架构仍存在优化空间，信托公司差异化发展道路尚未成熟（见表5-5）。

表5-5　　2021年度信托公司调整组织架构原因分析

调整组织架构的原因	信托公司数量（家）
未做出调整	10
适应监管政策变化	29

续表

调整组织架构的原因	信托公司数量（家）
公司战略规划调整	26
公司战略不变，业务发展规划调整	20
提升业务拓展效率	39
优化职能职责分工	36
其他	3

（三）内部控制不断完善

信托公司内部控制体系建设与评价工作以财政部、国资委等五部委颁布的《企业内部控制基本规范》（财会〔2008〕7号）及其配套指引（财会〔2010〕11号）为基本指导，以《公司法》《信托法》《信托公司管理办法》等法律法规与监管规则要求为具体指南。2021年，银保监会印发《关于开展银行业保险业"内控合规管理建设年"活动的通知》（银保监发〔2021〕17号），要求对照工作要点深入查找内控合规薄弱环节，重点加强股权管理、授信业务、影子银行和交叉金融、互联网业务等领域的内控合规建设，实现内控体系更加健全、内控效能持续提升、合规意识更加牢固、合规文化持续厚植的建设目标。以此为契机，信托公司内部控制建设得到进一步加强与完善，内控管理精细化、科学化水平得到提升。

1.内控组织体系日臻完善

目前，信托公司均按监管要求在公司治理层面明确了董事会、监事会和高级管理层在内控建设方面的各自职责，并明确了内控管理职能部门。根据协会调研数据，大多数信托公司指定风险合规管理类部门统筹负责内控建设。在63家被调研信托公司中，26家信托公司由合规管理部门负责，14家信托公司由风险管理部门负责，5家信托公司由审计部门负责，其他少数信托公司由相关专业委员会或专设内控部负责。除此之外，有27家公司在其他部门设置内控兼职岗位（见表5-6）。

表5-6　　　　　　信托公司内控职能部门情况

统筹负责内控建设职能部门	信托公司数量（家）
审计部门	5
合规管理部门	26

续表

统筹负责内控建设职能部门	信托公司数量（家）
风险管理部门	14
其他部门/机构	11
否	7

此外，根据"三道防线"要求，信托公司内控建设与内控监督分工清晰，均以不同方式建立了内部控制监督评价体系。目前，信托公司一般由审计部门负责内控监督评价工作，部分公司还聘请外部审计机构进行内控专项审计。审计部结合内外部审计结果，提出相应的内部控制改进建议，并对发现的问题通过建立整改台账，持续跟进问题整改落实情况，推动公司内部控制管理持续完善。

2. 内控管理科学性提升

信托公司普遍注重提升企业内部控制的科学性。

一方面，提升内控管理精细化水平。根据协会调研数据，在65家信托公司中，54家信托公司编制岗位说明书，28家信托公司编制内控规范手册，内容覆盖法人治理、战略规划、合同管理、授权管理、信息披露、审计监督、反舞弊机制、财务管理、固有业务、信托业务、风险处置、营销活动、金融科技等多方面；25家信托公司编制内控评价手册。信托公司内控监督评价标准主要来自承接股东集团、对标同业公司、外部咨询建议、自主评估拟定以及参照外部监管政策和内部制度等（见表5-7）。

表5-7　　　　　　　信托公司内部控制监督评价标准

公司内部控制监督评价标准	信托公司数量（家）
承接股东集团的评价标准	30
参照同业可比公司的评价标准	24
依据外部咨询机构的专业建议	17
根据公司情况，自主拟定评价标准	41
其他：外部监管政策和公司内部制度	8

另一方面，信托公司内部控制科技化水平逐渐提升。根据协会调研数据，2021年，信托公司在内部控制信息系统建设、外聘咨询机构、外聘监督机构等方面投入

一定资源。以"管理制度化、制度流程化、流程信息化"为内控管理的基础，通过制度和操作要求将内控关键点嵌入相应信息系统菜单，对权限分配、业务逻辑、数据取数、估值核算、系统联通性等环节，进行刚性控制减少操作风险。

总体说来，信托公司的治理体系逐渐健全，内控建设不断完善，但是，2021年，有2家公司因公司治理问题受到监管处罚，有2家信托公司进行内部问责，体现出当前信托公司治理与内控方面仍然存在不足之处。主要表现在：一是部分公司董事会、监事会的人员组成以及股东大会、董事会授权制度没有完全满足《银行保险机构公司治理准则》的相关要求，需要进一步完善；二是少数公司仍然存在实控人或者内部人控制现象，由此出现违法违规经营、不当利益输送以及重大风险事件等问题；三是董监事会的履职能力有待提升，独立董事参与公司治理的积极性不足，对于董监事会履职评价体系有待完善。信托公司治理与内控建设仍然任重道远。

二、合规管理与风险管理

2021年，信托公司顺应严监管的政策要求和业务转型的经营需要，不断强化合规管理与风险管理建设。培养良好的"合规文化"和"风控文化"始终是信托行业的共同目标。2019年中国信托业年会主题为"弘扬信托文化、强化合规经营"，2020年中国信托业年会进一步提出合规文化是最基础、最核心、最重要的信托子文化之一，2021年银行保险业更是在银保监会的统一部署下开展了"内控合规管理建设年"活动，中国信托业协会也发布《中国信托业内控合规管理建设倡议书》，信托公司合规与风险管理建设进入快车道。

（一）组织体系不断健全

1.健全合规管理组织体系

信托公司普遍在"三会一层"的公司治理结构下，建立了由董事会及其下设的合规管理相关委员会、监事会、管理层、合规管理职能部门、其他各部门组成的，各层级职责明确、统筹安排、分工协作、关系清晰的合规管理组织体系，尤其是合规管理职能部门的独立性和完整性得到不断强化。

合规管理的主要目的是防控合规风险，因此过去多数信托公司的合规管理职能主要由风险管理职能部门执行。随着信托公司合规管理体系建设的推进，多数信托公司已将合规管理职能独立出来,成立单独的"法律合规部门"。根据信托业协会对62家信托公司的调研数据,有46家信托公司设有独立的合规管理部门,占比为74%。根据信托业协会对44家信托公司合规管理人数的调研数据,共有合规管理相关从业人员407人,其中多于10人的公司有15家,占比为34%,5—10人的公司有19家,占比为43%,5人以下的公司有10家,占比为23%。合规管理职能部门主要设置法律合规岗、内控管理岗、关联交易管理岗、反洗钱管理岗、综合岗等,员工普遍具有法学专业和金融专业背景,且越来越多的员工取得了法律职业资格。

2.健全风险管理组织体系

近年来,信托公司广泛开展全面风险管理体系建设,为此普遍构建了"四层三道"的风险管理组织架构。

"四层"主要包括决策层、管理层、执行层、监督层,其中决策层由董事会及其下设的风险管理相关委员会组成;管理层由高级管理层及其下设的业务决策委员会组成;执行层由风险管理部门、各类风险管理职能部门、各业务部门组成;监督层由监事会及公司审计部门组成。

"三道"主要指"三道防线"。其中第一道防线由前台各业务部门组成,负责对本部门层面的主要风险点进行识别、自我检查和实施关键控制程序,并据此开展业务;第二道防线由中后台各职能部门组成,负责对业务制度、业务流程的执行进行独立的监控和管理,对各部门的业务活动及各风险环节进行检查和监督;第三道防线由审计稽核部门组成,负责对公司各部门的风险点控制情况进行监督。三道防线负责对各项业务的事前、事中、事后风险进行统一管理。

信托公司普遍设有独立的风险管理职能部门。根据信托业协会对52家信托公司的调研数据,52家信托公司风险管理职能部门共有从业人员635人,其中多于10人的公司有27家,占比为52%,5—10人的公司有21家,占比为40%,5人以下的公司有4家,占比为8%。此外,28家信托公司单独设有负责风险化解与处置的职能部门,如资产管理部、特殊资产管理部、资产保全部等,占比为54%,其他公司的相关职能由不同部门承担,如风险管理、合规管理、资产管理、运营管理、固有业务等部门,或由公司成立风险项目处置小组。

(二)管理制度日益完善

信托公司结合自身发展实际,不断修订和完善合规管理和风险管理制度体系,进一步适应宏观环境、监管规定和转型发展对信托公司合规管理和风险管理提出的更高要求。

1. 合规管理制度体系建设

2021年，信托公司持续加强合规管理制度体系建设。根据信托业协会对48公司的调研数据，48家信托公司2021年发布或修订完善了560项合规管理相关规章制度，并不同程度地制定了《合规管理办法》，明确合规管理理念目标、组织架构、文化培养、运行机制等内容，建立政策制定、合规咨询、合规审查、合规检查、合规报告、合规培训、反洗钱、合规监测等内容，健全完善全面风险管理体系，为有效识别、管理、防范和处置合规风险提供制度依据。

此外，不同信托公司根据自身经营实际，在案件防控、应急管理、员工行为、合同管理、信息披露、商业秘密、信托销售、消费者权益、企业政信、关联交易等领域出台相应合规管理办法，推动信托行业依法合规经营管理水平不断提升。

2. 风险管理制度体系建设

2021年，信托公司持续建设和完善全面风险管理制度体系建设。根据信托业协会对57家公司的调研数据显示，2021年57家信托公司发布或修订完善了652项风险管理相关规章制度，并不同程度地制定了《全面风险管理办法》，从风险管理组织体系、政策体系、流程体系、技术体系、文化体系、人才体系、风险偏好等方面优化升级各类风险管理机制，建立健全风险管理评估、报告、反馈、监督、考核等基本内容。同时，57家信托公司持续加强流动性管理、声誉风险管理、集中度管理、反洗钱风险管理、风险恢复处置计划等领域的制度建设。

2021年，信托行业更加重视风险监测和预警能力建设。例如，中航信托建立了特色风险管理指标体系，通过收集交易对手信息建立风险评估矩阵，从风险发生可能性、影响程度以及承受能力三个维度进行评估，设置量化、动态的风险监测指标，如信用风险监测指标、业务类风险和声誉风险容忍度指标等；中诚信托首次编制风险偏好陈述书，覆盖资本、盈利、价值、流动性、运营和声誉共六个维度，并设置了相关指标，定期进行监控；中铁信托建立常态化风险监测预警和快速反应机制，实施月度常态化风险排查机制，力求实现"早识别、早预警、早发现、早处置"的过程管理，最大限度地减少潜在风险，确保企业稳健可持续发展。

2021年，信托公司特别注重标品信托风险管理制度建设。例如，爱建信托推进标品类业务管理体系的改造与重建,建立和完善标品业务的制度、工作机制、工作流程等;陕西国投针对标品 TOF 等业务制定了多项风险管理指引和操作细则,建立了"标准化+差异化""专业化+精细化"的风险管理模式;中粮信托配合标品业务转型,优化升级专业化评审机制,风险与项目评审委员会下增设固收类投资、权益类投资、家族信托、固有投资和风险决策小组。

(三)数字化水平不断提升

在传统金融行业数字化转型浪潮中,信托行业也在不断加大信息化建设投入,合规管理和风险管理的数字化水平不断提升。根据信托业协会对52家公司的调研数据,截至2021年底,52家信托公司均已建设完成或计划搭建具有合规管理和风险管理功能的信息系统,其中有44家信托公司已建设完成或计划搭建具有独特合规风控功能的信息系统。

1. 合规管理数字化建设

信托公司主要依托将合规管理流程嵌入到成熟的信息系统中,如盈丰业务系统、恒生业务系统等,来实现相关功能。随着信托公司对合规管理的重视,越来越多信托公司开始根据自身需要搭建独立的合规管理信息系统,如关联交易管理系统、反洗钱管理系统等。

反洗钱管理系统是信托公司近年来信息化布局的重点,至少20家公司已完成相关系统的部署,仅2021年就有9家公司启用或改造升级了反洗钱系统。以华润信托为例,2021年推进公司反洗钱系统升级改造建设工作,目前反洗钱管理系统具备客户身份识别、可疑交易监测、风险等级评定、黑名单监测等核心功能模块,能够对接主要业务系统采集客户身份信息和交易信息,满足风险等级划分、可疑交易监测分析的数据需求,落实洗钱风险留痕管理要求,线上保存风险等级评级记录、可疑预警案例分析流程意见等,有效提升了公司反洗钱系统的自动化监测水平和分析支持能力。

2. 风险管理数字化建设

与合规管理相似,信托公司主要依托将风险管理流程嵌入到成熟的信息系统中来提升风险管理数字化水平。信托公司既针对全面风险管理也针对某些特定业务风险管理建设相应信息系统。

在全面风险管理方面，2021年信托公司加快数字化建设步伐。例如，中信信托于2021年成立风险管理信息系统建设小组，牵头推进独立风险管理信息系统建设工作。目前已制定、实施基于数据中心的风险管理模块建设方案，完成了统一风险视图雏形、大客户投融资数据模块，配合集团统一风险视图功能上线和后续集中度预警与监测。光大信托也于2021年启动全面风险管理系统建设，计划于2022年上线试运行，项目建设由应用和数据两个部分内容组成。山东信托于2021年上线试运行智能风控标准系统，从交易主体和担保物两个维度对信托计划进行量化测评，为公司各级决策提供参考。

在特定业务风险管理方面，信托公司也持续推进数字化建设。例如，光大信托计划于2024年全面建成标品风险管理系统，国投信托建设有固收资产管理系统和消费金融业务系统，江苏信托建有风险评级管理系统、额度管理系统等。中航信托建有不动产全流程数字化系统，通过构建标准的不动产项目投研体系、对交易主体建立模块化评价、标准化投资测算、动态更新底层项目进展、开发预警亮灯功能进行风险控制及时纠偏，实现不动产项目"募投管退"的全流程管理。

（四）合规风控教育力度显著加大

2021年，信托行业更加重视员工合规管理和风险管理意识与能力，不断加大合规文化和风控文化培育力度，60家信托公司开展了合规管理和风险管理相关培训、咨询等活动，内容涵盖集团授信、监管政策宣贯、关联交易、尽调报告、风险处置化解、危机监控、声誉风险管理、民法典解读、反洗钱、业务风险管理、消费者权益保护等领域，其中反洗钱方面的相关知识和《民法典》是信托公司学习的重点，分别有23家和17家信托公司至少开展了一次相关培训。

2021年，信托行业按照监管要求全面开展"内控合规管理建设年"系列活动。以华润信托为例，2021年举办了"内控合规管理建设年"教育宣导答题活动，要求全员认真学习相关"内控合规法律法规"知识，发放"内控合规管理建设年"活动答题问卷，积极动员、组织各部门员工参与答题，组织评分，旨在以"考"促学，激发公司全体员工学习内控合规政策的积极性，引导公司全员增强"主动合规"意识，牢固树立"内控优先、合规为本"理念，厚植稳健审慎合规经营文化，持续夯实公司高质量发展根基。

应该说，信托公司不断加强的合规管理与风险管理，保障了信托行业总体合规有序、平稳健康地发展。但是，近年来仍有不少公司因合规问题受到了监管处罚，行业风险事件也时有发生，极少数公司更是成为高风险机构，这些都给信托行业合规管理与风险管理敲响了警钟，需要信托公司及时总结经验教训，与时俱进，持续推进合规与风险管理体系的优化与完善。

三、战略管理与品牌管理

（一）信托公司战略管理

1. 战略背景发生新变化

（1）国家战略新部署

2021年是我国"十四五"规划的开局之年。"十四五"期间，我国将进入高质量发展的新发展阶段。国家战略部署等宏观因素将深刻影响信托业的战略布局。

坚守金融使命方面，新发展理念要求金融回归本源，服务实体经济和人民美好生活。信托业落实新发展理念，需要加大对实体经济特别是现代产业、科技创新、绿色发展、乡村振兴、民生福祉、中小微企业发展等领域的有效支持；坚持服务人民美好生活，重点关注医疗、教育、养老、公益慈善等民生领域持续增长的需求及投资机会，打造多元化产品供应和服务体系，深入社会民生场景满足人民群众财富管理需求。

服务区域发展方面，"十四五"规划明确要求优化区域经济布局，促进区域协调发展。长三角、京津冀、粤港澳大湾区建设等都是区域经济发展的重点。信托公司必须坚持服务区域发展战略，发挥资源协同优势，有效保障区域金融供给，提升信托服务区域经济的实力。

落实"双碳"目标方面，2021年"碳达峰""碳中和"首次被写入政府工作报告。绿色发展、可持续发展已经成为推动我国经济增长的新引擎，绿色金融是促进可持续发展的必要保障。绿色信托作为我国绿色金融体系的重要组成部分，要深化绿色金融创新，以金融活水滴灌式服务，进一步滋养绿色产业发展，推动中国能源行业高质量发展，加快实现绿色低碳转型。

推动共同富裕方面，2021年我国宣布全面建成小康社会，共同富裕被摆在更加重要的位置。信托兼具金融属性与社会属性，不仅可以满足各类主体金融需求，还可以在完善社会治理等方面发挥有效的载体作用，譬如慈善信托、财富管理信托等。通过信托专属服务模式，为解决贫困问题、缩小贫富差距、扶贫济弱等方面提供源头活水的信托支持，合力点亮全体人民共同富裕的美好图景。

（2）行业监管严政策

自2017年推进金融去杠杆以来，信托公司非标业务首当其冲，面临了严厉的监管压降要求。银保监会接连出台行业监管政策，从房地产业务压降、地方政府融资平台类业务压降，逐步扩展到集合资金信托融资类、通道类业务压降等，导致原有的行业非标融资业务难以为继，信托业面临艰难转型和能力重塑。2021年监管政策加码，从业务合规转向经营合规，依次提出信托公司需要整顿清理子公司、收紧异地团队、回归注册地办公等要求。如今市场和政策环境均已发生根本变化，未来信托的私募投行功能将逐渐淡化，信托公司必须按照资管新规要求规范资产管理业务，开拓符合信托本源功能的新业务。

（3）行业转型新格局

随着"资管新规"和"两压一降"监管政策的出台和推进实施，信托行业自2018年开始进入负增长周期，主旋律是转型发展。要实现高质量转型发展，就必须顺应信托发展逻辑，围绕牢固树立受托人意识、服务国计民生大局，充分挖掘信托制度优势和自身禀赋，树立赚"辛苦钱"的理念，积极开展符合信托本源要义的业务，实实在在依靠提供服务和创造价值获取利润。2021年行业下行态势显示企稳，业务结构发生显著变化，资产管理功能、财富管理功能和社会服务功能成为信托业新发展格局下的主导功能，信托新发展格局正在形成。

2.战略管理得到进一步强化

（1）工作组织体系不断优化

信托公司在多年管理实践的基础上，不断强化战略管理职能。多数信托公司均设置专职部门负责战略管理工作，主要职责除战略规划、行业研究等常规职能外，还涵盖了创新业务研究与孵化落地、博士后科研工作站管理、公司领导层智库等范畴。还有部分信托公司战略部门兼顾集团内部战略协同、参与绩效考核评价、机构管理及组织架构调整等企管工作（见图5-5）。

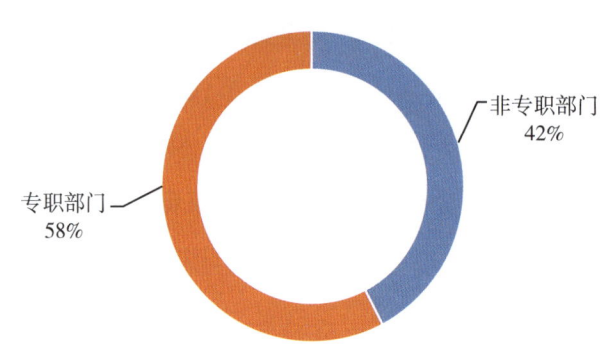

图 5-5　信托公司战略管理的部门设置

人员配置方面，调研显示，目前多数信托公司负责战略管理工作的人员数量为 3—5 人。部分信托公司联合外部专业咨询机构开展战略管理工作，主要聚焦在战略规划制定、战略研究等方面，借力"专业外脑"为战略管理提供研究咨询和智力支持（见图 5-6）。

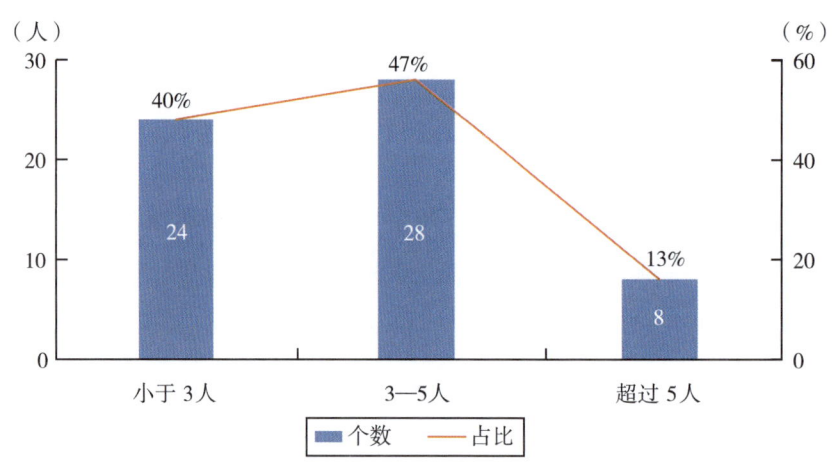

图 5-6　信托公司战略管理的人员配置

（2）战略发展方向愈发坚定

2021 年是"十四五"规划的开局之年，多数信托公司保持战略定力，沿着既定战略方向坚定推进战略实施。部分发生变化的信托公司，主要受宏观环境与监管政策、领导决策、股东要求、疫情冲击等多重因素影响，进一步明确了中期发展目标，优化了业务结构布局，适时做出适当战略调整（见图 5-7）。

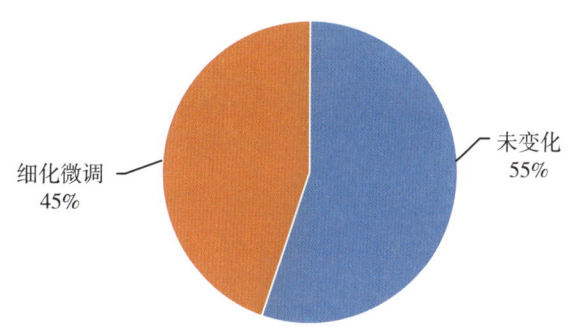

图5-7 信托公司战略目标和发展定位的变动

标品信托、家族与保险金信托、财富管理业务、资产证券化业务、股权投资信托等5类业务成为信托公司业务转型主攻方向。信托公司业务重心回归资产管理、财富管理、社会服务等本源业务共识愈发明显。其中，多数信托公司在标品信托、家族信托与保险金信托、财富管理、资产证券化等方面，已实现业务突破和创新，业务转型成效初显（见图5-8）。

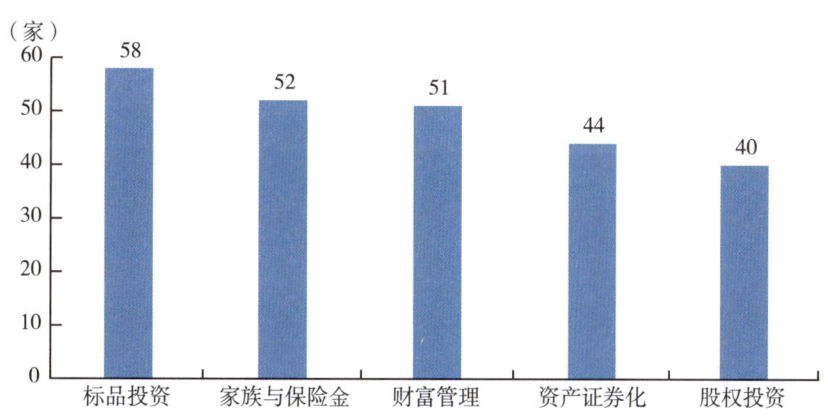

图5-8 信托公司业务转型方向的选择

（3）战略管理机制持续完善

总体来看，多数信托公司加强了战略管理，进一步完善了从研究、制定、实施、评估、调整的战略闭环管理机制，同时注重强化与业务考核联动，有效发挥战略引领作用。

战略分析是企业确定科学合理的战略目标、制定和实施正确战略的前提基础。调研显示，超过九成的信托公司持续开展战略环境跟踪和分析研判，主要以分析报告形式，重点研究分析国内外经济形势和金融行业的变化和趋势，对影响企业发展的重要问题开展专项研究，发挥战略发展智库职能。在此基础上形成下一年和今后一段时期的发展思路和工作重点,支撑公司经营决策(见图5-9)。

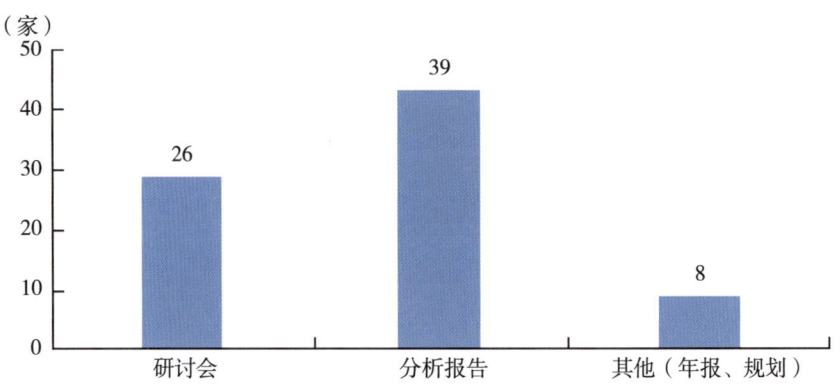

图5-9 信托公司开展战略分析的主要形式

战略实施是把战略制定阶段所确定的意图性战略转化为具体的组织行动,将企业的资源与能力按照战略发展需要进行有效配置,保障战略实现预定目标。多数信托公司构建起了"战略规划—计划预算—工作措施—重点任务—绩效考核"的实施体系,有效分解战略任务,确保战略意图覆盖至企业经营管理的各个节点,形成可监测、可衡量的目标体系。

调研显示,近七成的信托公司围绕业务结构、转型创新、风险防控、经营实力、科技赋能等维度搭建了战略指标体系,量化发展目标,明确改善方向,及时反馈并评估战略执行情况,为公司战略滚动调整与优化提供指导和支撑。同时近6成信托公司的战略管理实现了与业务考核的联动协同,参与业务规模、收入等指标的年度目标制定与考核认定,充分发挥考核"指挥棒"的作用,有效、稳步地推进战略执行(见图5-10)。

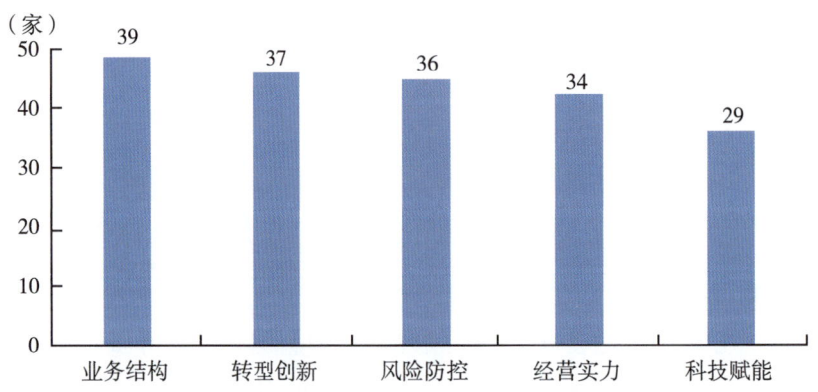

图5-10 信托公司战略指标体系的搭建

战略评估是检测战略实施进展，评价战略执行成效，进而不断修正战略决策，以期达到预期目标。总体上看，70%的信托公司对战略实施开展了评估与复盘，战略执行效果评估平均分为8.24分，认为公司的战略执行与预期基本保持一致（见图5-11）。

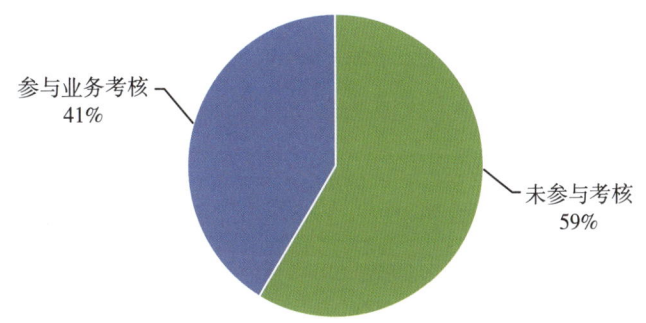

图5-11　信托公司战略业务的考核

3.推动战略落地实施的难点

调研显示，推进战略落地过程中，多数信托公司认为在业务转型与创新、投研体系建设、金融科技、资本运作（引战/上市/增资等）、人才队伍建设等方面难度较大、落地成效欠佳（见图5-12）。

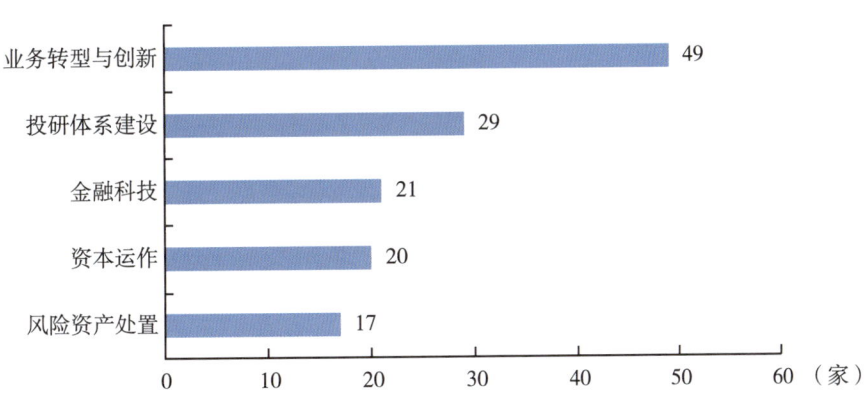

图5-12　信托公司战略落地欠佳的主要难点

当前，信托公司督导战略落地过程中的难点痛点主要有：一是外部环境和形势变化较快。国内外宏观经济政策、信托业发展环境、重点业务布局领域和行业环境、内外部资源约束等战略规划实施环境的复杂多变，对战略的动态适配性提出更高要求,战略执行督战的手段和工具有待丰富和升级。二是创新业务盈利模式不明晰。创新类业务缺乏市场基础,暂未形成有效的商业运作模式,转型类业务团队的专业性有待提升。三是战略考核体系缺失。战略规划的任务未完全在年度指标中分解,战略评价没有纳入绩效考核,不受重视。四是专业人才资源匮乏。多数信托公司认为在战略执行过程中最为迫切的资源为专业人才资源。现有人才储备相对集中于传统私募融资类业务,转型标品信托、股权投资、资产证券化、服务信托等业务人才相对缺乏,人力资源保障的相对滞后成为转型亟待破解的瓶颈问题。

4. 战略管理面临新使命

当前国际经济金融形势复杂动荡、国内经济面临增长和转型压力、资管行业监管政策趋于统一的背景下,信托公司转型升级势在必行。制定中长期战略方向,明确转型方向,加强战略管理已经迫在眉睫。信托公司需要通过强化战略管理来引领业务转型、优化资源配置、强化竞争优势、提升品牌形象,以此推动公司的高质量发展。

(1) 引领转型发展

在宏观层面,我国经济已进入由高速增长转向中高速增长的新常态,以高科技、高端制造为核心的新经济增长动能蓬勃发展,以债权融资为主的传统信托展业模式难以与我国产业结构升级相适应。在行业层面,资管新规加快了行业统一监管步伐,各类资管机构资产配置范围趋于相同,市场参与主体更加多元,信托的牌照优势正在逐渐失去,围绕资管产品和服务的创新更为突出,市场竞争更为激烈。在监管层面,监管部门加强对于信托公司转型发展的引导,限制融资类信托规模增长,促进服务信托发展,强化信托公司信托文化培育,信托公司需要适应新的监管理念和导向。与此相适应,信托公司需要与时俱进制定与调整发展战略,引领新时期下的转型发展。

(2) 优化资源配置

战略规划是企业编制经营计划和制定经营政策的依据,是企业资源配置的标准和原则。战略的制定与实施把经营计划的执行与控制结合起来,将总体战略目标和局部战术目标统一起来。信托公司需要通过战略计划的制定和实施将更多资源用于传统业务升级、创新业务研发和培育方面,真正将资源用于核心业务、关键环节、重点工作上,充分发挥公司各种资源的协同效应、利用效率,最终提高信托公司的整体经营水平。

（3）强化竞争优势

优良的战略管理，有助于更准确地明确自身的优势和劣势，与行业领先机构或者最佳实践存在的差距。信托公司通过严密的战略管理，可以进一步夯实自身核心竞争优势，弥补短板，从而保证公司业务拓展和内部管理水平的提升，提高市场地位。从转型发展的角度，信托公司还有必要加强投研能力、风险管理能力、金融科技应用、客户服务能力，强化市场竞争力，更好地保障既定战略目标实现。

（4）提升品牌形象

随着客户在选择资产管理或者财富管理机构时日益看重机构品牌，品牌形象对于金融机构经营发展日渐重要。品牌在很大程度上决定了不同金融机构的发展前景。信托公司通过加强战略管理，对内强化企业文化建设，对外输出企业文化理念，有利于打造更加可信的市场主体形象，吸引合作伙伴，提高客户黏性。以完善提升战略管理，信托公司可以塑造特色鲜明的企业形象，形成独树一帜的品牌文化。

（二）信托公司品牌管理

1.品牌管理持续全面推进

（1）品牌建设进一步加强

信托行业高度重视品牌管理和品牌建设。2021年，49家信托公司已将品牌管理纳入公司"十四五"规划，50家信托公司形成了品牌管理的年度工作要点、思维导图等，不断提高公司品牌形象和社会形象，为推进信托公司持续高质量发展营造良好环境，提供品牌支撑。

品牌管理组织保障持续加强。2021年，有9家信托公司设立了专门的品牌管理部门，负责品牌建设及舆情管理；30家信托公司依托董事会办公室、办公室、财富管理部、党群工作部、研究发展部、人力资源部等部门，设立品牌专岗负责公司品牌管理工作；14家信托公司采取由不同部门分别负责品牌建设和舆情管理、多部门协同的品牌管理方式。

（2）多向发力推进品牌塑造

2021年，信托行业深度融合信托文化，塑造守正、忠实和专业的受托人形象；继续通过慈善信托品牌、绿色信托品牌、服务信托品牌等业务品牌，强化社会责任担当,彰显企业社会价值,不断塑造企业与社会、投资者等利益相关方的良性互动关系。

2021年,信托公司继续通过VI设计与拓展、宣传品设计与开发、企业文化和宣传语提炼与丰富、公司形象元素的设计与拓展、与利益相关方关系维护等,加强公司价值输出和利益相关方感知评价,建立基于利益认同、情感认同、价值认同的信任关系,塑造公司品牌形象。例如,爱建信托完成更新和发布《上海爱建信托有限公司VIS企业视觉识别系统》手册,光大信托顺应行业热点趋势进行创意策划,设计制作特色业务产品漫画长图,为该项业务的宣传普及取得良好效果。

▶ 案例5-1

在慈善信托品牌塑造方面,北方信托筹划"爱奉献·一起来"系列慈善公益活动。首个项目是与天津市福老基金会合作开展关爱老年认知障碍群体慈善项目,为天津市老年人提供认知障碍筛查等服务。项目资金来源主要包括天津市福老基金会出资、公司高净值客户募集捐赠、公司员工自愿捐赠、公司自有资金捐赠等多种渠道。同时,公司动员全体员工积极参加志愿者服务,在接受天津医科大学总医院培训后,赴社区和老年服务中心参与志愿活动。

▶ 案例5-2

紫金信托以"紫金·厚德"慈善信托为宣传基础,将主题活动与志愿者日常活动相结合,发起"童年梦想盒约"公益活动,推出以"紫金·厚德"IP形象为原型的公益盲盒,设计了宇航员、教师、消防员、医生等11个职业形象公益徽章,寓意为更多的大病儿童解除病痛。爱心人士每向"紫金·厚德"慈善信托捐赠100元,即可获赠一个"童年梦想盲盒",同时紫金信托也将配捐1 000元。活动得到众多爱心人士的广泛参与,募集爱心资金近11万元。此外,紫金信托公司从慈善信托受助对象的需求出发,策划了六一儿童节听障儿童手工绘画课、福利院爱心手机捐赠及日常志愿服务活动。

▶ 案例5-3

英大信托围绕公司揭榜挂帅、清洁能源业务等特色工作等开展宣传，编导制作《助力决胜脱贫攻坚 彰显责任担当》扶贫工作纪实宣传，策划开展岁末年初"回望2021英大信托工作成果展示"系列主题宣传，广泛报道公司推进战略实施的具体做法，多维度展现公司管理和业务创新成果。

（3）多样化创新开展品牌宣传

2021年，信托公司继续采取多样化的品牌宣传手段并与时俱进地加以创新应用，主要包括公司官方网站，微信公众号、微博号、抖音号等新媒体，报纸、杂志，主题宣传片，主题活动，平面及户外媒体广告投放，制作宣传用品等。

▶ 案例5-4

北京城市副中心马拉松赛事是北京及国内知名马拉松赛事之一，北京信托作为首席战略合作伙伴于2021年5月对赛事进行了赞助。通过赛前线上宣传与曝光、赛中嘉年华实地宣传、赛后传播数据统计等多维度，在29天宣传周期内，所供媒体稿件累计阅读量超万次、所对接新媒体直播次数共11次、宣传公司媒体平台涵盖21家，短时间内迅速提升公司知名度，公司品牌效应显著增强。

▶ 案例5-5

2021年，北方信托携手天津公交集团，利用双方资源优势，发挥协同效应，在途经和平区、南开区、河西区及滨海新区等10条线路上开展公交车体广告投放，充分展示国有金融机构品牌形象，让更多天津企业、客户、市民了解北方信托的企业文化和综合实力，为天津市经济社会发展做出更大贡献。

（4）多措并举完善品牌维护

2021年，信托公司以建立健全舆情管理体系为主线，完善网络舆情监测、研判、处置、报告常态化机制，防范重大舆情风险，强化正向网络舆论引导，为公司持续稳定发展营造良好环境。进一步健全声誉风险治理架构，强化公司治理在声誉风险管理中的作用，同时完善声誉风险监测机制，通过"人防+技防"相结合的方式，全天候、不间断监测公司敏感舆情，成立舆情监测和网评员队伍，培养核心网评员。根据风险事件的性质、严重程度、传播速度、影响范围和发展趋势等建立健全特别重大声誉事件、重大声誉事件、一般声誉事件分级应对机制，按照不同等级开展声誉风险应对处置。

2.当前品牌管理面临的主要问题

一是处理舆情突发事件的实战经验尚有不足。受限于突发舆情发生频率较小、突发事件情况较为复杂多变等因素，公司处理舆情突发事件的实战经验尚有不足。信托公司要通过采取积极参加培训交流、组织应急演练等方式，落实突发舆情应急工作岗位责任，熟悉应急工作指挥机制和决策、协调、处置程序，培训和检验快速反应能力，提高各部门之间协调配合和现场处置能力。

二是声誉风险事前评估机制有待建立健全。对于重要敏感时期及在进行重大战略调整、重大营销活动及媒体推广、披露重要信息等容易产生声誉风险的情形时，信托公司需要加强事前评估预防机制建设，提前组织相关部门进行情景模拟和声誉风险评估，制定舆情应对工作预案。

三是金融科技赋能舆情管理有待加强。信托公司需要强化舆情监测系统建设，协助公司进行舆情管理工作。对公司存续期项目及自身舆情情况进行24小时系统监测及舆情实时推送，以便及时发现舆情和识别声誉风险。对于已经显现的声誉风险，根据危害程度和发展趋势，分析转化为声誉事件的可能性，进行预警和预判。对确定的声誉风险隐患，相关部门协作制定有效措施控制风险，防止舆情扩散或声誉风险恶化。

四、信息系统与金融科技

2021年11月，信托业金融科技创新联合实验室在上海正式揭牌，实验室由中国信托登记有限责任公司联合行业内外机构共同发起设立，通过合作打造开放共享的行业金融科技生态，持续推进全行业数字化转型建设。

（一）高度重视金融科技建设

1. 提升到战略高度

信托公司普遍将金融科技布局与公司战略紧密结合，通过统筹规划布局，明确金融科技战略制定、资源保障调配、监督评价体系。根据信托业协会对60家信托公司的调研，在金融科技的战略定位上，有11家公司将金融科技战略定位为公司的核心竞争力，有41家公司对于金融科技的定位更倾向于赋能业务发展，有7家公司将金融科技定义为基础功能定位。在金融科技的战略地位上，60家信托公司中，有50家信托公司将金融科技提升到公司级战略地位，其中有48家信托公司的金融科技建设"挂帅人"为公司总裁或副总裁，占比为80%。

2. 组织建设不断强化

数字化转型战略的引领带来了组织管理层面的变革，信托公司金融科技组织的内嵌化和专业化程度进一步提升。根据信托业协会对60家信托公司调研数据显示，52家公司将金融科技部门定为公司独立的一级部门，仅有4家公司将其设置为二级部门。在人力资源配置方面，参与调研的60家信托公司，共投入金融科技人员2 168人，其中有42家信托公司聘用外包人员，共1 357人，占总人数的62.59%。截至2021年底，有6家信托公司在金融科技建设投入人数超过100人，建信信托和五矿信托投入总人数超过200人。

3. 资金投入持续增加

信托公司主动拥抱信息与数字科技，逐年加大金融科技的资金投入力度，信托公司数字化转型升级的需求愈发迫切。信托业协会对60家信托公司调研结果显示，2021年60家公司金融科技建设总投入20.75亿元，平均投入3 457.60万元，其中研发费用投入为8.56亿元，但自主研发费用比例尚较低，仅为3.13亿元，占比为36.59%。29家信托公司为外包为主，有19家信托公司金融科技建设为全部外包，自研为主的信托公司仅为10家。总体来看，信托行业金融科技建设主要采用外包的形式，预算投入连年增加，投入过亿元的信托公司数量不断增加。

此外，信托公司也越来越重视知识产权保护。据不完全统计，截至2021年11月末，约12家信托公司公开披露了239件专利，其中，平安信托、光大信托和中航信托位列前三。

（二）不断拓展金融科技应用场景

金融科技建设离不开信息系统开发和运用。在数字化转型过程中，信托公司对信息系统和金融科技的依赖性空前增强，各类信息系统在经营管理中得到广泛运用，金融科技运用场景不断拓宽。

1. 运营管理系统

运营管理方面，信托公司普遍采用TCMP综合业务管理系统、TA份额登记过户系统、AIMS资产管理系统、FA估值财务系统、CC资金清算系统、TUSP监管报送报表系统、微信移动端审批等，覆盖信托业务从前期项目成立，到中后期项目管理、清算分配等项目全流程管理，提升运营管理水平。

2. 合规风控系统

合规风控方面，信托公司推进开展建设关联交易管理系统、反洗钱系统、风险监测与投后管理系统、全面风险管理系统等，实现了客户尽职调查管理、客户风险事件维护管理、客户洗钱风险评级管理、监控名单管理、评级模型维护管理、作业流管理、报表与报告管理、大额交易和可疑交易监控等功能。

3. 数据治理系统

数据治理方面，信托公司引入了专业的数据治理工具，建立数字集控中心，将各系统中的数据经过清洗、去重和集中存储，便于数据集中管理、报表分析以及各种应用开发。通过监管报送系统，支持1104、全要素、资金申报、EAST、信保基金、中信登和净资本等报表的自动采集加工；通过证券数据综合治理系统，完成证券产品、投研、交易、资讯等证券数据抓取。

4. 资产质量管理系统

资产质量方面，信托公司通过舆情监控系统持续跟踪、监控交易对手的相关尽调信息，通过信托业务管理平台动态监控交易对手抵质押物信息，通过在消费金融系统中设置资产质量监控指标及公式，对资产数据进行跑批监控，关注整个资产是否超过预警阈值。

5. 资金清算系统

自动清算方面，信托公司通过资金管理系统，解决信托业务中资金管理需求，实现7×24小时银行账户资金变动的监控，取代人工低效率查询、划款操作。财务划款通过深证通和银企方式发送划款指令，采用多种加密手段进行校验和处理，防止非法篡改，确保资金安全。

6.业务赋能系统

近年来，信托公司积极进行金融科技赋能业务发展的实践探索，不断拓宽金融科技应用新场景。在财富管理和服务信托方面，信托公司普遍运用金融科技手段，推进智能化客户服务系统建设，积极打造信托账户管理系统和全流程家族信托管理服务系统，不断完善资产证券化、私募基金、企业年金受托服务系统。在资产管理方面，信托公司结合不同业务特点，积极运用金融科技手段，持续开发、完善小微金融、供应链金融业务领域信息管理系统，围绕证券投资和资产配置业务探索智能投顾系统建设。

（三）金融科技建设的挑战

当前，信托公司金融科技建设尚处于起步阶段，还存在不少问题，面临不少困难。

一是金融科技赋能业务程度不足。目前，除少数头部信托公司外，信托行业信息化建设还处于起步阶段，在数据基础、流程定义、信息安全等方面都存在不足，系统间异构难融合。同时，传统非标业务具有较强的差异化，信托业务与科技融合程度低。

二是人才队伍与专业能力欠缺。根据调研，目前信托公司IT从业人员占比较低，且多数为外包人员。金融科技领域人才缺口大，主要源于近年来行业在转型过程中对于金融科技需求的爆发式增长。信托公司对于新兴科技人才的管理模式较为落后，与很多互联网公司相比，信托公司往往采用自上而下的管理模式，很难发挥出科技人才的主观能动性。另外，对于科技人才的重视程度有待提升。很多信托公司把信息技术部门当作后台基础支撑部门，在企业的受重视程度较低。

三是资源投入与产出预期不同步。金融科技的建设具有整体性、持续性和长期性。但对于部分业务而言，在前期建设投入金融科技布局、自主进行系统研发等方面，面临产出具有较大不确定性的问题，在一定程度上影响信托公司科技投入积极性。如果采用采购系统，则面临核心技术和知识产权不掌握在公司，代码自主化率低，无法匹配日益复杂的业务需求，开发、运维、测试等环节无法全周期把控等问题。

如何利用好金融科技力量，助力业务模式探索创新和经营管理提质增效，是信托公司长期面临的共同挑战。相较于银行、券商、保险等金融业态，除少数头部信托机构以外，目前信托业整体的金融科技应用水平还较低，在未来有很大的提升空间。

五、公司党建与文化建设

（一）信托公司党建工作

2021年是党和国家历史上具有里程碑意义的一年，中国共产党迎来百年华诞，我国实现第一个百年奋斗目标、开启向第二个百年奋斗目标进军的新征程，是"十四五"规划开局之年。信托业继续深入学习贯彻习近平新时代中国特色社会主义思想和党的十九届六中全会精神，党建工作聚焦融会贯通，引领发展全局，党建质效再上新台阶。

1. 持续加强党的组织建设

根据中国信托业协会调研数据，参与调研的61家公司全部建立党组织，各信托公司高层领导岗位党员占比平均为86.68%，其中30家信托公司领导班子成员全部为党员，16家公司领导班子党员占比超过80%；中层干部（部门正副职）中党员占比平均为50.70%（见图5-13、图5-14）。信托公司中，党组织覆盖力持续提升，党的领导不断加强，形成了一大批业务能力强、政治素质过硬的复合型干部人才，进一步推动党和国家方针政策在信托公司经营管理中得到不折不扣地贯彻执行。

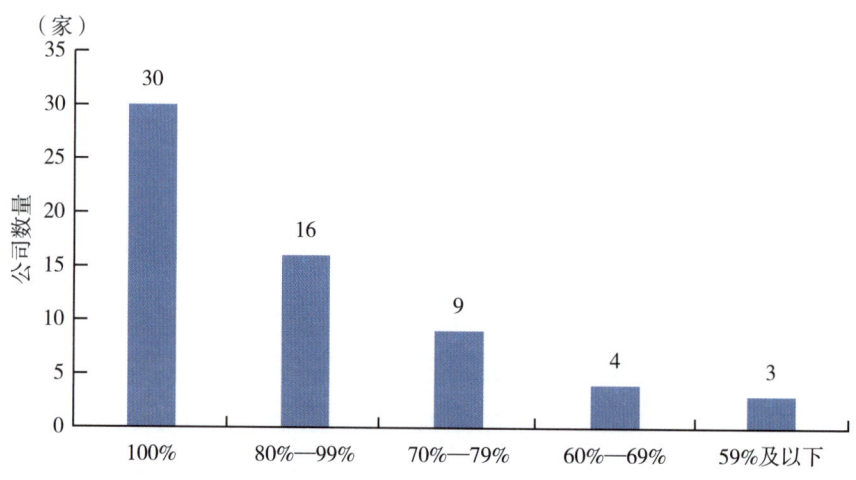

图5-13　信托公司领导岗位党员占比分布

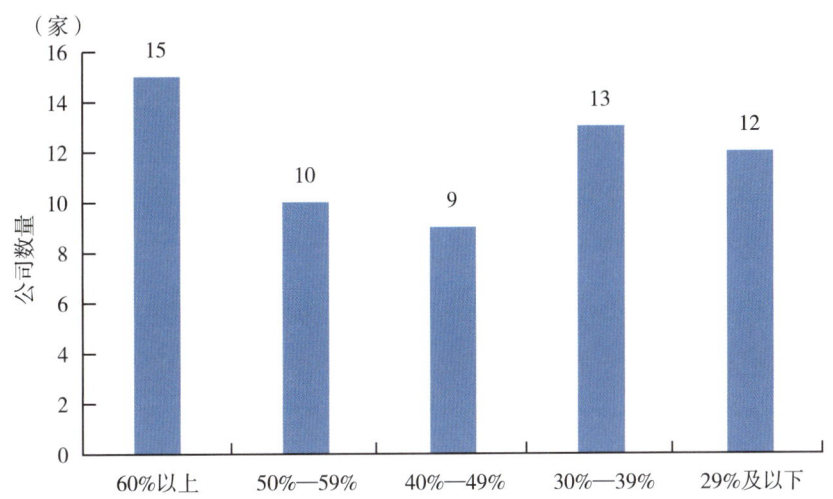

图5-14 信托公司部门正副职党员占比分布

2.扎实开展党史学习教育

2021年,各信托公司认真贯彻落实党中央决策部署,扎实开展党史学习教育,取得了理想信念更加坚定、落实举措更加务实、聚焦实干更加突出的明显成效。

统筹组织领导有序有力。根据信托业协会对61家公司的调研结果,34家信托公司第一时间成立了党史学习教育领导小组及工作机构,41家信托公司制定了年度党建工作计划。例如,中信信托班子成员领衔成立7个巡回指导组,深入基层一线,在分管条线领域指导推进党支部把握学习重点、抓好计划实施,确保学习教育走深走实。

党的创新理论武装入脑入心。各信托公司认真学习习近平总书记在党史学习教育启动大会、"七一"庆祝大会、党的十九届六中全会上的重要讲话精神,举办专题读书班,深入学习领会习近平总书记关于"四史"的重要论述。开展主题党日活动,引导推动各支部和全体党员读原著、学原文、悟原理,在思想上认同拥护,在行动上自觉践行。

学习教育载体形式丰富多彩。各家信托公司通过"会上学""线上学""书中学""影中学""现场学"等多种形式开展党史学习教育。例如,外贸信托党组织利用红色资源"活教材",赴遵义等革命圣地开展党史学习,并开展了"旗帜说"微党课、"旗云寻根""点亮学党史"等特色活动,传承红色精神。英大信托举办庆祝中国共产党成立100周年红色主题歌咏会,用真挚歌声和深厚的情感凝聚同心奋斗磅礴力量。

"我为群众办实事"务实有效。各家信托公司分别研究制定推进"我为群众办实事"实践活动的工作方案，积极发挥信托金融优势开展多样化"办实事"工作，根据调研提供资料显示，2021年全行业"我为群众办实事"实践活动至少815件，主要涉及"优质服务惠民生""为基层办实事""为职工送温暖"、完善志愿服务四个方面，以实际行动架起党群连心桥。例如，中航信托选齐配强乡村振兴驻村工作队，探索"公司+农户+合作社"的合作模式，揭牌成立中草药种植基地，让帮扶村不仅有好风景，更有好"钱景"；国投泰康信托联合中投保发起实施"光萤计划"，设立"国投泰康信托光萤惠农1号单一资金信托"，计划帮助3 000余户农村家庭在自家屋顶上建设分布式光伏电站，取得长期、持续、稳定的收入，助力新农村建设与养老。华润信托"润信未来"青年志愿服务队多次支援深圳社区全民核酸检测和疫苗接种服务。

3. 推进政治监督具体化常态化

持续加强行业内政治监督，纵深推进全面从严治党走深走实。

一是结合信托业务特点，推进警示教育、巡视巡查深入基层业务一线，把党风廉政要求深度融入支部"三会一课"，做到常讲长抓、常管长严。根据信托业协会调研，多家信托公司在年度党风廉政建设和反腐败会议或其他工作会议上，集中观看金融业警示教育片，以案为鉴，警钟长鸣。

二是探索适应信托业务的廉洁风险防控机制，锁定业务开展实际的关键节点，有效防范廉洁风险。例如，中铁信托研究构建企业内部大监督机制，进一步强化职务犯罪风险防范，督促业务部门与合作企业、重要交易对手在签订业务合同的同时签订《廉洁共建协议书》。

三是弘扬清廉文化。持之以恒纠"四风"树新风，杜绝形式主义、官僚主义，大力倡导社会主义核心价值观，弘扬好家教好家风，干部作风队伍士气全面提升，新风正气充盈。例如，财信信托开展"廉政+文化"建设活动，廉政与信托文化、企业文化、清廉金融文化密切融合，以短视频、廉政家书、征文活动、现场教学等方式推动廉洁文化深入人心。

4. 推动党建与中心工作深度融合

一是强化党组织对中心工作的领导作用。根据信托业协会对61家信托公司的调研，2021年，有39家公司已明确在公司章程中增加党建相关内容，确立党组织在公司治理结构中的法定地位，27家公司年平均召开28.37次党委会议，履行党委决策程序，把党的领导和公司治理充分结合起来，保障了党委（党组）"把方向、管大局、保落实"发挥领导作用。

二是党建驱动转型发展。各信托公司党委（党组）班子以身作则、率先垂范，分工牵头各级党组织层层压实责任，统筹疫情防控和发展经营，搭建党员作用发挥平台，在转型攻坚、抗击疫情等工作中发挥积极作用。例如，中建投信托坚持以高质量党建引领高质量发展，聚焦年度中心工作的重点和难点，持续打造"转型·我行""攻坚·我上"特色品牌主题党建活动，推动各项任务落地见效。

三是党建激活机制创新。以党建引领激发活力为突破口，搭建创新创效平台，突破机制约束，进一步激发青年员工创新活力和内生动力，实现创新突破。例如，英大信托将"党建+"工程与"青年人才托举工程"紧密融合，创建青年员工"揭榜挂帅·创新创效"活动机制，在产业链金融、碳资产、储能等方面实现多项业务突破。华能贵诚信托支持青年员工牵头设立"金融科技实验室"，已累计申请相关知识产权6项，出版金融科技著作3部。

（二）信托公司文化建设

信托文化建设是信托行业行稳致远，实现高质量发展的核心保障。近年来，在监管部门和信托业协会引导下，信托文化建设已经成为信托行业的一项战略性工程，信托公司不断推进信托文化建设为核心的企业文化建设。

专栏5-1

信托文化建设历程

信托文化建设是一项事关中国信托业高质量、健康、长远、可持续发展的核心工程，更是信托公司永续经营的核心保障。

2019年12月25日至26日，2019年中国信托业年会在广东省东莞市召开，年会主题为"弘扬信托文化、强化合规建设"。监管部门在2019年信托业年会上指出了文化建设对于信托行业健康发展的重要性，并明确了在全行业开展信托文化建设工程的五年计划。要求信托业要坚持党对一切工作的领导，增强"四个意识"、坚定"四个自信"、做到"两个维护"，从2020年开始连续用五年的时间，开展信托文化教育年、信托文化普及年、信托文化确立年、信托文化深化年、信托文化提升年的主题活动，在全行业开展信托文化建设工程，推动信托文化建设有步骤、有计划地向纵深开展，最终建成有中国特色的信托文化。

2020年是信托文化五年计划的建设元年，是"信托文化教育年"。一方面，行业着力完成信托文化建设的顶层设计，推动在全行业开展信托文化建设工程。信托业协会制定了《信托公司信托文化建设指引》，从公司战略、公司治理、业务管理、考核制度、内控和风控体系、员工培养六个方面为信托文化建设提供方向，使信托文化建设的具体推进有章可循。除此之外，信托业协会陆续组织了关于《绿色信托指引》《信托消费者权益保护自律公约》和《信托从业人员管理自律公约》培训会，发挥行业自律职能，引导信托公司从业人员规范职业行为。

另一方面，各家信托公司基于信托文化指引，积极开展信托文化建设活动，设立信托文化建设领导小组，以信托文化建设推动业务回归本源与发展转型，规范信托业依法合规经营，更好地履行金融服务实体经济和满足人民美好生活向往的职责和使命。

2021年是信托文化建设五年规划中的"信托文化普及年"。一方面，信托业协会多举并措开展信托文化建设，先后举办"信托公司受托文化建设""信托公司内控合规管理""绿色信托业务发展"等线上主题沙龙活动，举办"建设信托文化、加快转型升级"的中国信托业高质量发展论坛，组织召开"信托业支持绿色低碳转型"专题调研座谈会、"信托公司转型发展"座谈会；组织制作了《信托投资者教育视频》，并同步发布了《信托知识百问百答》手册，以简单生动的画面和通俗易懂的语言让投资者和社会公众了解信托；举办"中国信托业2021年信托知识竞赛"，开展"信托金融知识进万家"活动，切实提升信托从业者和投资者的金融素养。

> 另一方面，信托公司围绕"信托文化普及年"主题，通过文化引领、组织领导、队伍建设、政策扶持、稽查考核等多种举措，进一步完善公司治理、提高能力建设、强化合规经营，将受托人文化作为业务转型的动力源泉，力争促使最广泛的信托从业人员夯实诚实守信、勤勉尽责的从业宗旨，树牢敬畏法律、遵守规则的行为理念，为信托业良好声誉的维护创造基础，为信托机制在涉众服务领域的进一步推广构建前提。

2021年是信托文化建设五年规划中的"信托文化普及年"，信托行业全面深入推进以受托人文化为核心的信托文化建设，以服务、民生、责任、底线、品质为践行信托文化的准绳，推动信托文化建设重心向部门及普通员工下沉，在全行业营造浓厚的文化建设氛围。

1. 信托文化建设投入不断加大

将信托文化建设推广到普通员工及社会公众，是信托文化建设的重要方向，为此，信托公司不断加大财力和人力投入。根据信托业协会调研数据，2021年各信托公司针对信托文化建设及相关宣传落地工作的资金投入平均达到127万元，列居前三位的是陕国投信托、西部信托、东莞信托，分别投入1 668万元、1 006万元、612万元；各信托公司在信托文化建设方面的人员投入平均在14人，列居前三位的是中铁信托、交银信托、西部信托，分别投入40人、38人、32人。信托公司越来越重视信托文化建设与推广。

2. 信托文化建设机制不断健全

（1）信托文化建设的组织机构

信托公司建立健全组织架构推动信托文化建设落地落实。根据信托业协会调研结果，截至2021年底，90.2%的信托公司都搭建了信托文化建设的组织架构，成立了信托文化建设领导小组，且相关负责人都是董事长、总经理等公司高管，定期谋划推动、听取汇报、统筹协调，并形成主责部门、专责人员的项目责任条线，确保项目建设扎实开展，持续推动信托文化融入专业管理、基层工作、员工行为。

信托文化建设坚持党建引领。根据信托业协会调研结果，55家信托公司文化建设领导机构由党委（党组）成员构成，9家信托公司文化建设主办部门设在党建部门，充分发挥党组织在信托文化建设中的政治引领作用，进一步强化信托文化在基层党组织中的文化认同。

（2）信托文化建设的路径

目前，信托公司普遍将信托文化建设与公司发展战略、经营管理、品牌塑造相结合，多措并举、积极探索信托文化与本单位业务融合路径，不断推进信托文化建设纵深发展。

一是与信托公司发展战略紧密结合。例如华润信托建立服务实体经济的战略文化，积极引导社会资本投向经济社会发展的重点领域和薄弱环节，为实体经济发展提供更高质量、更有效率的金融服务。二是与信托公司经营管理紧密结合。例如，爱建信托推动信托文化在资产端业务部门普及，每季度召开资产端业务条线会议，宣导合规底线；及时总结宣导展业方向，积极引导业务有序开展。三是与信托公司品牌塑造紧密结合。例如，杭州工商信托举行"杭州工商信托创立35周年纪念活动暨2021（第九届）西湖金融论坛"，正式发布了升级焕新后的品牌形象，推出宣传片《恒久如光》，进一步展现"专业、精致、恒久"经营理念和品牌形象。

3.信托文化建设展望

按照行业信托文化建设规划，2022年是"信托文化确立年"，工作重点是推动信托公司不断完善符合信托文化建设需要的组织架构、制度体系和工作流程，在全行业确立具有中国特色的信托文化理念。在监管部门的指导下，信托业协会目前已制定《2022年信托文化建设工作方案》，将进一步提炼行业信托文化价值观，为规范统筹信托文化建设开展系列行业指导工作。在监管部门和行业协会的引导下，各信托公司将继续加紧建设步伐，培育和树立良好的信托文化，不断回归受托人定位，促进行业高质量转型发展。

一是强化政治引领和战略规划。提高政治意识和大局意识，始终坚持党的全面领导，回归信托本源，为服务实体经济发展、满足人民美好生活，进一步推进行业转型及高质量发展提供坚强有力支撑。在公司治理、战略规划层面，牢固树立审慎管理受托人文化，回归受托人定位，切实将实现受益人合法利益最大化作为公司价值取向和治理目标，推动形成更加成熟稳定的法人治理结构和科学有效的治理机制。

二是加强合规风控审慎文化建设。建立以防控受托行为操作风险为重点的内控合规体系和风险防控机制，审慎开展信托业务，确保从事的受托业务与自身风控能力相匹配。同时，将信托文化建设贯彻于公司审计内控中，强化受托人定位，确保各项规章制度和流程符合良好信托文化要求。

三是推动信托文化与公司文化有机结合。信托文化建设与公司发展实际紧密融合，与企业文化相融并进，贯穿于业务各个环节，体现到人才队伍建设，反映到考核激励，加大信托文化全员培训及宣导力度，深化信托文化与企业文化价值观融合，统筹公司信托文化建设和转型发展需要。

第六章
公司社会责任

2021年，中国信托业在持续推进内部深化转型发展的同时，继续秉持社会责任理念，发挥信托制度功能，积极主动承担相关社会责任。在服务实体经济、防控金融风险、服务人民美好生活、践行绿色理念、强化人本关怀等方面，信托公司持续加大投入力度，取得了较为明显的成效。

在服务实体经济方面，信托公司发挥金融机构传统优势，有效支持了国家重大战略、供给侧结构性改革和"新动能"发展以及中小微企业发展。在防控金融风险方面，信托公司牢牢守住不发生系统性金融风险的底线，通过合规内控制度建设等手段不断提升风险防御能力。在服务人民美好生活方面，信托公司发挥信托制度优势，通过设计丰富的信托产品等方式服务乡村振兴、支持疫情防控、助力提升人民财产性收入。在践行绿色理念方面，信托公司创新开展绿色信托并持续推进绿色办公，致力于推动绿色生产生活方式的形成。在强化人本关怀方面，信托公司通过加强人才队伍建设、开展关爱员工活动等方式，吸引大批青年人才加入信托行业，有效推动了信托行业可持续健康发展。

一、服务实体经济

2021年，我国经济处于突发新冠肺炎疫情严重冲击后的恢复发展阶段，信托业在加快业务转型的同时，继续发挥对实体经济的直接支持作用，助力"六稳""六保"工作。截至2021年底，信托业资金信托投向工商企业的规模为4.16万亿元，占比为27.73%，虽然同比略有下降，但在资金信托所有投向的占比中仍然居首位。

（一）支持重大国家战略

2021年，信托业继续积极响应和支持国家重大战略，通过股权投资、债权融资、资产证券化等多重工具和手段，为"一带一路""京津冀协同发展""长江经济带"等国家重大战略项目提供多元化金融服务。

在"一带一路"沿线，信托业积极展开布局，通过股权投资、债权融资等方式，不断加强对沿线重点工程、重点项目的金融支持力度，全年支持"一带一路"项目资金超过9 000亿元。①

●▶ 案例6-1

华能信托为某矿山综合服务企业参与"一带一路"建设提供支持

随着"一带一路"建设的推进，我国矿产资源开发企业不断开拓海外业务。某矿山综合服务企业积极与中资矿企开展合作，合作地域由赞比亚延伸至刚果（金）、塞尔维亚等国家，获得建设"一带一路"的中资矿企及国际矿业巨头的高度认可。华能信托为该矿山综合服务企业提供资金2亿余元，支持该企业的发展。在当前国家加快形成双循环新发展格局的背景下，华能信托支持该企业发展，有助于我国"一带一路"建设实现高质量发展以及提升我国矿产资源安全性。

●▶ 案例6-2

北京信托通过智能港项目为"一带一路"建设提供支持

河北省冀中南智能港项目位于石家庄市高邑县，规划占地2 957亩，设计年货物吞吐量超千万吨，是一个集多式联运枢纽、跨境电商、保税物流中心、再加工服务、智能仓储以及海关检验检疫等八大功能为一体的综合智能物流港。北京信托以"股权+债权"的方式，募集资金6亿元，支持河北远鹏物流公司承办的冀中南智能港项目的开发建设。该项目建成并正式投入使用后，冀中南区域的货物经过高邑枢纽编组后，可以高效便捷地通过冀（河北）——新（新疆）——欧（欧洲）铁路集装箱班列进入国家"一带一路"铁路网，直接抵达中亚及欧洲各国。冀中南智能港不仅搭建了河北省横跨欧亚大陆的

---

① 本章以下内容涉及的行业统计数据为中国信托业协会调研的部分信托公司数据。

国际运输通道，还将改变内陆城市发展外向型经济必须依赖港口的历史，使"不沿边、不靠海、不临江"的内陆冀中南地区具有与沿海沿边城市一样的通商口岸。

在助力京津冀协同发展战略方面，信托业全年为京津冀地区的基础设施建设、产业升级转移、生态环境保护等重点项目提供超过9 300亿元的资金支持，有效促进了京津冀地区的协同发展。

▶ 案例6-3

英大信托为河北新能源企业提供资金支持

2021年12月27日，英大信托"揭榜挂帅"项目"创新开展省公司国补信托——以国网冀北电力为例"成功落地。该项目是英大信托公司首笔以非标信托模式成功操作的买断式可再生能源补贴业务，落地规模2.65亿元，助力国网冀北张家口风光储输新能源有限公司（以下简称"冀北风光储输公司"）盘活存量资产、提升经营效益，募集资金将继续用于清洁能源项目建设，为服务京津冀地区生态环境保护及国家"双碳"目标贡献力量。

为推动长江上中下游地区协调发展和沿江地区高质量发展，信托业以《长江经济带发展规划纲要》为指引，2021年向长江经济带的重点项目提供了超过2万亿元的资金支持。

▶ 案例6-4

中铁信托积极服务"长江经济带"项目建设

中铁信托积极服务"长江经济带"，对绵阳、泸州、岳阳等长江经济带城市进行资金支持。例如，中铁信托设立的"中铁信托——长泰单一资金信托"，信托规模2亿元，信托资金用于认购绵阳科技城发展投资有限公司的公司债券，对进入绵阳经济技术开发区的工业科技项目或科技企业进行投资，涉及高新技术产业、工业、商业、生物工程、医药、医疗器械、计算机软件及网络技术等领域。又如，中铁信托设立"中铁信托·银杏2066期泸州港投优质项目集合资金信托计划"，通过向泸州临港投资集团有限公司提供3亿元信托资金，用于泸州长江经济开发区科技创新企业孵化器二期项目，有力支持了长江经济开发区的城市基础设施建设。"中铁信托·银杏20172期岳阳惠临债券投资集合资金信托计划"，信托规模1亿元，主要用于湖南省临湘市全域旅游重点景区开发建设项目（一期），支持基础设施建设，加大保障房开发建设的经营力度，充分落实岳阳市范围内的生态民生工程，全面保障城市、乡镇、矿区居民的生产生活安全，切实改善当地居民的生活水平。

同时以《粤港澳大湾区发展规划纲要》为指引，信托业在2021年向大湾区的重点项目提供了超过8 000亿元的信托资金，为大湾区建成充满活力的世界级城市群提供了有效的金融支持。

▶ 案例6-5

兴业信托积极支持粤港澳大湾区发展建设

2021年，兴业信托成立"兴业信托·枫岚L010（美的发展）集合资金信托计划"，积极支持粤港澳大湾区发展建设。该项目向佛山市顺德区美的发展有限公司发放贷款9.997亿元，美的发展取得资金后用于补充企业营运资金。兴业信托一直积极落实国家关于推进战略新兴产业发展的要求，围绕对经济社会全局发展和长远发展有重大引领带动作用的领域，积极助力粤港澳大湾区的发展建设，扶持优质民营企业和小微企业，为企业发展持续注入金融血液，促进服务实体经济从量到质的提升。

此外，信托业根据《长江三角洲区域一体化发展规划纲要》的要求，不断加大对重点领域、重点项目的支持力度，2021年全年共提供资金超过1.3万亿元，助力长三角地区不断提升发展水平。

▶ 案例6-6

上海信托服务长三角一体化战略

上海信托作为上海本地金融机构，一直以来业务的开展都立足于上海本地，立足长三角地区。长三角一体化战略提出以来，公司积极响应一体化战略导向，通过金融服务支持长三角一体化。基础设施领域和实体企业作为信托传统投向，仍然是公司主要的业务拓展方向。公司坚持回归金融必须服务实体经济本源定位，继续加大在基础设施建设以及实体企业方面的资源投入，尤其是针对长三角地区的融资服务。截至2021年末，长三角地区一直是上海信托支持的主要地区，资金投向长三角地区的项目规模达2 092.64亿元，规模占比为31%，其中投向工商企业和基础产业的资金占投向长三角总资金的五成。

信托业持续贯彻落实国家区域协调发展战略，不断加大对基础设施建设、经济园区建设、地方产业升级发展的支持力度，2021年全年共向各级经济园区建设提供资金支持超过700亿元。

▶ 案例6-7

五矿信托支持新型基础设施投资

五矿信托积极响应政策要求，积极参与公共产品和服务的提供，主要涉及道路、水利、民生住房保障等基建工程的建设。截至2021年底，公司投向民生领域建设资金40.36亿元，同比增加19.16%。例如，五矿信托与中国建筑第八工程局有限公司和中建八局发展建设有限公司共同合作的项目，存续规模不超过11亿元，信托资金用于淄博开放型产业加工中心项目——J12#—J16#车间及附属设施项目建设。该项目主要工程内容包括：标准厂房及配套给排水、供电、供暖、通信以及管网、围网、卡口、跨线桥、园区道路、管线迁移和海关监管信息系统等基础设施。投资概算额约16.85亿元。该项目为山东省淄博市重点项目，位于淄博综合保税区内，该保税区是淄博历史上国务院批复设立的第二个国家级功能区,也是济南关区第一个由保税物流中心(B型)升级成功的综合保税区。

(二)支持供给侧结构性改革和"新动能"发展

信托业以深化供给侧结构性改革为主线,加快战略转型步伐,通过不断创新投融资方式,大力响应"三去一降一补",支持优质企业转型升级及民营企业发展,助力构建"双循环"发展格局和多层次资本市场建设,从而切实提高服务实体经济的质效,有效促进我国经济结构调整。2021年,信托业为传统产业优化升级提供资金支持超过940亿元,推动相关企业的技术改造;为纾困民营企业提供资金超过8 500亿元,支持民营企业发展。

▶ 案例6-8

财信信托推进民企纾困业务

财信信托积极响应推动民企纾困的号召,设立一系列信托计划,高效、稳定地推动了纾困系列项目的落实。截至2021年12月末,财信信托通过纾困系列项目累计放款约39.39亿元。

在培育壮大新动能方面,信托业2021年全年向战略新兴产业提供资金超过1 700亿元;大力支持自贸试验区建设,提供资金支持超过230亿元;为数字经济领域提供金融服务,推动数字技术与实体经济深度融合。

▶ 案例6-9

中航信托支持数字技术发展

2021年,中航信托发起设立了天启21A226号IDC运营融资集合资金信托计划,信托计划总规模5.2亿元。该信托计划通过收购上海昶翼科技有限公司100%股权,并对昶翼科技发放贷款,最终资金拟建总建筑面积为5.9万平方米的三栋数据中心机房楼,并配套机电设施。建成后可提供优质且稳定的机位、服务器、带宽等资源,同时还可提供优质的全天候安全监控、技术支持等增值服务,帮助节省技术、人力等运营成本,可以为数字技术发展和产业数字化转型提供强大引擎。

(三)助推中小微企业持续发展

信托业不断完善中小微企业融资方式,有效提升对中小微企业的金融服务水平,2021年全年共向小微企业提供资金超过11 000亿元,为稳企业保就业提供了有力支持。

●▶ 案例6-10

华宝信托围绕供应链场景支持中小微企业发展

华宝信托在宝信软件的支持协助下,深入挖掘其供应链内在金融需求。针对宝信软件中小微供应商较多、广泛存在供应链融资需求的特点,华宝信托切入具体的供应链场景,以广大供应商和宝信软件的实际业务合作为起点,创新设计了定制化的供应链金融产品,以支持供应商短期经营资金需求,推动生态圈内多方互信共赢,并通过"产业+金融"的合作,进一步践行金融服务助推产业发展的初心宗旨。围绕产业生态圈"一基五元"的产业客户,华宝信托提高服务思维意识,通过深入走访集团公司成员单位,推进产融业务合作,为产业单元提供定制化的金融服务方案。截至2021年末,华宝信托共发行70期"荣耀130"系列产品,累计规模14.15亿元,围绕供应链场景,为中小微客户提供了有力的资金支持。

二、防控金融风险

2021年,面对国内外形势不确定性增强的压力,信托业严守不发生行业系统性风险底线,持续提升内控合规管理水平,推进反洗钱和守法从业,积极培育信托文化，主动防控化解金融风险。

（一）加强内控合规制度建设

2021年，信托业不断重视健全内控合规管理，继续营造自觉守法、审慎经营、主动合规的合规文化，着力补齐内控合规短板，全年累计新制定或修订内控与合规制度超过1 500件，开展内控与合规管理培训活动超过440次，参加人员超过6万人次。

●▶ 案例6-11

长安信托加强公司内部规章制度建设

长安信托于2016年印发了《长安国际信托股份有限公司规章制度管理办法》，明确了规章制度的起草、审查、批准、发布、备案、修订和废止等相关要求，并定期组织开展制度梳理自查工作、制度内控评价工作等。公司在日常制度维护中，重视完善制度的全生命周期管理，及时根据业务和管理的需求对制度进行"立改废"，实现制度的与时俱进。2021年，公司审查各部门拟新印发的制度14项，审核各部门提交的流程议案15条，涉及多个新建OA流程，通过制度流程化，完善流程设计，保障制度有效执行。公司对重要合同范本进行重检，根据监管法规变动、结合业务实际需求，2021年公司还对股权投资类、融资类等业务中的《风险申明书》进行了修改，并根据陕西银保监局的指导新增了《银行业联合授信成员银行协议参考文本》。为确保公司总体层面内控的有效性，公司在事业部改革的过程中，明确了对事业部的授权管理，由事业部作为自身业务及管理活动的内控直接责任人，总部则对事业部的内控管理进行监督。

（二）开展乱象整治

2021年，信托业积极落实监管要求，加强乱象整治，多举措增强自身主动防控风险的能力，牢牢守住不发生系统性风险的底线。

案例6-12

中铁信托完成"双压降"任务

2021年,中铁信托坚决落实监管要求,在四川银保监局的指导下,千方百计排除万难完成了年度"双压降"任务。针对非标融资类业务,公司对压降进展进行动态监测,全面停止新增融资类业务申报,积极与融资方沟通调整还款时间,最终完成了压降任务。针对金融同业通道业务,公司顶住收入利润大幅下滑和影响同业长期合作关系的压力,加强沟通,明确压降目标,耐心说服合作方通过原状移交信托财产、提前解除信托合同、签署补充协议等多种方式,以背水一战的姿态推进压降工作的实施。截至2021年末,公司通过各方努力,顺利完成了同业通道业务清零的艰巨任务。

(三)推进反洗钱和廉洁教育

2021年,信托公司不断完善反洗钱风险管理和制度体系,综合运用多种形式开展反洗钱工作。全年信托业制定或修订反洗钱相关制度文件超过190件,开展反洗钱教育培训或活动超过320次,参加人员超过6万人次。

案例6-13

华能信托利用科技手段推进反洗钱系统升级

华能信托将反洗钱系统内化于核心信托业务系统,实现系统信息及时、准确及完整对接,数据监测全覆盖于信托业务的全流程。2021年,公司继续完善反洗钱信息系统建设,充分运用科技手段推进反洗钱系统升级。例如,将反洗钱系统内化于核心信托业务系统,实现系统信息及时、准确及完整对接。再如,反洗钱工作领导小组组织专门会议研究讨论黑名单数据库完善事宜。经过多方比选,决定采购道琼斯风险合规数据库服务系统与公司反洗钱系统进行对接,进一步丰富和完善反洗钱黑名单数据库资源,严控反洗钱风险。

同时，信托业积极落实清廉金融文化建设要求，深入推进反腐倡廉警示教育，丰富学习教育形式，不断增强党员和从业人员拒腐防变意识和能力。2021年，全行业开展反腐倡廉教育活动超过710次。

● ▶ **案例6-14**

中航信托深入开展反腐倡廉警示活动

中航信托以推进"三不"机制为重点，标本兼治进一步深化反腐倡廉活动。一是保持高压态势，坚持有腐必惩、有贪必肃，释放严惩腐败不手软的信号，"不敢腐"的震慑进一步强化。二是通过制定"共性与个性"相结合的党风廉政建设责任书，进一步夯实压力逐级传递、责任层层落实的党风廉政建设工作责任链条，"不能腐"的笼子进一步扎紧。三是加强教育"学"廉，通过发布党风廉政教育文章，促进增强廉洁意识；开展宣传"送"廉，借助公司办公场所视频宣传媒介，滚动播放廉政微视频，营造更加浓厚的廉洁氛围；坚持节日"明"廉，于元旦、春节、中秋、国庆等节假日前夕，向全员发布廉洁过节提醒通知，营造崇廉尚俭的节日氛围；深化案例"警"廉，组织党员及领导干部集中观看《围猎·蜕变》《正风反腐就在身边》等警示教育片、面向全员开展违规违纪典型案例通报暨2021年全员警示教育大会，促进全员知敬畏、明红线、守底线，"不想腐"的堤坝进一步筑牢。

三、服务人民美好生活

（一）服务乡村振兴

2021年，信托业加大服务乡村振兴力度，设立乡村振兴主题慈善信托超过30单，规模超过8 700万元；开展乡村振兴帮扶项目超过150个，规模超过9 900万元；选派多名员工担任挂职干部、驻村驻点专业人员，动员员工超过5 700人次开展乡村振兴帮扶活动，为建设产业兴旺、生态宜居、乡风文明、治理有效、生活富裕的现代化乡村贡献力量。

案例6-15

中信信托支持脱贫攻坚成果巩固

2021年12月，中信信托以固有资金向中信集团定点帮扶的元阳县捐赠资金30万元，用于元阳县返贫监测基金项目，确保不稳定脱贫户不返贫、非建档立卡贫困边缘户不致贫，守牢防止规模性返贫底线，巩固拓展脱贫攻坚成果同乡村振兴有效衔接。同时，公司工会号召职工及下属公司积极购买脱贫县农产品，助力脱贫地区经济发展。

案例6-16

长安信托通过慈善信托关爱农村留守群体

2021年，长安信托通过"长安慈——脱贫攻坚关爱农村三留守群体慈善信托"在陕西佳县开展"关爱三留守项目"。项目实施以来，组织开展能力建设培训54场，培养项目管理人员1人、农村养老社工10人，为307户计447位老人提供公益性居家养老服务超过1.2万人次，组织开展各类社区公益活动59场；由项目孵化的县域社会服务机构佳县慈爱社会公益事业服务中心于2022年1月6日完成机构注册及慈善组织认证。项目在改善老人生活困难、精神需求、养老服务、倡导敬老爱老文化、激发当地公益氛围上都取得了良好效果。项目开展的日间照料、节日探访等活动，让留守老人得到陪伴、留守儿童获得关怀、留守妇女发挥自身价值，乡村外出人员能够对家里放心，安心务工，从而为佳县乡村振兴工作带来勃勃生机。

案例6-17

东莞信托通过慈善信托支援乡村振兴

为响应国家乡村振兴战略部署，2021年12月东莞信托受托设立了"东莞信托·善信——乡村振兴慈善信托"，资金用于东莞市各镇街及东莞市对口帮扶支援、东西部协作帮扶地区，开展扶贫济困、乡村振兴等慈善公益项目，该慈善信托的设立将进一步发挥慈善事业的第三次分配作用，帮助实现困难群体精准帮扶，巩固拓展脱贫攻坚成果，助力乡村振兴，促进东西部协作，推动实现共同富裕。该慈善信托于2021年12月20日在东莞市民政局完成备案。

（二）支持抗击新冠肺炎疫情

2021年，信托业继续多渠道筹措社会资金，通过设立慈善信托等方式积极助力抗疫，积极履行受托人职责，将资金有效投向采购医疗防护物资、援助医疗机构、保障和关爱医护人员、援助救治患者等领域。全年通过抗疫防疫公益（慈善）信托累计完成慈善支出超过420万元。与此同时，信托公司积极发动公司党员以及股东、兄弟单位、客户等各方力量，捐赠超过380万元用于支持抗疫，并组织员工积极参与抗疫志愿活动。

▶ 案例6-18

中诚信托设立慈善信托助力首都疫情防控

为筑牢疫情防线、护航精彩冬奥，中诚信托通过"信托保障基金·京慈疫情防控慈善信托"，向承担北京2022年冬奥会保障职能的海淀区万寿路街道、曙光街道捐赠一批防疫物资，为首都疫情防控和冬奥服务保障工作提供了支持。

（三）提升财产性收入

2021年，信托公司深度调整业务结构，积极探索证券投资信托、股权投资信托等创新业务，设立各类符合投资者风险与收益偏好的产品。根据信托业协会调研的部分信托公司数据，信托业全年新增客户数量超过44万人，全年分配的信托收益超过8 800亿元。

▶ 案例6-19

五矿信托发力零售业务

2021年，五矿信托财富管理综合规模达1 730亿元，其中零售规模1 288

亿元。从2019年1月开始，财富中心业绩迭创新高，尤其是零售业绩保持强劲增长势头，2021年月均平台突破100亿元，达到107.4亿元，综合规模月均144.2亿元。截至2021年末，财富中心累计服务客户24 000人，年末存续客户超16 000人，其中千万元以上级别客户超2 500人，并为客户创造了丰厚的业绩回报。

（四）推动社会事业发展

2021年，信托业推动社会事业发展的项目数量超过350个，涉及环保、文化、教育、医疗等多个领域，惠及人群超过94万人次。

●▶ 案例6-20

长安信托通过慈善信托支持社会公益事业

多年以来，长安信托积极践行《慈善法》精神，争做金融慈善标兵。2021年，长安信托受托成立了"长安慈——青春、健康、活力，助力14运体育公益慈善信托"，这是全国首单助力全运会举办体育公益慈善信托项目，有力支持了十四运会的成功举办。此外，长安信托还设立了公司首单财产权慈善信托项目"长安慈——长安艺术学堂慈善信托"，通过将受益权装入慈善信托中，为落后地区的孩子们带去艺术熏陶。

四、践行绿色理念

（一）开展绿色信托

2021年，信托业认真贯彻新发展理念、构建新发展格局，持续创新绿色信托产品与服务，不断加大对绿色产业的支持力度，助力我国实现"碳达峰""碳中和"目标。2021年，信托公司获得多个绿色金融相关奖项；开展绿色信托主题培训会超过40次，参加培训活动人员超过4 000人次；与国际机构开展的绿色信托主题交流活动超过150次；公司管理层开展的绿色信托主题研讨会、战略会次数超过50次。开展多次绿色信托主题投资者教育会议，参加人员累计超过16 000人次。

●▶ 案例6-21

中航信托发布绿色建筑信托标准评价体系报告

2021年12月，中航信托受邀参加由中国节能协会"碳中和"专业委员会主办的首届"碳中和"博鳌论坛。会上，中航信托发布了《绿色建筑信托标准评价体系（2020—2021）》，旨在帮助信托公司建立绿色建筑信托的业务操作指引，赋能绿色建筑行业高质量发展。该报告是中航信托绿色信托年度系列研究报告，自2017年开始迄今已经连续发布五年。

●▶ 案例6-22

上海信托开展绿色资产证券化信托业务

在以低碳为导向的政策背景下，上海信托将助力绿色产业作为业务发展的新发力点，持续以创新金融产品赋能实体经济、助力节能减排。2021年9月，由上海信托作为受托机构的"盛世融迪2021年第二期个人汽车抵押贷款绿色证券化信托"成功设立，本期绿色资产支持证券发行规模20亿元，基础资产来源及募集资金投向全部为新能源汽车贷款，是资产端与用途端的"双绿"产品。同时，本期绿色资产支持证券获得惠誉国际评级授予的"AAAsf"评级结果。根据专业第三方评估认证机构联合赤道环境评价有限公司的《盛世融迪2021年第二期个人汽车抵押贷款绿色资产支持证券发行前独立评估认证报告》，本期绿色资产支持证券基础资产预计每年可减少排放2.04万吨，可节约标准煤1.53万吨；募投项目预计每年可减少排放1.53万吨，可节约标准煤1.14万吨。

（二）推进绿色办公

信托业持续倡导绿色低碳的生产、生活方式，通过实施无纸化办公、绿色采购、绿色照明等措施，在降低自身运营成本的同时，有效推动节能降耗工作的开展，支持和促进生态环境保护。

2021年，信托公司绿色采购总金额超过1 240万元，日常办公节水量超27 000吨，节电量超430万度，纸张节省量超930万张；组织无纸化会议超过25 000次，员工参加无纸化会议达28万人次。同时，信托公司积极倡导和引领员工践行绿色低碳的生活方式，鼓励"绿色出行""光盘行动""义务植树"等绿色低碳行动，以实际行动践行绿色发展理念。2021年，信托公司组织与参与绿色低碳活动超过60次，参与绿色低碳活动的员工超过8 000人次。

▶ 案例6–23

华宝信托践行绿色办公理念

华宝信托审慎挑选具有经营或行业专门资质的采购供应商，评估产品质量和服务水平是否契合公司要求，关注供应商自身的社会责任履行情况及其对环境风险负责的态度，同等条件下选择更好地履行社会责任理念和要求的供应商。例如，公司在甄选打印复印一体机供应商时选择了"电子产品再生产模范企业"，其主机设备、零部件、耗材部分使用了再生材料或可回收材料，并提供零配件、耗材及维修保养全包的持续服务，为员工营造较好的办公环境。

五、强化人本关怀

（一）加强人才队伍建设

信托业坚守"以人为本"理念，持续推动员工与公司共同发展。根据信托业协会调研的64家信托公司提供的数据，2021年，信托公司从业人员为21 191人。其中，78.46%的信托从业人员年龄在40岁以下；男女性别比例平衡；本科学历以上人员占比超过90%，反映出信托行业对青年人才具有较强的吸引力。

信托公司保障员工受教育权，积极促进员工全面发展。2021年，信托公司在员工培训方面累计投入超过5 200万元,其中员工参加从业人员投资类业务讲座达71 000余人次;参加从业人员职业道德教育达33 000余人次;参加从业人员职业安全教育达23 000余人次。

案例6-24

陆家嘴信托加强员工培训

2021年,陆家嘴信托组织筹办或派员参加培训28场次,1 018人次员工参加培训,累计授课4 069课时。2022年度培训仍以公司主办内训为主,外训以员工学习新政策、新制度为主,针对性较强。培训工作仍以"扬帆""松柏"两大培训体系为主,囊括新员工、专题业务、法律合规等培训项目。"启航"面对加入公司一周的新员工,介绍公司、制度、流程、福利薪酬等内容。"引航"面向加入公司一年以内的新员工,包含公司业务流程、团队融合等课程。"引航"培训引入《集团企业文化与价值观》课程和集团发展历程沙盘参观,让新员工直观地感受到集团公司以一己之力改变浦东新区核心地段面貌,尤其是那些耳熟能详的标志性建筑出自集团之手,作为集团的一员更应由衷地感到自豪和骄傲。

公司举办针对性较强的礼仪培训,将公司涉及接待、会务岗位的员工齐聚上海,提升员工在商务礼仪、会务筹办、来宾接待、投诉处理等方面的工作能力。为顺应监管方向,助力公司业务转型,推动非标转标、融转投业务发展,邀请外部行业专家为公司全体员工开展《股权投资(PE/VC)与案例解析》培训,围绕股权投资实务的要点,配合大量实务案例,解密股权投资的本质,梳理业务关键点,帮助学员了解股权投资常见误区及掌握风控要点,拓宽了学员们在股权投资业务领域思路及视野。根据监管要求,年度内分别举办消保培训、反洗钱培训、内控管理等培训项目,有效支持公司完成监管任务,并将相关制度规定传导到员工。

(二)开展关爱员工活动

2021年,信托业持续多维度、多元化开展员工关爱工作,维护员工权益,包括举办文体活动、丰富业余生活、组织健康体检、开展心理课堂等,将关怀传递到每一位员工。2021年度,信托公司组织从业人员职业健康讲座,参加人员达9 200余人次,累计为超过260名困难员工提供帮助。

案例6-25

平安信托采取多种措施关注员工身心健康

为积极平衡员工工作与生活,关注员工身心健康,平安信托工会推出"守初心、助安心、促舒心、更暖心、献爱心"的"五XIN+工会"品牌,2021年全年组织开展25场主题活动、657次俱乐部活动、4次健康课堂、3次员工代表大会,让"五心工会,五星体验"口号真正深入人心,广受员工喜爱和好评,荣获深圳市财贸金融工会"先进职工之家"称号。

为提高员工工作生活质量,增强科学健康管理理念,2021年,平安信托工会围绕员工的身体与心理健康两个层面,为员工量身打造"健康微课堂",通过定期邀请外部心理、运动、养身、各科室医生等专家走进职场,为员工分享和解答身心健康方面知识,帮助员工正确认识身心健康和改善职场人的亚健康状况。2021年,健康微课堂开展《运动损伤》《科学控糖》《滚蛋吧肿瘤君》《拿什么拯救你,职场妈妈的焦虑》和《奔跑吧 信托人》等主题分享活动。

面对新冠肺炎疫情常态化现状,平安信托以凝聚员工共识、实现团队融合、保障员工健康安全为方向,重点解决员工诉求,提升员工凝聚力、归属感、安全感与体验感。基层员工层面,公司不断升级"建言献策直通车"问题协调机制,问题直达董事长,每季度收集并专题解决员工关心的业务、发展问题;持续推行"倾听心声"长效机制,以"纸飞机"扫码反馈方式,收集员工需求与心声,通过交互式沟通加强与各部门的连接与沟通;公司全年为员工申请疫情防控物资68.7万元,为员工提供了安全保障,帮助员工解除忧虑,顺利复工。

第四部分
04 业务篇（一）：资产管理信托

第七章
证券投资信托

在信托行业转型创新的浪潮下，证券投资信托经过多年的快速发展，已成为信托行业转型创新的重要发展方向之一，发展前景广阔。一方面，在大力发展资本市场的国家战略下，资管行业标准化、净值化转型逐步实施，而底层资产以标准化资产的证券投资信托符合国家战略、监管转型要求，是信托参与大资管行业统一竞争的重要方式；另一方面，在信托行业严监管以及房地产行业风险频发的背景下，信托公司过往以融资类信托为主的经营模式难以为继，而证券投资信托以净值化、底层资产丰富等优势逐步成为行业转型的重要方向。受以上多方面因素影响，2021年信托行业投向证券市场的信托规模达4.03亿元，同比增长达78.32%；同时，资金信托投向证券市场的占比更是达到了22.37%，同比大幅上升了8.50个百分点，在所有投向中的名次也从2020年的第五位跃至第二位，成为仅次于工商企业的投向。未来，在资本市场改革持续深化、资管新规引领大资管行业统一竞争的格局下，信托公司需进一步加强投研能力以及数字化建设，推动投资者教育，充分发挥信托架构优势，推动证券投资信托市场纵深发展，打造信托公司在净值化、标准化金融产品领域的核心竞争力。

一、证券投资信托发展状况

近年来，以金融市场上各类标准化资产为投向的证券投资信托已经日益发展成为信托业重要的转型业务板块。证券投资信托日益发展的推动力主要有两个，一是资管产品压降非标融资、实施净值化管理的监管政策引导，使传统融资类信托业务受到严格的监管约束；二是快速发展的多层次资本市场和日益增强的多元化投资需求，使证券投资信托业务在供给与需求两端均迎来巨大发展机遇，发展前景极其广阔。在以上两方面因素影响下，证券投资信托在2021年快速发展，成为各家信托公司推进转型发展的重要发力点。

（一）证券投资信托规模及贡献度稳步提升，日益成为重要的转型方向

近年来，信托行业资金信托业务中投向证券市场的规模呈现不断攀升的趋势，2021年更是快速增长。虽然从整体来看，2021年信托行业展业趋严，其中资金信托业务仍处于规模下降态势，但证券投资信托由于其业务属性以及在监管鼓励发展等因素作用下，规模逆势上升，成为行业越来越重要的增长极。截至2021年底，投向证券市场的资金信托余额为33 561亿元，在资金信托规模同比下降7.98%的情况下，同比增长48.38%，占资金信托比重从2020年的13.87%上升至22.37%，上升了8.5个百分点；在资金信托所有投向中的名次也从2020年的第五位跃至第二位，成为仅次于工商企业的投向（见图7-1）。

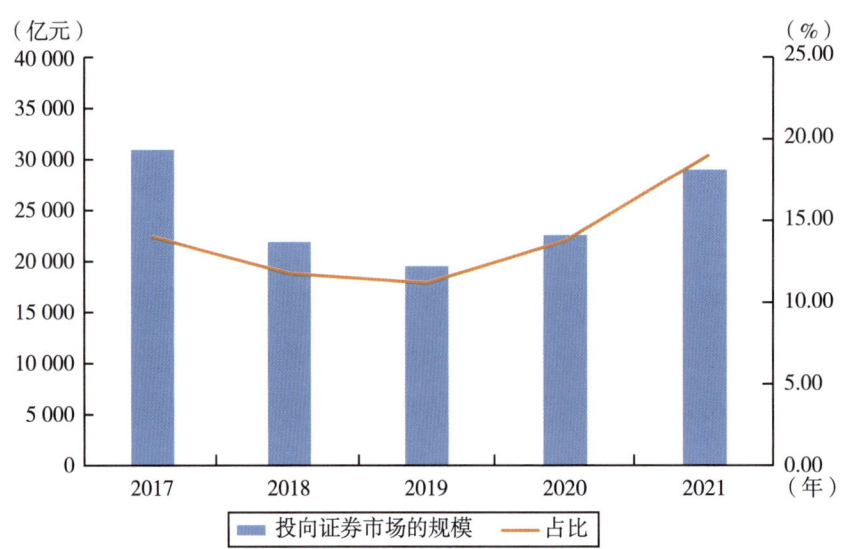

图7-1 资金信托中投向证券市场的规模及占比

细分至各家信托公司来看，多数公司已经组建了证券投资信托业务团队，证券投资信托已成为不少公司的核心业务板块和主要的收入来源。根据各家信托公司年报数据以及信托业协会对45家信托公司的调研情况，2021年，有华润信托、外贸信托、中航信托等12家信托公司证券投资信托业务规模已经突破千亿元（见图7-2）；在规模不断上升的同时，部分信托公司已经将规模效应转化成收入贡献，有至少12

家信托公司证券投资信托业务收入过亿元，至少有10家公司2021年其证券投资信托业务收入占比超过10%，有力弥补了融资类业务下降导致的营收缺口。而对于一些没有证券投资信托展业经验或者证券投资信托业务尚处于起步阶段的信托公司而言，多数公司也将该业务作为未来重点发展的方向之一并纳入公司未来发展规划。

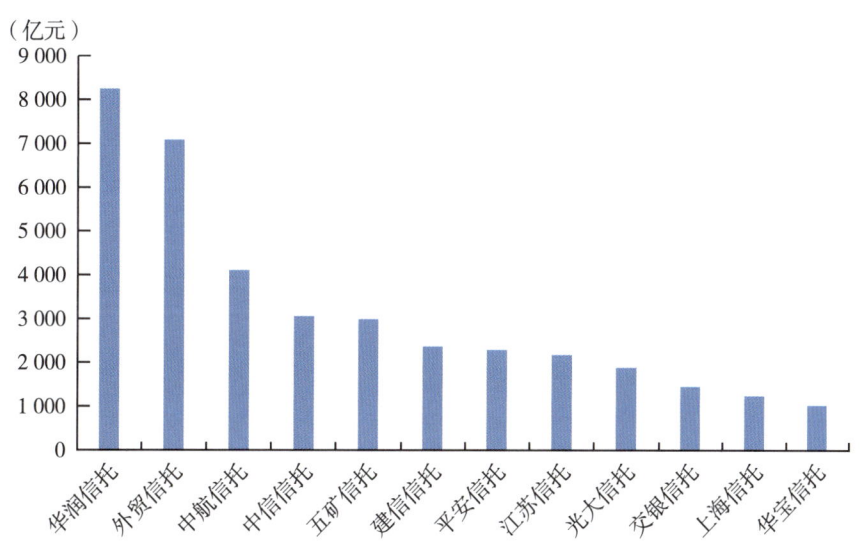

图7-2　证券信托规模超千亿元的信托公司

（二）证券投资信托展业以债券投资类信托为主导

目前，在信托公司发力证券投资信托业务过程中，仍以债券投资类产品为主要的发力点。固收类资产波动相对较小，规模上量较快，因此近年来，无论是从规模上还是从占比上来看，债券投资类信托均呈现上升态势，2021年更是提速发展。根据信托业协会披露的行业数据，截至2021年底，全行业投向债券的资金信托规模为2.3万亿元，同比增长8 607亿元，增幅达57.67%，其占证券投资信托规模的比例更是高达70.1%（见图7-3）。

在债券投资类信托规模不断攀升的过程中，其投资策略也不断丰富，其中现金管理类和纯债固收、"固收+"类产品成为主流。

目前，多家信托公司开发了现金管理类信托产品，主要投向高流动性、低风险的票息类资产，例如高等级债券、票据资产、货币基金等。从2021年信托公司开展现金管理类信托情况看，目前仍以配置性策略为主，主要通过票息获取收益，平均收益率在3%以上，略高于货币基金和同期限结构性银行理财。

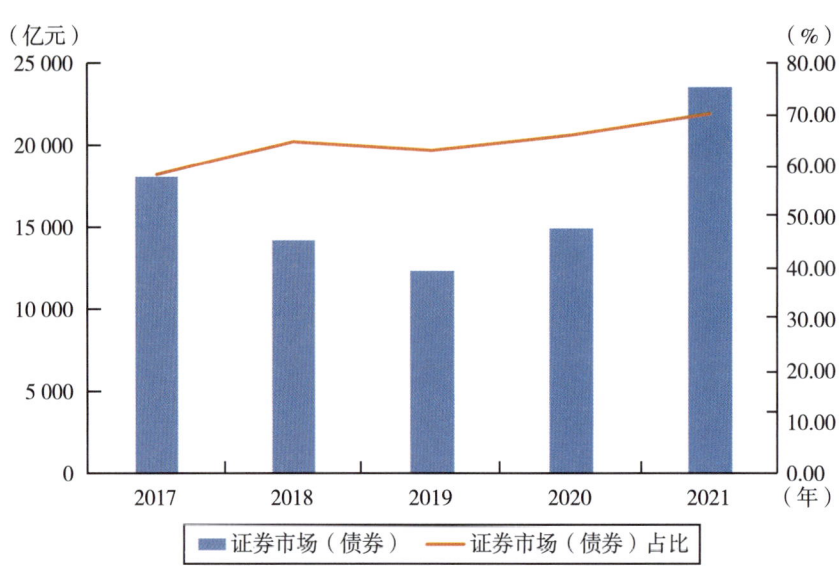

图7-3　投向债券的资金信托及其占证券投资信托的比重

此外，纯债固收和"固收+"类信托产品是信托公司发展债券投资类信托的另两类主要产品，特别是纯债固收信托产品。截至2021年，已有包括中航信托、平安信托、华润信托、民生信托、中建投信托、长安信托、五矿信托、华能信托等多家信托公司的纯债固收及"固收+"产品规模超过百亿元，另有多家信托公司在2021年进入这一领域。目前，纯债固收信托产品主要以配置各类债券为主，"固收+"类信托产品一般通过债券投资作为基本盘，增强类资产包括二级市场股票、可转债、可交债、指数增强类产品、股票基金等多样化资产。相对于纯债固收产品，"固收+"类信托产品起步普遍更晚，目前存续规模更小，但已被多家信托公司规划为未来重点拓展的方向。

（三）投向股票市场的规模大幅增长，但占比仍继续滑落

投向股票市场的证券投资信托规模一直以来受股票市场行情影响较大，其展业规模与股票市场行业有着明显的正相关关系。2021年，受益于股票市场行业相对较好，投向股票市场的证券投资信托规模也大幅上涨。截至2021年末，投向股票市场的信托资金余额为7 232.79亿元，同比增长35.17%。

虽然投向股票市场的信托资金余额涨幅较大，但是上涨幅度远低于整体证券投资信托规模的涨幅，因此，投向股票市场的证券投资信托规模占比持续下滑，截至

2021年末，占比为17.95%（见图7-4）。信托行业投向股票市场的证券投资业务规模占比持续下滑的原因主要和业务结构有关。信托公司在股票投资方面以阳光私募、结构化证券等服务类为主，主动管理的直投业务较少。资管新规以来，持续开展去通道、去嵌套，结构化配资等通道类业务大量收缩。服务类业务对信托公司的科技系统能力要求较高，即使市场行情走强，前期未开展业务或投入较小的信托公司短期内也难以迅速做大规模，并且私募基金也可自主发行基金产品。信托公司在团队组织、投研能力、科技系统、品牌效应等方面与公募基金、私募基金的差距较大，主动管理的股票直投业务短期内难以成为证券投资业务转型的突破点。

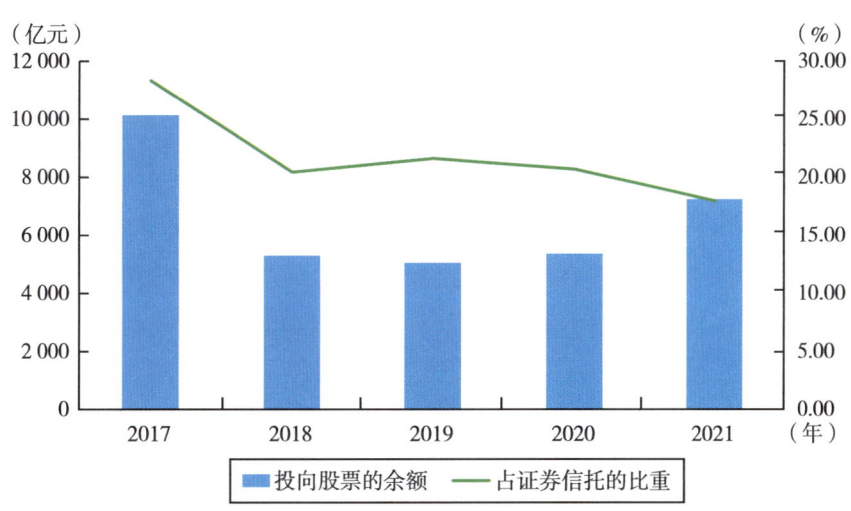

图7-4　投向股票市场的资金信托及其占证券投资信托的比重

（四）资产配置类信托成为证券投资信托业务的新兴发力点

在债券投资类信托不断增长的同时，信托行业也在不断探索新的业务方向和增长点，以TOF、FOF、MOM为代表的资产配置信托由于风险分散、可选资产更广、净值波动较小等优势成为信托公司开展证券投资信托业务的另一重要方向。

相对于其他类别证券投资信托，资产配置信托起步更晚，除了极少数几家信托公司外，多数信托公司的此类业务普遍在2020—2021年开始尝试。根据信托业协会对45家信托公司的调研信息，截至2021年，已有31家信托公司开展TOF、FOF、MOM等资产配置信托业务，其中建信信托、外贸信托的存续规模突破200亿元，另有中海信托、五矿信托、交银信托、中航信托、杭工商信托等公司在这一领域发展较快，产品的存续规模均已突破50亿元。

发展TOF、FOF、MOM业务，底层基金管理人的积累以及投研能力是重要因素。以外贸信托为例，其主动管理FOF业务起步于2013年，已有8年多的发展历程，已构建起资产配置框架与基金绩效分析评价体系，形成专注专业的投研团队，搭建起集投资研究、运营管理、风险监控、绩效分析等为一体的FOF投研管理平台，逐步确立策略类型完备、风险收益特征明确的FOF产品线。截至2021年，其FOF存续规模已达200余亿元。

（五）打造投研体系支撑，主动管理型产品已成主流

在大资管统一竞争的格局下，信托公司未来要在资管行业建立护城河，需要在投研能力和主动管理能力这两方面的核心竞争力上下足功夫，要体现出强大的资产配置和主动管理能力，这样才能在大资管的强有力的竞争中，树立品牌，提高影响力。一方面，证券投资信托由于其底层资产类别较广、波动较大等特征，其有效开展需要对宏观、资产、策略等有深刻的研究能力；另一方面，在强有力的投研能力支撑下，其主动管理能力体现在顶层产品的筛选和判断能力，在对资产配置有深刻研究的基础上以资管产品进行落地。近年来，信托行业对以上两方面的认识得到共识，各家信托公司持续发力投研能力建设，建立投资研究专业部门，扩充研究团队，加大投研建设的支出，不断推升主动管理能力。

▶ 案例7-1

上海信托打造全流程、多方位的投资研究体系

上海信托在转型之初就强调投研能力对业务的支撑作用，并从2017年起，将投研体系建设作为战略工作狠抓落实，从制度流程、组织架构、激励机制、专业化团队建设、投研平台内部协同、优质基础资产挖掘、研究和业务互动转化等多个方面持续加大投研体系建设的推进力度。目前公司投研体系"夯基垒台、立柱架梁"已经完成，"系统集成、协同高效"正在全面推进，转型创新和投研文化的氛围在公司范围内大大提升。一方面，上海信托投研团队联动内外部优质研究资源，定期组织券商研究路演、撰写研究报告，

深度支持债券投资、股票投资、FOF等各类业务决策,助力公司业务发展。另一方面,投研部努力将研究转化为成果,依托于投研专业能力,对公募基金、私募基金、各类资管产品市场进行持续跟踪,为公司转型创新提供基础资产来源。目前,上海信托已打造出了一套全流程、多方位支撑的投资研究体系,为公司证券投资信托的发展助力(见图7-5)。

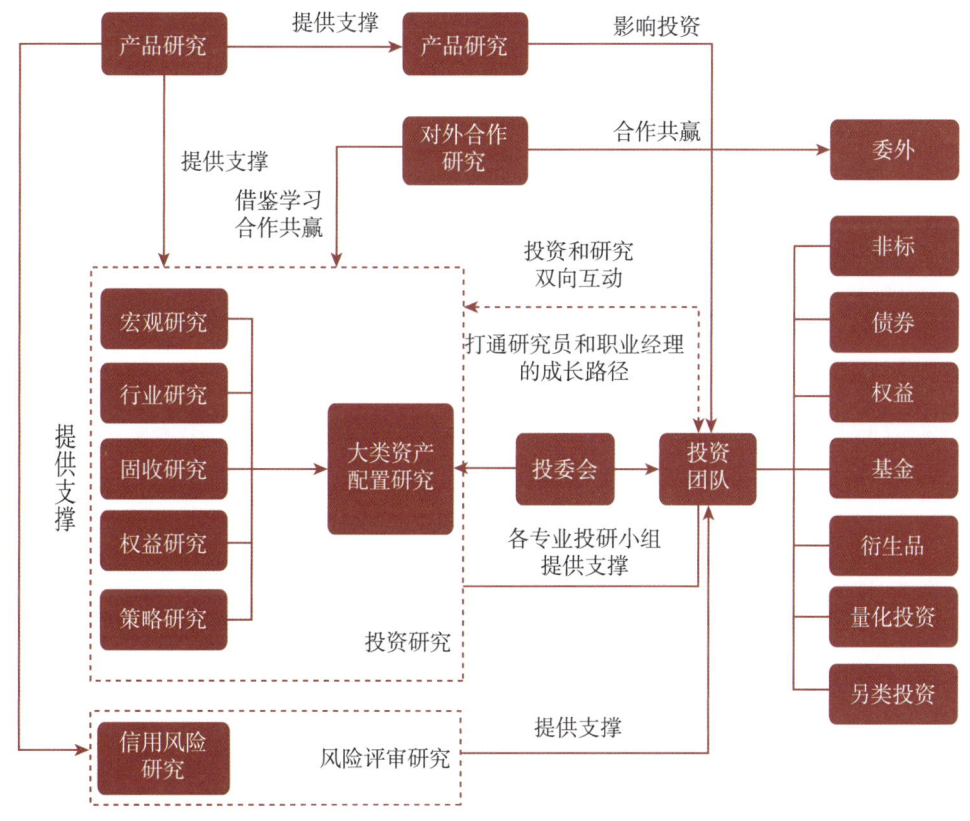

图7-5 上海信托投研体系示意图

在信托公司不断提升自身的投研能力的支撑下,经过多年的发展,相较于证券投资信托起步阶段以通道类为主的情形,目前主动管理型证券投资信托已得到了较大的发展,逐步成为证券投资信托业务的主流模式。根据信托业协会对45家信托公司的调研数据,2021年,45家信托公司合计证券投资信托产品规模达到2.48万亿元,其中主动管理类规模合计为1.87万亿元,占比为75.56%。在上述主动管理类产品中,大约90.6%为直接投资的证券投资信托产品,5.6%为间接投资的TOF、FOF、MOM等资产配置信托产品(见图7-6)。

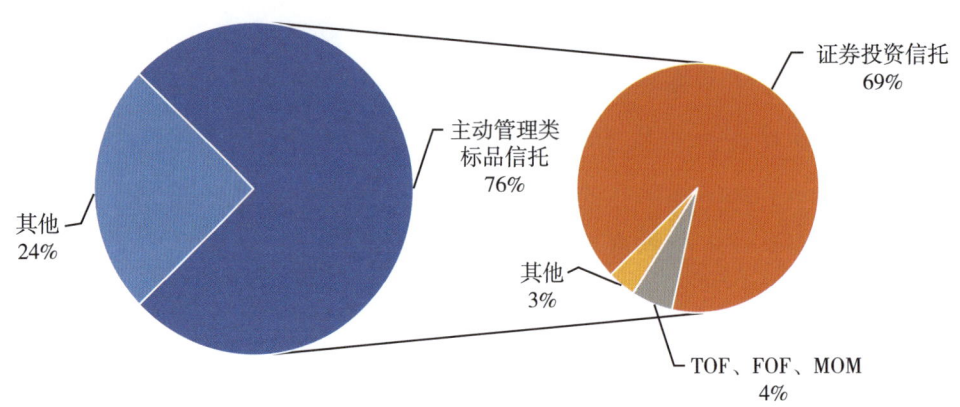

图7-6　45家信托公司证券投资信托业务构成

（六）QDII额度保持平稳，境外投资信托规模略有下滑

QDII制度自2006年实施以来，在推动金融市场开放、拓宽境内居民投资渠道、支持金融机构"走出去"开展国际化经营等方面发挥了积极作用。2021年，信托行业QDII额度保持稳定，没有信托公司申请QDII额度。截至2021年底，行业QDII总额度达90.16亿元（见表7-1）。

表7-1　具有QDII展业资格的信托公司额度情况

序号	信托公司	额度（亿美元）	额度获批时间	序号	信托公司	额度（亿美元）	额度获批时间
1	华宝信托	20.00	2020年11月30日	11	交银信托	2.00	2015年3月26日
2	中诚信托	16.00	2014年11月27日	12	长安信托	1.80	2018年4月24日
3	上海信托	9.50	2014年12月28日	13	新华信托	1.50	2015年1月30日
4	中信信托	9.50	2014年12月28日	14	平安信托	1.00	2011年9月30日
5	外贸信托	5.00	2014年9月22日	15	华信信托	1.00	2011年12月20日
6	建信信托	4.00	2014年11月27日	16	国投泰康	0.7	2018年5月30日
7	中融信托	3.00	2014年11月27日	17	民生信托	0.6	2018年5月30日
8	北京信托	3.00	2015年2月13日	18	重庆信托	0.5	2018年5月30日
9	中海信托	3.00	2018年4月24日	19	华润信托	1	2020年11月30日
10	兴业信托	2.00	2015年2月13日	20	中粮信托	0.26	2020年11月30日

续表

序号	信托公司	额度（亿美元）	额度获批时间	序号	信托公司	额度（亿美元）	额度获批时间
21	五矿信托	1	2020年11月30日	25	爱建信托	0	—
22	华能贵诚	1	2020年11月30日	26	英大信托	0	—
23	光大信托	1	2020年11月30日	27	云南信托	0	—
24	华鑫信托	1	2020年11月30日	28	安信信托	0	—

数据来源：国家外汇管理局。

在行业整体QDII额度保持稳定的情况下，受房地产行业美元债大幅波动等因素影响，2021年，信托公司境外投资信托参与主体虽有所增加，但规模略有下滑。根据信托业协会对45家信托公司的调研数据，2021年，参与境外投资信托业务的有8家，较2020年新增五矿信托、陕国投和华鑫信托3家，但合计投资规模为9.09亿美元，较2020年下降7 187万美元，降幅为7.32%。

2021年8家信托公司合计存续有42个QDII境外理财产品，其中14个集合信托产品，28个单一信托产品。8家信托公司中外贸信托、中航信托、中融信托规模较大，均突破1亿美元（见表7-2）。

表7-2　2021年调研公司QDII境外投资产品情况

公司	2021年产品数量(个)			合计产品规模（万美元）
	集合	单一	合计	
外贸信托	0	10	10	37 398
五矿信托	1	0	1	700
交银信托	0	2	2	6 028
中航信托	1	13	14	26 235
陕国投	1	1	2	2 000
华鑫信托	0	1	1	156
中融信托	8	1	9	14 820
中粮信托	3	0	3	3 591

二、证券投资信托业务模式及其创新

（一）证券投资信托业务模式的演变

我国信托业开展证券投资信托的业务模式经历了一个独特的演变过程，2014年之前主要依托牌照优势、采取事务管理型的"阳光私募基金"合作模式，2014年之后逐步发展为主要依托专业能力、采取多元模式并行的展业格局。

1. 起步发展阶段："阳光私募基金"合作模式

证券投资信托业务发端于2004年前后信托公司与私募基金阳光化的合作。当时，在制度层面私募证券投资基金尚不具备明确的法律地位，尤其是基金募集缺乏制度依据，因此许多私募基金管理人寻求与信托公司的合作，采取"受托人+投资顾问"模式开展证券投资信托业务，使"私募基金阳光化"。具体模式是依据《信托法》及《信托公司集合资金信托计划管理办法》等规定，由投资者作为委托人和受益人，由信托公司作为受托人、银行作为资金托管人、证券公司作为证券托管人、私募基金管理人作为投资顾问担任实际的投资管理人，发行设立证券投资信托产品，投资于证券市场，定期公开披露净值和业绩报告。实践中，又有"深圳模式"和"上海模式"之分。

2004年2月20日，以深国投（现华润信托）与赵丹阳合作发行的国内第一支开放式证券投资信托计划——深国投·赤子之心（中国）集合资金信托为代表，开启了"阳光私募基金"合作模式，"深国投·赤子之心"也被认为是国内首只阳光私募产品。这种模式下，证券投资信托产品采取受益权不分层的平层结构，信托公司主要发挥产品募集、设立、执行、监督、信息披露、利益分配和产品清算等事务管理职能，实质的投资管理由合作的私募基金管理人承担。这种模式随后被各家信托公司跟进并得到了市场的认可，实践中后来称之为"深圳模式"（见图7-7）。

随着"阳光私募基金"合作模式的推进，上海国际信托投资公司（现上海信托）又推出了区别于深圳模式的"结构化证券投资信托产品"，即产品模式采用结构化，受益权分为优先劣后级，一般由普通投资者作为优先受益人，由担任实际投资管理人的私募机构作为劣后受益人，受托人则仍然充当事务管理的角色。结构化要求严格的劣后部分份额，通常设有严格的平仓警戒线，具有证券融资信托的性质，这种模式随后也得到信托公司广泛效仿，并在实践中被称为"上海模式"（见图7-8）。

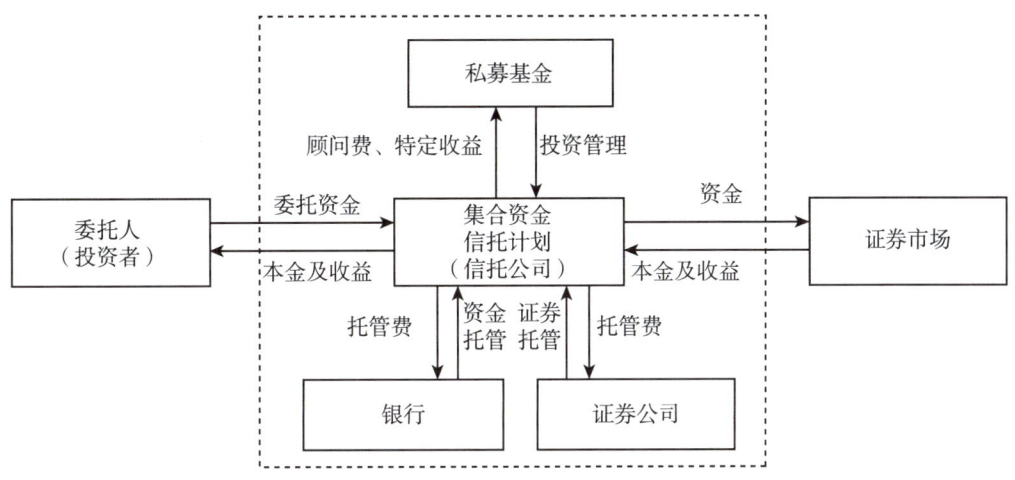

图7-7 深圳模式交易结构示意图

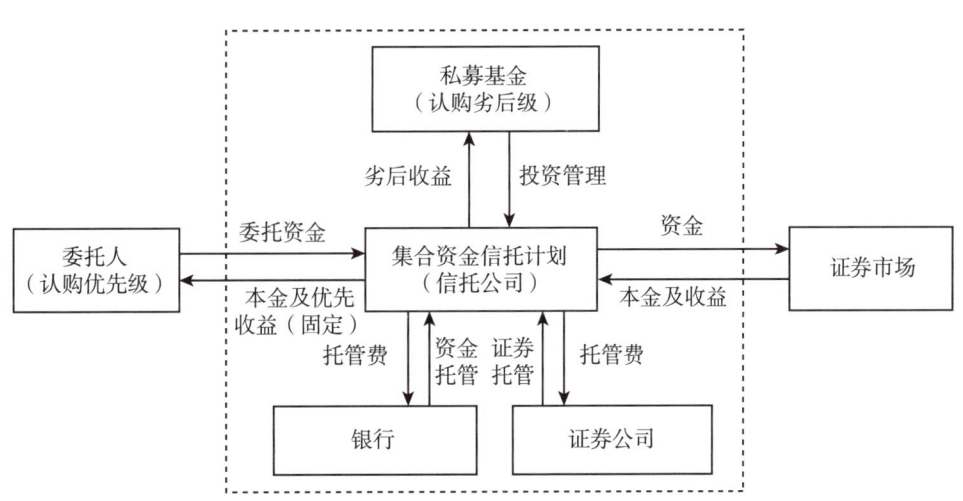

图7-8 上海模式交易结构示意图

在"阳光私募基金"合作模式盛行之前，个别公司也尝试开展自主管理的证券投资信托业务。2003年7月12日，云国投推出"中国龙资本市场信托计划"，其核心模式是不引入第三方投资顾问，由信托公司同时作为产品发行人和投资管理人，使用自身的投研团队进行自主管理。但自主管理模式在实践中市场认可度不高，也鲜有信托公司效仿，推动信托业证券投资信托起步发展的业务模式主要是"阳光私募基金"合作模式。

2. 深化发展阶段：专业化驱动的多元模式

2014年以后，随着证监会《私募投资基金监督管理暂行办法》的颁布，私募基金的法律地位得以明确，监管规则日益完备，信托公司的牌照优势不再明显，"阳光私募基金"合作模式的市场需求开始衰减，证券投资信托业务进入了新的发展阶段，逐步形成了如今多元化模式并行、专业化驱动不断强化的业务格局。

事务管理类证券投资信托业务逐步发展为专业化的服务信托业务。信托公司在"阳光私募基金"合作模式下的简单事务管理服务角色，逐步发展成为为私募基金提供专业化、综合化行政运营管理服务的服务商。信托公司不再单纯地将自身定位为"受托人通道"，同时向承担事务管理、运营服务、清算托管等角色转变，在做大规模的同时，培养自身更专业的服务品质，建立更加有效率的运营系统，提升自身更深入的服务内涵满足合作方的需求。

主动管理类证券投资信托逐步发展为主导业务模式。一方面不断推动组织建设、能力建设与机制建设，大力开展主动管理型的债券投资信托、股票投资信托、境外投资信托等具有直接投资性质的各类证券投资信托业务；另一方面，积极创新探索，通过构建投顾和产品评估体系，建立健全风控体系和系统支持，运用资产配置理念，发展主动管理类的TOF、FOF、MOM等具有间接投资性质的证券投资信托业务。

3.证券投资信托主要业务模式

证券投资信托经过多年的发展，从最初的阳光私募到现在的股票、债券、股指期货、FOF、QDII等业务，呈现出百花齐放的业务模式。

（1）股票投资类信托

以阳光私募为代表的主要投资于股票市场的信托业务由于其发展较早，规模较大，成为了证券投资信托业务的核心组成部分。股票投资类信托业务运作方式是由投资顾问公司作为发起人、投资者作为委托人、信托公司作为受托人、银行作为资金托管人、证券公司作为证券托管人，依据《信托法》及《信托公司集合资金信托计划管理办法》发行设立的证券投资类信托集合理财产品。股票投资类信托主要投资于股票市场，定期公开披露净值，具有合法性、规范性，以收取管理费用、提供高附加值服务并收取相关服务费用为主要利润获取来源。

（2）债券投资信托

信托公司传统展业领域主要覆盖固定收益类产品，经验较为丰富，债券市场已成为证券投资信托最大的资金投向。债券投资类信托业务主要包括主动管理和被动管理两种业务模式。主动管理类产品的业务模式一般为信托公司通过集合信托计划募集资金，进而对债券市场进行直接投资。被动管理类产品的业务模式一般为信托提供资金募集和产品服务，投资顾问负责提供投资建议，获取管理费和业绩提成。由于投资顾问通常具有更高的投资水平，并要求更高的收益水平，此类业务通常为结构化设计，投资顾问为劣后级，其他委托人为优先级，投资决策由投资顾问主导，信托公司主要负责净值跟踪和后期风控，主要起到行政服务作用。

（3）资产配置信托

资产配置信托的主要形式包括FOF、TOF、TOT以及MOM等。FOF的形式较为常见，目前已成为各家信托公司转型证券投资信托的重要发力点之一。信托公司参与FOF业务主要有两种模式：一是作为"通道"，与以往在阳光私募中的角色并无差异；二是主动管理，信托公司完全自主做出投资决策，投资相关私募基金产品。

（4）境外投资信托

境外投资信托以信托受托境外理财业务（QDII）为主要形式。目前开展的受托境外理财类证券投资信托业务仍以被动管理为主，信托公司按照需要进行海外资产配置机构主体的要求，为其进行相关业务的交易并收取一定的管理费用。主动资产配置类业务开展方式主要是由信托公司自身对跨境资本市场投资环境和投资方向进行分析判别，进行主动资产配置。

（二）证券投资信托产品的创新

信托公司通过投研体系和主动管理能力的打造，不断创新证券投资信托的产品投资策略。2021年，多家信托公司结合自身优势、投资理念以及信托优势架构创设了一系列各具特色的证券投资信托产品，推出挂钩指数、ESG理念、主动管理FOF等具有创新亮点的投资产品，证券投资信托产品的策略也得以不断丰富和扩展。

▶ 案例7-2

光大兴陇信托：独具特色的指数投资产品

2021年光大兴陇信托的指数投资产品进一步丰富，继2020年研发光大健康科学A8指数后，又自主编制的"光大半导体科学A9指数"和"光大碳中和科学A10指数"，直接组合投资于一揽子股票，基金的管理目标是最小化跟踪指数的误差,即尽可能精确完整复制指数的走势,不做主动择时、择股、择量。

半导体科学A9指数,聚焦于半导体芯片设计、晶圆制造、封装测试等传统制造产业链,以及半导体设备、半导体材料等相关配套支撑产业中在沪深证券交易所上市交易的股票,从而反映中国半导体产业在产业链、供应链自主可控背景下的发展趋势。

碳中和科学A10指数,反映中国碳中和产业链相关上市公司的市场表现,包括清洁能源供给侧的光伏、风电、水电、核电、氢能等产业链,能源需求侧的新能源汽车等产业链,体现中国在实现碳中和过程中的产业结构变化和发展趋势。

▶ 案例7-3

中航信托：纳入ESG理念的天玑信恒1号ESG债券投资集合资金信托计划

为践行"绿水青山就是金山银山"绿色发展理念,服务"碳达峰、碳中和"国家战略,2020年中航信托正式将ESG发展理念纳入公司发展战略,中航信托资产管理业务中心正式向市场推出信托行业首只ESG理念债券投资集合资金信托计划——"天玑信恒1号"。该计划通过运用ESG理念和"标准筛选""负面筛选"等策略开展债券市场投资,50%以上资产投资于在可持续发展、社会责任履行和公司治理方面表现良好的企业所发行债券,规避ESG表现不良主体,统筹兼顾债券投资的风险与收益。自成立以来,该产品不断实现跨越式发展,截至2021年末,产品累计管理规模达8.81亿元,存量规模5.85亿元,收益率超越市场普通债券类产品,显示了ESG理念固定收益类产品卓越的投资价值,赢得了市场广泛尊重和投资者广泛认可。该信托计划成功案例也入选中航产融和中航信托年度ESG报告作为业务典型重点介绍,并被媒体广泛报道。

▶ 案例7-4

杭工商信托：创新AB份额产品"杭工信·光源1号集合资金信托计划"

杭工商信托2020年发行首只主动管理FOF产品"杭工信·光源1号集合

资金信托计划"。该产品为公司贴合市场差异化需求推出的创新型AB份额产品,秉承多元风格FOF理念,贴合市场差异化需求。该产品结合信托产品灵活的设计理念,利用公司在产品设计上积累的优势,设置有效的风险防范措施,力争为委托人提供稳健收益。其中,A类信托单位的收益与中证500指数涨跌幅挂钩,并给予固定增强收益;B类信托单位以绝对收益为目标,尽量不暴露股票、债券两类资产的风险敞口,B类信托单位的委托人可以享受优于市面上普通量化对冲产品的收益,并免于对冲端基差波动的影响。投资者可以根据自己的风险偏好和市场判断,选择适合自己的信托份额。作为一年期封闭型产品,自2020年9月22日成立至到期日,"光源1号"的A类信托单位费后累计收益27.40%、B类信托单位费后累计收益60.24%,A类及B类份额投资者均获得超过收益基准的优异回报。

三、证券投资信托业务发展面临的困难和挑战

(一)大资管统一竞争的格局下,分业监管下证券投资信托存在诸多市场准入障碍

资管新规体系下,大资管行业面临统一的竞争,但由于分业监管的存在,各金融机构在市场准入、投资范围、运作模式、审批效率方面的差异使得信托公司从事证券投资信托业务时在市场监管规则和投资者保护等方面处于不利地位。第一,由于信托产品具有私募性质,信托公司开展证券投资信托业务投资者的门槛和人数限制,在与其他资管机构竞争中存在劣势。第二,信托的投资标的受到监管限制,在直接投资上市公司定向增发、投资股指期货价值比例、使用国债期货、期权、融资融券、收益互换等对冲工具方面面临较为严格的限制,降低了证券投资信托产品的灵活性,一定程度上限制了风险收益特征和产品表现,也影响了信托公司与其他金融机构在量化对冲等特定策略产品方面的合作。第三,证券投资信托业务的投资运用方式受到严重制约。如《信托公司管理办法》明确规定信托公司不得以卖出回购方式管理运用信托财产,而相比于银行、券商、公募、私募都可与参与债权正回购业务。

（二）投研能力、主动管理能力等核心竞争力不足，导致产品较为单一和类似

信托公司经过多年的发展，虽然在客户服务、合规风控等方面积累了丰富的人才队伍，通过管理一定的主动管理产品以及固有资产的投资实践形成了一定的投研能力。但整体而言，信托公司在证券投资信托业务投资领域尤其是主动管理类业务的投资和研究能力都相对匮乏，缺乏丰富的经验，核心竞争力不足。当前，信托行业从事的证券类信托业务虽然积累了一定的针对大类资产和宏观经济政策的研究能力，但是对于底端资产的进一步把握能力尚未成熟，人才队伍对信托公司开展主动管理信托业务的支撑力度不够。人才经验方面的不足很难一蹴而就地解决，在发展证券投资信托业务的过程中要不断积累。同时，信托公司也并未形成有效的投决体系和制度，投资决策如何做出，投资权限如何分配等流程都没有明确的规章制度，将在一定程度上制约主动管理信托业务的开展。在以上多方面因素的制约下，各家信托公司开展证券投资信托业务，特别是TOF业务时存在同质性，缺乏核心竞争力，导致TOF业务的费率不断降低，无法真正成为行业盈利的另一增长极。

（三）科技、数字化能力不足，难以满足业务发展需求

随着证券投资信托业务持续增长带来的管理规模大幅增加、投资标的日趋复杂等情况考验着信托公司展业的广度，同时由于其底层资产的多元、策略的复杂性都对信托公司信息化建设和发展程度提出了更高的要求。但客观情况是，信托公司的IT系统建设工作仍比较落后，现有的信息系统满足不了证券投资信托对于大批量、及时交易的需求，大多信托公司的交易系统从融资类业务出发，流程较多风控流程严格，与证券投资信托业务要求的快速交易流程还存在一定差距。同时，随着业务模式逐渐复杂化、投资标的日益丰富化，目标客户逐步多元化，系统的运行效率将会受到更大的挑战。

（四）客户群体刚兑意识较强，投资者教育有待加强

一直以来，信托产品的刚性兑付问题根深蒂固，信托公司客户也对信托公司的产品有着保兑付、固定收益的预期。但证券投资信托底层资产都为受市场风险影响显著的标准化金融产品，净值化波动成为了证券投资信托显著区别于过往非标产品

的特征。但由于信托公司客户刚兑思维，一方面导致其难以接受净值化的证券投资信托产品，使信托公司发行的证券投资信托产品难以上规模，甚至发行遇冷；另一方面，由于证券投资信托存在净值大幅波动的情况，在产品发生回撤的时候，客户难以接受，大幅赎回导致产品难以运作。因此，在发展证券投资信托的过程中，一方面需要引导现有投资者逐步改变投资思维，打破刚性兑付的理念。如何引导这些投资者投资证券投资信托，如何进行投资者教育使投资者认识到证券投资信托的收益波动的客观性，是摆在证券投资信托业务面前的重要难题。另一方面也要进一步拓宽客户群体，寻找与证券投资信托风险和收益特征相匹配的投资者，这对信托公司的销售渠道提出了挑战。

四、证券投资信托业务发展特点以及展望

在证券投资信托的业务模式以及内涵不断丰富的发展过程中，证券投资信托越来越成为行业转型升级的重要方向，各家信托公司也不断探索将证券投资信托打造成为新的增长极。在此过程中，各家信托公司发力证券信托呈现出了一定的共性和特点，并逐步成为未来信托行业打造证券投资信托增长极的发力点之一。

（一）投研驱动，不断加强对权益市场以及资产配置领域的探索

无论是股票投资类信托、债券投资类信托，还是资产配置类信托，这些证券投资信托业务的底层资产都存在净值大幅波动的风险，因此信托公司在大力发展证券投资信托业务的同时，都加强了对投研能力的培育，建立专业化的投研团队，对市场以及各类底层资产的风险收益特征进行深入细致研究，以大类资产投资的思维，准确理解并把握股票、债券、大宗商品等各类资产特征，同时辅以策略研究，在保证投资收益的同时有效分散投资组合风险。

（二）科技赋能，逐步提升运营托管对前台业务的扩展支撑

证券投资信托从早期的服务类为主发展到目前的主动和通道类两条腿走路，在业务规模爆发增长的同时，对后台运营支撑能力也提出了更高的要求。在此情况下，各家信托公司纷纷增加信息系统投入，围绕公司经营管理和创新各类应用场景，完善科技对公司业务全方位支撑，统筹推进数字化布局，大力提升数字化水平。未来

科技引领业务发展和转型升级，将从用户需求的逻辑推演展业过程中的信息化支持，提供便捷高效、多样化、组合化、场景化的金融服务。一方面借助"数据+科技"的中枢平台，赋能业务创新转型发展，打造快速敏捷的平台化业务能力，提升客户体验和市场竞争力。另一方面推动系统功能解耦，采用结构化、标准化的方法形成具有广泛"共性"的基础功能模块，为系统开发提供可共用与重用的业务、服务以及管理组件，提升业务和产品创新效率。

（三）风控保障，努力打造证券信托业务相适应的合规风控体系

由于证券投资信托所投资的底层多为股票、债券、基金等标准化、净值化资产，因此产品面临净值大幅波动的风险，那么控制产品的大幅回撤等信用风险、市场风险问题，就成为了信托公司提升证券投资信托产品竞争力的重要一环。但由于过往信托公司的合规风控力量集中于非标业务方面，在证券投资信托业务上仍存在一定的不适应。因此，打造一套与证券投资信托业务相适应的，事前、事中、事后的全流程风控体系就成为信托公司发力证券投资信托的重要保障。一方面，信托公司要加强证券投资信托业务的全流程管理，事前要加强市场风险动态、相关投资领域的认知以及迭代；事中重视监督，特别是投资交易流程监督、触发风控阈值的动态调整及提示等；重视投后管理，加强净值数据跟踪管理、建立标准化的事后投资绩效归因模版、投后管理制度、投资内控执行评价体制，通过标准化的投后报送及监督机制，形成良性的内循环及正反馈机制，支撑证券投资业务高质量稳健发展。另一方面，信托公司风险管理部门通过全流程深度参与证券投资信托业务，第一时间提炼梳理，拉平各部门、各同类产品之间的差异性，形成标准化、可快速复制的产品范式及管理要求，并不断迭代、优化，为公司证券投资信托业务的长远发展，规模上量夯实基础。

第八章
股权投资信托

私募股权（Private Equity），通常指主要采用私募方式募集资金，并对企业进行股权或准股权投资的集合方式。广义的私募股权投资是指通过非公开形式募集资金，并对处于种子期、初创期、发展期、扩展期、成熟期和Pre-IPO各个时期的企业所进行的投资以及上市后的私募投资（如Private Investment in Public Equity，PIPE）等；狭义的私募股权投资主要指对已形成一定规模、并产生稳定现金流的成熟企业的私募股权投资。从资产类别来看，私募股权归于另类投资，区别于股票和债券等主流投资，有着流动性较差、风险高、平均收益率较高等特点。

海外私募股权投资行业已历经四次大的行业浪潮，包括成长期、成熟期、泡沫期、规范期等四个阶段，发展相对成熟。我国自1984年引入风险投资概念至今，私募股权投资已有近40年的历史。目前，在经济增长转型、新兴产业政策力度空前、资本市场大力发展的背景下，国内私募股权投资市场也获得了长足发展。

作为私募股权投资市场的参与者，信托公司也逐步认识到股权投资信托业务的重要性，并将其作为提升主动管理能力、深化服务创新类实体经济的重要抓手。根据中国信托业协会数据显示，截至2021年，全国68家信托公司中，长期股权投资业务规模达到1.37万亿元，占同期资金信托总额的9.11%。

一、我国股权投资市场发展情况

2021年是国内股权投资市场大发展之年，募资总规模达到2.21万亿元，同比增加84.5%，投资总规模达到1.42万亿元，同比增加60.4%，市场活跃度大幅提高。

（一）募资规模强劲增长，头部吸金效应显著

2021年，国内股权投资市场募资环境强势回暖。根据清科研究中心数据统计显

示,市场募资总规模达2.21万亿元,同比增加84.5%,新募资金总额正式步入"2万亿元时代"。募集案例达6 979例,较2020年同比增长100%。市场扩容的同时,募资结构两极化趋势显著。一方面,政府引导基金、大型产业基金、并购基金等单只百亿元基金纷纷成立;另一方面,规模不足1亿元的基金约占基金总量的56.7%,但募资规模仅占总规模的6.7%(见图8-1)。

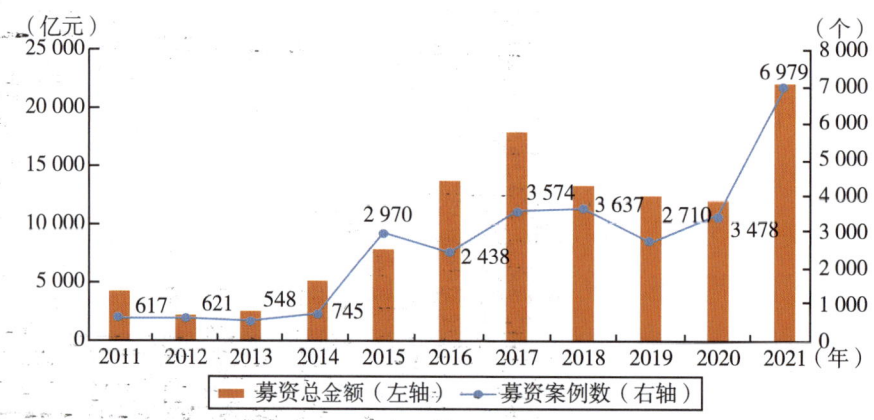

图8-1 2011—2021年中国股权投资募资市场变动情况

数据来源:清科研究中心。

(二)投资规模大幅上升,投资赛道相对集中

2021年国内股权投资规模大幅上升。据清科研究中心数据统计显示,2021年国内投资案例数及金额再创历史新高。投资案例达12 327起,同比增加63.1%;投资金额达14 228.70亿元,同比增加60.4%(见图8-2)。

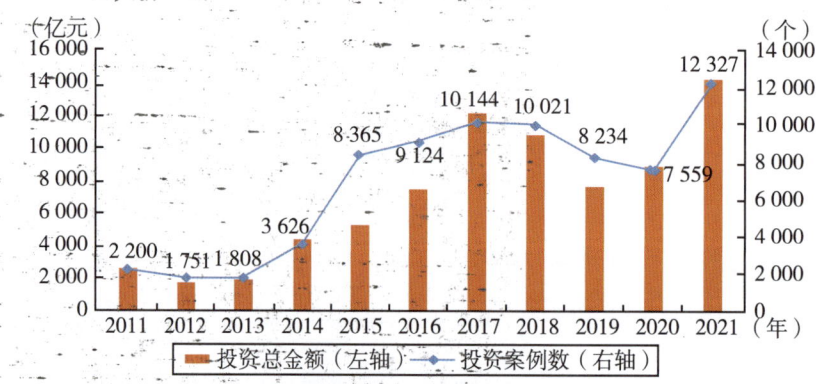

图8-2 2011—2021年中国股权投资市场投资变动情况

数据来源:清科研究中心。

第四部分
业务篇（一）：资产管理信托

从投资赛道来看，IT、生物技术/医疗健康、半导体及电子设备、互联网仍是股权投资热门赛道，投资金额均超千亿元，分别为2 264.17亿元、2 497.64亿元、2 490.63亿元、1 543.34亿元，约70%的投资案例集中于以上四大行业（见图8-3）。

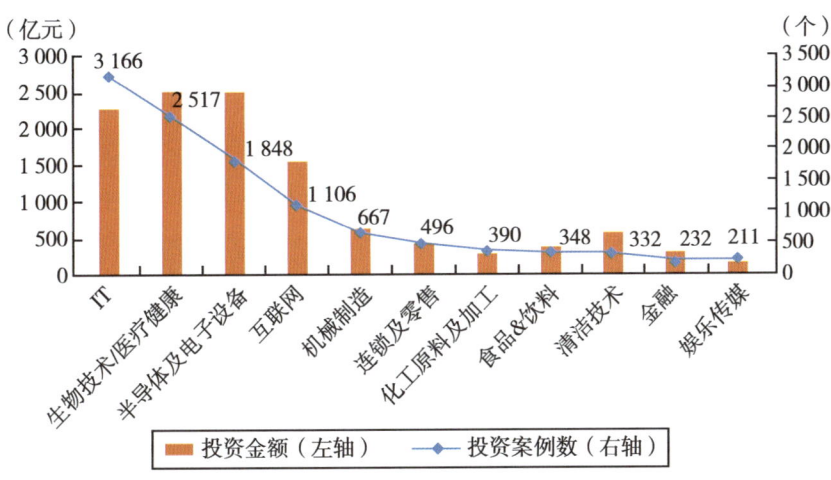

图8-3 2021年中国股权投资市场投资行业分布

数据来源：清科研究中心。

（三）IPO退出仍为主流，并购与借壳事件大幅减少

根据清科研究中心数据统计显示，2021年中国股权投资市场共发生4 532笔退出案例，同比上升18.0%。其中，通过IPO退出仍居主导地位（得益于科创板、北交所的发展），共发生3 099笔，同比上升27.3%。在IPO常态化的背景下，并购与借壳退出案例大幅减少，同比下跌分别为37.3%和91.2%（见图8-4）。

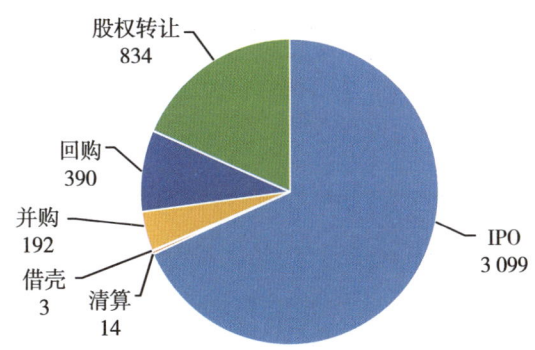

图8-4 2021年中国股权投资市场退出方式分布（笔）

数据来源：清科研究中心。

（四）市场参与主体多元，金融资本参与度提升

随着股权投资市场的蓬勃发展，其市场参与主体愈发多元，参与意愿也普遍强烈。金融资本如保险、银行理财资金、信托计划资金等金融机构LP成为股权投资市场的重要参与力量。

根据IIR研究院（机构投资者评论Institutional Investor Review，IIR）统计的100家GP的募资及新备案基金LP出资数据，我国金融机构在2021年新备案基金中出资占比合计为10.51%，其中，保险机构、公募基金、证券公司、银行、信托公司的出资占比分别为6.68%、1.78%、1.16%、0.68%、0.21%。预计随着监管层面逐渐引导金融机构有序参与股权投资，金融机构将进一步释放活力，发挥专业投资与价值投资的作用，推动股权投资市场的可持续发展。

二、股权投资信托业务发展状况

信托公司一直将股权投资信托业务作为重要的转型发展方向之一，不断建立健全配套投资管理体系，推进股权投资信托业务培育与发展。

（一）业务规模续降、占比微升

根据《信托公司私人股权投资信托业务操作指引》（银监发〔2008〕45号），私人股权投资信托主要指信托公司将信托计划项下资金投资于未上市企业股权、上市公司限售流通股或中国银监会批准可以投资的其他股权的信托业务。此外，信托公司的固有资金可以开展股权投资业务，同时，许多信托公司也以固有资金开展了股权投资业务。根据行业调研数据整理，截至2021年，行业内共有54家信托公司开展股权投资信托业务，占比达到85%，参与主体数量较2020年有明显提升。

参考61家信托公司近期披露的2021年报数据，截至2021年末，61家信托公司运用自有资金开展长期股权投资的规模余额为1 025.89亿元，占自有资金的比重为12.22%，整体较为平稳；运用信托资产开展长期股权投资金额为1.60万亿元，占信托资产的比重在近三年首次回升，从前值7.48%提升至8.04%，提高了0.56个百分点。由此可见，更多信托公司正积极抓住转型窗口期培育股权投资信托业务。

不过，据中国信托业协会数据统计，股权投资信托自2017年触及峰值1.95万亿

元后便开始持续下降。到2021年底,信托行业长期股权投资信托余额降低至1.37万亿元,占资金信托余额的比重为9.11%,虽然较2020年底8.99%的占比有所微升,但整体发展仍不理想,与2021年国内股权投资市场蓬勃发展状况呈现明显背离(见图8-5)。信托公司股权投资信托业务发展整体不理想,一个重要原因是"三类股东"①限制政策严重制约了该项业务开展。

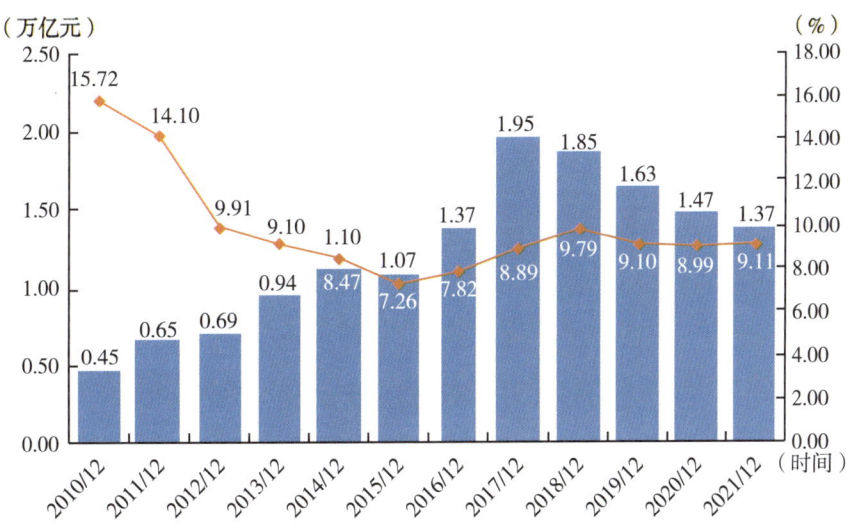

图8-5　2010—2021年信托业长期股权投资余额及占比

数据来源:中国信托业协会。

(二)战略新兴产业成业务布局重点

信托公司股权投资信托业务以往普遍投向不动产与基础产业,近年来战略新兴产业逐渐成为业务布局重点。根据行业调研收集到的47家信托公司有效样本数据,除房地产与基础产业外,多家信托重点围绕金融、生物医药/医疗健康、半导体及电子设备、机械制造、IT、化工原料机加工、互联网等战略新兴产业展开布局。其中,27家布局金融产业,25家布局生物医药/医疗健康产业,13家布局半导体及电子设备产业,11家布局IT产业,10家布局机械制造产业,9家布局化工原料及加工产业,4家布局互联网产业。信托公司在战略性新兴产业领域加大投资与《中国制造2025》以及《"十三五"国家战略性新兴产业发展规划》等政策的相继出台密不可分,这些

---

① 在2018年1月《证监会就"三类股东"问题等答问》中,"三类股东"具体指契约型私募基金、资产管理计划、信托计划等。

领域处于行业扩张期，资金需求大，成长潜力强，因而成为信托公司重点支持且服务的行业，也成为信托公司实现自身转型升级的有力抓手（见图8-6）。

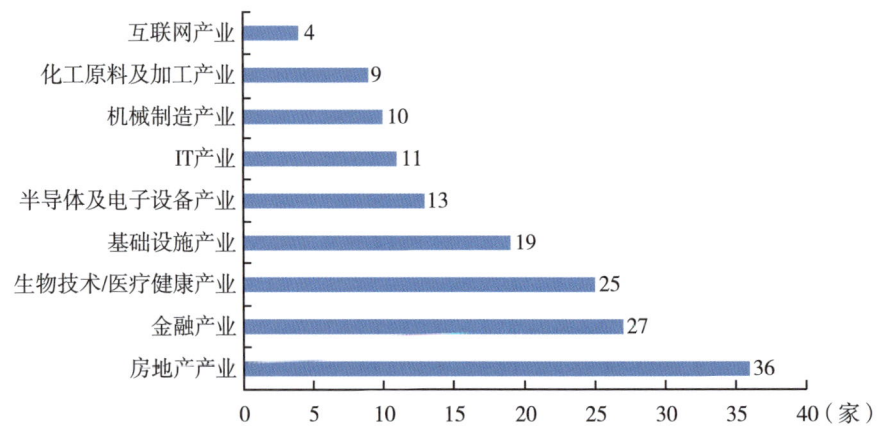

图8-6 2021年股权投资信托业务产业投向分布

数据来源：根据中国信托业协会行业调研数据整理。

如中信信托主要投资于化工原料及加工、互联网、半导体及电子设备、IT等产业，中航信托投资聚焦于IT、生物技术与医疗、互联网、半导体及电子设备等产业，国投泰康信托则围绕生物技术与医疗、机械制造、半导体及电子设备等板块加大投资力度。此外，也有信托公司主要结合自身资源禀赋及股东背景，在特色产业领域开展股权投资信托业务，如陕国投信托在2021年着重对军工行业进行投资布局，英大信托依托于股东资源重点关注清洁能源领域。

（三）专业化管理能力进一步提升

为推动股权投资业务发展，信托公司近年来从团队配置、决策评审等多方面不断建立健全股权投资管理体系，股权投资管理能力得到进一步提升。

1. 构建专业化投资团队

根据行业调研数据整理，在团队配置方面，信托公司主要有以下模式探索。

一是采用"部门制"开展股权投资业务，专设部门的优点是利于从长远、全局进行战略规划，有利于激发团队成员的积极性与凝聚力，目前业内有23家信托公司通过成立专门的股权投资部门或PE子公司开展股权投资业务，如建信信托、国投泰康信托、西藏信托、长安信托等。

二是采用"业务授权制"开展股权投资业务，即以公司现有部门如固有投资部、另类投资部等进行探索，此模式优点是可以充分整合公司现有资源，但专业化程度相对第一种模式较弱，以此开展股权投资业务的信托公司包括中泰信托、百瑞信托、厦门信托等。

三是采用"团队制"开展股权投资业务，此模式适用于股权投资业务探索初期的信托公司，以"专项小组"形式开展创新业务便于灵活调整，目前中原信托以此模式开展。

四是采用"专班制"开展股权投资业务，此模式在面临一些阶段性工作时往往较为有效，因其可以起到集思广益、统筹兼顾、协调联动的作用，目前五矿信托以"专班制"推动股权投资业务发展。

2.不断完善业务管理体系

根据行业调研数据整理，截至2021年末，已有27家信托公司围绕股权投资业务制定了相应的决策评审机制或业务制度指引。

一般而言，完整的股权投资业务流程包括项目搜集、项目初审、项目立项、尽职调查、投委会审查、投资协议签署、对项目企业跟踪管理、投资退出等。为更好实现投资决策评审制度化，信托公司主要开展了三方面工作：

一是针对不同节点，出台包括但不限于《管理人筛选标准》《股权投资业务管理办法》《股权投资业务操作指引》《投资决策委员会工作规则》《投后管理办法》《风险管理指引》等股权投资相关制度。二是除公司成立项目评审委员会/投资决策委员会外，部分信托公司也会根据实际需要引入外部顾问机构，以支持项目科学化决策。三是部分信托公司会定期或不定期地对业务制度执行情况进行检查，并就相关制度予以更新或完善。不过，在实际展业中，由于各家信托公司战略部署、业务发展水平、重点关注行业不同，决策制度的完备性、侧重点也有差异。

如中信信托、重庆信托、中航信托等信托公司除设置完备的股权投资制度外，还参照IPO审核思路为股权投资项目设置了专门的投资决策委员会推进股权投资信托业务发展。中信信托也引入了外部顾问支持投资决策；国投泰康信托、昆仑信托等信托公司则基本配备了较为完整的股权投资制度，但尚未设置投资决策委员会，而是采取评审人员与业务人员增强沟通等方式进行决策评审；信托公司普遍建立健全房地产领域股权投资管理制度，如华润信托、万向信托等重点围绕房地产行业设置制度指引，并定期更新修订。

（四）资金来源以机构为主

不同于一般投资，股权投资期内的累积现金流和内部收益率是一个先负后正的变化过程，遵循"J曲线"效应（见图8-7），具有投资周期更长、风险更高且收益不确定性的特点，更容易受机构资金青睐。

清科研究中心统计显示，中国私募股权投资市场中，头部机构的LP募资来源主要以政府机构/政府出资平台、非上市公司、富有家族及个人为主，即机构资金与自然人资金（高净值客户为主）均有参与。

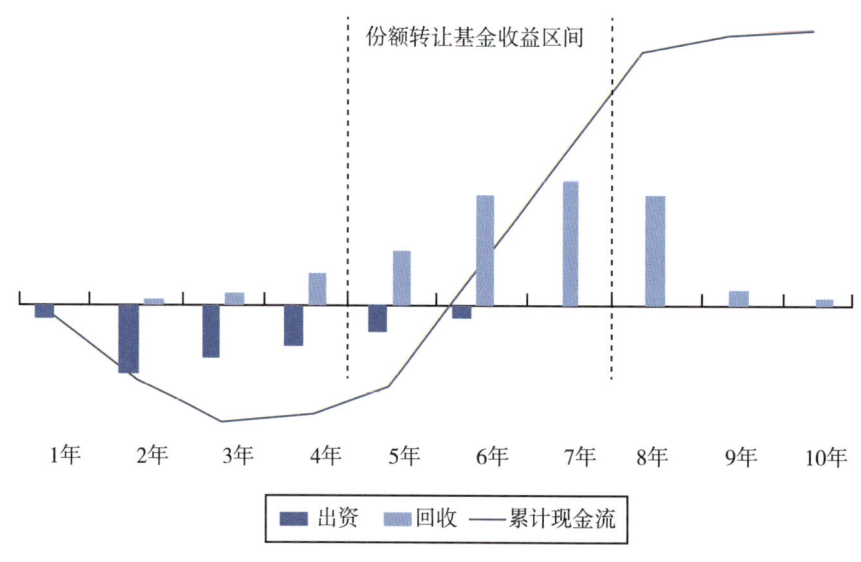

图8-7 私募股权基金"J曲线"效应

资料来源：《私募股权投资管理》。

根据行业44家信托公司有效样本调研数据，机构资金是股权投资信托最主要的资金来源，自然人资金占比不断提升。数据显示，2018—2021年，机构资金占比分别为82.3%、78.1%、71.5%、53.9%，呈现下降趋势。而自然人资金与固有资金份额则相应提升，其中，固有资金占比达到8.4%，较2020年提升6.1个百分点；自然人资金占比则达到37.7%，较2020年提升11.5个百分点（见图8-8），反映了自然人投资者对于股权投资信托产品认可度的持续提升。

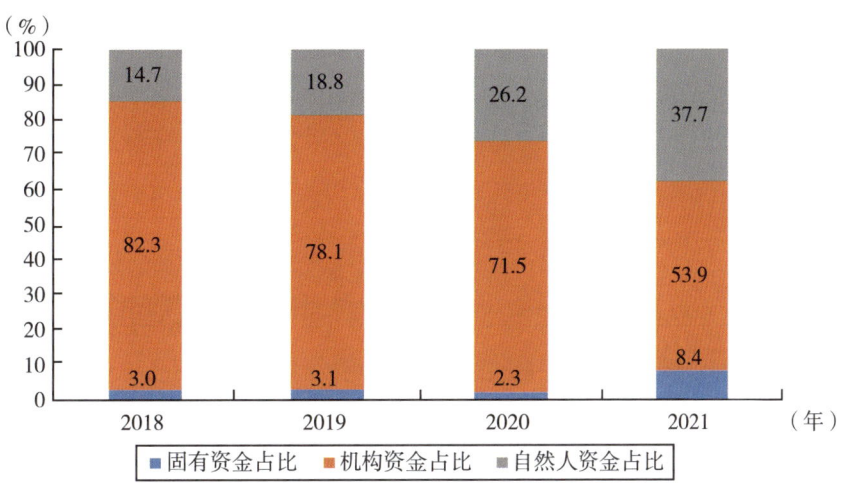

图 8-8　2021 年股权投资信托业务的资金来源

数据来源：根据中国信托业协会行业调研数据整理。

部分信托公司的股权投资信托业务积累了相对较为丰富的外部资金募集经验，且注重加强投资者适当性管理。如中粮信托针对机构资金以推介单一股权投资类项目为主，针对自然人资金则推出与之适应的集合类股权投资项目，同时探索将股权投资业务嵌入家族信托中以满足高净值客户的多重财富管理需求；中航信托则以"中航研选"品牌包装其长期股权投资产品，实现"以投定募"，形成"营销方案—培训路演—投后管理"的闭环体系，2021 年中航信托的股权投资募集金额同比增长 2 倍，取得了较好成绩。

三、信托公司股权投资业务模式分析

实践中，信托公司股权投资通常采取四种业务模式：固有资金直接投资模式、股权投资信托计划直接投资模式、参股私募股权投资基金模式、通过信托 PE 子公司投资模式。根据收集到的 51 家信托公司行业有效调研数据，股权投资信托计划直接投资模式与参股私募股权投资基金模式是信托公司参与股权投资信托业务的两种主要模式。其中，有 33 家信托公司以股权投资信托计划直接投资模式开展股权投资业务，投资规模为 4 197.77 亿元，占比为 46%；有 30 家信托公司以参股私募股权投资基金模式开展股权投资业务，投资规模为 3 469.02 亿元，占比为 38%（见图 8-9）。

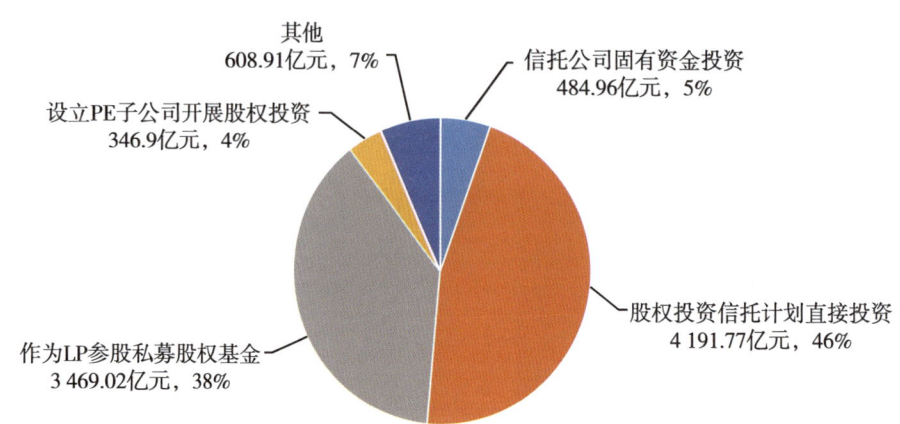

图8-9 2021年股权投资信托业务模式分布（按投资规模划分）

数据来源：根据中国信托业协会行业调研数据整理。

（一）固有资金直接投资模式

该模式下，信托公司以其固有财产投资于未上市企业股权、上市公司限售流通股或原中国银监会批准可以投资的其他股权的投资业务[①]。从发展优势来说，信托公司通过固有资金开展股权投资业务，一方面可以丰富固有资金的投资运作方式，实现保值增值，支持公司整体业绩；另一方面，通过固有资金开展股权投资业务，有助于公司积累股权投资业务经验、投资渠道和项目资源，为公司进一步开展股权投资信托业务创造积极条件。

根据行业调研反馈及信托公司年报数据整理，信托公司固有资金围绕金融类机构进行股权投资较为普遍，其中，江苏信托、华润信托、建信信托等3家信托公司均超百亿元规模，分别为175.65亿元、175.14亿元、108.10亿元，占其自营资产比重分别为63.03%、54.59%、40.20%。如江苏信托前五名的自营长期股权投资企业包括江苏银行、利安人寿等；华润信托前五名的自营长期股权投资企业包括国信证券、华润元大基金等；建信信托前五名的自营长期股权投资企业包括建信（北京）投资基金、建信财富（北京）股权投资基金、建信期货等。长期的优质金融股权投资可以为信托公司带来稳定的分红收益，同时对金融机构进行股权投资有望更好发挥资源协同效益。此外，也有部分信托公司尝试以固有资金投资于生物医药、新材料等战

---

① 根据原银监会发布的《关于支持信托公司创新发展有关问题的通知》，信托公司可将不超过其上年末净资产20%的固有资产用于股权投资，以固有资产从事股权投资业务的，持有被投资企业股权不得超过5年。

略新兴领域，但金额较为有限。

从发展弊端来说，利用固有资金直接开展股权投资模式也存在以下两个问题：一是展业限制问题。净资产要求限定下，以固有资金进行股权投资无法有序扩大业务规模。二是投资周期问题。科创企业培育发展周期存在客观规律，5年往往正值企业发展上升期，但政策要求信托公司必须在5年内退出，一定程度上限制了信托公司获得合理回报的空间。

▶ 案例8-1

中原信托投资长城基金介绍

中原信托于2001年9月长城基金公司成立时出资1 500万元，2007年4月受让股权出资797万元，2007年9月增资1 160万元。截至当前，中原信托持股长城基金2 647.05股，出资共3 457万元，占长城基金公司总股本17.647%，位列第二大股东。

持股期间长城基金累计分红约2.66亿元。截至2021年底，中原信托享有的长城基金权益资产约2.94亿元，较投资成本3 457万元增值约749%。

▶ 案例8-2

国投泰康信托某新材料公司增资扩股项目介绍

国投泰康信托通过设立有限合伙企业，以自有资金投资某新材料公司的增资扩股项目，国投泰康信托的投资资金全部为固有资金。

双方约定，该项目投资期限不超5年，若2024年被投企业实现上市，国投泰康信托可在上市前通过股权转让方式溢价退出；若IPO上市失败，被投企业实际控制人将依据回购条款，以约定的年化收益率回购国投泰康信托所持股权。

（二）股权投资信托计划直接投资模式

该模式下，信托公司凭借自身的优势，通过发行并设立股权投资信托计划的方式向合格投资人募集资金，再将信托资金直接投资于被投资企业。

目前此模式一般不适用于以IPO退出方式项目，主要原因是证监会关于"三类股东"的政策限制为信托计划以IPO退出设下了障碍，从而制约了信托机构以此模式进行市场化发展的空间。

从行业实际案例来看，信托计划直接投资模式通常应用于不以上市为退出渠道的房地产基金和基础产业基金，或载明退出方式除IPO退出以外可选退出方式的基金，这一模式也因而成为信托公司开展股权投资业务的重要特色。具体在实操层面，由信托公司成立集合信托计划，并将其募集到的资金参股房地产建设项目公司股权。投资前期，项目公司通过募资得到足够多的注册资本以顺利缴纳土地出让金获得土地或银行贷款；投资中期，信托公司通过深度介入项目开发，保证项目有序推进（区别于传统的债务融资）；投资后期，信托计划一般以模拟清算方式退出或通过对赌方式退出。

●▶ 案例8-3

中航信托天启21A148号基建股权投资集合资金信托计划介绍

中航信托与中冶天工集团合作设立天启21A148号基建股权投资集合资金信托计划。该信托规模不超过6.5亿元，最终用于沧州市中心城区大运河文化带重点项目沧州市南川楼片区改造项目的建设。该信托计划期限为5年，成立满6个月后，中冶天工（或指定第三方）有权向中航信托申请提前受让中航信托所持有的基金份额或项目模拟清算。

在项目管控方面，中航信托设置了如下安排：一是设置经营管理目标对赌，并进行成本控制，如标的项目建设过程中出现资金缺口，由中冶天工补足；二是中航信托定期关注项目公司、施工方后续经营及财务情况，并进行核查和监管；三是标的公司出具的董事会、股东会决议，需经过中航信托同意；四是中航信托拥有随时查阅标的公司财务、聘请中航信托认可的会计师事务所进行清算及项目公司银行账户查询权限的权利。

未来该项目的退出方式可有两种模式，一是模拟清算退出，二是对赌退出。

案例 8-4

大业信托安业1号项目介绍

大业信托安业1号项目总规模为8.1亿元，期限为18个月，交易对手为旭辉集团。该项目中，大业信托通过受让旭辉集团子公司北京旭辉持有的天津和新45%股权，间接持有天津和新名下项目公司天津兴卓约26%的股权，天津兴卓将资金用于名下房地产项目的开发建设。

在项目管控上，大业信托向天津和新派驻董事，参与董事会重大事项决策，同时委托平安不动产作为资产服务机构为项目做投后管理。平安不动产通过向标的公司和项目公司派驻董事、财务副总，共管章证照及所有网银复核盾、审批项目公司所有资金用途等措施监管项目。存续期间，项目开盘取得销售回款后，根据项目公司账户的资金盈余情况，在2021年7月及2022年2月对投资人进行期间预分配。

在项目退出方面，大业信托通过多手段实现项目退出：一是模拟清算退出，自大业信托向标的公司支付首笔大业信托投入资金之日起满15个月之日或大业信托自标的公司实际累计收取的金额达到大业信托对标的公司的全部投入资金及全部投入资金对应基准收益之和之日或标的项目已售住宅部分销售面积（以网签统计为准）/总住宅可售面积（不含车位或交易对手承诺回购的物业）达到85%时，（以孰早之日为准）启动模拟清算。二是通过设置保护性条款实现保护性退出，例如销售考核未达预期，项目开发未达预期等。

（三）参与私募股权基金间接投资模式

该模式下，股权投资信托计划通过认购私募股权基金的有限合伙份额进行间接投资，通常结构为"信托计划+有限合伙"，即信托公司并不直接投资于企业股权，而是通过设立股权投资信托计划募集资金，认购私募股权基金的有限合作份额，项目的筛选、尽调、投后管理则交由担任普通合伙人的VC/PE投资机构负责，这是信托公司拓展战略新兴领域产业投资的重要业务模式（见图8-10）。

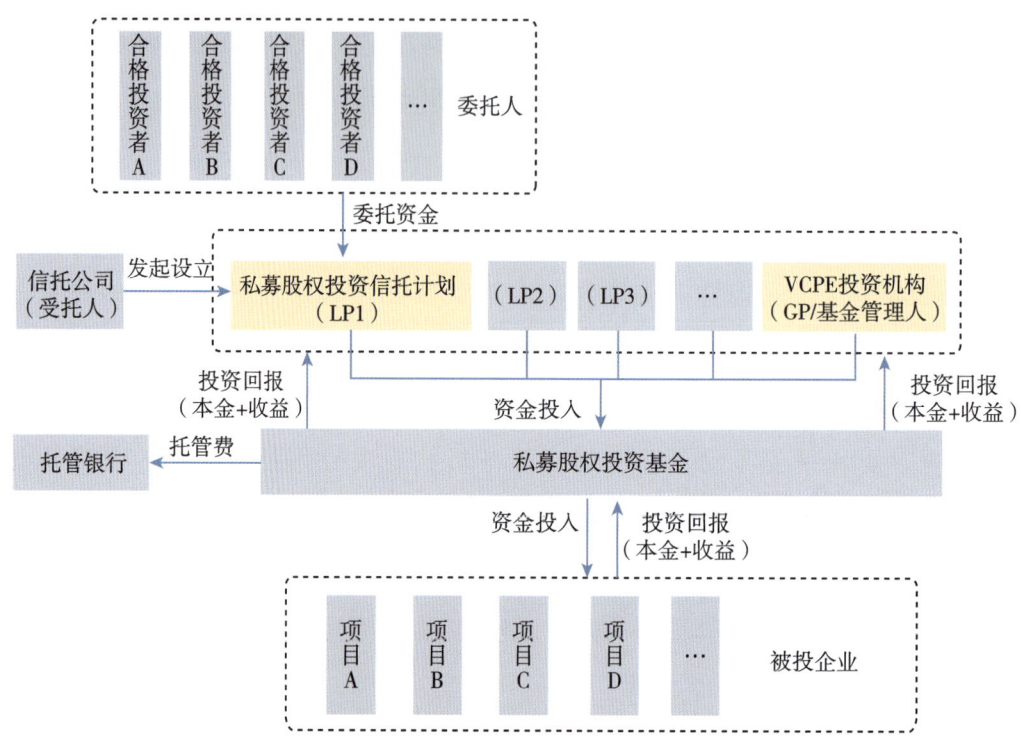

图8-10 "信托计划+有限合伙"业务模式

资料来源:清科研究中心。

相比股权投资信托计划直接投资模式,"信托计划 + 有限合伙"可在一定程度上突破《信托公司私人股权投资信托业务操作指引》对信托制PE的限制,但最终也会受到国家发改委"打通计算"原则以及证监会对于IPO企业股东信息披露要求的限制。不过,近年来随着注册制的推进,已出现"信托计划+有限合伙"的IPO过会案例,如2021年在科创板上市的格灵深瞳。据悉,格灵深瞳IPO律师在其法律意见书中所披露的,发行人的直接股东中不存在"三类股东"情况,发行人的间接股东中存在"三类股东"。上交所在审核问询过程中并未否定其间接股东中存在"三类股东"的可行性,最终格灵深瞳于2021年11月9日顺利过会。

▶ 案例8-5

长安信托投资北京某公司股权项目介绍

长安信托设立信托计划与特定机构投资人共同投资于××有限合伙企

业，其中长安信托计划出资不超过4亿元认购有限合伙企业LP1份额，特定机构出资4亿元认购有限合伙企业LP2份额。GP出资×亿元。各方以实际出资比例分配有限合伙份额。

××合伙企业总规模不超过8.5亿元人民币，资金主要用于投资某公司×%股份，若有闲置资金可以短期购买现金管理类金融产品。合伙企业所持某公司股权可通过对外转让退出，或某公司自身上市后（包括借壳、分拆上市、并购），有限合伙层面通过二级市场减持退出，收益按约定分配至信托计划后信托计划退出，信托财产按原状分配。

▶ 案例8-6

交银信托参与国药资本发起基金的项目介绍

2015年以来，交银信托先后参与了中国医药集团旗下国药资本发起的三只基金的投资，总投资规模1.5亿元。

交银信托合作的3只基金间接投资了40多家企业的股权，其中爱博医疗、亚辉龙等企业已实现科创板IPO上市，多家处于IPO审核或辅导阶段。其中，已进入退出期的国药器械基金投资金额为5 000万元，已实现基金47%的本金回收，基金投资预计内部收益率（IRR）超过30%。

（四）通过信托PE子公司投资模式

信托公司通过其PE子公司进行股权投资，也是一种较为重要的模式探索。根据清科研究私募通数据，信托PE子公司于2010年起开始发展主动管理基金业务，2015—2017年行业进入成长爆发期，超过75%的在管基金在此期间成立，与中国股权投资市场发展趋势保持一致。但自2018年以来，受私募监管趋严、资管新规及配套细则等影响，信托PE子公司新设基金数量开始大幅减少（见图8-11）。

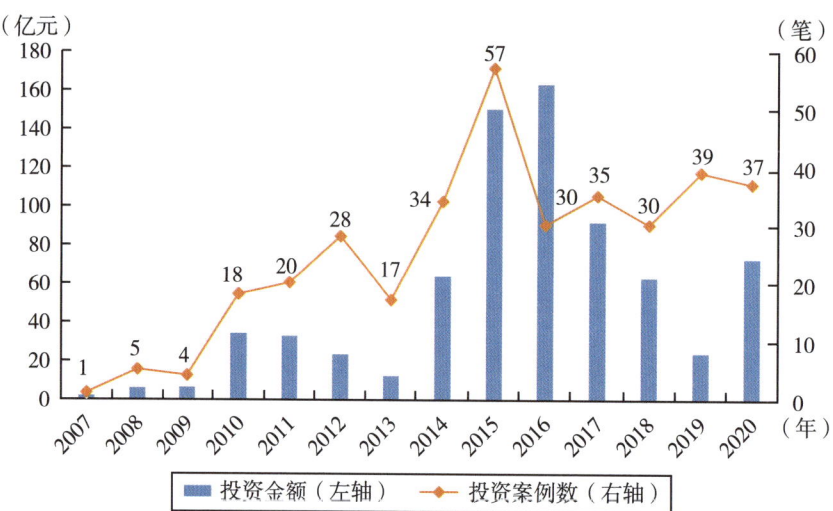

图8-11 信托PE子公司历年披露投资案例数及投资金额变化情况

数据来源：清科研究中心。

截至2021年，中信信托、中融信托、建信信托、兴业信托等10余家信托公司已设立全资控股的专业PE子公司，作为其股权投资业务的发展载体。不过，根据信托业协会调研反馈，信托PE子公司的业务发展当前普遍面临两大痛点：

一是PE子公司募资相对困难。据信托业协会调研显示，多数PE子公司是作为信托公司股权投资业务的"通道"，在信托公司发起设立的股权投资信托计划中担任投资管理顾问，或在其参股的私募股权投资基金中担任GP，真正实现市场化募资与专业化投资的机构相对较少。二是在优质项目的竞争中，信托PE子公司通常不占上风。由于股权投资赛道竞争激烈，LP对GP的要求大幅提高，除要求退出业绩，也会附加其他诸如招商引资、产业落地、项目跟投等额外条件，信托PE子公司在优质项目的争夺中通常会因无法提供全方位的服务而失去优势。

▶ 案例8-7

中信聚信资本项目介绍

中信聚信（北京）资本管理有限公司（以下简称"聚信资本"）系中信信托经原中国银监会批准的全资PE子公司（银监复〔2012〕85号），成立于2012年4月17日，注册资本5亿元。中信信托将聚信资本定位为专注股权投资及管理的专业子公司，聚信资本行业定位清晰，以高端装备制造为重点的产业布局已初见规模和成效，同时关注泛新能源、消费类和教育文化等领域的投资机会。

截至2021年12月31日，聚信资本持续深耕高端装备制造领域，公司在管产业投资基金4只，在管规模逾12亿元，已投资24个项目，投资金额逾11亿元。

四、股权投资信托业务面临的机遇、挑战及趋势展望

发展股权投资业务有望为信托公司带来三方面价值：一是能实现业务模式从间接融资向直接融资的过渡；二是能实现管理理念从短期债权人思维向长期股东思维的转变；三是能有效助力实体经济发展，通过投贷联动为其提供综合金融需求。

为更好发展股权投资业务，信托公司需正视其面临的机遇与挑战，并持续进行股权投资专业化能力建设，强化资管机构之间的合作，打造健康的股权投资生态圈。

（一）开展股权投资信托业务面临的机遇

1.股权投资类信托业务符合监管导向

我国金融体系中一直存在着直接融资特别是股权融资占比偏低的问题。国家发改委披露的数据显示，截至2020年9月末，我国直接融资存量占社会融资规模存量的比重仅为29%。在降杠杆、防风险的金融监管目标下，发展以直接金融为主，间接金融为辅的融资结构已成监管共识。2020年1月，银保监会提到的"发挥理财、保险、信托等产品的直接融资功能，培育资本市场的机构投资者"肯定了直接融资的重要性。作为直接融资中的重要组成部分，股权投资是市场化资源配置的重中之重，也是我国创新驱动型社会发展的重要抓手。结合信托业转型现状，融资类、通道类业务的压降已不可逆转，服务实体经济的投资类业务则成为监管鼓励、引导的方向，因此信托公司在该领域发展潜力较大。

2.信托公司具备差异化制度优势

相较其他类金融机构，信托公司在开展股权投资信托业务时可通过股债结合、一二级市场联动、夹层投资等多种业务模式为企业融资，更好满足企业在不同生命

周期的融资需求，形成差异化的股权投资护城河。此外，多环节的融资供给有助于信托公司加深对企业价值的认知，积累对项目投资风险和信用风险的经验判断，更好赋能股权投资业务开展。

3.高净值客户是信托公司潜在的募资来源

近年来，我国私人财富市场蓬勃发展，高净值客户资产配置需求升级。招商银行发布的《2021中国私人财富报告》中提到，我国高净值人群配置需求愈发多元化，对于私募股权、证券等境内投资产品的需求显著增加。协会调研数据也反映出，2018—2021年自然人资金占比正在稳步提升。未来，如果信托公司可以真正打造好股权投资品牌，做好高净值客户的投资者教育工作，提升股权投资产品的认可度，高净值客群将天然赋能股权投资信托业务的发展。

（二）开展股权投资信托业务面临的挑战

1.监管政策引导不足，信托展业受制约

在监管政策取向上，2007年以来原中国银监会出台的办法、指引均指向支持信托公司发展股权投资业务（见表8-1），2014年原中国银监会在《关于信托公司风险监管的指导意见》（银监办〔2014〕99号）中更是明确提出"大力发展真正的股权投资，支持符合条件的信托公司设立直接投资专业子公司"，但在具体实施层面对股权投资信托业务的监管制约还比较大，根据信托业协会的调研，主要体现为两个方面：

表8-1　　　　　　　　信托公司股权投资业务发展相关政策

《信托公司管理办法》（银监会令〔2007〕2号）	第十六条　信托公司可以申请经营下列部分或者全部本外币业务……（六）作为投资基金或者基金管理公司的发起人从事投资业务……
《信托公司私人股权投资信托业务操作指引》（银监发〔2008〕45号）	第十七条　信托公司以固有资金参与设立私人股权投资信托的，所占份额不得超过该信托计划财产的20%；用于设立私人股权投资信托的固有资金不得超过信托公司净资产的20%
《关于支持信托公司创新发展有关问题的通知》（银监发〔2009〕25号）	信托公司以固有资产从事股权投资业务和以固有资产参与私人股权投资信托等的投资总额不得超过其上年末净资产的20%，但经中国银监会特别批准的除外
《中国银监会办公厅关于信托公司风险监管的指导意见》（银监办〔2014〕99号）	大力发展真正的股权投资，支持符合条件的信托公司设立直接投资专业子公司。鼓励开展并购业务，积极参与企业并购重组，推动产业转型

续表

《信托公司条例（征求意见稿）》（2015年）	根据业务发展需要，信托公司可以申请设立全资专业子公司。信托公司专业子公司的经营范围、设立条件和程序由国务院银行业监督管理机构规定
《中国银保监会办公厅关于清理规范信托公司非金融子公司业务的通知》（银保监办发〔2021〕85号）	信托公司可选择保留一家目前经营范围涵盖投资管理或资产管理类业务的境内一级非金融子公司。该公司仅可作为私募基金管理人受托管理私募股权投资基金，且不得控制、共同控制被投资方或对被投资方施加重大影响，不得参与被投资方的日常经营，投资年限不得超过5年。信托公司应当有计划地以转让股权等方式清理对以下企业的投资，清理期限不得超过3年：一是信托公司按本通知第三条规定选择保留的境内一级非金融子公司在境内外投资的企业；二是信托公司其余境内一级非金融子公司及其在境内外投资的企业
《中国银保监会关于银行业保险业支持高水平科技自立自强的指导意见》（银保监发〔2021〕46号）	在依法合规、风险可控、商业自愿前提下，支持商业银行具有投资功能的子公司、保险机构、信托公司等出资创业投资基金、政府产业投资基金等，为科技企业发展提供股权融资

资料来源：根据银保监会相关文件整理。

一是"三类股东"问题造成的退出限制。"三类股东"问题虽然没有明确的制度规定，但实践中被投企业一般需要在拟递交IPO申请材料前将信托计划清理，导致股权投资信托计划很难直接享受IPO带来的收益机会，这客观上限制了信托机构的股权投资业务的开展。股权信托投资项目顺利通过IPO退出的概率极低，多数项目仍主要以回购、LP份额转让等方式退出，与市场的主流退出方式存在明显背离。

二是PE子公司设立方面的限制。2011—2013年，监管部门为鼓励信托公司开展专业化股权投资业务，批准了为数有限的几家信托公司设立了全资控股的PE子公司，其后审批节奏明显放缓，很少有信托公司再获批设立PE子公司，重新修订的《信托公司行政许可事项实施办法》也未就PE子公司设立审批事项给出具体规定。特别是银保监会2021年出台的《关于非金融子公司业务清理规范工作的通知》（银保监办发〔2021〕85号），是否将PE子公司纳入清理范围也存在不确定性。政策的不明朗使一些具备条件的信托公司难以通过PE子公司方式开展专业化的股权投资业务。

2.专业人才储备不足，项目投资判断受限

结合行业调研数据，信托公司面临着投资团队整体力量不足、细分赛道专业人才不足等多重挑战，但真正要实现股权投资业务的专业化、市场化发展，优秀投资人才的储备与培养必不可少。

从行业领先股权投资公司的发展经验看,其"护城河"的培育依托于团队对细分赛道的深度研究,依托于对技术趋势的敏锐判断。目前信托公司正加大探索,积累内部优质人才,提高对行业的体系化认知能力。

如中原信托提出要将针对集成电路、生物医药、新能源、高端制造、数字经济五个拟投资方向,成立专项研究小组,分别负责各方向的基础研究。也有信托公司如国投泰康信托表示将以LP跟投、发行母基金等方式向市场化专业机构"取经"并尽快实现团队的内生发展。

3.竞争优势不足,同业机构优势较为明显

私募股权投资业务未来趋势向好,金融同业如银行、保险机构均在符合监管政策要求下结合自身资源禀赋加大探索,行业竞争日益加剧。

根据清科私募通调研数据显示,保险、银行等金融机构出资更加规范,是市场化GP青睐的主流金融机构,其在市场化竞争中优势突出。此外,中办、国办印发的《建设高标准市场体系行动方案》中也提到,要"鼓励银行及银行理财子公司依法依规与符合条件的证券基金经营机构和创业投资基金、政府出资产业投资基金合作,研究完善保险机构投资私募理财产品、私募股权基金、创业投资基金、政府出资产业投资基金和债转股的相关政策",体现了监管部门对于银行保险类机构的政策倾斜。

相较来看,无论是在市场竞争力方面或在政策支持方面,信托公司相对而言均不占优势。

(三)开展股权投资信托业务的趋势展望

1.信托公司股权投资业务开展亟须监管政策支持与引导

信托公司是我国唯一能够实现横跨货币市场、资本市场和实业投资领域的金融机构,在资金端可通过市场化方式聚集社会资金,在资产端可通过跨市场配置满足投资者需求,其发展具有不可替代性。未来,信托公司开展股权投资亟须监管政策的支持和引导。

一是股权投资退出方面的监管协调和支持。目前证监会对"三类股东"的IPO退出设置了政策限制,虽然实践中已有部分穿透后涉及"三类股东"的公司完成上市,但整体仍存在大量含有"三类股东"的拟IPO企业上市停滞的案例。相比独立的私募股权基金管理人以及证券业、银行业开展股权投资业务而言，类似的政策限制并不存在，信托公司开展股权投资信托业务存在的明显不利政策因素，客观制约了其业务发展，因此，相关问题亟待银监部门与证监部门的沟通与推进，制定明确的政策标准。

二是规范并鼓励设立专业PE子公司的政策推动。参考同业资管机构，其股权投资业务的管理规范均已相对完备。如证券公司子公司有《证券公司私募投资基金子公司管理规范》《证券公司另类投资子公司管理规范》两部规范作为指引，银行理财子公司有《商业银行理财子公司管理办法》作为其监管框架。原银监会曾在不同场合多次提出，鼓励信托公司研究探索在条件成熟和风险可控的情况下设立PE子公司，但相关的《信托公司PE子公司管理办法》却迟迟未能落地，这在一定程度上延缓了信托公司的转型发展。后续监管如能尽快为信托子公司发展提供相关制度框架，也将加速推进信托业的转型与规范发展。

可以合理预见，虽然监管环境目前还存在一些问题难以完全加以解决，但随着资管新规的实施，统一规则下公平竞争的资产管理市场会加速形成，预计在不远的将来，信托公司开展股权投资信托业务的不利监管因素也有望逐步消除，为此，信托业需要立足于更长远的战略规划，统筹布局发展股权投资信托业务（见表8-2）。

专栏8-1

证券公司子公司开展股权投资业务的制度指引及发展情况

证券公司直接投资业务的监管始于2007年，经历了从"证监会试点审批阶段"下放至"中国证券业协会自律监管阶段"到"中国证券投资基金业协会自律监管+中国证券业协会自律监管双重监管"的阶段。

目前，证券公司子公司开展股权投资业务遵循的运行规范是《证券公司私募投资基金子公司管理规范》及《证券公司另类投资子公司管理规范》，以上两部管理规范于2016年12月30日出台，标志着"券商直投"时代的结束，"券商私募子公司""券商另类子公司"时代的开启。

证券公司子公司两部管理规范的出台，从顶层对其业务范围及运作模式进行了区分与界定,为其有序发展提供了清晰的制度指引。

目前,从行业发展规模来看[①],近年证券公司私募投资基金子公司的基金募集数量每年达150只,募资金额在1 000亿元左右,行业发展已逐步成熟。从参与数量来看,清科研究中心数据显示,证券公司私募投资基金子公司共计137家(绝大多数私募投资基金子公司由原券商直投子公司整改而来),另类投资子公司共计78家[②]。从行业集中度来看,券商私募投资基金子公司的投资与退出均已呈现出明显的头部集中效应,TOP3的投资/退出案例数在全体案例中的占比分别超过28%和38%。从行业退出方式来看,自2019年科创板推出以及注册制试点推行后,IPO重新成为重要的退出方式。私募通数据显示,券商私募投资基金子公司的被投企业退出案例中,IPO退出占比高达80%以上。

在监管政策的明确支持以及管理规范的具体要求下,券商私募基金子公司的发展已经探索出了一条相对成熟的发展路径。

表8-2　　　　　　　　　　券商子公司管理规范梳理

券商子公司	业务范围	运作模式
私募投资基金子公司	私募基金子公司从事私募投资基金业务,应当符合法律法规、监管要求和本规范规定 私募基金子公司不得从事与私募基金无关的业务	一是私募基金子公司直接管理,对单支基金投资金额不得超过基金总额20%,其余80%需募资 二是私募基金子公司可以下设二级私募子公司进行管理 三是自有资金不能直接投资股权项目,只能通过投资于基金间接参与股权项目
另类投资子公司	一是经母公司制度明确的母公司自营业务范围以外的业务范围 二是属于母公司自营范围但未实际开展的业务或能划分投资特征的业务种类 三是在防范利益冲突的基础上投资的衍生品、大宗商品等证监会和协会认可的标的 四是以现金管理为目的投资于风险低、流动性强的证券	一是不得对外募资 二是不得设立二级公司 三是以自有资金投资,应审慎考虑偿付能力和流动性要求,根据业务特点、资金结构、负债匹配管理需要合理运用资金,多元配置资产,分散投资风险,未就其投资比例、投资期限进行限制 四是据证监会监管规定及交易所自律管理要求,被动参与境内交易所股票战略配售的,不受《管理规范》中"投资+保荐"禁止条款的相关限制

资料来源:根据中国证券投资基金业协会官网整理。

---

① IIR(机构投资者评论)研究院统计。
② 相关数据截止日期为2020年12月30日。

专栏8-2

银行理财子公司开展股权投资业务的制度指引及发展情况

在分业经营框架下，我国银行业被禁止直接持有企业股权，《商业银行法》第四十三条规定，商业银行不得向非银行金融机构和企业投资。不过，随着2018年商业银行理财子公司的设立，商业银行进入股权投资市场的通道被打开。

根据中国银保监会发布的《商业银行理财子公司管理办法》第三十二条，银行理财子公司可以选择合格的私募股权投资基金管理人担任金融投资合作机构，意味着银行理财子公司可以作为私募股权投资基金的LP。此外，根据中共中央办公厅、国务院办公厅于2021年1月印发的《建设高标准市场体系行动方案》第六条第十八点，明确鼓励培育资本市场机构投资者，稳步推进银行理财子公司和保险资产管理公司设立，鼓励银行及银行理财子公司依法依规与符合条件的证券基金经营机构和创业投资基金、政府出资产业投资基金合作。

一般而言，银行理财子公司可以直接投资参与未上市公司股权，也可以作为LP投资股权基金（含母基金、S基金等）。据IIR研究院不完全统计，截至2022年2月16日，直接投资方面，仅两家理财子公司——建信理财、信银理财对外参与过直接股权投资，共参与直投项目6个；间接投资方面，共有11家理财子公司（其中，国有大行系理财子公司3家、股份制银行系理财子公司5家、中小银行系理财子公司3家）作为LP参与投资了私募股权基金，总计投资达32只，涉及管理机构27家，累计基金投资金额142.69亿元。

2.信托公司需练好"内功"，强化股权投资专业化能力建设

在股权投资业务领域，信托公司并无先发优势，虽然不少信托公司已经积累了一定的投资管理能力，但与头部机构相比，竞争优势尚未形成，投资能力亟待进一步提升。后续为更好与其他资管机构同台竞技，围绕投资管理能力和投资管理体系的打造，信托公司可以着力从以下四个方面寻求突破。

第一，加快培养专业股权投资团队。围绕国家支持的战略新兴产业，信托公司需对人才队伍进行专业化分工，提高其深度研究能力以及投资机会预判能力。同时，信托公司需同时探索差异化考核与激励机制，打造有竞争力的信托股权投资团队。

第二，打造区别于其他股权投资机构的差异化竞争优势。清科研究中心预计，随着资本市场监管更加规范，股权投资行业将逐渐步入理性和成熟，市场会加速向业务专业化和赛道多元化发展，投资机构走向差异化竞争将必然成为市场趋势。对于信托公司而言，开展股权投资信托业务时为企业同时提供股债结合、一二级市场联动、夹层投资等多模式的融资，满足企业不同阶段融资需求是其当下区别于不同股权投资机构的核心优势。

第三，强化信托公司在股权投资信托领域的风险管控能力。建立完善的风险控制体系是私募股权投资最终能成功退出并获取预期收益的重要保障。不同于信托公司传统的风控逻辑，在股权投资业务领域，信托公司需有效沉淀相关管理经验，完善股权业务风控管理体系，实现股权投资业务标准化运营管理。必要时，信托公司可以借助信息化、数字化等金融科技手段提高股权业务运营管理效率。

第四，有意识地打造股权投资特色产品，强化股权投资品牌意识，培育投资者对股权投资类信托产品的认知度。产品化是信托公司股权投资步入市场化的关键，也是打造股权投资品牌化的基础。对于信托公司而言，在经过数年的累积和发展后，需逐渐打造有自身特色的系列优质产品，形成品牌价值，最终实现股权投资的品牌化。

3. 信托公司需强化合作，打造健康的股权投资生态圈

为更好发展股权投资信托业务，信托机构可与银行理财子公司、券商子公司等金融机构以及优秀的私募基金管理人探索优势互补的合作空间，通过打造健康的股权投资生态圈，做大做好"蛋糕"。

一是鉴于信托公司与银行理财子公司同属中国银保监体系监管，具有同业沟通便利性，信托公司（尤其是银行系信托公司）可与银行理财子公司通过基金合作、LP互相参投以及项目推介等方式，探索深度合作的可能性。

二是信托公司可与券商私募基金子公司在募资以及项目筛选方面加强资源共享。目前，券商在投研能力以及项目筛选方面较信托公司有一定优势，而信托相较于券商则在高净值客户积累、募资渠道等方面有一定优势，双方可以取长补短，在股权投资领域探索共赢的可能性。

三是信托公司可积极与优质的私募基金管理人合作，积累资质优良的资源渠以及更多优质的股权项目机会，为健康股权生态圈的打造奠定基础。

四是监管部门也可强化引导，尽快出台一定的政策以支持信托公司与私募基金、政府出资产业投资基金等的合作，鼓励信托公司在股权投资业务领域拓宽生态圈。

第九章
融资类信托

一、融资类信托发展状况

融资类信托是信托公司将信托资金通过贷款等非标准化债权方式投向目标融资项目或目标融资企业以获取固定融资收益的一类信托业务，属于非标固定收益类信托产品。融资类信托是信托公司最早开展的一类信托业务，一度成为信托行业主要的业务模式。自2018年"资管新规"出台以来，基于宏观调控、防控金融风险、规范资产管理市场等方面因素，融资类信托业务开始受到严格监管，监管部门一方面要求信托公司压降融资信托规模，另一方面引导信托公司开展规范的资产管理业务和本源的服务信托业务，推动信托行业转型发展。在此背景下，近年来融资类信托业务大幅下降，目前已不再是信托业的绝对主导业务类型。

（一）监管引导改善金融供给

压降融资类信托是贯穿2021年信托行业监管的关键词，监管部门通过监管会议、领导讲话、窗口指导、现场检查等多种方式，进一步指明了信托业新发展格局的业务转型方向。

2021年2月7日召开的年度信托监管工作会议明确了将继续开展"两压一降"，继续压降信托通道业务规模，逐步压缩违规融资类业务规模，加大对表内外风险资产的处置，具体包括融资类信托规模再降10 000亿元，违规金融同业通道清零，风险处置3 000亿元以上；房地产规模不超过2020年末。同时，会议对信托公司公司治理、信用风险防控、流动性风险防控、规避监管等方面的问题进行了总结，其中明确指出乱象整改方面存在部分信托公司通道业务和融资类业务压降工作不到位，以及部分公司以不正当创新规避房地产信托监管的问题。

2021年底收官阶段，监管部门再次发文，强调"两压一降"工作。2021年11月，银保监会向各地方银监局下发《关于进一步推进信托公司"两项业务"压降有关事项的通知》，要求信托公司做好三方面工作：一是在2021年底前必须做到存续通道业务的清理工作，对清理确有困难的项目做好个案申请及材料留存工作；二是要求各信托公司严格执行2021年初制定的融资类信托业务压降计划，确保完成监管任务，新增融资业务应合法合规，穿透识别底层资产，不得以投资之名实融资之实，规避额度管控；三是统筹"两项业务"压降和风险处置，持续关注房地产业务领域的风险，确保不因处置风险而产生新的风险。

（二）融资类信托压降成效显著

2021年，在监管部门及信托公司共同努力下，融资类信托业务清理加速推进，压降成效显著。

一是融资类业务存续规模持续下行。根据中国信托业协会发布数据，2021年底，融资类信托规模降至3.58万亿元，比2020年末压缩了1.28万亿元，降幅高达26.28%；占比降至17.43%，比2020年末下降了6.28个百分点，规模与占比的年度降幅均为近年来最大。与2019年峰值相比，两年间融资类信托规模总计压降了2.25万亿元，降幅总计达38.60%，占比总计回落了9.57个百分点，融资类信托已不再是主动管理信托的主导产品[①]。

二是增量融资类业务持续下降。根据中信登披露数据，2021年每月新增融资类信托规模自2020年10月起快速回落后，2021年以来总体保持低位水平，2021年每月新增融资类信托规模平均值885.43亿元，较2020年平均值下降959.22亿元，新增融资类信托规模占当月新增规模比重平均值为13.97%，较2020年同期下降20.1个百分点。其中，10月新增融资类业务规模进一步下降至375.43亿元，同比降幅达37.49%，新增融资类信托业务规模占比仅为当月初募集规模的9.78%，近一年来首次跌破10%。作为融资类信托的主要表现形式，信托贷款总量也持续下降。根据中国人民银行发布的《2021年社会融资规模增量统计数据报告》初步统计，2021年信托贷款减少2.01万亿元，同比多减9 054亿元，信托贷款占比为-6.4%，较2020年低3.2个百分点（见图9-1）。

---

① 《2021年度中国信托业发展评析》，http://www.xtxh.net/xtxh/statistics/47592.htm.

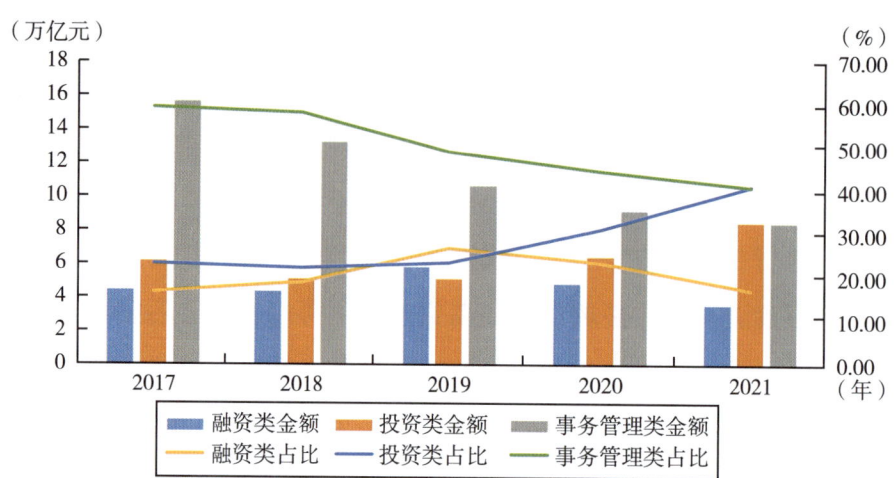

图9-1 融资类、投资类及事务管理类业务规模及占比

资料来源：根据中国信托业协会数据整理。

在监管指引下，各家信托公司不断加大压降融资类信托业务的力度。从已披露年报的61家信托公司数据看，过半数信托公司融资类业务缩减幅度超过20%。2021年末61家信托公司主动管理型融资类业务存续规模合计3.47万亿元，较2020年末规模缩减10.98万亿元，同比下降24.05%，较2019年末规模缩减26.83万亿元，缩减幅度达77.38%（见图9-2）。61家信托公司中仅有4家机构[①]因存量规模有限而实现了融资类规模正增长，48家信托公司融资类业务降幅超过20%，其中英大信托、江苏信托、国联信托、国民信托缩减比例超过50%。

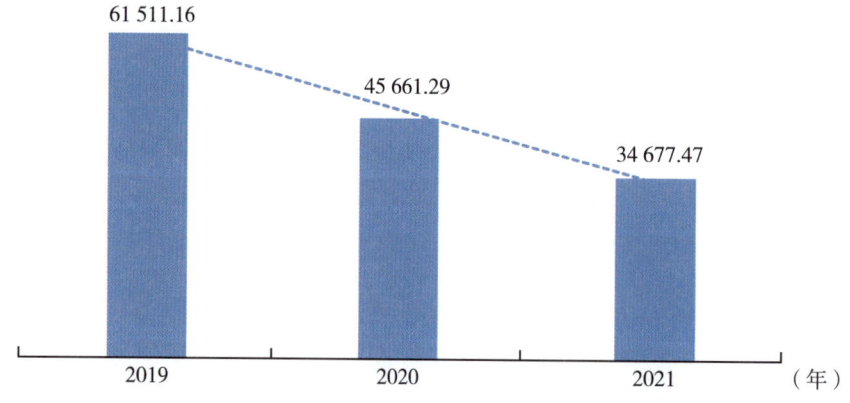

图9-2 61家信托公司主动管理型融资业务存续规模（亿元）

资料来源：根据信托公司2021年报数据整理。

---

① 4家机构分别为长城新盛信托、中泰信托、爱建信托及华宸信托。

二、融资类信托的主要投向

信托公司作为横跨货币、资本、实业市场三大领域的金融机构，在资金配置、资产定价、企业赋能，帮助实体经济拓宽融资渠道方面扮演着重要角色，肩负着促进实体经济发展的重任。长期以来，融资类信托资金主要投向实体经济部门，具体领域包括工商企业、基础产业、房地产、消费金融等方面，近年来投向国家战略新兴产业领域的融资信托开始增多，信托公司通过融资信托业务切实发挥了促进实体经济发展的金融服务功能。

（一）工商企业类融资信托

工商企业是信托公司资金信托最主要的投向领域，近年来稳定占据投向首位，是信托支持实体经济的直接体现。根据中国信托业协会披露的行业统计数据，2021年度信托业资金信托投向工商企业的规模为4.16万亿元，占比为27.73%，较2020年降低2.68个百分点，但在所有投向中的占比仍然最高，稳居第一位。从2017—2021年的变化来看，前三年资金信托投向工商企业的占比均保持增长，后两年则出现了小幅下降，但总体比较平稳，也一直保持了在所有投向中最高占比地位，信托业仍然持续发挥对实体经济的直接支持作用。

虽然资金信托投向工商企业的规模与占比总体平稳，但具体运用方式发生了较大变化，债权性融资类方式因监管要求大幅下降且融资成本也出现下行，权益性投资类方式得到更多运用。以新增贷款类集合资金信托为例，根据用益信托网统计数据，2021年新增工商企业贷款类集合信托计划946个，较2020年下降47.09%，新增规模542.63亿元，同比下降60.55%，平均期限1.68年，较上年延长0.36年，年化平均收益率7.1%，较2020年及2019年分别下降0.74个百分点及1.13个百分点。

近年来，信托公司资金信托业务越来越开始关注和重视对绿色产业领域的投融资。面对"碳达峰""碳中和"重大时代任务主题，信托公司围绕资源配置与投融资赋能，充分发挥信托优势，将资金配置到绿色低碳循环发展经济中，积极探索绿色贷款等多样化服务方式，助力绿色发展。以兴业信托为例，2021年1月29日，福建省首单碳排放权绿色信托计划——"兴业信托·利丰A016碳权1号集合资金信托计划"成立。该信托计划由兴业信托与福建三钢闽光股份有限公司、兴业银行三明分行协作推进，信托资金通过受让碳排放权收益权的形式，将福建省碳排放交易市场公开交易价格作为标的信托财产估价标准，向福建三钢闽光股份有限公司提供融资支持。

根据用益信托网统计，2021年工商企业领域信托产品违约规模约10.69亿元，整体来看风险可控。面对经济下行、监管趋严等外部挑战，融资类信托的需求面及供给面均受较大冲击，但工商企业仍将是融资类信托的主要投向领域，未来信托行业需要更加密切关注融资主体偿还能力及信用风险情况，进一步提高以风险管理为核心的业务能力，建立严密的信用评级体系和资产评估体系，加强团队建设与专业人员培养，提升风险化解与不良资产处置能力。

（二）基础产业类融资信托

基础产业是信托公司资金信托的重要投向领域，但自2022年起，资金信托投向该领域的规模与占比均显著下降。根据中国信托业协会披露的行业统计数据，2021年投向基础产业的资金信托存续规模为1.69万亿元，较2020年下降31.59%，占比为11.25%，同比下降了3.88个百分点，在所有投向中的占比名次也从前两年的第二位下降到了末位。实践中，投资基础产业领域的资金信托以融资类信托居多，近年来受该领域市场风险暴露和压降融资类业务规模监管政策的双重影响大幅下降。以新增贷款类集合资金信托为例，根据用益信托网统计数据，2021年新增投向基础产业的集合资金信托计划1 261个，同比减少39.61%，新增规模833.1亿元，同比下降54.45%。

基础产业融资风险暴露有所提升。根据天风证券梳理，2021年以来，城投作为融资方的违约非标产品有33只，作为担保方的违约非标产品有18只，主要原因是2017年以来对政府平台融资渠道及方式监管加强，地方政府以担保函、承诺函等形式向融资机构提供担保被禁止，部分之前通过地方政府担保或出具承诺函发行的信托产品到期无法续作，进而导致违约事件的发生。从地区分布来看，2021年以来，非标融资逾期情况仍多集中在债务压力较大的经济增长乏力区域。2021年1—6月的28起非标融资逾期违约事件主要分布在贵州、云南、内蒙古、河南、陕西、天津6个地区。其中，贵州省共发生15起非标融资违约事件，新增首次违约主体6家；云南省共发生7起非标逾期，新增首次违约主体5家；其余4个省份非标逾期事件均在1—2起。从行政层级看，区县级平台的非标逾期情况较多，违约主体的行政层级及信用资质整体偏低。

在地方政府负债水平高企的背景下，隐性债务监管趋严。新冠肺炎疫情冲击下，2021年末，全国286个地级市地方政府债务余额为21.9万亿元，城投有息负债余额为34万亿元，分别同比增长17.6%、15.5%，地方政府偿债压力进一步提升。与此同时，2021年7月9日，银保监会发布《银行保险机构进一步做好地方政府隐性债务风险防范化解工作的指导意见》，进一步规范地方政府相关融资业务，防止新增地方政府隐性债务，风险暴露和政策收紧客观上对基础产业类融资信托带来较大影响。

展望未来，基础设施建设仍然是经济社会发展的重要支撑与战略规划重点。2021年中央财经委员会第十一次会议强调，全面加强基础设施建设，构建现代化基础设施体系，为全面建设社会主义现代化国家打下坚实基础。会议定调加强基建的重大战略意义，上升至国家发展与国家安全的新高度。会议指出全面加强基础设施建设，对保障国家安全，畅通国内大循环，促进国内国际双循环，扩大内需，推动高质量发展，都具备重大意义。

基础产业投融资体系发生重大变革和严控地方政府隐性债务的大背景下，信托公司传统上主要依赖政府信用的基础产业融资类信托业务空间将进一步收缩，业务方向将向已建立现代企业制度、实现市场化运营、经营效益较好的融资平台公司集中；项目选择上要更注重项目综合性收益，综合考虑基建项目本身收益及附加的产业发展、人口聚集、土地升值等外部性效应，丰富项目收入来源，稳定项目盈利预期，提升基建回报率。在基础产业投融资体系改革中不断发掘新的业务机会。一是提升存量基础设施资产流动性，比如，立足城投企业拥有的公路、轨道、水、电、气等能够产生稳定现金流的基础设施资产，通过基础设施资产证券化有效配置融资企业期限、利率需求，提高资产流动性。二是拓宽基础产业融资渠道，依托信托行业在基础设施领域的投资经验，引导保险资金等长期资金开展优质基础产业项目股权投资。三是在现代化基础设施体系中提前布局，加大对交通、能源、水利等网络型基础设施建设，信息、科技、物流等产业升级基础设施建设，城市基础设施建设、农业农村基础设施建设及国家安全基础设施建设等领域潜在业务机会研判。

（三）房地产类融资信托

长期以来，房地产领域一直是信托公司融资类信托业务的重要投向，但近年来在"三道红线""两压一降"等一系列监管政策出台以及该领域风险暴露的背景下，房地产融资信托业务规模持续收缩。根据中国信托业协会披露的行业统计数据，截至2021年第四季度末，信托行业投向房地产领域的资金信托余额为1.76万亿元，同比下降22.67%，环比下降9.5%；占比为11.74%，同比降低2.23个百分点，环比降低0.68个百分点。其中新增房地产贷款类集合资金信托规模腰斩，同时融资成本也呈现下行趋势。根据用益信托网统计数据显示，2021年新增房地产贷款信托项目901个，同比下降57.90%；新增业务规模1 077.35亿元，比2020年同期下降57.49%；平均年化收益率7.12%，较2020年及2019年分别下降0.7个百分点及1.18个百分点。

房地产融资信托风险暴露加速，违约事件频发。用益信托数据显示，房地产信托违约从2020年末开始大幅增加，2021年1月至12月，包括头部房企在内的房地产信托共发生101起违约事件，违约规模约943.42亿元，超过2020年全年的数据。2022年1月和2月，全部信托产品共发生违约事件20起，涉及金额209.67亿元，其中，房地产领域就占了7起，涉及金额180.73亿元，占比为86.2%。房地产领域的系统性风险暴露和严监管政策要求客观上对信托公司房地产融资信托带来较大冲击（见图9-3）。

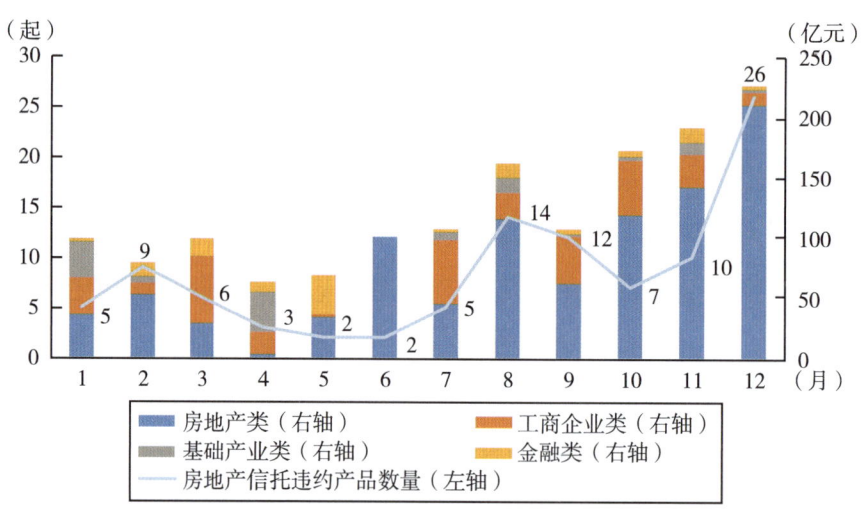

图9-3　2021年信托产品违约规模及房地产类信托违约数量走势

资料来源：用益信托网。

2021年底，中央政治局会议提出，支持商品房市场更好满足购房者的合理住房需求，促进房地产业健康发展和良性循环。银保监会也表示，将合理发放房地产开发贷款、并购贷款等，房地产融资业务仍然存在一定的市场机会，但"房住不炒"以及压降信托融资规模的政策基调并未发生改变，可以合理预见房地产融资信托整体业务规模未来难有较大增长。在新的市场和监管环境下，虽然房地产融资信托业务将进一步收缩，但房地产领域的投资、并购、永续债等业务模式将有所增加。

2022年，房地产领域的信用风险可能会继续释放，需要信托行业不断提升风险处置能力，加大资源投入，综合运用清收重组、自主核销、不良资产转让和不良资产证券化等多种方式，加强与中国信托业保障基金有限责任公司、中央和地方资产管理公司等专业结构合作，拓宽风险资产处置渠道，创新处置方法和手段，进一步加大不良资产处置力度，提高不良资产处置速度，确保风险处置及时、高效。

未来，信托公司可以依托在房地产领域的服务经验，培育不动产相关专业服务机构与团队，积极拓展以不动产为信托财产、以不动产管理为目的的服务信托，并与家族信托、抚养信托、教育信托等服务类信托业务相结合，通过不动产管理与处分实现提升现金流或者资产变现等功能。

（四）消费金融类融资信托

消费金融是部分信托公司融资信托业务的一个重要投向领域，但近年来发展速度开始放缓。值得一提的是，在消费信托业务总体放缓的同时，信托公司开始加大小微金融信托业务的开展力度。特别是在2021年，新冠肺炎疫情冲击下信托公司以消费金融业务为切入点，多措并举为小微企业、个体工商户等市场主体纾困解难，为稳定经济大盘、畅通经济循环贡献更多力量。例如，爱建信托在积极推动普惠金融发展和创新过程中，以民营、小微、"双创"等企业为重点贷款投放对象，确保贷款利率合法合理，同时严格审核贷款资金用途，切实服务实体经济。

从市场容量方面看，当前消费金融市场进入了一个阶段性的存量时代。一是短期消费信贷增速逐渐放缓。新冠肺炎疫情直接冲击了居民消费意愿和消费能力，使我国社会消费品零售总额出现改革开放以来第一次全年负增长，人民币贷款余额呈负增长态势；同时，短期消费贷款增速出现明显下滑，后续虽有恢复但增长乏力。二是居民杠杆率上升速度较快，已达阶段性高点，未来增长空间有限。根据中国人民银行披露，我国居民杠杆率到2021年末已攀升至72.2%，相比2012年的33.8%上升了38.4个百分点（见图9-4）。

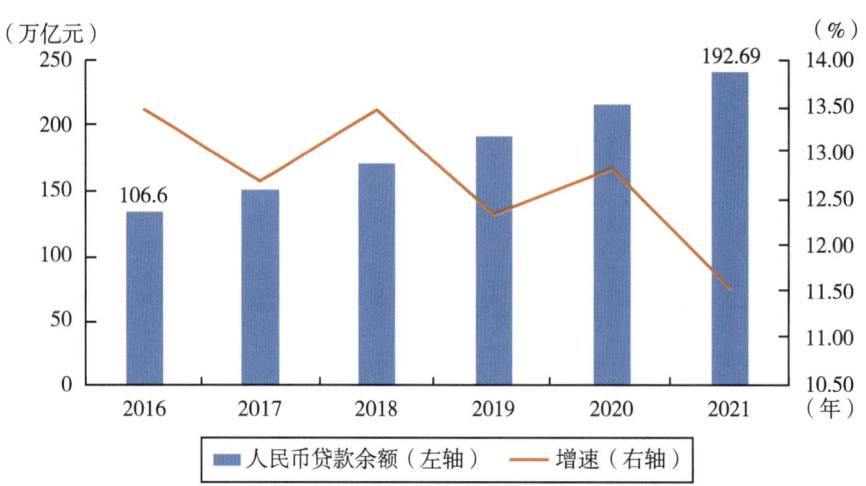

图9-4　2016—2021年中国人民币贷款余额

资料来源：中国人民银行。

从监管政策方面看，近年来对消费金融行业不断强化监管，在鼓励发展的同时，监管采取一系列措施平衡创新与风险，遏制盲目扩张和滥用杠杆风险。2021年，继续保持强监管态势，出台了一系列相应的政策和规范性文件。在保护个人信息和金融消费者权益方面，2021年8月、9月分别出台了《中华人民共和国个人信息保护法》《征信业务管理办法》；在规范信用卡经营方面，2021年1月发布《关于推进信用卡透支利率市场化改革的通知》，10月发布《关于服务煤电行业正常生产和商品市场有序流通保障经济平稳运行有关事项的通知》，11月发布《信用卡催收工作指引（试行）》，12月发布《关于进一步促进信用卡业务规范健康发展的通知（意见征求稿）》；在互联网贷款管理方面，2021年2月，银保监会发布《关于进一步规范商业银行互联网贷款业务的通知》，3月，银保监会等五部委联合发布《关于进一步规范大学生互联网消费贷款监督管理工作的通知》，11月，银保监会发布《关于规范银行服务市场调节价管理的指导意见》（见表9-1）。

表9-1　　　　　　　　　2021年消费金融政策汇总

时间	发布机构	政策	具体内容
2021年1月	中国人民银行	《关于推进信用卡透支利率市场化改革的通知》	决定"信用卡透支利率由发卡机构与持卡人自主协商确定，取消信用卡透支利率上限和下限管理。发卡机构应充分披露信用卡透支利率并及时更新，应在信用卡协议中以显著方式提示信用卡透支利率和计结息方式"

续表

时间	发布机构	政策	具体内容
2021年2月	银保监会	《关于进一步规范商业银行互联网贷款业务的通知》	进一步强化独立风控要求，督促商业银行落实风险控制主体责任，自主完成对贷款风险评估和风险控制具有重要影响的风控环节，并对商业银行与合作机构共同出资发放贷款的出资比例、集中度、跨地域开展业务等事项，细化提出监管标准，引导商业银行进一步规范互联网贷款行为，促进业务健康发展
2021年3月	银保监会等五部联合	《关于进一步规范大学生互联网消费贷款监督管理工作的通知》	通知规范了放贷机构及其外包合作机构的营销行为，加强了银行业金融机构大学生互联网消费贷款风险管理，规范催收行为，加强个人信息保护，同时部署开展大学生互联网消费贷款业务监督检查和排查整改工作
2021年8月	全国人大常务委员会	《中华人民共和国个人信息保护法》	明确：处理金融账户等敏感个人信息，应当取得个人同意，个人有权撤回其同意，且个人信息处理者应提供便捷的撤回同意方式
2021年9月	中国人民银行	《征信业务管理办法》	明确信用信息的定义及征信管理的边界；对征信业务的各个环节进行了明确规定；强调信用信息安全和依法合规跨境使用；提高征信业务公开透明度
2021年10月	银保监会	《关于服务煤电行业正常生产和商品市场有序流通保障经济平稳运行有关事项的通知》	通知要求规范信用卡经营行为和分期管理，规范银行机构与消费金融公司等非银行金融机构的合作
2021年11月	银行业协会	《信用卡催收工作指引（试行）》	指引在催收行为、催收行为规范、外部催收机构管理、内控管理、促进行业健康发展和自律惩戒等几方面做了进一步明确和调整
2021年11月	银保监会	《关于规范银行服务市场调节价管理的指导意见》	要求银行要"了解互联网平台等合作机构向客户提供的服务内容和价格标准，在合作协议中约定服务价格信息披露要求、三方争议处理责任和义务等内容，禁止合作机构以银行名义向客户收取任何费用。要持续评估合作模式，及时终止与服务收费质价不符机构的合作"
2021年12月	银保监会	《关于进一步促进信用卡业务规范健康发展的通知（意见征求稿）》	内容包括强化信用卡业务经营管理、严格规范发卡营销行为、严格授信管理和风险管控、严格管控资金流向、全面加强信用卡分期业务规范管理、严格合作机构管理、加强消费者合法权益保护、加强信用卡业务监督管理等

资料来源：根据中国人民银行、银行业协会、银保监会公开信息整理。

在消费金融信托业务中，信托公司普遍重视金融科技运用。针对消费金融业务具有业务量大、单笔金额低、时效性要求高的特点，开展此项业务的信托公司普遍开发了相应的金融科技系统，以支持实时授信、风控、放扣款、账务核算、征信上报、逾期催收、资产保全等全业务流程。例如，五矿信托在发展消费金融业务过程中，建立了集自主风控、数据处理、模型管理等为一体的金融科技体系。一是建设自主风控系统，支持贷前授信、存量用信以及各环节监控、分析、预警等功能，通过决策流、决策表、决策树、评分卡等多种风控策略制定工具，针对不同项目、不同客群，制定差异化风控策略，搭建自主风控体系。二是提升数据收集及处理能力，风控系统不断完善数据基础能力，通过加强内部数据整合，接入外部央行、百行征信等其他外部多维数据，搭建风控数据基础能力及风控筛查体系。三是强化模型管理，采用"规则+模型"双引擎驱动，对借款人进行风险筛查与判别，决策模块包含反欺诈、黑名单、多头借贷、央行征信模型等其他评分卡模型，并引入机器学习自动建模平台，高效进行模型训练、评估与迭代工作。

受消费金融市场自身变化、消费金融业务严格监管以及融资信托总体压降监管政策等诸多因素影响，信托公司消费金融类融资信托业务将进一步受限，但信托在消费金融领域运用场景极其丰富，对于已经占有一定市场份额并有完善的科技系统支持的信托公司来说，仍然有进一步深耕的机会。一是深耕普惠金融领域，围绕国家战略导向，广泛利用技术手段，创新改造信托产品。一方面，不断挖掘制造业、科技创新、外资外贸、乡村振兴等领域的小微金融服务需求，打造需求导向的专属产品服务。另一方面，积极降低融资成本，在金融机构财务可持续与客户承受能力之间取得平衡。二是发挥信托制度优势，整合消费金融领域资源，开拓消费金融领域的资产证券化、消费信托等服务类信托业务。

三、融资类信托发展展望

虽然按照监管要求融资类信托需要总体压降，但在未来相当长的时期内仍然将是信托公司的一块基础业务。在信托业务重新分类与信托公司转型发展的新发展阶段，融资类信托业务也需要破而后立，重新定位其价值与发展路径。

一是在践行信义义务中重新明确价值。信托公司职能是"受人之托，代人理财",融资类信托在过去发展中很大程度异化为利差业务而非资管业务,普遍的"刚性兑付"既违背了资管行业本质,又增加了行业信用风险。未来信托行业需要更加规范地开展融资信托业务,严格贯彻落实资管新规对资管产品的监管要求,切实履行"以委托人及投资者利益优先"的信义义务,全面提升信用风险管理能力,真正做到"卖者尽职、买者自负"。

二是在服务实体经济中契合国家战略。长期以来,信托公司融资信托业务一直紧扣服务实体经济主题,但未来需要将视野更加集中在国家战略性产业领域,积极服务产业转型升级,引导资金进入国民经济关键环节、核心领域,加大对战略性新兴产业、先进制造业支持力度,积极探索拓展绿色金融业务,全力服务"碳达峰""碳中和"、养老服务、共同富裕等国家战略主题。

三是在产品创新中实现转型升级。信托公司需要积极转变展业思路,依托在工商企业、基础产业、房地产及消费金融等领域的展业经验、资源储备与人才优势,不断拓宽服务领域、服务内容与信托财产来源,将信托制度运用于不动产服务、资产证券化、消费信托等领域,实现融资类业务的转型升级。

第十章
绿色信托

我国"双碳"目标的提出,为绿色金融与绿色信托提供了巨大的发展机遇。2020年9月,习近平总书记向全世界做出了我国将在2030年之前实现"碳达峰"、2060年之前实现"碳中和"的庄严承诺。这个承诺是全球应对气候变化进程中的里程碑事件,也是对构建人类命运共同体的历史性贡献。2021年10月,中央"碳达峰""碳中和"工作领导小组陆续发布了"1+N"政策体系。

"1"指的就是《中共中央 国务院关于完整准确全面贯彻新发展理念做好碳达峰碳中和工作的意见》(以下简称《意见》)。《意见》被视为"双碳"目标工作的顶层设计,为"碳达峰""碳中和"这项重大工作进行了系统谋划和总体部署。而"N"则包括《2030年前碳达峰行动方案》以及十大重点领域和行业的政策措施和行动,其中包括了发展绿色金融,以扩大资金支持和投资。

央行将"落实碳达峰碳中和重大决策部署,完善绿色金融政策框架和激励机制"列为重点工作,确立了"三大功能""五大支柱"的绿色金融发展政策思路。"三大功能"是指充分发挥金融支持绿色发展的资源配置、风险管理和市场定价三大功能。"五大支柱"是指绿色金融标准体系、金融机构监管和信息披露、激励约束机制、绿色金融产品和市场体系以及绿色金融国际合作。在此政策框架下,绿色信托发展模式也随之升级,在"碳中和"相关的金融服务中找寻业务成长机遇。

专栏

绿色金融与绿色信托

2016年8月31日,中国人民银行、财政部、国家发展改革委、原环境保护部、原银监会、证监会、原保监会联合发布《关于构建绿色金融体系的指导意见》，首次提出绿色金融的规范定义："绿色金融是指为支持环境改善、应对气候变化和资源节约高效利用的经济活动，即对环保、节能、清洁能源、绿色交通、绿色建筑等领域的项目投融资、项目运营、风险管理等所提供的金融服务。"该文件的出台标志着我国绿色金融政策体系的建立。

绿色信托是绿色金融的重要组成部分。2018年，央行研究局及中国金融学会绿色金融专业委员会共同制定了《绿色金融术语手册2018》，指出绿色信托主要指信托机构为支持环境改善、应对气候变化和资源节约高效利用等经济活动，所提供的信托产品及服务。2019年12月，中国信托业协会发布《绿色信托指引》，进一步明确：绿色信托指信托公司为支持环境改善、应对气候变化和资源节约高效利用等经济活动，通过绿色信托贷款、绿色股权投资、绿色资产证券化、绿色产业基金、绿色公益（慈善）信托等方式提供的信托产品及受托服务。

2021年7月，中国人民银行正式发布《金融机构环境信息披露指南》（以下简称《指南》）及《环境权益融资工具》两项行业标准，由全国金融标准化技术委员会归口管理。《指南》明确覆盖商业银行、资管机构、信托公司、保险公司四类机构，旨在规范金融机构环境信息披露工作，引导金融资源更加精准向绿色、低碳领域配置，助力金融机构和利益相关方识别、量化、管理环境相关金融风险。

《指南》对信托公司投融资过程中产生的环境影响及风险量化测算进行了规范，指导信托公司就下列环境影响进行量化评估和信息披露：概述整体投融资情况及其对环境的影响；行业投融资结构较之前年度的变动情况及其对环境的影响；各种绿色金融工具的投融资情况及其对环境的影响；开展绿色信托业务所服务的绿色产业及其细分领域的投融资情况及其对环境的影响；执行绿色信托政策的效果等。

同时规定信托公司可采取具有公信力的计算方法或委托有相应资质的第三方，计算自身的投融资环境影响。对于典型节能项目与典型污染物减排项目，依据项目立项批复文件、项目可行性研究报告或项目环评报告中的节能减排种类和相应数据进行填报，若上述相关文件未给出相应节能减排量数据，则根据银保监会规定的公式进行测算。

一、绿色信托发展状况

随着国家"碳达峰""碳中和"战略目标的明确提出，2021年，信托公司在治理框架、战略目标、实施路径、环境信息披露和产品创新能力等方面都做出新的布局与调整,进一步助力了绿色信托的蓬勃发展。多数信托公司已开始规划自身运营和投融资碳中和目标,设计分步骤、清晰可执行的碳中和路线图,建立与碳中和目标相适应的治理架构,将绿色与可持续纳入公司治理,构建绿色与可持续组织架构和工作机制。信托公司也开始探索创新适合于《绿色产业指导目录》的产品和服务,推动开展绿色建筑信托标准建设,围绕绿色建筑、可再生能源规模化应用、绿色建材等领域开展业务。积极发挥绿色信托制度优势,探索信托公司参与设计发行绿色债券、绿色资产证券化及绿色股权投资产品;探索服务小微企业、消费者和农业绿色化的产品和模式;探索支持生物多样化所需的金融产品和服务。

(一)业务规模稳步发展

2021年绿色信托依托政策导向与市场需求的双重力量,结合绿色产业的发展阶段和细分领域,切实发挥了推动实体经济绿色转型的积极作用。

2021年内绿色信托总体规模保持稳定,存续绿色信托项目数量665个,存续规模为3 317.05亿元,较2020年同期小幅降低7.68%;2021年度新增绿色信托项目280个,新增项目规模1 411亿元,较2020年显著提升17.59%。绿色信托行业集中度进一步提高,存续绿色信托规模超过10亿元的信托公司有24家,超过百亿元的信托公司数量为8家。2021年绿色信托存续规模前十名集中度(CR10)为78,绿色信托业务主要集中在前十家信托公司。

图10-1 2013—2021年绿色信托市场变动情况

数据来源:中国信托业发展报告书面调研(有效数据:60家信托公司)。

（二）服务模式趋向多元

信托公司积极发挥信托的制度优势，运用投贷联动、股权投资、基金化产品、资产证券化、碳中和主题标品信托等多元金融工具支持绿色产业发展。在国家低碳、零碳目标的指导下，信托公司结合自身资源禀赋，创新出多种碳信托产品，丰富碳金融衍生品，提高碳市场的流动性。

从绿色信托产品分类来看，信托贷款仍为主要发行产品，存续规模为1 351.33亿元，较2020年下降29.22%。随着信托业务结构的变化，绿色资产证券化、绿色股权投资和绿色债券标品投资呈现显著上升态势，存续规模分别为909.47亿元、217.61亿元和109.47亿元。组合绿色金融工具（如图10-2中其他分类所示）规模相对较高，绿色信托可以结合绿色产业特点设计结构化的组合信托产品。2021年组合绿色金融工具规模为473.66亿元，占比14.27%。绿色信托碳信托产品存续规模为28.38亿元。

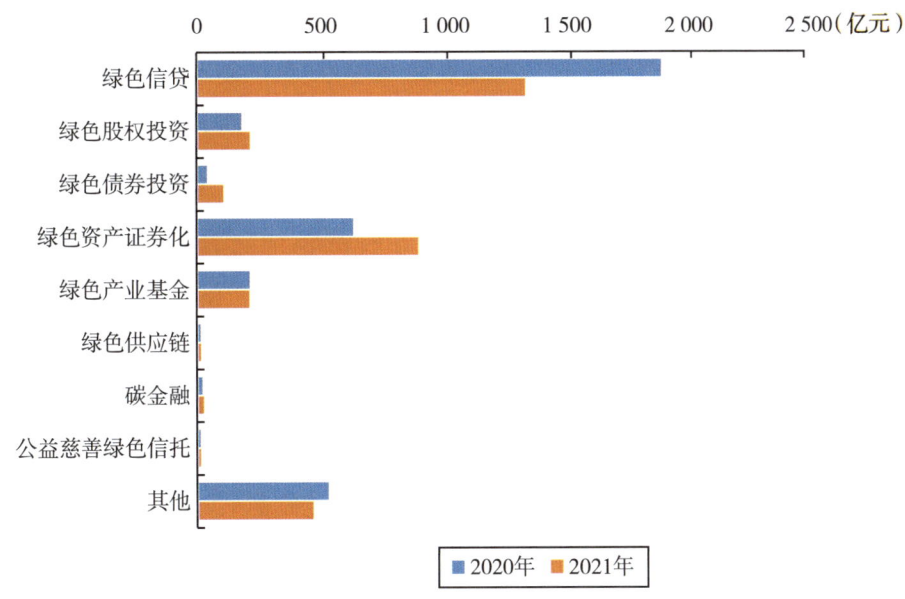

图10-2　2021年与2020年绿色信托产品分类规模比较

数据来源：中国信托业发展报告书面调研（有效数据：60家信托公司）。

2021年，绿色信托资金投向清洁能源产业规模进一步提升，主要投向清洁能源生产产业和基础设施绿色产业升级产业，占比分别为47%和20%；受益于可再生能源等行业的迅猛发展，投向清洁能源产业规模得到进一步提升，总体规模为1 537.35

亿元，同比增长26.08%；投向节能环保产业和生态环保产业的资金占比分别为14%和9%；支持清洁生产产业和绿色服务产业的资金占比分别为4%和2%；4%的绿色信托资金支持了其他多元绿色产业（见图10-3）。

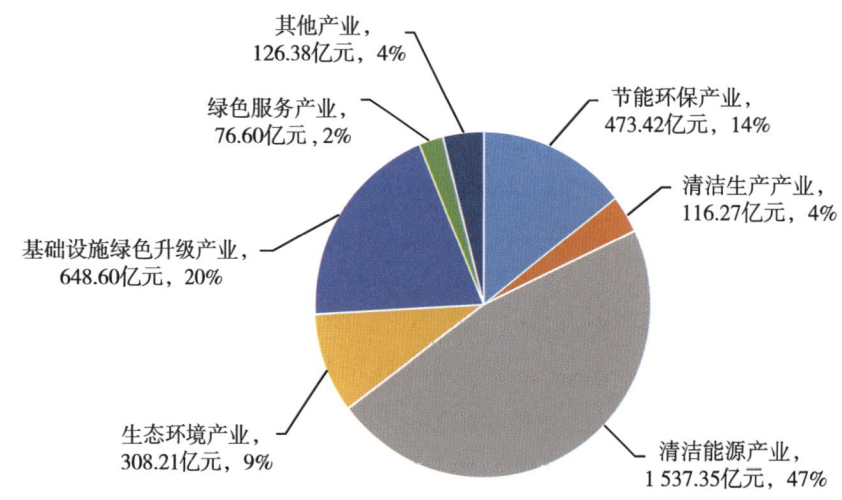

图10-3　2021年绿色信托资金投向

数据来源：中国信托业发展报告书面调研（有效数据：60家信托公司）。

（三）管理体系日渐完善

为指导信托公司开展绿色信托业务和建立绿色管理体系，2019年中国信托业协会发布《绿色信托指引》（以下简称《指引》）。《指引》共七章二十六条，包括总则、目标和原则、组织管理、业务实施、内控管理与信息披露、监督和激励措施及附则，以及一个附录。《指引》的制定考虑了ESG（环境友好、社会责任、公司治理）的关键要素内容，明确要求信托公司应当将绿色信托业务开展纳入公司战略制定与治理范畴，提高绿色信托服务能力，建立相应的创新方法和评价考核机制。

2021年，信托公司按照《指引》和央行绿色金融政策框架要求，继续建立健全绿色信托管理体系。根据信托业协会的调研，多数信托公司从战略角度提高对"双碳"目标与绿色发展的认识，并在公司"十四五"规划中强调了绿色发展的主旋律。两家信托公司通过聘请绿色领域专家为独立董事为公司开展绿色信托业务提供专业指导。46家信托公司设立绿色信托部或绿色信托专项委员会，提高公司的绿色信托投研能力。此外，在国家推动"双碳"目标的密集政策影响下，信托公司进一步完善信息披露能力，2021年信托公司主动披露的年度社会责任报告、ESG报告以及关于绿色信托的研究报告数量大幅提升，累计发布169篇，较同期增长397%。

（四）环境效益逐步显现

2021年7月，中国人民银行正式发布《金融机构环境信息披露指南》（以下简称《指南》）。《指南》对信托公司投融资过程中产生的环境影响评估及量化测算进行了规范，信托公司可采取具有公信力的计算方法或委托有相应资质的第三方，计算自身的投融资环境影响。对于典型节能项目与典型污染物减排项目，依据项目立项批复文件、项目可行性研究报告或项目环评报告中的节能减排种类和相应数据进行填报，若上述相关文件未给出相应节能减排量数据，则根据银保监会规定的公式进行测算。

在《指南》的指导下，2021年，信托公司更加主动关注信托项目的环境效益统计及管理，将降碳减排融入展业全过程中。根据中国信托业协会调研显示，2021年内信托公司投融资活动产生的环境效益进一步显现。其中，二氧化碳当量与标准煤减排量呈现显著提升，分别减排1 706.34万吨和578.41万吨，同比增加126%、114%。累计节水14 619.45万吨，减排氨氮6.36万吨、二氧化硫10.56万吨、氨氮化合物22.32万吨。

二、绿色信托业务模式创新

在2021年中国银保监会工作会议上，银保监会主席郭树清提出要积极发展绿色信贷、绿色保险、绿色信托，为构建新发展格局提供有力支持。在信托监管机构的指导和支持下，信托公司大力发展绿色信托，以回归信托本源为指向，全方位地支持实体经济发展，业务和服务模式不断创新。

（一）绿色资金信托

2021年，绿色信托广泛应用于多个细分领域，助推绿色产业高质量发展，其中大部分为资金信托业务，主要业务模式有绿色信托贷款、绿色股权投资、绿色产业基金、绿色债券投资等。

案例10-1

绿色信贷——粤财信托能效电厂项目

1. 项目背景

广东省能效电厂项目是《广东省节能减排综合性工作方案》的重要组成部分，可以帮助现有重点用能大户和商业建筑提高其用电设备的能效，发展建立强大的能源服务，培植高效设备生产和供应的行业；比常规电厂在资源规划和电力输配方面都更具经济性和环保性。

为有效支持广东省能效电厂项目发展，粤财信托设立"亚洲开发银行贷款广东节能减排促进项目资金信托计划"，资金规模1亿美元。作为中国政府与亚行合作的首个节能项目，该项目以6个月同期基准利率下浮10%的优惠利率支持广东省企业开展节能减排改造项目。

2. 产品设计及交易结构

该项目法律架构为：（1）中国政府与亚洲开发银行签订"广东节能减排促进项目"的《贷款协定》《融资框架协议》；亚行与广东省政府签订《项目协议》。（2）财政部与广东省政府签订《财政部与广东省人民政府关于亚行贷款"广东节能减排促进项目第一批子项目"的转贷协议》。（3）广东省财政厅与粤财信托签订《广东节能减排促进项目资金信托合同》（见图10-4）。

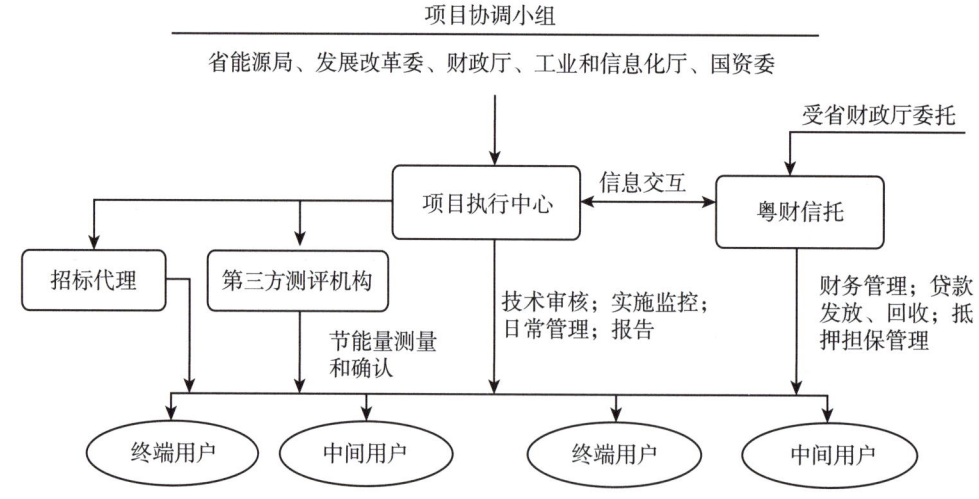

图10-4　粤财信托能效电厂项目交易结构图

3.绿色绩效及社会价值

截至2021年底,项目累计发放贷款17.36亿元,带动总投资为50亿元;共支持了49个子项目;已获年节电能力17.1亿千瓦时(相当于免建一个装机容量约为34.2万千瓦的火力发电机组),减排污染物二氧化碳133.3万吨,二氧化硫1.54万吨,氮氧化物3 419吨,总悬浮颗粒物(TSP)5 983吨。其中23个子项目符合奖励条件,共获得利息返还4 879.3万元,为广东省电力、钢铁、化工、纺织印染等诸多行业以及可再生能源应用领域创造了显著节能减排效益。

▶ 案例10-2

绿色股权投资——中航信托绿色循环经济股权投资项目

1.项目背景

稀散金属材料在地壳中平均含量较低,以稀有分散状态伴生在其他矿物之中,一般需要通过固、危废资源化的方式加以综合回收和利用。稀散金属具有极为重要的用途,由其参与组成的一系列半导体材料、光电子材料、特殊合金材料、新型功能材料及有机金属材料等,广泛用于通信、电子、计算机、航空航天、医药医疗、显示照明、清洁能源和催化剂等高科技领域。

中航信托经过科学研判与筛选,逐步确定与广东先导稀材股份有限公司(以下简称"先导稀材")达成合作。先导稀材专门从事稀散金属及化合物半导体高端材料研发、生产、销售和回收服务,产品涵盖硒、碲、铋、铟、镓、锗、镉等高纯稀有金属、氧化物、合金及化合物。基于先导稀材在稀散金属行业的龙头地位,同时其通过固废危废循环再利用生产稀散金属的循环经济模式契合国家倡导的绿色发展战略,中航信托设立信托计划与先导稀材共同打造稀散金属综合回收利用基地,助力我国循环经济在高科技领域的创新突破。

2.产品设计及交易结构

中航信托绿色循环经济股权投资项目交易结构如图10-5所示。

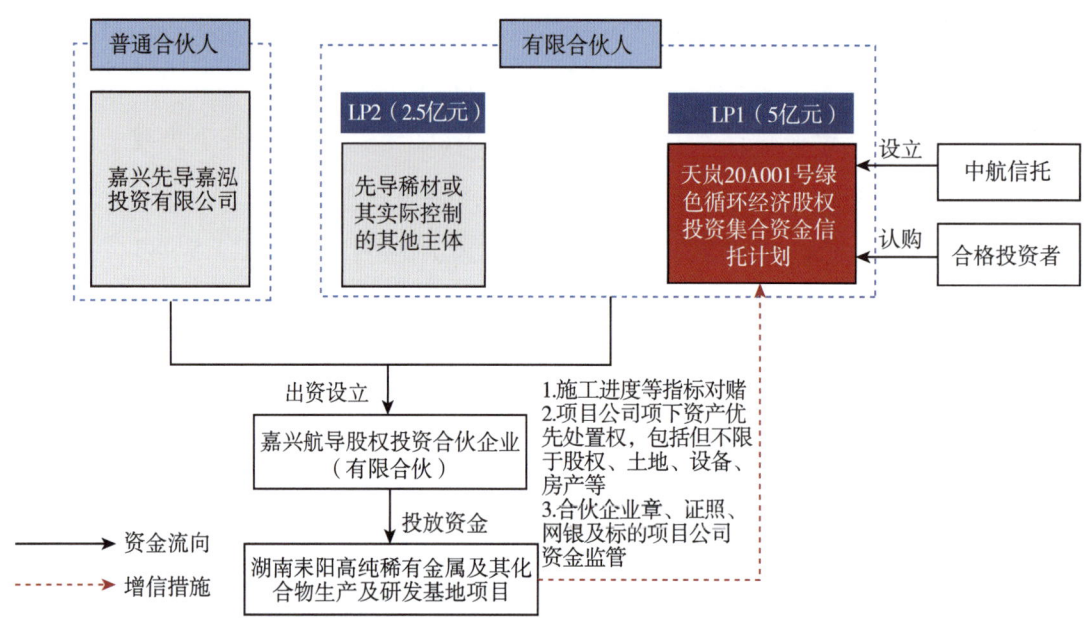

图 10-5　中航信托绿色循环经济股权投资项目交易结构图

3. 绿色绩效及社会价值

稀散金属材料特性独特，性能优越，可以被广泛应用于通信技术、电子计算机、宇航开发、医药卫生、感光材料、光电材料、能源材料及催化剂材料等领域。作为当代新兴产业的核心组成部分，将迎来发展浪潮，对国民经济、国家安全和科技发展具有重要的意义，已被西方发达国家列为21世纪战略物资，有金属维生素之称。未来很长一段时间，将是支撑我国占领科技和经济制高点的关键资源。

同时，伴随着全球5G相关基础设施的扩张，我国提出《中国制造2025》《"十三五"国家战略性新兴产业发展规划》等战略规划，稀散金属将拥有更多的运用场景和市场空间，行业迎来了新的快速发展机遇。

▶ 案例10-3

绿色债券投资——陕国投信托绿色中期票据投资项目

1. 项目背景

风力发电项目所发电量，将替代以化石燃料为主导的电网电量，减少火力发电过程中温室气体及污染物的排放,减缓全球变暖趋势。项目交易对手华电福新拥有包括水电、风电、太阳能、分布式、煤电、核电和生物质能等多种发电类型,风电等其余板块主要分布在全国27个省、自治区、直辖市及欧洲地区。该信托计划投资的绿色中期票据将全部用于海上风电项目的建设。

2.产品设计及交易结构

陕国投信托绿色中期票据投资项目交易结构如图10-6所示。

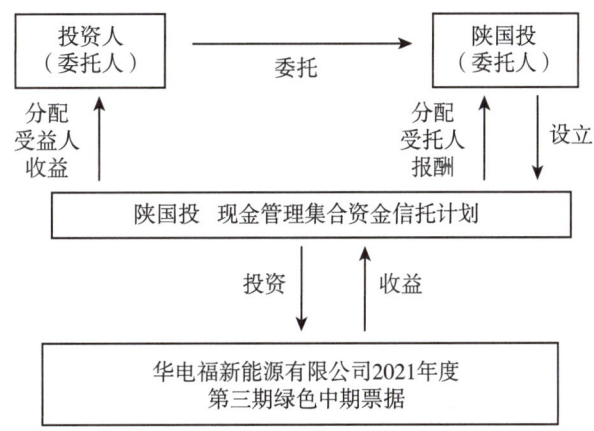

图10-6　陕国投信托绿色中期票据投资项目交易结构图

3.绿色绩效及社会价值

该信托计划投资的中期票据所投放项目每年可减排二氧化碳176.64万吨,减排二氧化硫、氮氧化物、烟尘等其他污染物分别为487.10吨、氮氧化物507.94吨、烟尘98.98吨,替代标准煤79.81万吨。

▶ 案例10-4

绿色产业基金——百瑞信托黄河新能源投资基金

1.项目背景

国家电投集团黄河上游水电开发有限责任公司(简称"黄河公司")是国家电投集团的二级单位,2016年8月,习近平总书记视察国家电投黄河公司时提出"一定要将光伏产业做好",并指出,发展光伏发电产业,要做好规划和布局,国有企业要带头提高创新能力,努力形成更多更好的创新成果和产品，在创新发展方面发挥更大引领作用。为切实贯彻习近平总书记的指示、要求，积极响应国家发展清洁能源的号召，不遗余力地打造世界一流光伏产业，百瑞信托以设立黄河新能源投资基金的方式为产业发展解决资金需求。

2.产品设计及交易结构

信托资金以风电、光伏、综合智慧能源等项目的股权投资为主，联合黄河公司一起对其设立的青海黄电绿蔚新能源管理有限公司（简称"SPV公司"）进行增资扩股，以实现对目标公司的控股，受托人在约定的退出时点将通过股权转让、项目公司资产出售等方式退出。

3.绿色绩效及社会价值

信托资金所投项目为国家鼓励的风电、光伏项目，符合国家战略投资方向，对促进能源高质量发展、实现"碳达峰""碳中和"具有重要意义。

（二）绿色服务信托

2021年，信托公司加速探索以受托管理为特点的服务信托，在服务绿色产业的服务信托创新方面，主要体现为绿色资产证券化业务。绿色资产证券化能够有效帮助拥有绿色资产或绿色信贷的企业以及金融机构，实现相关资产的出表、提前回笼资金，提高资金周转率和资本回报率。截至2021年末，绿色ABS存续规模为909.47亿元，仅次于绿色信托贷款，存续规模占比超过27%，相比2020年17%的占比增长迅速，为绿色行业长期高质量发展注入了创新活力。

▶ 案例10-5

绿色资产证券化——上海信托绿色汽车抵押贷款证券化项目

上海信托分别与上海汽车集团财务有限责任公司（以下简称"上汽财务"）和比亚迪汽车金融有限公司（以下简称"比亚迪金融"）发行了2单银行间标准化产品，合计规模29.10亿元。

其一，上海信托与上汽财务在银行间市场合作设立了"上和2021年第一期绿色个人汽车抵押贷款证券化信托"，是全国首单绿色个人汽车抵押贷款资产支持证券项目。项目发行规模9.10亿元，入池基础资产全部是上汽财务发放的新能源汽车抵押贷款，募集资金也将全部投向新的新能源汽车贷款，经过独立第三方评估机构的专业认证，项目基础资产及募投项目预计每年可减少排放二氧化碳1.13万吨，可节约标准煤1.30万吨，减少排放可吸入颗粒物1.08吨，减少排放氮氧化物34.17吨，是资产端与资金用途端的"双绿"产品。

其二，上海信托与比亚迪合作发起设立"盛世融迪2021年第二期个人汽车抵押贷款绿色证券化信托"，绿色资产支持证券发行规模20亿元，是目前国内银行间债券市场发行规模最大的绿色车贷资产证券化项目，基础资产来源及募集资金投向全部为新能源汽车贷款，是资产端与用途端的"双绿"产品。同时，该绿色资产支持证券获得惠誉国际评级授予的"AAAsf"评级结果，为国内首单具有国际评级的绿色车贷资产支持证券。根据专业第三方评估认证机构联合赤道环境评价有限公司的《盛世融迪2021年第二期个人汽车抵押贷款绿色资产支持证券发行前独立评估认证报告》，该绿色资产支持证券基础资产预计每年可减少排放2.04万吨，可节约标准煤1.53万吨；募投项目预计每年可减少排放1.53万吨，可节约标准煤1.14万吨。

（三）绿色公益（慈善）信托

自2016年《慈善法》颁布以来，慈善信托作为创新的慈善公益方式，在信托公司的积极参与下，数量、规模和影响力都取得了长足发展和进步。在"双碳"目标下，慈善信托作为动员社会资本服务碳中和目标的有效载体，其重要优势和作用越发凸显。

2021年，信托公司不断发展体现社会责任的绿色公益（慈善）信托，整体存续规模超过6.2亿元，信托目的和服务场景呈现多样化特征，涵括推广绿色低碳优秀项目、普及绿色金融理念、绿色乡村发展、环境保护等绿色慈善目的。

▶ 案例10-6

绿色慈善信托——中航信托绿色乡村慈善信托

1. 项目背景

全面推进乡村振兴离不开金融的有力支撑。《中共中央　国务院关于全面推进乡村振兴加快农业农村现代化的意见》提出"支持以市场化方式设立乡村振兴基金，撬动金融资本、社会力量参与，重点支持乡村产业发展"，并将其作为"强化农业农村优先发展投入保障"的重要内容；金融在经济发展和社会生活中具有重要地位和作用，应在推动乡村振兴的进程中用好用足金融的力量。

中航信托发起设立"绿色乡村慈善信托"，发挥在"慈善信托"及"绿色信托"领域的丰富经验，为促进我国乡村振兴事业的发展做更多更积极的贡献。

2. 产品设计及交易结构

中航信托绿色乡村慈善信托交易结构如图10-7所示。

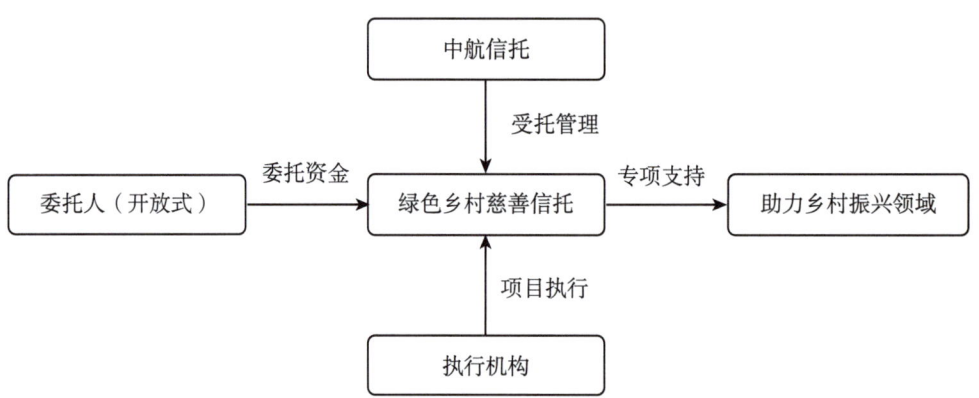

图10-7　中航信托绿色乡村慈善信托交易结构图

3. 绿色绩效及社会价值

脱贫攻坚取得胜利后，接续全面推进乡村振兴，是"三农"工作重心的历史性转移。开展该类业务是信托公司践行社会责任的重要体现，有助于更好地发挥行业引领示范带动作用。项目部分资金用于支持区域性定点帮扶项目，专项用于建设美丽乡村与产业发展，一是提升村民居住环境，二是通过产业提升村民收入。资金使用于庭院提升、道路硬化、修建村民休闲广场、产业示范园、美丽乡村视频制作与发布等内容，首批项目已经覆盖农户498户1 823人，致力于打造新时代文明示范点，在原有乡村村组的基础上，营造宜居宜游的新型门户。

案例10-7

绿色慈善信托——万向信托绿色乡村慈善信托

1. 项目背景

一片叶子慈善信托于2021年4月7日成立,是由陈竞苏女士等两位自然人作为委托人出资,以"在中国境内开展植树造林、环境保护以及其他符合《慈善法》规定的公益慈善活动,推动慈善事业的发展"为目的而设立的慈善信托,初始规模201万元,并于2021年内追加430万元,目前备案总规模为631万元。

2. 绿色绩效及社会价值

截至2021年底,该慈善信托已完成对四川大学绿林公益计划、疏勒河百亩胡杨公益造林项目、"拉齐尼杏花园"造林项目、滇金丝猴栖息地植被修复项目、青海湖小泊湖水源涵养项目5个慈善项目的资助,资助金额共计395万元。项目实施地遍布全国多个省市地区,成效显著,部分项目已经完成与蚂蚁森林的合作上线。每个资助项目从计划到落实再到追踪,形成了整套制式化评估标准,覆盖了从事前到事后的完整项目周期,包括背景调查、事前预算、资助拨付、项目推进、执行反馈、保障措施等。

(四)碳信托业务模式创新

随着"双碳"目标的提出,信托公司在低碳环保领域的绿色投融资活动更加活跃,并不断创新探索碳信托服务模式,拓展绿色信托服务范围,提升助力节能减排的服务实效。

2021年有多家信托公司推出碳信托产品,存续规模超过28.37亿元,主要分为碳融资类信托、碳投资类信托和碳资产服务类信托,其中碳投资类信托居多。例如,中航信托、华宝信托、中融信托、吉林信托等分别设立了碳投资类信托,主要投向碳排放配额、CCER及其他现金管理类产品。英大信托和中海信托分别设立了碳服务类信托,前者投向于碳中和债,信托公司作为SPV;后者则是以融资方持有的CCER(国家核证自愿减排量)作为信托基础资产设立财产权信托,信托公司再将取得的信托受益权以转让信托份额的形式募集资金,并参与碳资产管理与交易。

▶ 案例10-8

碳信托——中航信托碳中和主题信托计划

1.项目背景

2020年9月,《2019—2020年全国碳排放权交易配额总量设定与分配实施方案》征求意见稿发布,全国碳市场将在电力行业开始全面实施。2021年7月16日,全国碳排放权交易市场启动上线交易,覆盖二氧化碳排放量约为45亿吨,成为全球规模最大的碳市场。随着碳金融市场体系建设日趋完善,碳金融交易的模式及产品等也呈现出多层次化的发展趋势。

2.产品设计及交易结构

中航信托与中国节能协会碳交易产业联盟、上海宝碳新能源环保科技有限公司联合设立了全国首单"碳中和"主题绿色信托计划,通过与专业的碳资产管理机构合作筛选优质碳汇标的资产,募集社会资金投向碳排放一级市场或全国交易市场交易碳配额和中国核证自愿减排量(CCER),借助市场化手段助力控排企业完成碳履约,同时也可助力碳资产合理定价与有效流转,依托信托灵活的制度安排,引导更多社会资本参与"碳中和"行动,为受益人实现最佳信托利益(见图10-8)。

3.绿色绩效及社会价值

该信托计划是全国首单以"碳中和"为主题的信托计划,也是碳联盟首次与金融机构合作设立绿色金融产品,将对整个金融市场起到良好的示范作用。通过不断探索在碳资产管理、交易、履约等过程中的服务模式,为碳市场引入金融活水,推动全国碳市场的建设和发展,引导更多的社会资金参与"碳中和"行动,践行绿色低碳发展,为实体经济可持续发展增砖添瓦。

第四部分
业务篇（一）：资产管理信托

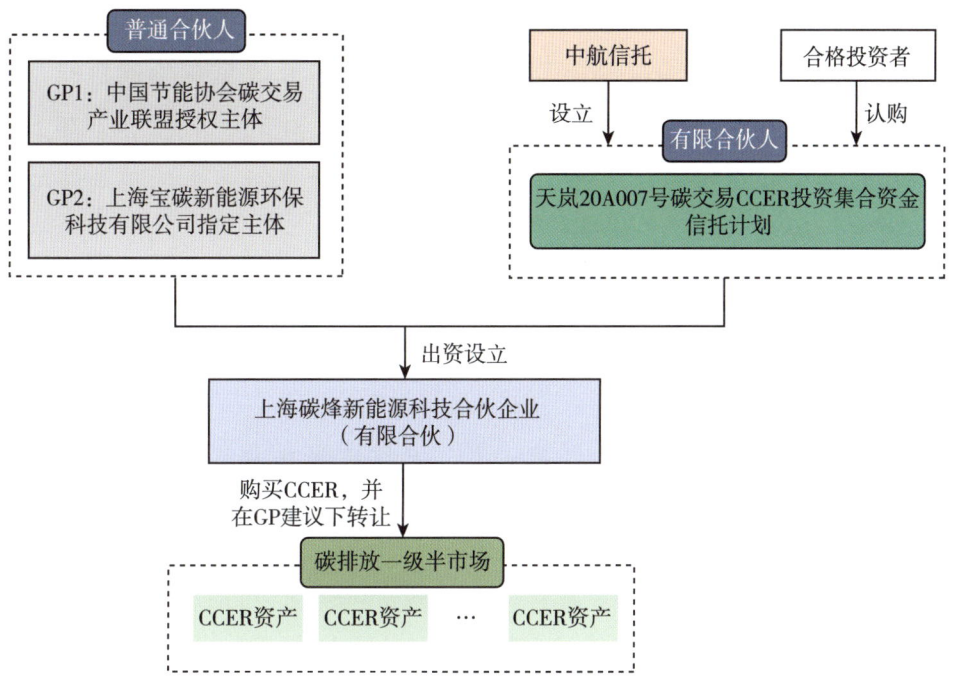

图10-8　中航信托碳中和主题信托计划交易结构图

●▶ 案例10-9

碳信托——华润信托碳中和债券项目

1.项目背景

作为华润集团的重要战略利润单元，华润信托积极实施金融支持绿色低碳发展专项工作，推行专门的绿色债券产品，降低融资成本，支持国家"双碳"目标。

2021年4月，华润信托与华润电力相关部门展开协同合作沟通，于2021年7月成功发行2021年度第一期绿色定向资产支持票据（碳中和债）。该产品以华润电力下属72个风电项目、2个光伏发电项目的可再生能源电价附加补助收益应收账款作为基础资产，并创新性地引入碳中和评估认证，基础资产所属发电项目年二氧化碳减排量为606.94万吨。

2.产品设计及交易结构

华润电力投资有限公司作为发起机构，将其合法享有的因运营特定电

225

场项目享有的特定期间内已完成发电但截至初始起算日尚未收回的可再生能源电价附加补助资金的应收账款委托给发行载体管理机构华润信托,并设立"2021年度第一期绿色定向资产支持票据(碳中和债)信托",在银行间债券市场向投资者公开发行资产支持票据,以信托财产所产生的现金流支付资产支持票据的本息。

本期资产支持票据采用分层结构,设计优先/次级结构,信托存续期内,华润信托委托华润电力作为资产服务机构对基础资产的日常回收款等相关事宜进行管理和服务。

华润电力作为流动性支持承诺人,对信托账户内可供分配的资金不足以支付本信托的应付税收、应付信托费用,以及优先级资产支持票据应付未付的预期收益和优先级资产支持票据全部未偿本金余额总和的差额部分提供流动性支持。

该资产支持票据将在中国银行间市场公开发行。该项目资产支持票据的基础资产指由委托人为设立信托而根据"信托合同"在信托设立日信托予或转让予受托人的委托人依据"转让合同"享有的初始权利人因运营特定电场项目享有的特定期间内已完成发电但截至初始起算日尚未收回的可再生能源补贴收益。

3. 绿色绩效及社会价值

该基础资产项目涉及40个风电项目、2个光伏发电项目,总装机容量为2 364.1兆瓦,2020年度年总发电量为4 800 887.52千瓦时。风能、太阳能为可再生能源,可再生能源发电可以替代以煤电为主的化石燃料发电,从而避免化石燃料发电所带来的二氧化碳等温室气体的排放。原始权益人根据《绿色信贷项目节能减排量测算指引》,在二氧化碳减排、二氧化硫减排、氮氧化物减排等方面测算了该票据基础资产项目的环境效益。

三、绿色信托发展展望

(一)碳信托及环境权益市场成为发展新动力

伴随着我国"双碳"目标的提出以及国家加快推进"碳达峰""碳中和"顶层设

计路线图的规划与启动,绿色信托向碳信托迭代创新发展将迎来新机遇,碳信托也将拓展绿色信托功能,丰富绿色信托展业模式,为信托公司深化转型,回归信托本源业务提供新理念、新动能和新路径。

随着我国环境权益工具交易品种和交易场所的逐步丰富,碳信托还可以与碳期货、碳保险、碳基金、碳资产管理公司等新型碳金融工具及机构形成集成创新。信托公司可以通过发行碳信托计划募集社会资本,围绕碳资产需求和供给整合相关方资源,发挥各自制度的差异化优势,共同服务于碳资产的形成与交易,助力有效实现碳资产价值。

(二)ESG成为推动绿色信托国际化的重要途径

信托公司需持续关注绿色ESG专业能力提升,建立ESG评价及管理机制,以提升业务能力及行业影响力。建立ESG数据应用体系,对行业内非财务信息数据进行治理及整合,积极引入监管数据、新闻媒体、企业公开信息等多元化数据源,支持ESG数据的集成以及在投融资部门的有效流通。将ESG评价纳入核心业务流程,强化项目管理及风险缓释措施,根据客户的ESG风险进行分类管理。主动向利益相关者及公众传播自身绿色低碳理念。实现以专业能力提升绿色低碳规模效益,打造绿色低碳品牌,引领行业绿色低碳转型,助力经济社会绿色低碳转型。

信托公司应积极履行社会责任,鼓励影响多方市场主体提升ESG披露参与度。信托公司可以与合作伙伴共同开展ESG责任投资,传播绿色投资理念,创造长期社会价值。同时,加强投资者ESG责任意识和投资理念,吸引更多国内外社会资本投向ESG主题标品信托及资管产品,分享收获ESG长期价值。

(三)绿色信托标准建设将逐渐完善

2021年10月,《中共中央 国务院关于完整准确全面贯彻新发展理念做好碳达峰碳中和工作的意见》明确,要积极发展绿色金融,建立健全绿色金融标准体系等具体措施。绿色信托标准建设自2018年开始启动,已经形成了一份行业自律公约《绿色信托指引》,进一步规范信托公司开展绿色信托业务。随着"双碳"目标的推进,绿色信托的标准建设也将在绿色信托业务标准、信托公司碳排放核算标准、环境、社会和治理(ESG)评价标准、环境信息披露标准、绿色信托评估认证等方面开展，成为推动经济高质量发展和绿色转型的主要力量。信托公司要充分发挥金融机构主体的创造性，不断推出符合绿色产业发展方向、有竞争力的绿色信托产品与服务，不断创新探索迭代发展，形成商业可持续的绿色信托发展模式。

第五部分
05 业务篇(二):资产服务信托

第十一章
资产证券化业务

近年来,我国资产证券化市场持续扩容,资产证券化项目在加快盘活存量资产、支持绿色经济转型、助力中小科创企业融资、发挥知识产权价值等方面日益发挥重要作用。2021年,即使受新冠肺炎疫情影响,我国资产证券化市场存量规模总体仍持续双位数增长,业务创新品种不断推出,信托公司在资产证券化业务领域也保持快速发展态势。

一、资产证券化市场发展状况

(一)2021年资产证券化业务政策回顾

2021年,金融监管机构继续引导市场加强规范化建设,持续出台系列政策文件,为市场创新业务保驾护航,促进资产证券化市场的可持续发展(见表11-1)。

表11-1　　2021年资产证券化业务相关政策汇总

发布时间	政策文件或事件	发布机构	关键词
2021年1月	《非金融企业资产支持票据业务尽职调查指引(试行)》	银行间市场交易商协会	尽职调查
2021年1月	《公开募集基础设施证券投资基金(REITs)业务办法(试行)》等三项业务规则	上海证券交易所	基础设施公募REITs
2021年2月	《公开募集基础设施证券投资基金尽职调查工作指引(试行)》《公开募集基础设施证券投资基金运营操作指引(试行)》	中国证券投资基金业协会	基础设施公募REITs
2021年3月	《关于明确碳中和债相关机制的通知》	银行间市场交易商协会	碳减排项目;绿色资产支持票据

续表

发布时间	政策文件或事件	发布机构	关键词
2021年4月	联合约谈部分从事金融业务的网络平台	中国人民银行、国家外汇管理局等	规范发行交易资产证券化产品
2021年5月	ABCP产品最新问答	银行间市场交易商协会	资产支持商业票据
2021年6月	《关于上海加快打造具有国际竞争力的不动产投资信托基金（REITs）发展新高地的实施意见》	上海市发改委	基础设施公募REITs
2021年6月	《关于进一步做好基础设施领域不动产投资信托基金（REITs）试点工作的通知》	国家发改委	基础设施公募REITs
2021年7月	《上海是先进制造业发展"十四五"规划》	上海市政府办公厅	利用资产证券化等强化金融财政支持
2021年7月	《新型数据中心发展三年行动计划（2021—2023年）》	工业和信息化部	不动产投资信托基金（REITs）
2021年7月	《资产支持计划注册业务问答一》	中保保险资产登记交易系统公司	资产支持计划注册
2021年9月	《关于资产支持计划和保险私募基金登记有关事项的通知》	中国银保监会	资产支持计划登记册
2021年11月	《关于保险资金投资公开募集基础设施证券投资基金的有关事项的通知》	中国银保监会	保险资金投资基础设施公募REITss
2021年11月	《关于加快发展本市保障性租赁住房的实施意见》	上海市政府办公厅	基础设施公募REITs
2021年12月	《关于加快推进基层设施领域不动产投资信托基金（REITs）有关工作的通知》	国家发改委	基础设施公募REITs

资料来源：年度报告编写组整理。

1.制定业务展业指引，促进市场规范化建设

2021年，我国金融监管机构推出相关业务细则类文件，涉及非金融企业ABN业务尽职调查指引、网络平台规范化管理、ABCP业务流程标准规范等，在2020年及之前陆续发布的制度基础上，进一步明确具体业务操作准则。

（1）规范业务展业指引：2021年1月5日，中国银行间市场交易商协会发布《非金融企业资产支持票据业务尽职调查指引（试行）》。指引中明确了尽职调查人需按指引要求进行尽职调查，制定业务相关制度，明确工作流程。

（2）加强平台规范化管理：2021年4月29日，中国人民银行、国家外汇管理局

等金融管理部门联合对部分从事金融业务的网络平台企业进行监管约谈,要求其金融活动全部纳入金融监管,全方位加强业务规范化管理,并对其做出具体业务指引。

(3)明确ABCP业务准则:2021年5月7日,中国银行间市场交易商协会发布《ABCP产品最新问答》,以问答的形式全面解释了作为资产支持票据(ABN)创新子品种的ABCP(资产支持商业票据)业务,明确了相关规则与程序。

2. 加快推进基础设施REITs试点,更好满足投资者多样化需求

基础设施公募REITs有助于基础设施市场化运行,提高运营管理效率,海外市场已高度发展,是国内市场新的投资热点。2021年,我国金融监管机构、各级政府推出一系列相关政策文件,释放强有力的基础设施公募REITs助推信号,促进资本市场丰富投资品种,满足投资者更加多样化的配置需求。

(1)2021年1月29日,上海证券交易所发布《公开募集基础设施证券投资基金(REITs)业务办法(试行)》等三项业务规则。

(2)2021年2月8日,中国证券投资基金业协会亦发布了《公开募集基础设施证券投资基金尽职调查工作指引(试行)》《公开募集基础设施证券投资基金运营操作指引(试行)》,为基础设施公募REITs的实务操作指明了方向。

(3)2021年6月21日,上海市发展和改革委员会发布了《关于上海加快打造具有国际竞争力的不动产投资信托基金(REITs)发展新高地的实施意见》,明确指出要加快打造具有国际竞争力的REITs发展新高地和REITs产品发行交易首选地。

(4)2021年7月2日,国家发展改革委发布《关于进一步做好基础设施领域不动产投资信托基金(REITs)试点工作的通知》,强调加强支持引导、项目管理和协调服务,切实保障入库项目质量,促进长期健康发展,加强部门协作和政策落实。

(5)2021年11月23日,上海市政府办公厅发布《关于加快发展本市保障性租赁住房的实施意见》,提出将基础设施公募REITs打造为解决保障性租赁住房持有经营期间,中长期融资难题的有效手段。

(6)2021年12月29日,国家发展改革委办公厅发布《关于加快推进基础设施领域不动产投资信托基金(REITs)有关工作的通知》,要求切实加快基础设施REITs试点项目进度,用好回收资金,形成良性循环,鼓励先进典型,形成示范引领。

3. 创新产品形式,推动绿色金融发展

伴随2021年国家"十四五"规划的出台与"碳达峰""碳中和"概念的推出,绿色金融被提升至前所未有的高度与热度，监管部门及时响应，发布系列相关意见文件，促进市场合理有序发展。

一是明确碳中和债发债准入要求。2021年3月18日，中国银行间市场交易商协会发布了《关于明确碳中和债相关机制的通知》，要求碳中和债募集资金专项用于具有碳减排效益的绿色项目，需满足绿色债券募集资金用途、项目评估与遴选、募集资金管理和存续期信息披露等四大核心要素。二是加大支持鼓励力度。2021年4月26日，中共中央办公厅、国务院办公厅印发《关于建立健全生态产品价值实现机制的意见》，要求加大绿色金融支持力度，鼓励探索"生态资产权益抵押+项目贷"模式，探索生态产品资产证券化路径和模式。

（二）2021年资产证券化发行情况

根据万得（Wind）数据统计，2021年我国资产证券化市场全年共发行资产证券化项目2 199只，同比增长4.37%，发行规模31 396.88万元，同比增长约8%，发行规模增速相对于2020年的22.98%，有所放缓。其中，信贷资产证券化（信贷ABS）发行规模8 827.98亿元，同比增长约10%；企业资产证券化（企业ABS）发行规模15 750.43亿元，同比增长约1%；资产支持票据（ABN）发行564只，发行规模6 454.36亿元，同比增长约26%；公募REITs首次发行，共12只，发行规模364.11亿元。

截至2021年12月31日，我国资产证券化市场累计发行8 389单ABS产品，累计发行规模13.90万亿元。2021年末市场存量方面，不计入公募REITs，存量项目共计3 922只，规模59 828.05亿元，同比增长约14%（见表11-2和图11-1）。

表11-2 我国资产证券化累计与存量情况（截至2021年12月31日）

项目 市场分类	累计发行单数		累计发行规模		存量规模	
	单数（单）	占比（%）	规模（亿元）	占比（%）	规模（亿元）	占比（%）
信贷ABS	1 169	13.93	53 602.96	38.57	26 067.53	43.97
企业ABS	5 795	69.08	68 683.48	49.42	24 056.38	40.58
ABN	1 425	16.99	16 693.27	12.01	9 158.14	15.45
总计	8 389	100.00	138 979.71	100.00	59 282.05	100.00

资料来源：万得（Wind）资讯，中央结算公司（数据均为四舍五入）。

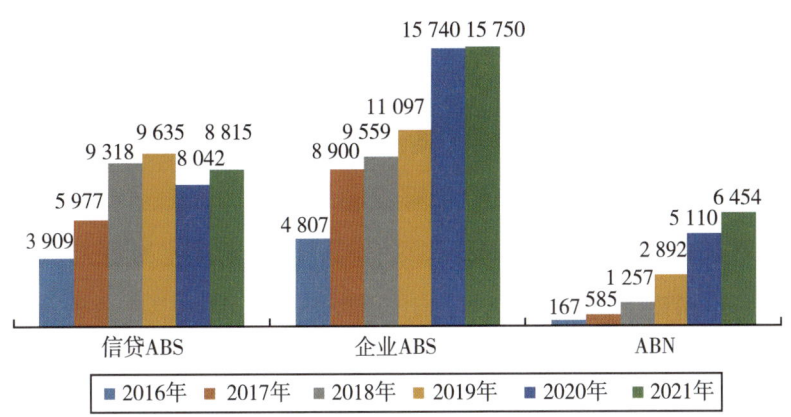

图11-1　2016—2021年我国资产证券化发行情况（亿元）

资料来源：万得（Wind）资讯，中央结算公司。

1.信贷ABS发行回暖

2021年末，信贷ABS存量规模2.61万亿元，年内新增发行单数与发行规模较2020年均明显回升。年内信贷ABS产品共发行206单，同比提升10.87%，发行规模8 827.98亿元，同比增长10%，发行规模占比为28.12%，较2020年占比提升0.29个百分点。与此同时，全年信贷ABS仍然延续零违约、基础资产累计违约率保持低位。

从基础资产看，2021年信贷ABS基础资产主要为个人住房抵押贷款（RMBS）、汽车贷款、企业贷款、不良贷款、个人消费贷款、信用卡贷款等，其中RMBS发行规模和占比仍居首位。

（1）RMBS市场规模持续扩大，发行占比和绝对值均上升

RMBS自2005年启动以来，其市场规模不断扩大，当前已成为我国资产证券化市场最为重要的产品之一。2021年，RMBS产品扭转了2019年、2020年连续两年负增长颓势，年内共21家银行机构发行62单RMBS，发行规模4 993亿元，同比增长22.60%，占2021年全年信贷ABS产品发行规模的56.56%，但仍低于最高点2018年的5 843亿元。2021年发行主体包括国有大行、股份行、城商行、农商行。其中国有大行发行规模占比超60%，股份行、城商行占比分别约为23%、15%。2021年第四季度监管窗口指导已要求控制RMBS发行节奏，后续产品发行可能放缓。

（2）汽车抵押贷款ABS产品（Auto-ABS）持续增长

2021年，新发行汽车抵押贷款ABS产品52单，发行规模2 635.12亿元，同比分别增长26.83%和35.81%，发行规模占比为29.89%，较2020年提升5.76个百分点。近

年来资产证券化已成为汽车金融公司重要融资渠道之一，车贷ABS产品的发行受疫情影响较小且恢复较快。预计未来车贷ABS产品发行仍将保持稳健增长，在"双碳"目标愿景下，会有更多"绿色"车贷ABS产品发行。

（3）小微贷款CLO产品发行大幅缩减

2021年，7家银行参与了CLO发行，共发行12单，同比减少47.83%，发行规模合计426.85亿元，同比下降69.05%，占比近5%。小微贷款CLO虽入池借款人资质偏弱，易受经济环境变化影响，但资产同质化程度较高且高度分散，具备一定超额利差优势。目前，小微贷款CLO在信贷资产支持证券的比重仍很小，随着多方面政策扶持，该类产品有望进一步发展。

（4）不良贷款ABS继续增长

2021年，不良贷款ABS产品共发行63单，同比增长14.55%，发行规模299.92亿元，同比增长6.13%，发行占比为3.4%。整体来看，不良贷款ABS产品的发行情况延续了2020年的上升态势，继续保持增长。一方面，随着第三次不良贷款ABS试点扩容的推进，邮储银行、广发银行、信达资管等加入该市场，发行主体愈加丰富。另一方面，不良贷款ABS经过多年发行和运营，投资人认可程度日渐提升，信用类小微不良ABS产品面世，呈"雨后春笋"之势，助推了业务规模增长。经济新常态下，不良贷款ABS业务需求或将愈发旺盛。

上述四类产品发行规模占2021年信贷ABS产品发行规模约95%，此外还有消费金融ABS（信贷ABS类）、信用卡分期贷款等产品，其中个人消费性贷款ABS（信贷ABS类）发行243.68亿元，同比下降30%，发行占比近3%，在强监管的背景下，互联网平台的消费信贷业务面临整改，消金ABS尤其是互联网消费贷款ABS发行收紧。信用卡分期贷款ABS发行228.2亿元，发行占比超2%。

2. 企业ABS发行有所趋缓

2021年，企业ABS产品共发行1 415单，发行规模1.58万亿元，同比增长0.24%，相较2020年41.83%的同比增长，2021年同比增长趋缓，发行占比为50.32%。截至2021年末，累计发行规模为6.87万亿元，占比为49.42%，仍是累计发行规模最大的资产证券化品种；2021年末存量2.41万亿元，占比为40.58%，居于各品种第一位。

2021年，企业ABS产品基础资产规模排在前三位的分别是应收账款、供应链账款、租赁资产，2020年则是供应链账款、个人消费贷款、应收账款。

2021年，企业ABS产品规模的提升主要得益于应收账款类产品的扩大。2021年内，应收账款类产品发行160单，发行规模2 678.94亿元，同比提升47.5%，发行规模占本年企业ABS产品发行规模的17.01%；供应链账款类产品发行429单，发行规模2 620.82亿元，同比下降18.92%，发行规模占比为16.64%，与排名第一位的应收账款类产品几乎持平，仍然是企业ABS的主要资产类型之一；以一般融资租赁和交通工具融资租赁类型为主的租赁资产类产品发行200单，发行规模2 244.11亿元，占比14.25%，融资租赁应收款是资产证券化业务传统基础资产类型，其发行规模近年来一直保持增长态势。

2020年占比排名第二位的个人消费贷款类ABS（企业ABS类）产品，由于监管部门对其监管趋严，受此影响下发行量持续减少。2021年共发行115单，发行规模总额1 124.81亿元，发行规模和单数同比分别下降56.58%和41.92%，发行规模已从2020年的第二位下降至第六位，排在特定非金款项和小额贷款之后。

总体来看，2021年，企业ABS产品发行延续增长态势但增速显著放缓，其中应收账款、供应链ABS产品继续稳居前三位，融资租赁资产证券化产品发行规模猛增。企业ABS发行利率整体震荡下行，优先A档、优先B档证券平均发行利率全年累计分别下行260个bp和133个bp。同时，两大交易所监管力度加大，终止项目数量与规模相较2020年均暴增。权益性并表基金方面，2021年之前更多地由高信用等级主体央企申报发行并表合伙企业ABS产品，2021年改由地方省份企业发行首单ABN产品。2021年，国内共发行48支CMBS产品，发行金额1 034.03亿元，其中第四季度发行数量及发行金额大幅下降，原因可能是2021年9月以来发行监管趋严。

3.非金融企业ABN持续快速增长

2019—2021年ABN发行规模增幅分别达25.41%、76.46%、26.32%，连续保持高速增长。2021年，ABN共发行564单，发行规模6 454.36亿元，同比增长26.32%，占年内资产证券化总发行规模的20.82%。其中，公开发行规模约1 188亿元，同比下降约8%；定向发行规模约5 266亿元，同比增长约38%，定向发行规模占比81.6%，已成为ABN的主要发行方式。2021年内，发行量排名前三位的应收账款债权、租赁资产债权、供应链债权三类发行规模合计占比达约27%。

截至2021年末，全市场ABN累计发行1.67万亿元，其中，融资租赁ABN以3 268.39亿元成为累计发行量最大的ABN产品，累计发行占比19.59%；小微贷款ABN

和供应链债权类ABN分别以2 313.2亿元和2 281.83亿元的累计发行量分列第二、第三位。

截至2021年末，ABN存量规模9 158.14亿元，其中有限合伙份额（项目公司股权债权）以872.38亿元成为存量规模最大的ABN细分产品，存量占比为9.53%。应收账款ABN和租赁资产（融资租赁）ABN分别以814.01亿元和686.39亿元分列第二、第三位，存量占比为8.89%和7.49%。

ABN业务是近几年信托公司的主要发力点，市场参与主体多，2019—2021年连续保持高速增长的主要原因是ABN的基础资产类型丰富，信托公司获得承销资格后更具整体竞争力优势，且ABN发行主体较为分散，有利于信托公司展开营销和竞争，其高度的定向化也可提高产品发行成功率。并表型ABN在2021年得到更多关注。国有企业通过并表型ABS/ABN优势，实现国资委对央企"并表口径下降负债率"要求。

4. 公募REITs首发启航

2021年是我国公募REITs发行元年，全年共发行公募REITs12单，规模364.11亿元，占ABS产品市场新发行规模的比例为1.16%。

涨跌幅方面，首发阶段REITs二级市场表现突出，普遍取得较高收益。截至2021年12月31日，首批9只公募REITs上市半年，相对发行价平均上涨25.29%，最高累计涨幅超40%，发行规模较大的REITs，上市半年后累计涨跌幅相对较小。上涨幅度最大的3只首批产品分别上涨46.40%、34.27%和33.04%。第二批两只公募REITs于2021年12月中旬上市，上市交易半个月收益率平均25%。

成交额与换手率方面，2021年11只公募REITs成交额合计225.14亿元，上市以来整体流动性较好，首批上市的REITs日均换手率在1%—3%之间。第二批上市的REITs由于上市时间较短，在"打新"情绪带动下交易较为活跃，日均换手率暂时表现为远高于首批产品。

5. "碳中和"专项ABS发展迅速

2021年，"碳中和"主题发展较快。2021年3月，交易商协会发布了《关于明确碳中和债相关机制的通知》，鼓励企业注册发行以"碳减排"项目产生的现金流为支持的绿色ABN等结构性债务融资工具创新产品。在满足绿色债务融资工具相关机制要求下，ABN可通过发行前变更或备案转为绿色ABN（含碳中和债）。

2021年全市场共发行42只"碳中和"专项产品，其中ABS产品17只，发行金额300.99亿元；ABN产品25只，发行金额526.19亿元。碳中和债有利于以资金配置引导产业结构、能源结构等方面向绿色低碳转型，促进国际国内绿色金融标准融合，满足企业绿色低碳融资需求，促进经济可持续发展。

二、信托公司资产证券化业务发展状况

信托公司具备开展资产证券化业务的特定优势，参与手段亦愈发丰富。一是信托公司作为拥有贷款牌照的金融机构，在非标债权融资业务中积累了一定风控能力和客户资源，具备以PRE-ABS/ABN、PRE-REITs等方式用融资类额度形成基础资产，再通过证券化退出，从而将普惠金融类、基建类等非标债权资产转化为标准化资产证券化业务的能力；二是信托公司作为营业受托人，具备充当"资产证券化特定目的载体（SPV）"之法律地位，信托结构在资产证券化业务的资产独立、风险隔离和破产隔离方面具有法律制度优势。三是信托公司具备多元化角色优势。除传统的SPV受托管理人外，信托公司还可作为发行计划管理人，以及原始权益人角色参与交易所ABS业务。近年来，监管逐步放开资产证券化业务资格审批，信托公司ABS业务基础资产类型覆盖更广，资产证券化业务已经发展为信托公司重要的业务领域。

（一）信托公司参与信贷ABS业务情况

近年来，信托公司ABS业务布局及业务逻辑开始发生转变，逐渐从原有通道角色向主动管理转型，朝资产证券化业务链上下游延伸。

信托公司在信贷ABS业务中过往主要承担受托管理人职责，围绕着作为原始权益人的银行，从事受托管理的事务类服务，业务同质化程度高，进入门槛低，报酬率在激烈的价格战中已降低至万分之几水平。近年来，信托公司纷纷探索适合自身特征的差异化发展策略，以求突破困局。以银行系为主的部分头部机构以承揽资源起步，借助大型商业银行，获取信贷ABS业务机会；另一些公司则积极获取承销资质，从提供SPV服务向后延伸至承销，并与证券投资信托业务协同，拓展资本市场投资能力；还有的企业探索"主动管理"型资产证券化业务模式，转换业务视角，通过"PRE-ABS/ABN"类操作锁定业务机会，从底层资产形成开始打通全过程服务，结合后端投资增厚收益。

2021年，信贷ABS仍是信托公司ABS业务的主导业务之一。从业务规模来看，信托公司主要以参与发行信贷ABS为主。由于信托公司是唯一的信贷资产证券化业

务受托机构，参与信贷ABS具有制度上的优势，虽从2019年开始该类型业务增速放缓，但依然在资产证券化业务类型中占据主体位置。

2021年，共有18家信托公司参与了资产证券化全市场的信贷ABS业务，相比2020年减少4家，并相对集中在几家头部企业，排名前三位的公司发行规模合计占全市场发行总量的55%，排名后三位的公司发行规模合计仅占全行业发行总量的1.3%，市场份额仍高度集中。最大发行方建信信托发行46单，发行规模2 701.79亿元，连续三年位居行业第一；其次为上海国际信托，其于2021年增长迅猛，共发行25单，规模1 084.69亿元；规模排名第三位的为中海信托，发行10单，规模1 074.15亿元，保持住了2020年起的良好势头（见表11-3）。

2021年信托公司以受托人身份参与了全部信贷ABS的发行，规模合计8 827.98亿元，同比增长7.26%，但仍低于2019年高点时的9 433.36亿元。随着2019年交易所ABS业务资格试点大门向信托公司敞开，2020年起有更多公司将业务重心从信贷ABS转向企业ABS。

表11-3　2021年开展信贷ABS的信托公司（按发行总额排序）

信托公司	发行总额（亿元）	发行项目总数（单）	市场份额（%）
建信信托	2 701.79	46	30.60
上海信托	1 084.69	25	12.29
中海信托	1 074.15	10	12.17
外贸信托	869.92	17	9.85
华润信托	540.28	23	6.12
华能贵诚信托	482.62	22	5.47
中粮信托	400.00	4	4.53
交银信托	380.26	12	4.31
中信信托	374.34	10	4.24
兴业信托	315.73	9	3.58
国元信托	258.25	9	2.93
平安信托	105.50	7	1.20
北京信托	70.00	1	0.79
金谷信托	56.65	6	0.64

续表

信托公司	发行总额（亿元）	发行项目总数（单）	市场份额（%）
重庆信托	49.94	2	0.57
江苏信托	38.67	1	0.44
中铁信托	14.93	1	0.17
粤财信托	10.27	1	0.12
合计	8 827.98	206	100.00

资料来源：万得资讯（数据均为四舍五入）。

（二）信托公司参与企业ABS业务情况

2012年5月，中国人民银行印发《关于进一步扩大信贷资产证券化试点有关事项的通知》，标志着我国资产证券化迎来新的发展时期。2014年，企业ABS业务由证监会行政审批转为由中国基金行业协会事后备案，并全面建立企业ABS负面清单管理系统，自此，我国企业ABS进入快速发展期。2016年企业ABS产品发行总额达4 600多亿元，第一次超过信贷ABS，成为我国ABS行业领头羊。近几年，我国企业ABS一直位居各种证券化产品的新发行规模之首，基础资产已增至17大类，信托公司的企业ABS业务也得到快速发展。

2021年有17家信托公司参与企业ABS业务，共发行252单，发行规模2 934.35亿元，同比增长3.36%，占年内全市场企业ABS发行规模的18.6%。从信托公司的业务角色看，以原始权益人身份参与发行为主，以计划管理人身份参与发行为辅。

在作为原始权益人方面，2021年全年信托公司共参与项目249只，规模2 915.43亿元，同比提升2.7%，较2019年的276.47亿元实现10倍以上增长，占信托公司企业ABS年度总发行规模的99.4%，参与机构分别为华能贵诚信托、中航信托、光大信托、五矿信托。其中，华能贵诚信托参与106笔，规模1 158.79亿元。

在作为交易所企业ABS计划管理人方面，2021年全年仅具有企业ABS发行计划管理人试点资格的华能贵诚信托和中信信托参与了企业ABS业务，共发行3单，相较2020年的11单下滑明显，发行总额18.92亿元，同比下降76.69%。其中华能贵诚信托发行2单，合计13.92亿元，且其中1单的原始权益人为中航信托。中信信托发行1单，发行规模5亿元，期限5年，基础资产为电厂收费权。

2021年，信托公司进一步拓展企业ABS基础资产范围，但主要还是集中在小微贷款和个人消费金融领域。值得一提的是，在基础资产为个人消费金融的"京东科技荟享6号第8期资产支持专项计划"中，华能贵诚信托既作为原始权益人发起了该ABS业务（见表11-4），同时又作为承销商参与其中，实现了资产证券化全链条业务深度参与。

表11-4 信托公司为原始权益人参与的企业ABS基础资产（除未分类18笔外）

基础资产	个人消费贷款	信托受益权	应收账款	微小企业债权	小额贷款	特定非金款项	商业地产抵押贷款	票据收益权	合计
发行单数（单）	78	19	10	8	113	4	1	3	236
发行总额（亿元）	800.12	214.94	178.63	76	1 367.78	201.42	10	8.11	2 857

资料来源：万得资讯（数据均为四舍五入）。

此外，在全年发行的企业ABS业务中，以信托受益权为基础资产的企业ABS共计发行33单，发行规模达到336.83亿元，同比下降26.97%。其中，由信托公司为原始权益人且基础资产为信托受益权的企业ABS项目发行规模合计214.94亿元（见表11-5）。

表11-5 2021年信托公司为原始权益人且基础资产为信托受益权的企业ABS项目

项目名称	原始权益人	发行总额（亿元）
国君资管——建信信托1期资产支持专项计划	建信信托	35.25
国联创享1号1期资产支持专项计划	粤财信托	20.04
光证资管——光大信托美好生活2号第3期资产支持专项计划	光大信托	15.00
财通资管——华宝信托第1期资产支持专项计划	华宝信托	15.00
华泰资管惠沣嘉文6期资产支持专项计划	华能贵诚信托	13.70
华泰资管——苏信5号资产支持专项计划	江苏信托	13.50
华泰资管——苏信4号资产支持专项计划	江苏信托	11.50
华泰资管——苏信3号资产支持专项计划	江苏信托	11.00
光大—国联——紫金信风1号资产支持专项计划	紫金信托	10.14
华泰资管惠沣嘉文5期资产支持专项计划	华能贵诚信托	10.07

续表

项目名称	原始权益人	发行总额（亿元）
平安证券——烨熠2号资产支持专项计划	中航信托	10.00
平安证券——烨熠1号资产支持专项计划	中航信托	10.00
华泰资管惠沣嘉文4期资产支持专项计划	华能贵诚信托	9.70
华泰资管惠沣嘉文7期资产支持专项计划	华能贵诚信托	6.00
浙商—华福——云信信托贷款债权1号资产支持专项计划	云南信托	5.04
中信证券——360数科第3期资产支持专项计划	华能贵诚信托	5.00
中信证券——360数科第2期资产支持专项计划	华能贵诚信托	5.00
中信证券——360数科第1期资产支持专项计划	华能贵诚信托	5.00
平安合惠8期资产支持专项计划	中航信托	4.00

资料来源：万得资讯（数据均为四舍五入）。

（三）信托公司参与非金融企业ABN情况

自中国银行间市场交易商协会于2012年发布《非金融企业资产支持票据指引》，并于2016年末对《非金融企业资产支持票据指引》进行修订后，市场参与主体日益增多，非金融企业ABN市场发展走上快车道。在引入特定目的信托（SPV）作为发行载体以来，信托公司在ABN市场的参与度愈发广泛，信托公司获得承销资格后更具有整体竞争优势，信托型ABN产品创新层出不穷，成为了近几年信托公司资产证券化业务的重要发力点，近三年发行规模增幅分别达到25.41%、76.46%、25.5%，连续保持高速增长，进一步丰富了固定收益市场。

截至2021年末，信托公司ABN发行规模累计达1.69万亿元，几乎包揽了全市场ABN的发行。年内信托公司继续加大ABN参与力度，共有41家信托公司参与ABN业务，比2020年多4家，共发行产品562只，发行规模6 407.58亿元，同比增长25.50%。其中，排名第一位的华能贵诚信托一家就发行110单，发行规模1 362.96亿元，同比增长39.34%，市场份额占比为21.11%；排名第二位的华润深国投信托，发行52单，发行规模548.25亿元；第三位是百瑞信托，发行规模432.61亿元，共20单。2021年ABN业务市场集中度仍较高（见表11-6）。

ABN业务的基础资产类型多元化，除去部分为分类的基础资产，ABN的基础资产主要以供应链，融资租赁和小微企业贷款为主，其中供应链主要为地产供应链。

以供应链（债权）为基础资产的ABN业务中，华能贵诚信托份额最大发行规模达275.08亿元，约占该类别总规模的60%。

近年来，在提高直接融资比重的政策导向下，ABN和企业ABS市场进一步扩容，信托公司在ABN市场上拥有的机会不断增多。数据上看，ABN业务的增速连续多年超过信贷ABS业务，信托公司ABN业务的发展空间巨大。

表11-6　　　　　　　　2021年信托公司开展资产支持票据业务情况

信托公司	发行单数（单）	发行规模（亿元）	市场份额（%）
华能贵诚信托	115	1 362.96	21.11
华润信托	52	548.25	8.49
五矿信托	35	289.63	4.49
光大兴陇信托	28	293.63	4.55
建信信托	25	293.40	4.54
云南信托	25	125.94	1.95
江苏信托	24	172.25	2.67
中航信托	23	316.93	4.91
交银国际信托	22	127.67	1.98
兴业信托	20	105.52	1.63
百瑞信托	20	432.61	6.70
上海信托	18	274.67	4.25
天津信托	18	285.00	4.41
西部信托	16	235.31	3.64
华宝信托	13	208.05	3.22
中建投信托	12	116.00	1.80
中铁信托	9	129.56	2.01
英大信托	8	105.17	1.63
重庆信托	7	202.08	3.13
平安信托	7	44.43	0.69
外贸信托	7	151.82	2.35
湖南财信信托	5	50.41	0.78
华鑫信托	5	117.62	1.82

续表

信托公司	发行单数（单）	发行规模（亿元）	市场份额（%）
金谷信托	5	49.20	0.76
陆家嘴信托	4	27.23	0.42
陕国投信托	4	25.18	0.39
中信信托	4	39.02	0.60
粤财信托	3	22.74	0.35
西藏信托	3	17.75	0.27
国联信托	3	34.61	0.54
中诚信托	3	14.98	0.23
紫金信托	3	23.57	0.37
国元信托	2	10.25	0.16
国投泰康信托	2	13.96	0.22
中海信托	2	20.67	0.32
国通信托	2	22.00	0.34
北京信托	2	40.01	0.62
中融信托	2	16.60	0.26
杭州工商信托	2	17.12	0.27
中原信托	1	13.80	0.21
昆仑信托	1	10.00	0.15
合计	562	6 407.60	100.00

资料来源：万得资讯（数据均为四舍五入）。

（四）信托公司参与公募REITs情况

2021年6月，国内首批9只公募REITs产品（基础设施公募REITs）在沪深交易所上市，标志着国内公募REITs市场正式启航。截至2021年底，共有11只产品发行上市，包括现代物流仓储、产业园等产权类REITs以及高速公路、水务处理、垃圾发电等特许经营权类REITs，后者主要投向基础设施补短板项目，分布于京津冀、粤港澳大湾区、长三角、长江经济带等重点区域。公募REITs有助于盘活基础设施存量资产，门槛降低至普通投资者可参与，进一步丰富了我国资本市场投资品种。为适应公募REITs市场发展需要，中债金融估值中心有限公司自2021年6月21日起发布中债REITs估值。截至2021年12月底，共为11单REITs提供估值，实现了对交易所上市公募REITs的估值全覆盖。

在政策方面，目前公募REITs产品采取"公募基金+ABS"结构，信托公司尚无法以产品管理人身份参与产品发行上市，只能以投资者身份参与其中。年内建信信托、华润信托作为战略投资人积极参与了首批基础设施REITs项目发售；华鑫信托、苏州信托积极参与REITs的网下询价发行环节。布局公募REITs投资将是信托公司深入推进业务转型的又一重要举措。

三、资产证券化信托业务典型模式与创新

（一）信托公司开展信贷ABS业务的典型案例

2021年，粤财信托作为受托人在银行间注册发行"邮赢2021年第一期个人消费贷款资产支持证券"，发行规模10.27亿元。

交易结构方面，中邮消费金融作为发起机构将部分信贷资产作为信托财产委托给作为受托机构的粤财信托，由粤财信托设立邮赢2021年第一期个人消费贷款资产支持证券，在全国银行间债券市场发行资产支持证券，由中银证券、邮储银行、招商证券作为本期资产支持证券主承销商组织相关销售，中邮消费金融作为贷款服务机构对资产池的日常回收进行管理和服务（见图11-2）。

以信托财产产生的现金为限支付相应税收、规费、本期资产支持证券的本息及其他收益。本期资产支持证券分为优先档资产支持证券和次级档资产支持证券，其中优先档资产支持证券包括优先A档资产支持证券和优先B档资产支持证券。受托机构拟安排优先档资产支持证券在全国银行间债券市场上市交易（发起机构自持部分除外），次级档资产支持证券将按照人民银行规定的方式进行流通转让（发起机构自持部分除外）。中邮消费金融作为发起机构，持有部分各档资产支持证券（优先A档、优先B档、次级档），且持有的各档资产支持证券的期限均不低于相应级别资产支持证券的存续期限。

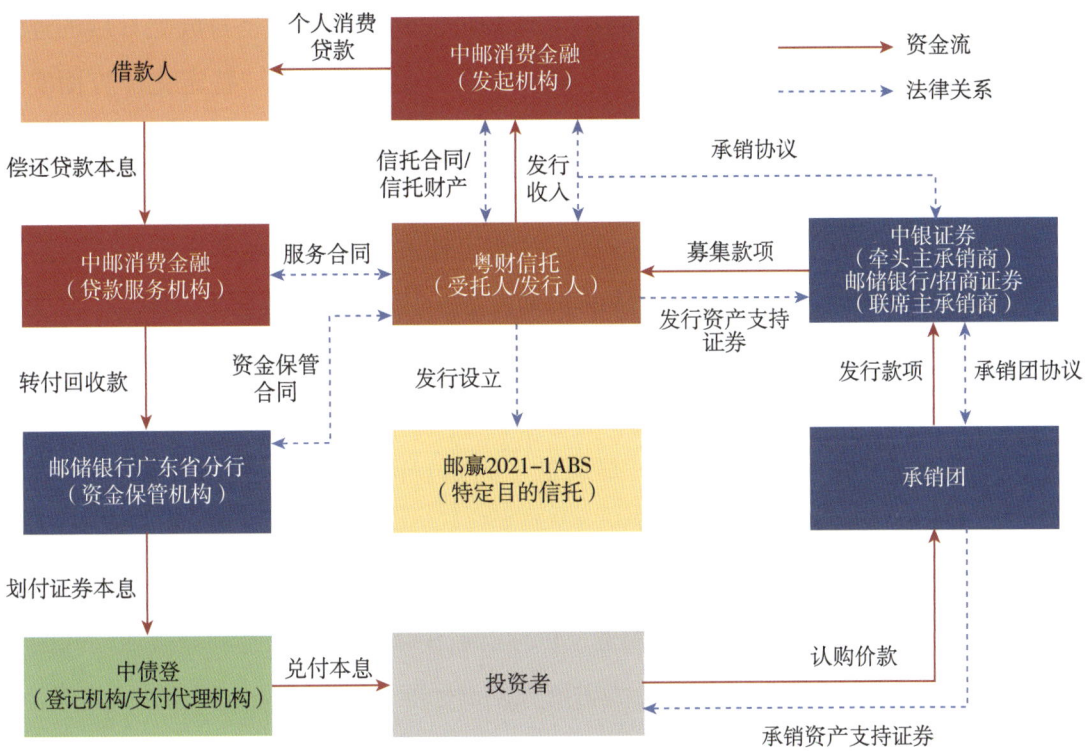

图11-2 粤财信托邮赢2021年第一期个人消费贷款资产支持证券交易结构图

资料来源：年度报告编写组整理。

（二）信托公司开展企业ABS业务典型案例

由中信信托担任计划管理人的"中信信托——苏通电厂上网收费收益权资产支持专项计划"于2020年2月成功发行，项目发行总规模10亿元人民币，最长期限6年，中证鹏元给予优先级（A1-A6档）资产支持证券AA+评级，为中信信托在深圳证券交易所申请挂牌的首个证券化项目。

2021年10月，中信信托发行了该项目二期——"中信信托——苏通电厂电力上网收费收益权二期资产支持专项计划"，期限5年，规模5亿元，其中优先级4.75亿元，次级0.25亿元。该项目在设计上的风控措施包括：（1）优先劣后设计；（2）电费收入对优先级本息的超额覆盖；（3）电费收入质押；（4）原始权益人作为差额补足人对优先级的本息承担差额支付义务。

基础资产的质量是资产证券化业务的核心。本专项计划基础资产为基于原始权益人江苏南通发电有限公司建设并运营的燃煤发电项目在特定期间的电费收入所对应的"电力上网收益权"/"电费收益权"。"特定期间"选取的是自成立日后的连续六年每年同一月份,这在收益权类资产证券化业务基础资产的"特定化"方面实现了创新尝试,且基础资产现金净流入预测对优先级资产支持证券的平均覆盖倍数为1.50倍,资产优质且安全系数高。

电力产业事关国家经济发展和居民生活安定便利。此类产业特质保证了稳定的用电市场需求,同时伴随着国家经济的长期发展,用电需求也将同步增长。在2020年全国经受重大疫情考验的特殊背景下,中信信托联合各参与方积极助力民生领域复工复产,本专项计划经簿记发行优先级证券最长期限(6年期)票面利率仅约3.8%,优先级加权票面利率3.71%,显著低于同期1年期LPR水平,体现了投资人对原始权益人和电力行业的认可及信心。

该专项计划的成功发行,进一步拓宽了原始权益人多元化融资渠道,帮助其调整融资结构,优化长短期融资期限配置,也标志着中信信托在民生领域展业模式的突破,在传统非标业务优势之外,积极为融资人创设标准化金融市场的创新解决方案。

(三)信托公司开展ABN业务典型案例

1. 信托型ABN案例

2021年3月9日,英大信托作为受托管理人、发行载体管理机构,携手国网国际融资租赁有限公司设立的"国网国际融资租赁有限公司2021年度第一期绿色资产支持商业票据(碳中和债)"成功发行。这是国内首单"碳中和"资产证券化产品,被授予绿色等级最高级G-1级。该单产品的原始权益人为国家电力投资集团有限公司,主承销商为上海银行。项目募集资金用于支持可再生能源融资租赁项目,积极助力"碳达峰、碳中和"目标实现。英大信托在创新绿色金融新模式方面给出了优秀示范。

该单产品发行规模17.50亿元,其中优先档16.60亿元,占比94.86%,AAA评级,发行期限180天,发行利率2.99%;次级档0.9亿元,占比5.14%,无评级。项目募集资金最终投向3个水力发电、2个风力发电和1个光伏发电清洁能源项目,预计每年可实现二氧化碳减排236.27万吨,标准煤节约114.63万吨,二氧化硫减排1.75万吨。

2. 信托公司开展非金融企业债务融资工具承销业务案例

2021年6月24日,华润信托接受招银理财委托,作为分销机构参与湖南中宏融资租赁有限公司2021年度第一期资产支持票据投标，投标债券简称21中宏租赁ABN001，金额30 000万元，投标价格3.7%，本期债券不设承销佣金。

2021年3月15日，中航信托经由工商银行簿记发行"21中核MTN001"非金融企业债务融资工具承销项目，发行规模30亿元，2年期，缴款日为3月17日。公司内部审批同意后，代客参与该项目承销。经过两天的簿记，最终簿记结果为3.40%，公司承销2 000万元。在缴款日3月17日，公司经上海清算所DVP账户将债券分销给客户，在收到客户承销款后，公司向主承销商工商银行划款。至此完成该笔承销业务，并创收1万元。

四、信托公司资产证券化业务展望

近年来，监管强调信托公司回归信托本源，鼓励信托公司开展资产证券化业务，并已适当放宽业务准入资格。资产证券化市场的持续扩容，将为信托公司开展资产证券化业务带来巨大的机遇，参与的公司也会越来越多，但随之而来的将是行业马太效应加剧，各类业务赛道竞争更加激烈。信托公司只有充分挖潜自身资源与优势，打造资产证券化全产业链业务能力，才能在激烈的市场竞争中脱颖而出。

（一）深耕资产证券化产业链，提升业务竞争力

在资产证券化业务中，信托公司以往主要单纯作为SPV，提供受托服务。随着业务规模与市场介入深度的增加，信托公司将升级业务技能，逐渐发挥对资产、资金的认知与把控能力、发挥跨市场展业的独特优势，沿着资产证券化业务的产业链，从单纯的受托人向资产遴选、证券化产品发行承销、证券化产品投资等方面延伸，承担多元角色，运用过往在不同类型资产证券化产品中积累的大量管理与处置的操作经验，深度介入资产证券化业务资产遴选、产品设计、产品发行、撮合交易乃至投资，打造资产遴选——资产挂牌——受托服务——发行承销——二级市场投资的全链条服务，实现服务内涵和价值创造的提升。

1. 从资产遴选入局，加强产品设计把控

在资产创设阶段，信托公司将通过设立PRE-ABS/ABN投资基金，对租赁资产、普惠金融、不动产、供应链金融等可证券化的基础资产进行前期孵化，形成遴选资产池、再选择匹配条件的证券化品种，完成资产标准确定、遴选资产、基础资产尽

调等相关工作,信托公司在分析基础资产的真实性及合法有效性基础上,在产品结构设计上,通过结构化设计、超额覆盖、差额补足等手段重点针对内外部进行增信安排,提高资产安全性。

信托公司将更多介入参与资产证券化产品的报备(备案)工作,利用愈发强大的信息系统,更好协助委托人做好资产登记以及挂牌摘牌交易等工作。

2.提高受托管理能力

受托服务管理是目前开展较多的业务,也是信托公司开展资产证券化业务的重点环节。未来,信托公司将以提升受托服务能力为基础,努力提升受托服务能力。

信托公司不再满足于仅做SPV设立或原始权益人的角色,将努力成为事实上的资产管理人和证券化业务主承销商,在负责整个交易结构的设计、操作和承销的基础上,信托公司将努力担任专项计划的资产服务机构,利用自身开展资产证券化业务有效经验,为市场客户提供包括资产管理、资产池构建和筛选、产品设计、产品发行和产品存续管理及产品清仓回购或正常到期等证券化业务的全生命周期、全流程投资管理与咨询服务。

行业将持续完善资产证券化系统建设,通过及时自研或采购相关系统模块,打造覆盖估值管理、压力测试、专家情景分析、风险报酬测算等资产池管理功能在内的信息化系统,持续提升受托服务管理能力。

3.拾级而上,实现承销业务升级

向承销端延伸是信托公司拓展资产证券化全链条服务的必然要求。目前,银行间债券市场中主承销商共有132家,以商业银行和证券公司为主,仅有12家信托公司具有非金融企业债务融资工具承销资格(简称"副主承销")。在资产证券化产品发行环节中,信托公司多数不参与,做得较好的个别业务作为承销团员,承担分销角色。可以预见未来在此基础上,信托公司将持续强化业务主导性,加强证券化产品销售能力建设;将有更多信托公司尝试进入资产证券化发行领域,资产证券化类产品本身可以有效丰富信托公司产品线,丰富信托公司财富条线在架销售产品,弥补近期由于非标债权类产品短缺导致的产品荒局面,形成互补。

4.发展资产证券化投资产品

信托公司将持续聚焦投资能力建设,致力于构建与投资人风险收益相适配的资产组合,净值化、长期化、标准化成为资产管理产品的大势所趋。在这样的大趋势与背景下，资产证券化产品投资业务或包含资产证券化产品投资的大类资产配置投资业务将在信托公司快速发展。

（二）企业资产证券化业务有望成为发展重点

随着资产证券化产品市场认可度的提高，资产支持证券的投资需求和资产供应均较为旺盛，近年来ABN和企业ABS市场呈现出较信贷CLO更快的新发行规模增速，企业资产证券化业务将成为信托公司的发力重点。

从业务实践来看，新发行ABN和企业ABS规模实现更快增长。根据万得数据统计，截至2021年12月31日，全行业年内新发行信贷CLO、ABN、企业ABS规模分别为426.85亿元、6 455.86亿元和15 761.63亿元，年内新发行信贷CLO规模较2019年全年减少47.83%，但新发行ABN、企业ABS规模较2019年全年分别增长26.38%和0.14%，企业ABS更是连续五年保持发行规模增长，近三年，交易所企业ABS发行规模持续破万亿元。

在提高直接融资比重的政策导向下，ABN和企业ABS市场将进一步扩容，信托公司在非金融企业债务融资工具市场的机会更大，信托公司未来资产证券化业务或将更加重视ABN和企业ABS业务。2020年11月起我国信贷CLO业务开始实施信息登记，信贷CLO的发行效率将进一步提升，信托公司可牢牢抓住信贷CLO基本盘业务。同时，受益于ABN和企业ABS市场的高速增长和相对较低的市场集中度，信托公司在ABN和企业ABS业务方面仍有赶超的可能性，尤其是信托公司在ABN中发行载体、企业ABS业务中创设和生产基础资产方面已经构筑了相当的优势，交易所ABS业务底层资产丰富，融资交易灵活多元，因此更值得进一步深挖拓展。

第十二章
家族信托

自2018年8月中国银保监会下发《关于加强规范资产管理业务过渡期内信托监管工作的通知》（简称"37号文"），首次在监管上明确家族信托含义以来，信托公司家族信托业务呈现快速增长的势头。一方面，在国内经济增速放缓、金融市场波动加剧以及代际传承窗口期来临等背景下，高净值人士财富安全与财富传承需求日益强烈，催生了广泛的家族信托服务需求；另一方面，越来越多的信托公司将家族信托作为转型发展的重要业务领域加以布局，有力推动了家族信托的发展。在需求端与供给端的双向推动下，家族信托这项被称为财富管理领域"皇冠上的明珠"的业务获得了快速发展，"蓝海"特征日益明显。

一、家族信托业务发展状况

（一）业务规模快速增长，展业公司超过八成

根据信托业协会的调研统计，截至2021年末，开展家族信托业务的信托公司已经达到55家，占行业的比重约80%，其中当年新开展家族信托业务的信托公司有2家，分别为长城新盛信托和中铁信托。根据中国信托登记有限责任公司数据，截至2021年末，家族信托存量规模达3 494.81亿元，同比增长29.44%。家族信托业务仍然处在高速成长期。

从业务增长速度来看，2021年有41家信托公司的家族信托业务规模实现正增长，其中华润信托、平安信托、华宝信托、五矿信托等17家公司家族信托业务增长速度翻倍，外贸信托、中航信托、光大兴陇信托等也实现了60%以上的增长。

从规模排名来看，目前行业中家族信托业务规模最大的为建信信托，其存续规模达758亿元，其次是外贸信托和中信信托，分别为525亿元和484亿元，规模排名

前十位的信托公司家族信托资产规模占比为81.57%（见图12-1），家族信托业务集中度较高，但考虑到家族财富管理市场的潜在规模很大，而家族信托的渗透率还很低，未来家族信托业务仍有很大拓展空间。

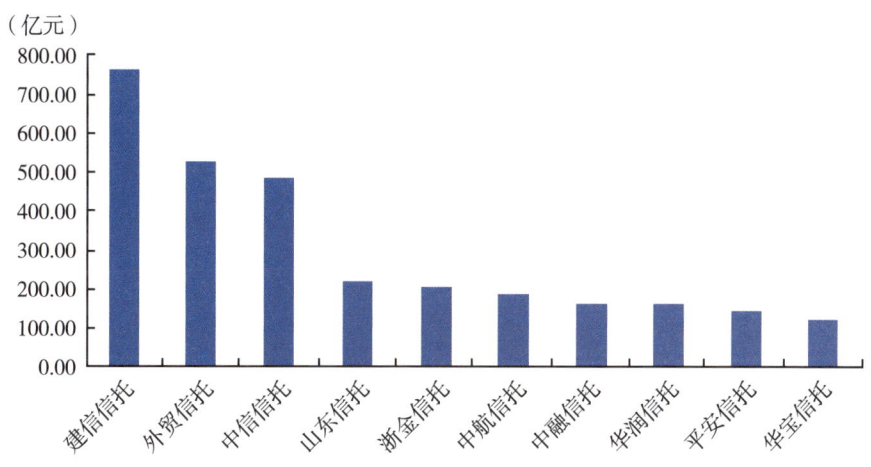

图12-1　2021年家族信托规模排名前十位的信托公司

数据来源：根据中国信托业协会调研统计整理。

（二）渠道获客为主，直销获客趋升

目前，信托公司家族信托客户的开发主要为直销获客与渠道获客两种方式。直销客户由信托公司财富部门以及公司其他部门自主开发，渠道客户由商业银行、保险公司、证券公司、第三方财富管理机构等合作机构引荐。

随着对家族信托业务战略重视度的提升，部分财富实力较强、拥有一定客户资源优势的信托公司给予家族信托业务更多的政策支持和激励，显著促进了自主开发的家族信托业务数量及规模的增长。与此同时，信托公司合作的第三方机构也进一步多元化，包括保险公司、第三方财富公司也逐步为信托公司贡献更多的客户来源，双方以家族信托为载体，实现了专业化分工合作。

根据44家信托公司有关获客情况的调研反馈看，2021年，调研信托公司约60%的家族信托客户来源于银行、保险及第三方财富等外部渠道引荐，其中，商业银行贡献的客户数量及资产规模占比超过80%，家族信托业务对于银行渠道获客的依赖度较高。随着信托公司自有客群建设和财富营销能力提升，直销客户在家族信托客户中的占比也在逐步加大。根据调研反馈，中融信托、平安信托、国民信托等多家信

托公司的家族客户基本源于公司直销拓展（见表12-1）。

表12-1　　2021年家族信托按照委托财产类型分类的情况

分类	单数（单）	单数占比（%）	规模（亿元）	规模占比（%）
财富部门直销	2 096	68.50	546.75	70.06
其他员工直销	935	30.56	197.16	25.26
私募投行业务部门直销	29	0.95	36.54	4.68
公司直销客户	**3 060**	**35.73**	**780.45**	**43.95**
商业银行引荐	4 812	87.43	834.08	83.80
其他机构引荐	471	8.56	112.61	11.31
第三方财富公司引荐	114	2.07	25.54	2.57
独立家族办公室引荐	63	1.14	17.18	1.73
保险机构引荐	41	0.74	4.09	0.41
律师事务所引荐	3	0.05	1.81	0.18
外部机构引荐合计	**5 504**	**64.27**	**995.30**	**56.05**
合计	**8 564**	**100.00**	**1 775.75**	**100.00**

数据来源：根据中国信托业协会调研统计整理。

信托公司在家族信托业务中承担的角色与客户来源渠道有着较密切的关系。通过外部渠道获取的家族信托业务，合作方往往占据主导，信托公司以承担事务管理角色居多。随着直销客户占比的提升，自主决策型家族信托业务占比正逐步提升。如中融信托，由于公司家族客户的拓展主要来自财富部门，所以其自主决策类占比很高；类似情况的还有五矿信托，其家族信托业务中主动管理的规模占比超过95%。随着信托公司自身拓客能力的提升以及与渠道合作的深入，提升主动管理能力尤其是资产配置能力将成为信托公司受托能力建设的必然要求。

（三）重视信息系统建设，打造业务生态圈

信托公司普遍重视家族信托业务信息系统建设。根据45家信托公司有关家族信托系统建设情况的调研反馈看，有36家公司搭建了家族信托业务信息系统，其中12家公司为自主搭建系统，21家为外部采购系统，3家采取自主搭建与外部采购相结合形式；另外9家公司由于业务体量极少，暂无专属家族信托业务系统。无论是外采还是自建，家族信托业务信息系统都有效提升了家族信托的运营管理效率，降低人工操作成本和风险、防止数据丢失和篡改，保障了信托公司为客户提供长期、稳定、可信赖、可持续的受托管理和运营服务，为家族信托业务实现规模化、创造客户价值、提升信托公司核心竞争能力提供了坚实的科技基础。

同时，信托公司不断加强与不同服务机构的协作，持续推进家族信托业务生态圈的打造。中国信托业协会的调研问卷数据显示，2021年，在众多金融机构中，家族信托与保险机构和银行的合作最为密切，主要涉及保险金信托业务和理财产品合作。信托公司与银行的合作已经由最初的代理推介信托计划，发展到现在的高端客户共享、理财产品合作、项目合作等全方位合作。此外，律所、证券等机构与信托公司之间的合作也逐渐展开（见图12-2）。"以合作求发展"已经成为行业共识。

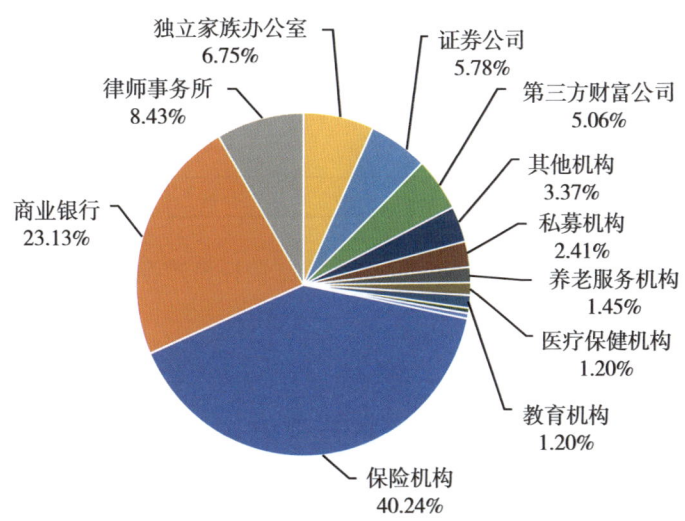

图12-2　2021年末信托公司与外部机构合作开展家族信托业务情况（机构数占比）

数据来源：根据中国信托业协会调研统计整理。

（四）资产配置趋于多元，标品投资占比提升

信托公司日益重视家族信托账户资金的多元化资产配置，配置产品从传统非标产品逐步转变为"标品+非标"的多元组合，涵盖非标信托产品、公募基金、私募基金、现金管理产品、股权投资等多种产品类型。

根据40家信托公司有关家族信托资产配置的调研反馈看，当前家族信托资产主要配置于信托公司自有产品，但外部金融产品配置开始受到普遍重视。调研问卷数据显示，截至2021年末，参加调研的40家信托公司的家族信托配置于公司自有产品的规模为610.23亿元，占比为69.32%，其中，35.13%投资于固定收益类产品，15.44%投资于证券投资类产品，10.42%投资于股权投资类产品，标品投资规模大幅增加；配置于外部非信托金融产品（主要为银行理财产品、私募基金等）的规模为111.55亿元，占比为12.64%，配置于外部信托产品的规模为121.52亿元，占比为13.80%（见图12-3）。

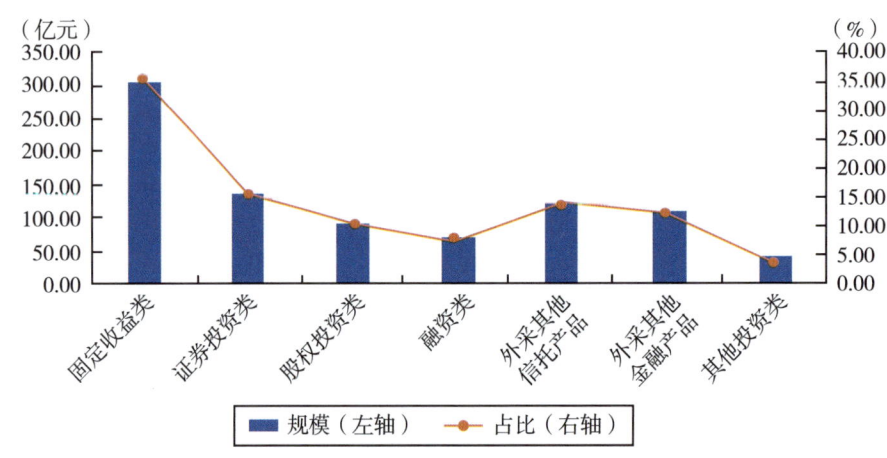

图12-3　2021年信托公司家族信托资产配置情况

数据来源：根据中国信托业协会调研统计整理。

（五）亿级大单数量增加，信托财产形态丰富

根据43家信托公司有关家族信托资产规模分布的调研反馈看，2021年末，存续家族信托单笔委托规模以1 000万—3 000万元为主，分布在这一区间的业务笔数和规模分别为6 475单和814.18亿元，占比达82.86%和47.13%；其次是单笔委托规模在3 000万—5 000万元的共计816单，规模达283.50亿元，数量与规模占比分别为10.44%和16.41%。值得注意的是，2021年，单笔委托规模在1亿元以上的大单增至175单，规模合计为419.5亿元（2020年为78单、132.76亿元），数量和规模都较2020年出现了明显增长，表明家族信托正获得更多超高净值客户的认可（见图12-4）。

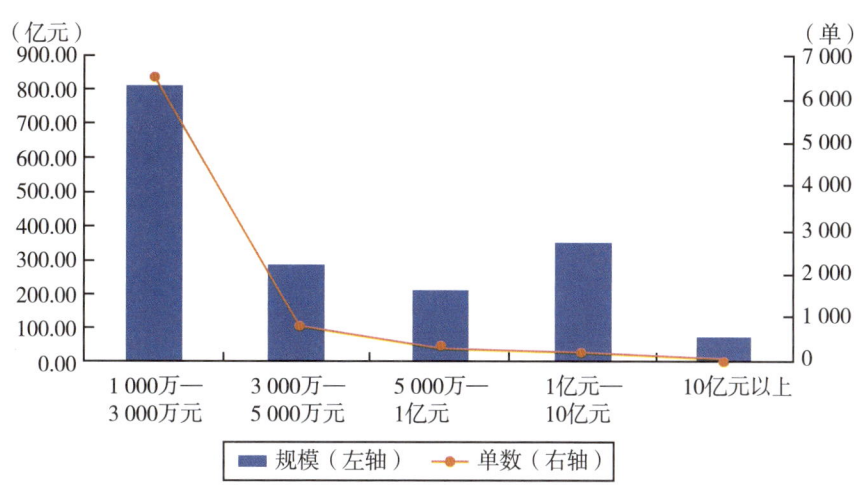

图12-4 2021年家族信托资产规模分布

数据来源：根据中国信托业协会调研统计整理。

根据44家信托公司有关家族信托资产类型的调研反馈看，家族信托客户的委托财产目前仍然以现金和金融资产为主。2021年末，存续家族信托以现金委托设立的有5 850单，规模为1 154.49亿元，数量和规模占比分别为65.09%和68.48%；以资管产品（主要是信托受益权）、股权、保单三大类设立的家族信托数量和规模合计为3 116单和476.11亿元，占比分别为34.67%和28.24%。2021年，有17家信托公司开展了以股权作为委托财产的家族信托业务，合计104单，规模为47.10亿元，其中中航信托、中融信托、平安信托和浙金信托的规模都超过5亿元。存续家族信托中以不动产作为委托资产的家族信托仅2单，由于不动产转移涉及高额税费，在信托财产登记和非交易过户仍然缺位的情况下，以不动产作为委托财产的家族信托业务开展的难度仍然很大（见表12-2）。

表12-2　　2021年家族信托按照委托财产类型分类的情况

分类	单数（单）	单数占比（%）	规模（亿元）	规模占比（%）
资金	5 850	65.09	1 154.49	68.48
资管产品	1 687	18.77	275.20	16.32
股权	104	1.16	47.10	2.79
保单	1 325	14.74	153.81	9.12
金融资产合计	8 966	99.76	1 630.60	96.71

续表

分类	单数（单）	单数占比（%）	规模（亿元）	规模占比（%）
住宅	1	0.01	0.50	0.03
商业地产	1	0.01	4.27	0.25
不动产合计	2	0.02	4.77	0.28
珠宝、古董、艺术品	0	0.00	0.00	0.00
知识产权	1	0.01	0.05	0.00
飞机、游艇等高价值交通工具	0	0.00	0.00	0.00
其他类资产	19	0.21	50.58	3.00
另类资产合计	20	0.22	50.63	3.00
总计	8 988	100.00	1 686.00	100.00

数据来源：根据中国信托业协会调研统计整理。

（六）客户年龄较集中，信托目的更多元

根据40家信托公司有关家族信托客户年龄分布的调研反馈看，2021年末，存续的家族信托客户以40—50岁和50—60岁这两个年龄阶段为主。40—50岁的客户数量和信托规模占比分别为30%和26%，50—60岁的客户数量和信托规模占比分别为31%和34%。这两个年龄阶段的客户已经积累了数量可观的财富，普遍开始考虑守富、传富等家族财富管理安排，是家族信托的主要目标客户群（见图12-5、图12-6）。

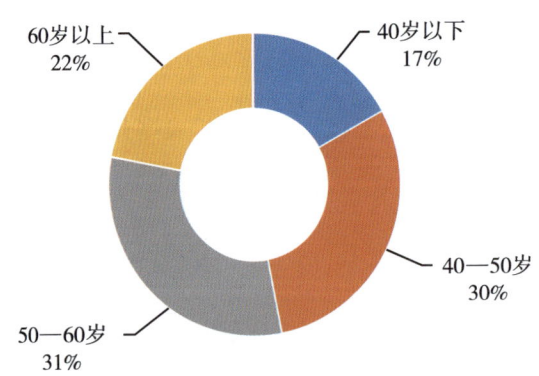

图12-5　2021年家族信托客户年龄分布（单数）

数据来源：根据中国信托业协会调研统计整理。

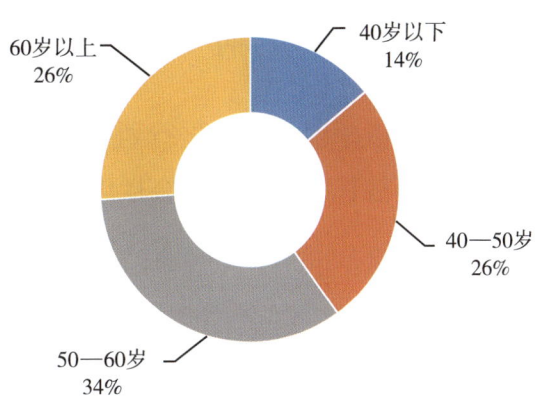

图12-6 2021年家族信托客户年龄分布（累计规模）

数据来源：根据中国信托业协会调研统计整理。

不同年龄阶段的客户设立家族信托的侧重点会有所差异，信托目的日趋多样化和个性化。从客户设立家族信托的目的来看，主要涵盖财富传承、财富规划、资产隔离、遗嘱替代、协议替代、养老医疗、税务规划、公益慈善等。根据信托业协会对41家信托公司的调研问卷统计，将财富传承、财富规划、资产隔离作为信托目的的家族信托数量和占比排在前三位，尤其是财富传承几乎是家族信托设立的共同目标。具有财富规划和资产隔离目的的家族信托分别有2 593单和1 260单，涉及规模为470亿元和218亿元。另外，遗嘱替代、税务规划等也成为重要目的之一（见图12-7）。

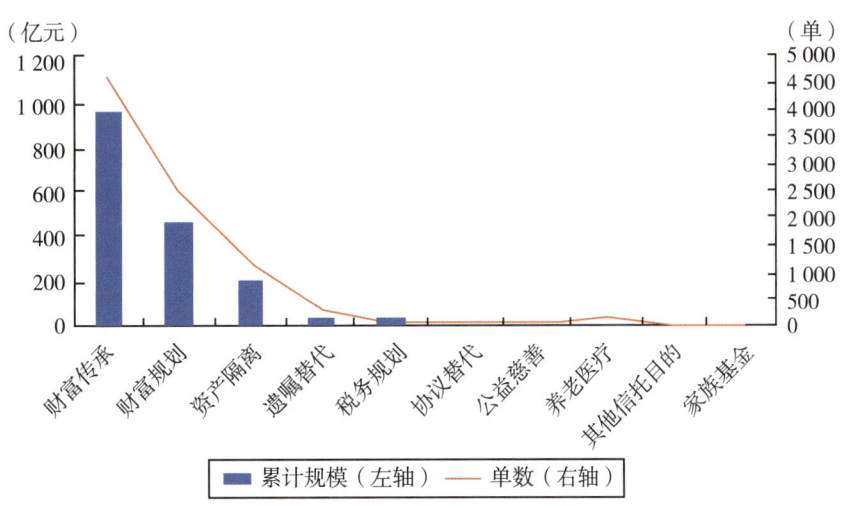

图12-7 2021年家族信托设立目的分布（累计规模）

数据来源：根据中国信托业协会调研统计整理。

二、家族信托业务模式及其创新

目前家族信托业务模式主要依据两个维度进行划分。一是从信托设计角度，分为标准化家族信托与定制化家族信托；二是从资金运用权限角度，分为投资决策型家族信托与事务管理型家族信托。

（一）标准化家族信托与定制化家族信托

标准化家族信托的基本条款采用相对模式化设计，适用于无特定个性化需求的家族信托客户。而定制化家族信托依据客户的个性化传承需求，进行定制条款设计，一般适用于设立门槛较高，有特殊传承安排的超高净值客户群体。根据信托业协会对43家信托公司的调研数据统计，2021年末存续的家族信托中，67.56%的客户选择了标准化的家族信托模式，但规模占比只有47.00%；32.44%的客户采用了定制化的信托模式，规模占比达到53.00%。

1.标准化家族信托

目前实践中，标准化家族信托主要有以下特征：一是采用统一的标准信托合同模板；二是客户可填选内容通常包括委托人信息、受益人及顺位安排、信托利益分配方式、管理模式等条款；三是客户认可信托合同，即可签约设立家族信托。国内标准化家族信托的起点金额通常低于定制化的家族信托，标准化的家族信托利益分配方式相对简单固定，协议文本相对简化且数量较少。在信托公司的实践中，标准化家族信托占比优势明显，该模式既可以帮助客户理解家族信托的基本功能，引导客户进一步了解复杂架构的家族信托；也可以通过降低起点，以标准化模式快速做大客户规模，提升市场影响力，同时为定制化的家族信托积累经验。

2.定制化家族信托

除标准化的家族信托外，部分信托公司根据高净值客户的特殊需求，推出定制化家族信托服务。针对委托人家族特点找到最优解决方案是定制化家族信托的优势所在。以信托利益分配为例，由于所有权与收益权分离，家族信托分配条款非常灵活，可进行个性化设计，满足多元传承需求。比如子女尚年幼或其他不具备财富管理能力的情况下，设定获取条件，可按月领取，也可在上学、求职、结婚等关键节点上进行有规划的领取，还可以设置一系列领取条件，不满足条件将无权得到信托利益分配，以此来激励子女成长。在受益人方面，可以是子女、配偶等直系亲属，也可以是隔代出生或未出生的孙子女。

定制化家族信托必须安排有效的调整机制、预留足够的调整空间。家族企业、家族成员的情况可能随时发生变化，委托人的诉求也可能随时改变。每一个定制化家族信托都是一个宏大工程，要从分配与实现、投资与制衡、保护与救济、沟通与响应四个层面进行有效安排。

（二）投资决策型家族信托与事务管理型家族信托

从家族信托资金投资运用权限角度，可以划分为投资决策型与事务管理型两类模式，不同模式中信托公司承担的投资决策功能也不同，前者信托公司自主负责家族信托资产配置的投资决策，后者信托公司主要配合委托人或其指定的投资顾问进行资产配置的事务处理。

1.投资决策型家族信托

投资决策型家族信托，是指基于委托人的信任及委托，由信托公司承担全部或部分信托财产投资决策职责的家族信托业务。该模式优势为委托人无须自行挑选产品或选聘投资顾问挑选产品，节省时间精力，交易效率更高。该模式要求信托公司具备较强的投资配置及组合管理能力。信托公司须通过主动管理建立投资组合，搭建匹配不同风险—收益偏好的多策略解决方案，以投资领域的专业能力为客户寻求符合其投资需求与风险承受能力的最佳投资组合。

2.事务管理型家族信托

事务管理型家族信托，是指由委托人自己或其指定的投资顾问等承担信托财产投资管理决策、选择投资标的职责的家族信托业务。该模式下信托公司仅根据委托人或指定投资顾问出具的投资指令或投资建议进行操作，而不承担主动投资决策的管理职责。

两种类型对于信托公司在业务存续环节的管理提出了不同要求：一是能力禀赋要求不同。投资决策型家族信托由信托公司按照合同约定，对信托财产进行投资决策，掌握着资产端的主导权，对家族信托团队的资产配置能力、资产供给能力、投研能力有较高要求。目前各信托公司自主开发的家族信托通常为投资决策型业务，且以投资本公司信托产品为主，与其他业务形成联动，也因此该类家族信托通常被视为信托公司特有的长期资金。二是服务效率要求不同。事务管理型家族信托由委托人自己或其指定的投资顾问负责投资决策，信托公司仅需按照指令进行投资交易，因此对信托公司的协同服务效率要求更高。目前，信托公司通过外部合作渠道开发的家族信托通常属于事务管理型业务，其投资顾问一般由合作机构如银行等担任。

（三）家族信托业务的模式创新

家族信托的服务内容既包含对金融工具的整合运用，也涉及大量非金融的事务性管理工作，要求受托人以客户需求为核心导向，充分运用信托机制的灵活性以及自身的专业能力进行创新的结构设计、条款设置、分配安排，以及资产配置等，以全方位地实现客户跨生命周期的财富管理安排。

1.股权家族信托突破式发展

除前两类划分模式外，从信托财产类型角度，也可将家族信托分为资金型、股权型以及满足一定条件的保险金信托等。在当前实践中，受制于信托财产登记、非交易过户、信托税制等基础性制度的缺失，资金家族信托仍是主流，但股权家族信托近年来有所突破。

股权家族信托是委托人将其直接或间接合法持有的上市或未上市公司股权作为信托财产设立的家族信托，主要目的是借助信托的优势，实现委托人的股权类财产隔离、保护及传承等目的。股权家族信托不仅能传承财富、延续商业生命，保护家族企业免受离婚析产、债权人追索之困，而且是一种管理和控制公司的高效、专业手段。随着中国越来越多"创一代"步入"交班"窗口期，依托股权家族信托解决家族企业传承问题正受到越来越多的关注。

由于设立信托的股权非交易过户以及信托财产登记制度的缺乏，将股权装入家族信托一直是一个难点，也是制约非资金家族信托发展的瓶颈。近几年，信托公司一直在围绕设立股权家族信托进行创新探索。根据信托业协会的调研数据，截至2021年末，有17家信托公司开展了股权作为委托财产的家族信托业务，合计104单，存续规模46.80亿元。其中，中航信托股权类家族信托业务合计42单，规模合计11.41亿元，并在通过家族信托结构承接客户大宗交易股票作为长期传承资产方面进行了有益探索。目前，家族股权信托主要包括两种类型：一类是以非上市公司股权注入家族信托，另一类是将上市公司的股权注入家族信托。这两类家族股权信托业务在2021年均有所发展。

案例12-1

泰康信托落地上市公司股权家族信托

2021年国投泰康首单上市公司股权家族信托项目落地,该家族信托通过SPV架构间接持有上市公司股权,帮助委托人实现家庭成员保障目的。此外该项目通过在收益分配条款的特殊安排,能够有效防范子女婚姻风险(见图12-8)。

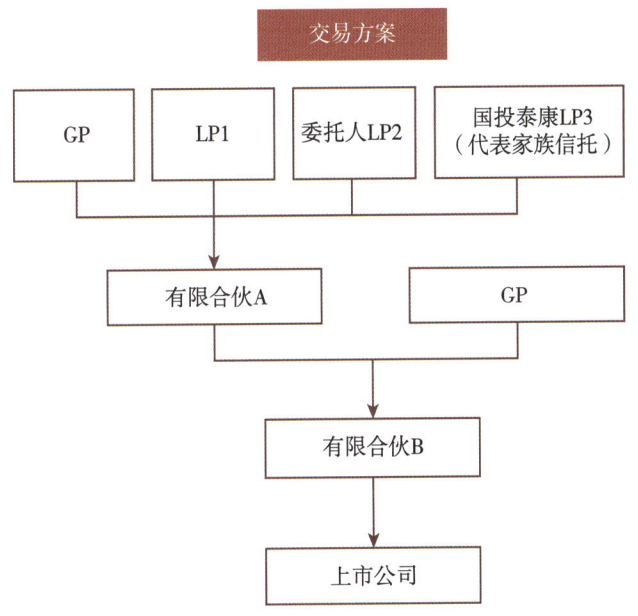

图12-8　泰康信托上市股权家族信托项目结构图

数据来源:根据中国信托业协会调研统计整理。

案例12-2

五矿信托落地非上市股权家族信托

2021年,五矿信托落地非上市股权家族信托,委托人将其持有的家族企业10%的股权以及部分现金资产和保单资产交付五矿信托,通过信托下设合伙企业的方式,由合伙企业持有标的公司股权。合伙企业的GP管理人由委托人配偶担任,同时设计了GP继任规则,防止GP发生意外事件而导致合伙企业停摆,保证了委托人家族继续经营管理自己的家族企业;合伙企业的LP由家族信托担任，实现所有权和收益权。企业的经营利润也将通过股东分红的方式流转回家族信托，继续进行资产管理，形成良性循环。具体信托结构如图12-9所示。

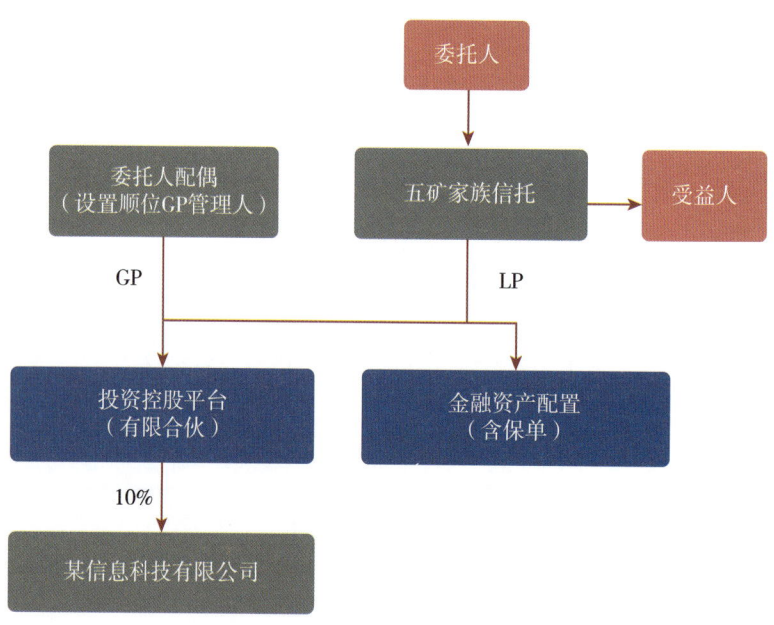

图12-9　五矿信托非上市股权家族信托项目结构图

数据来源：根据中国信托业协会调研统计整理。

2.慈善先行的家族信托分配方式

除了受托财产类型的创新，家族信托的创新还包括围绕客户需求进行的产品方案设计、管理机制、分配机制、投资管理方式等方面的创新，这些创新是家族信托团队专业服务能力的具体体现。

在家族信托的受益人中，有一类跨越了家族范畴而延伸至公益慈善领域，在顺位安排上既可以"慈善先行"也可以"慈善并行"。慈善信托的出现，使家族慈善不止停留在资金、财物捐赠层面，信托的灵活性和创造性，让家族慈善的深度拓展成为可能。利用慈善信托完成财富的第三次分配，在实现高净值人群家族慈善目的的同时，也将使财富有效地流向社会最需要的领域或人群，助力共同富裕。多家信托公司积极促进高净值客户慈善需求的落地，实现"慈善+信托"在第三次分配中的独特优势。

▶ 案例12-3

长安信托设立慈善先行家族信托项目

长安信托与某国有银行合作定制化家族信托项目，采用"家族+慈善"结构，除委托人的配偶及子女外，委托人设立的慈善信托也作为该家族信托的受益人之一，该慈善信托受益人为因病致贫返贫群体、山区留守儿童等群体，以扶贫济困，促进教育、医疗事业的发展，以及开展其他符合《慈善法》第三条规定的慈善项目为该慈善信托目的，家族信托中的资金源源不断流入慈善信托，对慈善信托提供长期支持，该结构的设立，同时满足了客户财富保护传承与慈善的双重目的，家族信托与慈善信托的联合优势得以最大限度地发挥出来。

3. 融合物质财富与精神财富传承的方案设计

早期高净值人群对财富传承的认识，更多停留在利用保险和信托等金融工具，实现对物质财富的代代相传，进而给子女创造优越的物质基础。随着对财富传承问题形成更为成熟和深入的认识，更多高净值人士开始意识到要解决富不过三代的问题，授之以鱼不如授之以渔。若不善加管理，家族物质财富会贬值并且逐渐耗散，只有延续家族精神财富，并培养子女创富能力和独立人格，才能有效地传承家业和家风。随着对财富传承思考的深入，部分高净值人士开始接触到家族治理的概念，站在更高的位置，高净值人群开始考虑借助企业管理的智慧协调日益庞大的家庭乃至家族的关系，探索以制度化的方式来约定和规范家族内部的议事规则和重大决策，因而财富传承的内涵更加丰富。由此需求出发，信托公司的家族信托架构设计越来越多地覆盖物质财富与精神财富的双重传承。

▶ 案例12-4

平安信托将家族宪章与家族信托合同关联管理

某客户与太太共同经营家族企业二十余年，该客户自小诵读家训，家风对其个人成长、持家治业有非常深远的影响。按照家族传统，家族企业主要由家族男性后人管理，家族财富仅向家族本姓后人传承。近年来，该客户一直考虑如何将多年积累的财富与其家族创业治业的精神和传统传承下去，一方面保障家族成员未来生活，另一方面也对家族后代进行正向引导，使家族基业长青。平安信托为其提供的传承方案如下（见图12-10）。

（1）建议客户制定家族宪章：明确列示某氏家训、家族企业创立及发展沿革，建立家族委员会，将家族成员行为准则规范化、成文化。

（2）家族委员会的设置：明确家族委员的选任与退出方式及表决机制、对特定家族事务的处理规则，制定家族企业接班人的培育和选拔机制等。

（3）家族宪章与信托合同关联管理：通过文本设计将家族宪章的决策意见、家族成员行为规范等与信托财产的投资决策、信托分配、受益人等核心要素相关联。

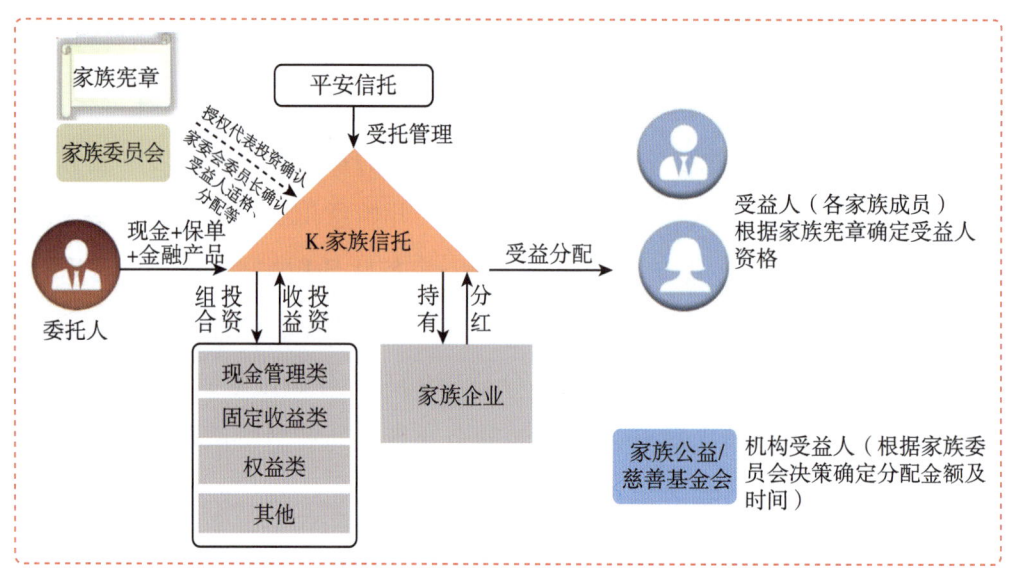

图12-10　平安信托家族信托与家族宪章关联管理模式

家族企业作为家族信托项下的信托财产，一方面，可由家族委员会根据家族宪章及信托文件的约定参与家族企业管理，并将家族精神贯彻至家族企业章程及经营管理规则。另一方面，家族企业经营利润回流至家族信托层面进行金融投资产生的收益，又可反哺家族企业提供"永续现金流"。通过家族信托、家族宪章、家族企业的联结，形成有效的家族转型路径和新生代培养机制。

三、家族信托业务的机遇与挑战

2021年，信托业持续推进转型发展，家族信托作为一项既符合监管导向，也符合社会发展需求的本源性业务，愈加成为众多信托公司的长期业务方向与战略选择。在需求与供给赋予家族信托发展机遇的同时，该项业务也面临来自内外部的多重挑战。

（一）机遇：需求与供给双增长促进业务长期向好

1.家族财富管理需求日益旺盛

2021年，超高净值及高净值人士的财富规模在经历了市场波动后仍然保持增长。福布斯中国内地富豪榜前100名上榜者总财富数从2020年的1.33万亿美元增至1.48万亿美元，同比增加11.28%。随着第一代民营企业家相继退休，私人财富进入代际传承的关键窗口期，家族财富管理市场的重心正从创富向守富转变。近年来，多份对高净值人士的调研报告显示，"财富保障""财富传承"已取代"创造更多财富"，成为排名前列的财富管理目标。具备财富保护、传承、分配等功能的家族信托，在引入国内的十年间，被越来越多的高净值人士所熟知，成为公认的财富保障与传承的重要工具。

2.展业信托公司重视程度提升

家族信托作为信托公司服务人民美好生活的重要路径之一，可以满足客户保值增值、保障与传承等多方面财富需求；也为信托公司提升主动管理能力、获取长期稳定资金提供良好契机，是值得长期深耕的业务方向。中国信托业协会调研数据显示，开展家族信托的信托公司数量由2019年的35家左右增加到2021年末的55家，机构参与度明显上升。同时，展业信托公司在人员队伍、专业能力、激励机制、信息系统等多方面给予战略支持，锻造受托服务能力，建设资产配置水平，围绕客户的财富管理需求，充分发挥信托制度优势，为客户提供了包括财富保障与传承、资产配置、家族事务管理等综合服务，积极推动业务规模进一步扩大。

（二）外部挑战：政策环境与竞争机构

1.相关制度尚不完善

受制于信托财产登记、非交易过户、信托税制等基础性制度的缺失，目前我国家族信托主要以资金信托的形式存在。然而在实践中，高净值人士有明显地以不动产、股权等非现金资产设立家族信托的意愿，但基础性制度的缺失使得该类资产设立家族信托需要付出更大的时间成本与经济成本，且面临无法顺利设立的风险。无论是对于股权类资产还是不动产资产，目前实践中要设立家族信托，都需要搭建更为复杂的交易结构，并交纳高额税费，设立和管理成本较高，客观上限制了股权和不动产家族信托的推行。特别是，我国信托税收制度不健全，信托活动本身所固有的税收筹划功能没有得到有效体现，由此很大程度制约了家族信托对高净值人群的吸引力。

2. 业务参与主体多元

目前，国内参与家族信托业务的相关主体包括信托公司、商业银行、券商、保险公司、律师事务所、会计师事务所、其他资产管理机构和第三方服务机构等，家族信托市场的竞争性开始显现，但信托公司的竞争优势也很明显。目前，除信托公司依托法律赋予的制度特征，可提供产品设计、运营管理、资产配置及增值服务等全流程服务外，其他机构侧重于参与业务的个别环节，比如银行着重于营销客户阶段，律师事务所、会计师事务所着重于客户的法律、财务、税务等增值服务环节。

相较而言，信托公司可拓展的空间更为广阔，可扮演的角色更为核心。具体而言，信托公司开展家族信托业务有得天独厚的制度优势和资源禀赋：其一，信托公司开展家族信托业务具备制度优势，能充分发挥其在财产独立性、破产隔离、账户管理等方面优势，保障家族财产的安全。其二，信托公司经营稳健，抗风险能力较强，多拥有较强的股东资源和较好的品牌美誉度，68家信托公司中，中央及地方政府控股的占比近80%，资本实力较为雄厚，内部治理机制要求严格。其三，信托通过横跨实体经济、货币市场和资本市场展业，可以为客户提供丰富、综合的金融服务。

（三）内部挑战：风险管理能力与资产配置能力

1. 长期限、不确定的风险管理挑战

由于家族信托结构复杂、存续期长，面临的风险与信托公司传统业务明显不同。家族信托是以当下的"确定"应对未来的"不确定"，在产品设计和管理过程中，很容易出现未知风险。除了考虑当下情况，还要对未来可能发生变化的情况做出预判和约定。

对风险的认知与防范是保障该项业务长期、稳健发展的重要前提。比如：在架构阶段，就应考虑架构设计的合理、合法、合情，防止因客户家庭纠纷、债务纠纷等原因，牵连法律与声誉风险。在设立阶段，信托公司需要把握客户设立家族信托的真实目的，判断目的的合法合规性，是否符合社会公序良俗，是否符合监管对家族信托的业务定位。在存续管理阶段，需要时刻关注家族内部关系情况，防止因家族成员关系紧张导致家族信托管理出现僵局。目前我国家族信托受托机构对家族信托目的不当风险的识别与防范、存续期风险预防与识别能力还有待提升。

2.非标稀缺后的资产配置转型

随着信托行业的转型、信托公司业务结构的调整，传统家族信托"前店后厂"式的投资模式迎来挑战，当非标产品日渐稀缺时，如何保持客户所期待的投资收益、如何调整家族信托投向、如何选取外部产品、外部产品的风险又如何管理等系列问题的解决迫在眉睫。

信托公司在非标资产投资管理上拥有较为丰富的经验，但在标准化资产、私募股权投资方面，仍与公募、私募、券商等金融机构存在一定差距。为了保证家族信托委托人财产的保值、增值，信托公司需要不断夯实多元化资产管理能力，构建更加全面的资产管理体系。在管理家族信托财产时，既要履行忠实义务，严格按照委托人要求进行资产管理；又要履行投资义务，在符合委托人风险偏好的前提下，最大限度满足资产增值需求。从内外两方面看，既要加强投研能力建设（涉及团队搭建、IT系统建设、激励机制等），也亟须丰富外部产品白名单（涉及对外部机构与外部产品的准入标准）。为此，需要各家信托公司积极调整产品结构，从原本的非标为主逐渐转向"标品+非标"双线发展，依托信托公司专业化的研究团队和高效的金融科技，支撑包括股权投资、证券投资、消费金融、供应链金融、资产证券化、FOF等创新业务稳健发展，打造风险可控、收益稳健、期限灵活的产品体系。

第十三章
保险金信托

保险金信托兼具保险与信托的功能优势，是居民财富管理和传承的主要工具，最早诞生于1886年的英国，在全球已有135年的发展历史。在我国，保险金信托于2014年实现首单突破后，已成为当前信托公司转型发展的重要业务领域，目前呈现参与主体不断扩展、业务模式不断演进、信托规模快速增长、服务水平持续提升的良好发展态势，成为信托公司与保险公司合作发展财富管理业务的成功模式。

一、保险金信托发展状况

（一）业务规模呈上升趋势

自2014年国内首单保险金信托推出以来，保险金信托业务发展迅速。据信托业协会不完全统计，2014年仅10位客户设立保险金信托，2015年增至近百位，2016年达到500位，2017年超过1 000位，2019年设立保险金信托的客户已达到1万余人，涉及信托资产总规模超过50亿元。2020年全行业保险金信托的规模突破200亿元，2021年，年内新增保险金信托规模高达444.52亿元，年末存续总规模则达到747.93亿元。

保险金信托业务的迅猛增长主要得益于两大因素：一是我国经济的持续发展，国民财富迅速积累，高净值人群不断增加，普通大众的收入水平也得到显著提高，由此催生了巨大的财富管理需求。由于保险金信托具有保险和信托的双重优势，使其在财富传承、财富增值、风险隔离、税务筹划、隐私保护等方面具有得天独厚的财富管理功能，近年来借助家族信托、保险产品等营销渠道，保险金信托已逐步获得客户广泛认同。二是在供给端，提供保险金信托服务的机构不断增多，更有多家信托公司将保险金信托纳入公司发展战略、布局业务转型、持续优化产品、流程、体验等方面，推动保险金信托快速发展。

（二）参与主体不断扩展

2021年参与保险金信托的信托公司和保险公司数量继续增加。

一是信托公司更多参与。根据中国信托业协会的调研统计，截至2021年末，开展保险金信托业务的信托公司达22家，年内累计设立保险金信托6 183单。此外，多数信托公司已将保险金信托纳入公司发展战略层面，根据调研统计，约有52家信托公司将家族信托与保险金信托纳入最新战略规划中的重点业务方向。通过保险金信托业务的开展，信托公司可以进一步加强与其他金融机构的合作，为客户提供全面的综合金融服务和丰富的增值服务。

二是保险机构持续发力。2021年，参与保险金信托合作的保险公司已经超过20家，包括平安人寿、中信保诚、泰康人寿、人保寿险、友邦保险、招商信诺、中德安联等，除平安人寿和人保寿险外，大部分为合资或外资保险公司。保险公司与信托公司合作开展保险金信托业务，为客户提供全面的综合金融服务和丰富的增值服务，实现生态圈多方共赢（见表13-1）。

表13-1　信托公司与保险公司合作开展保险金信托业务情况梳理

时间	信托公司	保险公司	主要内容
2014年5月	中信信托	信诚人寿	落地国内首单保险金信托产品
2014年10月	外贸信托	7家保险公司	落地首单保险金信托产品
2015年12月	中信信托	信诚人寿	推出生存保险金信托
2016年12月	平安信托	平安人寿	集团协同开展，可进行线上定制
2017年2月	长安信托	中德安联	携手宜信博诚联合推出保险金信托
2017年9月	昆仑信托	中意人寿	推出"臻传"系列保险金信托
2017年12月	国投泰康信托	泰康保险	集团协同开展保险金信托
2019年2月	北京信托	横琴人寿	落地首单保险金信托产品
2019年7月	中航信托	信美人寿	落地首单保险金信托产品
2020年5月	五矿信托	恒大人寿	落地首单保险金信托产品
2020年8月	平安信托	平安人寿	联合平安私人银行设立2.6亿元保额保险金信托
2020年12月	中粮信托	中英人寿	落地首单保险金信托产品

续表

时间	信托公司	保险公司	主要内容
2020年12月	中诚信托	信美人寿	落地首单保险金信托产品
2021年1月	中航信托	鲸禧保险经纪	落地国内首单"保险金信托+养老信托"产品
2021年9月	中诚信托	人保寿险	落地首单保险金信托产品

资料来源：根据公开资料整理。

（三）信保合作协同效应初现

保险金信托拓展了保险服务和信托服务的深度和广度，开拓了信保合作的新模式，协同效应日益显现。保险金信托既对保险公司增强客户黏性、丰富服务内容、补充保单服务、提升保险产品竞争力等方面发挥重要促进作用，也为信托公司回归本源业务、拓宽协同服务市场、完善信托服务内容、丰富财富管理安排等方面提供有力支持。

对于具有金融集团背景的信托公司，更是在客户共享、服务共建原则下，积极联合集团内保险公司开展合作，发挥协同效应、实现优势资源互补。一方面，集团内部信保公司强强联合，保险公司为信托公司持续输送优质客户，扩大客群范畴，降低获客成本；另一方面，集团内部金融科技系统具备一定的兼容性和互通性，便利信保双方合作沟通，提升保险金信托的设立效率，降低操作成本，为保险金信托业务顺利开展奠定坚实基础。典型合作案例包括中信集团旗下中信信托与中信保诚人寿合作、平安集团旗下平安信托与平安人寿合作、航空工业集团旗下中航信托与鲸禧保险经纪合作、泰康保险集团旗下国投泰康信托与泰康保险合作、中国石油集团旗下昆仑信托与中意人寿合作、中国人保集团旗下中诚信托与人保寿险合作等。

▶ 案例13-1

集团内部信保合作案例：中信信托和中信保诚人寿

2014年以来，中信信托与集团旗下中信保诚人寿在保险金信托业务方面开展密切合作（见表13-2）。

表13-2　　中信信托与中信保诚人寿合作项目

时间	合作内容
2014年5月	联袂首次推出保险金信托
2015年12月	联合推出"传家·致祥"产品，首创生存金信托服务
2017年11月	联手发布"中信信托·传家宝"APP，首创线上"标准版保险金信托"，实现了在手机上办理标准版保险金信托业务，提升信托设立效率
2018年11月	联合其他机构共同召开第三届中国保险金信托论坛，并发布国内首份《中国保险金信托发展报告》
2019年12月	联合其他10家保险公司推出国内首个保险金信托的服务标准

资料来源：根据公开资料整理。

（四）信托服务水平持续提升

在保险金信托业务规模快速增长的同时，信托公司不断提升保险金信托业务标准化和科技化程度，聚焦客户需求，优化产品设计，提升客户体验。例如，中信信托于2019年发布国内首个保险金信托的服务标准，对保险金信托的进一步创新增长提供重要的实践指导，为信托机构构建清晰的服务边际。平安信托积极探寻科技赋能保险金信托业务的新路径，充分发挥平安集团综合金融优势及科技引领金融的创新业务模式，在保险金信托销售及运营管理模式方面不断创新，提升保险金信托所需的金融系统服务能力。

▶案例13-2

保险金信托标准化建设：以中信信托为例

2019年12月，中信信托联合中信保诚人寿、友邦保险、泰康人寿等11家合作保险公司发布了国内首个保险金信托的服务标准。该标准以客户利益为出发点和归属点，明确保险金信托定义，避免认知误区，明确操作模式及功能。通过建立服务政策、设立流程、期间服务、管理运用以及服务话术五个方面的标准，合力破解业务发展困局、确保业务规范发展。截至2021年末，中信信托保险金信托受托资产规模达64.95亿元。

● ▶ **案例13-3**

保险金信托金融科技服务建设：以平安信托为例

2019年开始，平安信托为保险金信托业务打造全流程、线上化、智能化一站式业务运营管理系统，实现了客户申请、保险账户直连、银行账户直连以及信托公司一站式交互等功能。2020年初，平安信托上线全线上流程化保险金信托服务，从申请设立到最后签约，最短2小时可完成全部流程，极大提升业务效率。2020年，受新冠肺炎疫情影响，线下展业受限，但依托平安银行私行部门的代销推广、保险金信托业务高效的线上展业，并借助集团的综合金融优势，平安信托保险金信托业务数量及规模突飞猛进，仅第一季度就为客户设立保险金信托近600单，同比增长260%，全年新增保险金信托业务3 012笔，新增规模达130.3亿元，分别较上年增长127.35%和228.96%。

二、保险金信托业务模式及其创新

（一）业务模式不断演进

1. 保险金信托基本业务模式的发展

自2014年首单保险金信托推出以来，其业务模式也在不断演进之中。目前实践中，通常将保险金信托区分为1.0、2.0与3.0三种业务模式。

最早出现的是保险金信托1.0业务模式（见图13-1）。该模式下，委托人自行投保并将其持有的人寿保险或年金保险的保单受益权或保险金作为信托财产委托给信托公司设立信托，经过被保险人同意，将信托公司变更为保单受益人，当保单约定的赔付条件达到后，保险公司将保险金赔付给信托公司，信托公司作为受托人，按照信托合同中的约定，管理和运用信托财产，并将信托利益分配给委托人指定的信托受益人。该模式与日本和我国台湾地区的保险带动信托模式相似，其最大特点就是综合了信托和保险的优势，并且通过保险的杠杆原理，最大化降低家族信托设立门槛。

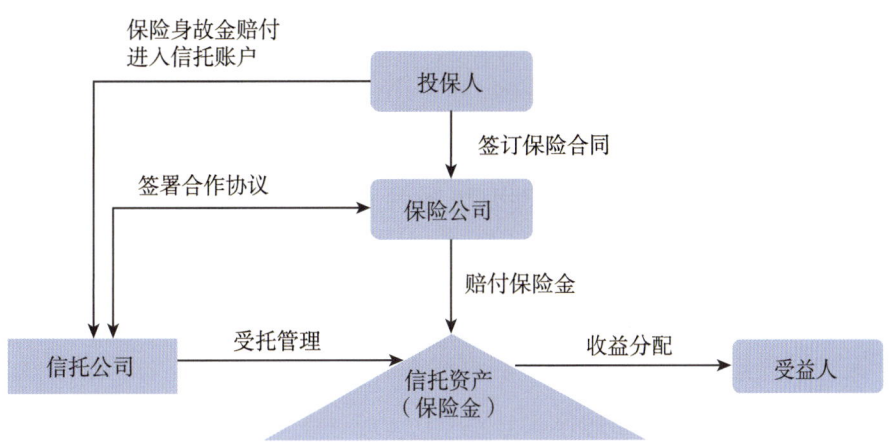

图13-1　保险金信托1.0模式

资料来源：根据公开资料整理。

随后出现了保险金信托2.0业务模式（见图13-2），它是基于1.0操作模式的升级版。该模式下，仍然由委托人自行投保并将其持有的人寿保险或年金保险的保单受益权或保险金作为信托财产委托给信托公司设立信托，但在信托设立后，经过被保险人同意，不仅将保单受益人变更为信托公司，同时将投保人也变更为信托公司，在保单存续期内，由信托公司利用信托财产继续代为缴纳保费，并作为保险受益人，受托管理和分配保险金。由于后续投保人变更为信托公司，避免了投保人身故后保单作为遗产被分割或者作为投保人财产被强制退保等风险。

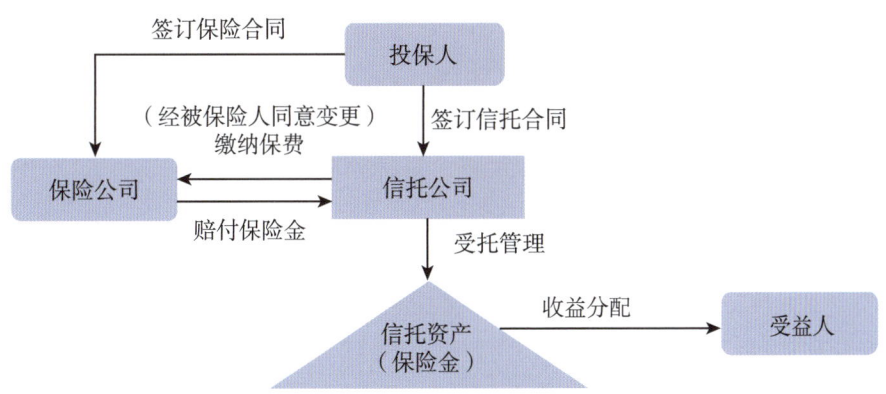

图13-2　保险金信托2.0模式

资料来源：根据公开资料整理。

在1.0与2.0模式基础上，近年来信托业开始探索保险金信托3.0模式（见图13-3）。

该模式下，由委托人以其自有资金先行设立信托，按信托文件的约定由作为受托人的信托公司直接与保险公司签订保险合同，用信托财产支付保费购买保险产品并管理运用分配保险金。该模式与美国的信托投保模式相似，信托公司不仅是保险的受益人，也是保单的直接投保人，在理赔机制触发后，受托管理和运用保险公司理赔的保险金。3.0模式从投保阶段、保单持有、理赔之后三个维度为客户家庭的保单提供全方位受托管理服务。该模式下，将投保品种由传统的人寿保险扩大为所有保险类别，让保险成为信托财产资产配置的组成部分，进一步发挥"家族信托+保单"在实现家族财富保值、增值方面的作用。

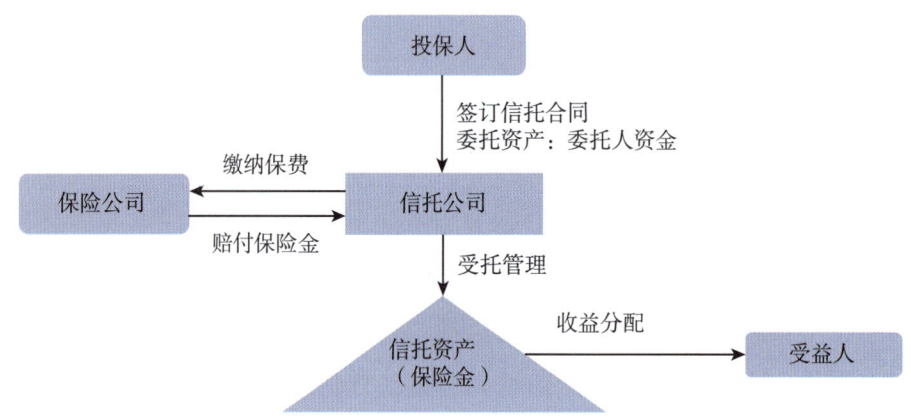

图 13-3　保险金信托3.0模式

资料来源：根据公开资料整理。

2.保险金信托基本业务模式的比较

从业务结构角度看，现有三种保险金信托业务模式的核心区别主要体现在投保人、受益人、委托资产及设立流程等方面。具体对比如表13-3所示。

表 13-3　保险金信托不同业务模式结构对比

业务模式	投保人	受益人	委托资产	备注
1.0模式	委托人	信托公司	保险金请求权	受益人待保单成立后变更为信托公司
2.0模式	先委托人后信托公司	信托公司	保险金请求权	受益人和投保人待保单成立后均变更为信托公司
3.0模式	信托公司	信托公司	委托人的资金	受益人和投保人在保单成立时均直接为信托公司

资料来源：根据公开资料整理。

从业务功能角度看，现有保险金信托三种模式的业务优势各异，适用场景有所不同。1.0模式综合信托和保险的优势，有效解决客户购买大额保单后的赔付金滥用风险，并可以降低信托设立门槛；2.0模式利用信托资产的独立性，更好地实现资产保护，避免投保人身故后保单作为遗产被分割或者作为投保人财产被强制退保等风险，满足更多高净值客户的资产保全与传承的需求；3.0模式直接由信托公司通过信托财产购买保险、订立保险合同并由信托公司管理保险金，从保费和保险金两个维度更加全面充分实现风险隔离和风险管理（见表13-4）。

表13-4　保险金信托不同业务模式优点及适用场景

业务模式	业务优点	适用场景及解决问题
1.0模式	降低信托服务门槛，培育保险客户转化为信托客户	有效解决购买大额保单后的赔付金滥用问题
2.0模式	提升信托与保险结合度，推动保险客户转化为信托客户	避免投保人身故后保单作为遗产被分割或作为投保人财产被强制退保等风险；解决客户投保资金的保护问题
3.0模式	全面融合信托与保险，有效推动信托客户与保险客户的双向转换，深化信托公司与保险公司的合作价值	在信托架构下一揽子解决保险配置问题，更全面充分建立可持续的家庭风险防护网

资料来源：根据公开资料整理。

（二）业务功能迭代创新

实践中，在保险金信托三种基本业务模式基础上，近年来信托公司不断创新保险金信托的业务功能，推出了"保险金信托1.5模式""家庭保单""保险金信托+遗嘱""保险金信托+养老""保险金信托+慈善"等多种具有创新价值的业务类型，更好地服务于客户多元化、个性化的财富管理需求。

1. "保险金信托1.5模式"

"保险金信托1.5模式"指的是在基于1.0模式搭建保险金信托后继续追加现金进入信托的业务模式。此种模式可通过家族信托同时以资金及保单作为交付资产，委托人将现金及保单委托给受托人，进一步提升了保险金信托的功能性，在对保单理赔资金进行规划安排的同时可以对客户资产进行同步配置安排，并且满足传承需求。

案例13-4

保险金信托1.5模式——以五矿信托为例

2020年5月，五矿信托家族办公室与恒大人寿、民生银行深圳分行落地了五矿信托的首单保险金信托业务——传世系列2020910号家族信托，为保险金信托1.5模式。该家族信托同时以资金及保单作为交付资产。委托人将400万元现金及价值638万元的保单委托五矿信托，并指定本人及其儿子为受益人，民生银行为财务顾问（见图13-4）。

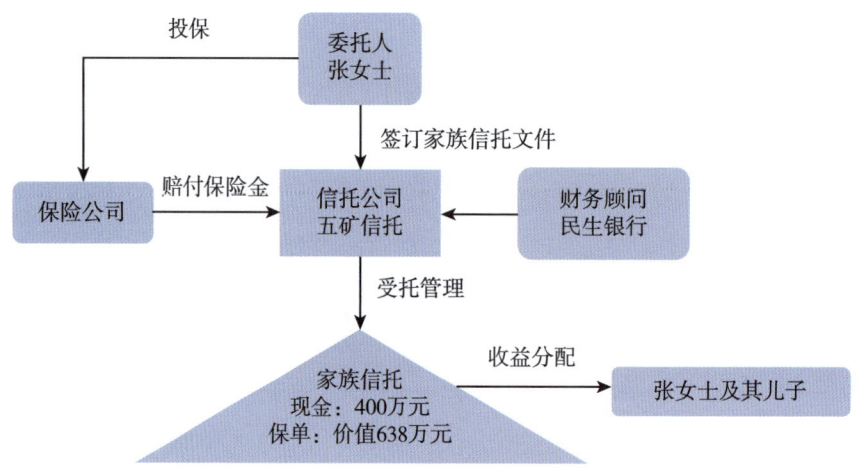

图13-4　保险金信托1.5模式

案例13-5

"资金+多保单"保险金家族信托——以长安信托为例

2019年3月，长安信托与民生银行、招商信诺、泰康人寿联合为客户定制了一款对接多家保险公司、多类型保险产品及现金资产的保险金家族信托，包含上千万元的资金及3笔不同类型的大额保单，并已成功落地。该模式突破了原有的以一家保险公司为主导的保险金信托模式，将客户的资金和多家保险公司多种类型的保单放在一个家族信托账户中进行管理，方便了客户的财富规划与传承。

此外，目前已有多家信托公司尝试通过"跨界创新"不断拓展服务边界、丰富产品供给，高效高质满足客户服务需要，实现对传承、养老、公益慈善等更多元化需求的全面覆盖。

2."家庭保单"模式

"家庭保单"保险金信托为客户整体统筹名下的所有保险资产，使保险金信托在延续家族掌舵人意志、传承家族财富、凝聚家族精神方面发挥更大作用。此种模式可以为客户打通不同保单间的壁垒，打造统一的家庭保单和财富受托平台，将客户的资金和多家保险公司多种类型的保单放在一个家族信托账户中进行管理，方便了客户的财富规划与传承。

●▶ 案例13-6

"家庭保单"保险金信托——以中信信托为例

2019年6月，中信信托推出了"家庭保单"保险金信托服务，打破了"单一被保险人+单家保险公司+信托"的传统模式，可为客户整体统筹名下的所有保险资产，打通了不同保单间的壁垒，为客户能够实现未来客户在任何一家与中信信托合作的保险公司购买保单，都可以整合到同一个保险金信托中。"家庭保单"保险金信托服务使保险金信托在延续家族客户意愿、传承家族财富、凝聚家族精神方面发挥更大作用（见图13-5）。

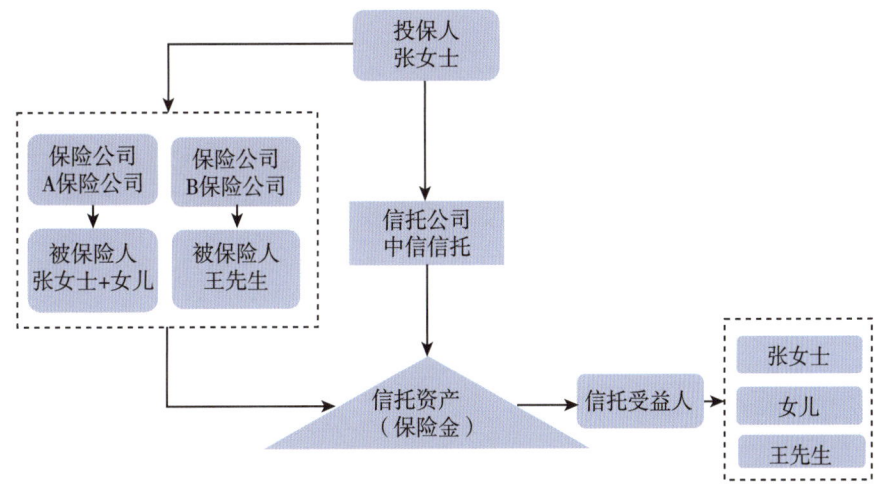

图13-5 中信信托"家庭保单"交易结构图

资料来源：《中国信托业发展报告（2020—2021）》、根据公开信息整理。

3. "保险金信托+遗嘱"模式

"保险金信托+遗嘱"服务模式将遗嘱理念融入保险金信托中，使委托人的遗嘱意志得以充分体现，信托财产得到有力保障。客户在设立保险金信托后，可以通过订立遗嘱的方式，指定名下遗产在其身后追加进入保险金信托，将信托、保险、遗嘱三大传承工具结合，帮助委托人更好地规划身后遗产安排，提供更加全面的财富传承规划方案，既可以实现家族财富在生前的灵活支取、使用，也可保证身故后财富的正确运用，实现真正的福佑子孙后代。

▶ 案例13-7

保险金信托+遗嘱——以中信信托为例

2021年，中信信托正式推出"保险金信托+遗嘱"服务，将中信信托较为成熟的保险金信托服务模式和遗嘱结合。客户在中信信托设立保险金信托后，可以通过订立遗嘱的方式，指定名下遗产在其身故后追加进入保险金信托。该服务将信托、保险、遗嘱三大传承工具结合，帮助委托人更好地规划身故后遗产安排，提供更加全面的财富传承规划方案。该服务既可以实现家族财富在生前的灵活支取、使用，也可保证身故后财富的正确运用，实现真正的福佑子孙后代。

4. "保险金信托+养老"模式

"保险金信托+养老"业务模式将大额保单与养老信托相结合，一方面发挥信托的风险隔离、资产管理、灵活分配等特色；另一方面还可实现保险赔付之后的长期管理，达成传家、守业的目标。此种模式考虑委托人在养老规划中加入大额保单配置的需求，为客户筛选大额终身寿险保单，以客户为中心整合资源，通过养老信托专户帮助客户获得高品质、高自由、高效率的养老体验。

▶ 案例13-8

保险金信托+养老——以中航信托为例

2020年，中航信托通过养老信托与寿险保险的结合，一站式主导落地了

"保险鲸选、受托管理、养老规划、社区入住、养老支付"全流程养老服务模式。中航信托考虑委托人在养老规划中加入大额保单配置的需求，对接中航资本旗下保险经纪公司"鲸禧保"，为客户筛选大额终身寿险保单，以客户为中心整合资源。该服务通过养老信托专户，助力客户获得高品质、高自由、高效率的养老体验。

5."保险金信托+慈善"模式

"保险金信托+慈善"模式在保险金信托引入慈善捐赠服务安排，在设立信托的基础上综合考虑委托人的捐赠需求，为客户进行个性化的信托条款和服务设置，将信托的灵活性与慈善捐赠的自愿性进行有机结合，实现了保险保障、财富传承和慈善三项功能的融合。

▶ 案例13-9

保险金信托+慈善——以中信信托为例

2020年，中信信托落地了首单保险金信托定向慈善捐赠服务业务，实现了保险保障、财富传承和慈善三项功能的融合。2016年委托人为患有自闭症的独生子设立保险金信托，通过信托保管资产并实现保值增值，并通过分次给付的方式为孩子的未来提供基本的生活所需。在此基础上，综合考虑委托人的捐赠需求，2020年，中信信托为该客户进行个性化的信托条款和服务设置，在该委托人进行资金追加后，实现了其每年定额分配以及在受益人身故后一次性定向捐赠给深圳壹基金公益基金会，用于支持以自闭症、脑瘫、罕见病等特殊需要儿童为主要服务对象的海洋天堂计划。

三、保险金信托发展展望

（一）业务市场将延续高速成长

从需求端看，保险金信托的市场需求未来将进一步被激发。保险金信托作为一种财富保护与传承工具，基于信托的本源功能，将保险与信托跨领域结合，在保险的人身保障功能基础上叠加信托的财富传承、财产隔离等功能。保险金信托是保险法律关系与信托法律关系的结合，是"保障+传承"双重保障的财富传承信托服务。保险金信托，既满足了保险的风险保障、财富增值功能，又具备信托的定制传承、激励后代、灵活分配和资产隔离等优势，较好地满足了大众对风险保障和家庭财富传承的双重需求。随着客户财富管理观念的逐渐成熟，保险金信托已经步入大多数人的视野，逐步被大众所认可，有望激发更大的市场需求。

从供给端看，保险金信托业务的不同服务机构将进一步加强相互之间的协同合作，不断推进市场的成长与成熟。目前在国内保险金信托业务中，较多业务是由同一集团体系中的信托机构与保险机构共同推出，未来更多的保险机构和信托机构会在更广泛的市场层面推进保险金信托的业务合作，供给将更加充分，同时不同机构的业务系统也会不断优化升级，保险金信托的服务体系将更加全面、快捷、有效。此外，为满足高净值人群的个性化需求，信托公司与保险公司在保险金信托的功能开发、所涉法律税务问题解决、客户资产保密等方面也将做更多探索，与相应的专业机构加强合作，更好服务高净值人群的需求。

（二）应用场景将进一步丰富完善

1. 保险金信托对接险种范围逐步扩大

目前，我国保险金信托对接的保险险种还较为单一，主要集中于终身寿险及大额年金险，业务覆盖面尚不够广泛。随着客户对保险金信托需求的不断增长，可以合理预见，未来信托公司及保险机构将通过持续的产品创新，不断扩大保险金信托覆盖的人群范围、拓宽可设立信托的保险险种，进一步丰富保险金信托业务的应用场景。

一方面基于现有保险品种，不断探索与健康险等不同保险险种对接保险金信托的可行性，推动业务进一步发展；另一方面可推进保险金信托业务与人寿保险的同步创新，除人寿保险、健康保险、年金保险、意外保险等基本领域，探索残障者保险金信托、最后生存者保险金信托、老年人保险金信托、高风险职业者保险金信托、住院保险金信托、医疗保险金信托、慈善保险金信托等产品，进一步发挥保险金信托在服务人民美好生活需要中的功能价值。

2. 保险金信托服务功能更加完善

一是保险金信托业务将在基本服务的基础上，提供更多的差异化服务内容，以满足不同类型客户的保险与财富管理需求，进一步提升保险金信托客户服务的针对性。对于委托资产在1 000万元以下的客户群体，将进一步完善产品推介、方案设计、合同签署及后期管理方面的标准化服务工作，并不断关注其融资需求及投资回报，探索通过降低费率、降低保单质押贷款利率等方式提升保单杠杆作用；对于符合家族信托资产门槛的保险金信托客户，服务重点将逐步转向综合性的家族事务服务，在保险金信托后期提供资产投资、子女教育、家族传承等综合高端服务。

二是进一步打破"单一被保险人+单家保险公司+信托"的模式，探索整合委托人名下多种、多类、多家保险公司的存续保单和新增保单至同一个保险金信托的业务形式。突破"单一被保险人"限制，整合家庭保单，未来可通过进一步整合投保人/委托人的保单设立保险金信托，满足投保人/委托人的保险保障诉求和后续信托保障诉求，不仅实现保险金信托家族财富传承的作用，同时整合资源，充分发挥其财富增值、风险隔离、隐私保护以及税务筹划等方面的功能。

三是探索保险金信托与企业保险相结合，服务企业经营活动，为各类型企业及企业主提供重要的安全垫保障。例如，为对企业生产经营具有重大影响的关键人物购买人寿保险，并以此作为信托财产设立保险金信托，确保企业的稳健经营。

（三）法律与监管政策将逐步完善

保险金信托是综合运用保险制度和信托制度满足人民群众财富管理需要、服务人民美好生活的交叉性金融产品，假以时日可逐渐发展成为成熟的普惠性金融服务，具有重要的经济、金融和社会价值。目前，保险金信托虽然有信托法和保险法的基本法律框架为依据，但其法律地位尚待进一步明确，相关法律条款需要更加清晰，同时有关保险金信托市场准入、业务规范等方面也还缺乏统一的监管规则与制度，很大程度上制约了保险金信托业务的发展。

从保险金信托业务发展较为成熟的域外国家与地区的经验看，均建立了比较完备的保险金信托业务的相关法律制度与监管规则，以规范与推动业务健康发展。从监管导向上看，目前保险金信托作为一项本源的信托业务已经得到监管部门的认可并引导信托公司作为转型业务进行积极探索。可以预见，随着保险金信托的不断推进，未来我国保险金信托的法律制度与监管制度业也将逐步得到完善，保险金信托的发展也会更加健康。

第十四章
慈善信托

慈善信托将慈善活动的公益性、普惠性与信托制度的灵活性、安全性和稳定性进行了很好的结合，是一种与慈善捐赠并行的重要慈善方式。从2016年《慈善法》颁布实施以来，信托公司作为慈善信托的受托人，一直将慈善信托作为践行社会责任的重要方式，积极探索与推动慈善信托的发展，慈善信托从最初的星星之火到如今已经初具规模和影响力。

一、慈善信托总体发展状况

2021年是《慈善法》颁布实施以来的第5年，慈善信托在备案数量及规模、慈善目的覆盖面、委托人多元化、慈善项目运作管理等方面都有新的发展成果，在防控疫情、救灾、扶贫济困、助学、乡村振兴、环境保护、绿色发展等公益慈善事业领域的作用逐步显现，社会认知度也得到了一定的提升。

（一）慈善信托备案规模稳步增长

根据慈善中国信息平台披露数据，截至2021年底，全国累计备案慈善信托798单，信托财产规模达39.37亿元。其中，2021年新设立慈善信托共计252单，备案数较2020年有所减少，但备案信托财产规模达5.73亿元，较2020年增加32.95%（见图14-1）。

目前，我国慈善信托的委托财产主要还是货币资金，财产规模也普遍偏小。2021年，新备案的慈善信托均以货币资金作为委托财产。在252单新设慈善信托中，财产规模在100万元以内的慈善信托178单，占全年新设慈善信托的70.6%，合计规模为3 730.7万元，占比只有6.5%；财产规模100万元（含）至1 000万元的慈善信托61单，占比24.2%，合计规模14 567.7万元，占比25.4%；财产规模1 000万元（含）至1亿

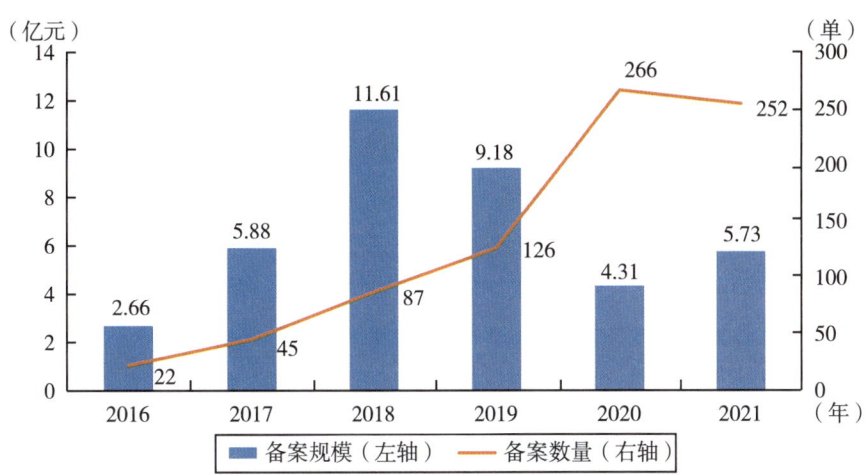

图14-1　2016—2021年慈善信托备案数量

数据来源：根据慈善中国信息平台公开数据整理。

元的项目共12单，占比4.8%，合计规模19 007万元，占比33.2%。可见，财产规模100万元以内的慈善信托仍是主流。2021年仅有一单备案规模超亿元的慈善信托，为中信信托备案设立的"中信信托·2021芳梅教育慈善信托"，该慈善信托由字节跳动创始人张一鸣和龙岩市慈善总会共同发起设立，慈善目的为助力龙岩提升教育质量和培养优秀人才，慈善信托财产初始规模为20 001万元，占2021年新备案总规模的35.07%。

（二）信托公司仍是受托人主力

我国慈善信托实践中，信托公司一直是受托人主力。在2021年新备案的252单慈善信托中，信托公司作为单一受托人的为200单，占比达79.4%；信托公司和慈善组织作为共同受托人的有49单，较2020年增加38单，占比为15.8%，慈善组织单独担任受托人的仅有3单。信托公司仍为受托人中的主力军。在49单双受托人模式的慈善信托中，绝大多数为万向信托、杭州工商信托与浙江省内慈善组织合作设立。

信托公司中，从新增备案数量和备案规模来看，慈善信托展业最为活跃的信托公司主要包括万向信托、光大信托、五矿信托、上海信托、长安信托等。2021万向信托新增备案慈善信托62单，备案规模8 933.46万元，新设单数位居全国首位。光大信托、上海信托、五矿信托排名紧随其后，三者2021年分别新增备案23单、17单和14单，备案规模分别为4 291万元、2 062.8万元和4 262万元。中信信托虽然仅新备案一单,但规模为20 001万元,新增规模排第一位。从存续备案数量和规模来看,排名第一位的是万向信托,累计备案116单,存续规模达105 882万元;中信信托规模居第二位,累计备案5单,存续规模达74 959.55万元;排名第三位的是光大信托,存续65单,规模为66 190万元。此外,存续规模超亿元的信托公司还有建信信托、上海信托、苏州信托、中原信托(见表14–1)。

表14–1　　信托公司新设及存续慈善信托排名情况

新设数量排名(位)	新设慈善信托(单)	新设规模(万元)	存续规模排名(位)	存续慈善信托(单)	存续规模(万元)
1.万向信托	62	4 862	1.万向信托	116	105 882
2.光大兴陇信托	23	4 291	2.中信信托	5	74 960
3.陕国投信托	18	46	3.光大信托	65	66 190
4.上海信托	17	2 063	4.建信信托	11	17 500
5.五矿信托	14	4 262	5.上海信托	33	13 051
6.长安信托	12	862	6.苏州信托	11	11 363
7.杭工商信托	8	217	7.中原信托	2	10 088
8.中航信托	7	2 291	8.平安信托	8	9 439
9.财达信托	6	338	9.中建投信托	17	7 430
10.平安信托	5	6 520	10.长安信托	28	4 608
11.中建投信托	5	1 174	11.金谷信托	7	3 547
12.中诚信托	5	361	12.财信信托	6	3 400
13.中铁信托	5	101	13.中航信托	12	2 869
14.建信信托	3	11 000	14.五矿信托	13	2 511
15.百瑞信托	3	254	15.陕国投信托	29	1 594

数据来源:中国信托业协会行业调研统计。

(三)无固定期限慈善信托明显增多

2021年新备案的慈善信托中,无固定期限的慈善信托成为备案数量最多的期限类型,该类型慈善信托备案108单,占比达42.9%,位居第一位;其次是5年以下和永续型的慈善信托,分别为78单(占比31%)和29单(占比11.5%)。5年(含)到

10年期共21单（占比8.3%），10年期以上的慈善信托有13单（占比5.2%）。相比于2020年，2021年5年期以内慈善信托数量减少了54单，占比下降了12.56个百分点，而无固定期限慈善信托增加了32单，占比上升了18.9个百分点。我国慈善信托的期限设置总体比较灵活，但长期化趋势开始显现（见图14-2）。

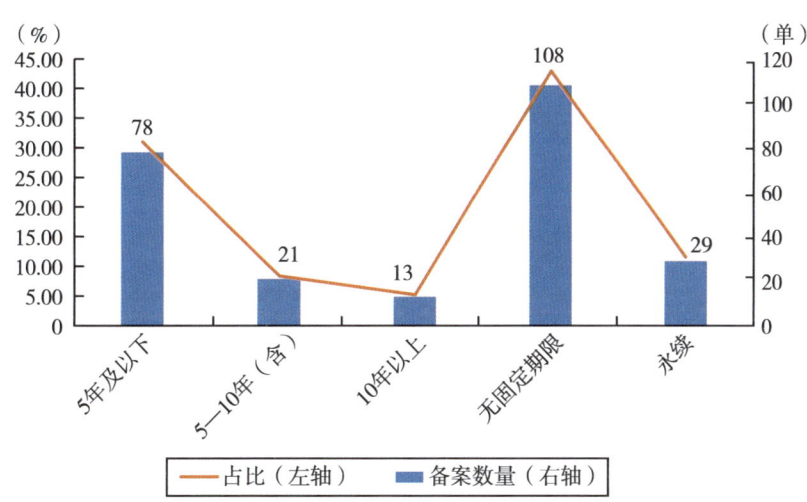

图14-2　2021年慈善信托期限分布

数据来源：根据慈善中国信息平台公开数据整理。

（四）慈善组织和企业是主要委托人

目前，慈善信托的委托人包括个人、慈善组织及企业三类主体，但以慈善组织和企业为主。2021年，由慈善组织作为委托人的慈善信托数量和规模分别为89单和14 354.5亿元，占比分别为35.3%和25.1%；个人作为委托人的慈善信托数量和规模分别为41单和9 539.1万元，占比分别为16.3%和16.7%；企业作为委托人的慈善信托数量和规模为57单和6 821.42万元，占比为22.6%和11.9%；由企业、个人或慈善组织这几类不同类型主体作为委托人共同发起设立的慈善信托数量和规模分别为20单和21 741.8万元，占比分别为7.9%和38%，这其中包含由字节跳动张一鸣和龙岩市慈善总会共同发起设立、规模达20 001万元的一单慈善信托（实际出资主要来自个人）。

（五）慈善目的更为多样化

从信托目的来看，2021年备案的慈善信托目的几乎涵盖了扶贫济困、乡村振兴、救孤、养老、恤病、助残助幼、助医、优抚、救灾、疫情防控、促进教育、科学、文化、卫生、体育、环保、艺术发展等慈善法规定的所有慈善活动领域，其中扶贫、济困、助学、教育居慈善信托设立目的最前列。随着脱贫攻坚战取得胜利，以进一步巩固扶贫成果为目的的乡村振兴类慈善信托成为2021年的一个亮点。2021年，慈善目的涵盖乡村振兴的慈善信托共备案了26单，规模合计7 420万元，包含光大信托、五矿信托、中航信托、金谷信托、长安信托、万向信托、中融信托、东莞信托等多家信托公司均受托成立了乡村振兴慈善信托。

二、信托公司慈善信托业务的发展与创新

2021年，信托公司立足加快业务转型发展的需要和践行企业社会责任的要求，继续加大资源投入，积极拓展慈善信托业务，在实践中积极探索通过慈善信托实现"慈善+金融"的融合发展，不仅慈善信托的覆盖范围得到了进一步拓宽，慈善信托的落点也更加精准，在业务创新、慈善项目实施以及受托专业度、规范度上都取得了新的发展。

（一）慈善信托业务持续创新

2021年，信托公司继续推进慈善信托业务在信托财产类型、慈善信托架构、慈善目的、运作机制、管理服务等方面的创新发展。在慈善信托架构方面，目前有单一委托人和多委托人设立的慈善信托，有单一受托人也有共同受托人模式的慈善信托，还有"家族信托+慈善信托""资金信托+慈善信托"双层结构的慈善信托。在慈善信托运作和治理方面，充分发挥慈善信托的灵活性，探索根据委托人的意愿、慈善目的、慈善项目实施需要进行定制化的慈善信托业务，通过多种方式允许委托人参与慈善信托的管理决策。此外，许多信托公司积极整合慈善信托、家族信托、投资理财等服务功能，推出为企业、慈善组织及高净值人士提供一揽子"慈善+金融"的综合服务，打造以家族或企业慈善信托、投资顾问、法律顾问、财务顾问、税务顾问等多方面服务为支持的"1+N"型客户服务体系，以满足客户多元需求。

案例14-1

慈善信托项目案例——"杭工信·善创空间慈善信托"

2021年,杭州市慈善总会联合浙江锦江公益基金会、浙江省微笑明天慈善基金会作为初始委托人,成立"杭工信·善创空间慈善信托",杭州工商信托担任该慈善信托受托人。该慈善信托的创新之处在于他是浙江省首个专门服务慈善基地的多委托人模式慈善信托。慈善信托由三家初始委托人成立决策小组,决策小组负责善创空间慈善信托资金拟运用项目的寻找、合理性审议和具体运用方案的执行,在其一致同意后方可向受托人出具指令,再由杭州工商信托执行决策小组提出的符合慈善法、信托法及信托合同约定范围的合理指令。该慈善信托将信托财产全部定向用于杭州首个慈善基地的筹建和运作,以此推动信托公司与政府机构、慈善公益组织联动,共同参与公益项目的运作。

案例14-2

慈善信托项目案例——"五矿信托——三江源起志助学金慈善信托"

五矿信托——三江源起志助学金慈善信托是以家族信托作为委托人的慈善信托。该项目所有资金均用于资助河南省某高中品学兼优、家庭困难的在校学生。该慈善信托资金来源于五矿信托——恒信世家［138］号家族信托,该家族信托期限为永续,在其存续期的每个自然年度都会有不低于2万元的信托资金拨付至慈善信托账户。项目交易结构设计主要基于家族信托委托人的慈善意愿进行设立,操作便利,信托无固定期限,首次交付金额为2万元,后续家族信托会根据具体慈善项目需要将财产直接分配至本项目信托专户。这一类似TOT模式的慈善信托有助于满足客户物质财富和精神财富传承的双重需求。

(二)慈善信托项目实施不断强化

近年来,信托公司不断强化慈善信托项目的实施,紧紧围绕慈善信托服务社会的功能定位,积极践行慈善信托的责任使命,切实履行受托人的职责,有效运作慈善信托资金投向扶贫助困、教育、环境保护、科技发展、抗疫、救灾、乡村振兴等多个领域,取得了非常丰富的成果,社会效益不断彰显。例如,作为行业内备案慈善信托数量和规模最大的信托公司,万向信托2021年完成资助384次,资助金额为3 473.81万元,资助方向涵盖扶老、救孤、助残、恤病、助医、生态资源保护和教育等多个领域。2021年,光大信托累计拨付5 769.27万元慈善信托资金,投入支持教育、扶贫、救灾、社会建设、养老、助残等慈善项目,覆盖受益人数量众多。2021年,金谷信托围绕巩固拓展脱贫攻坚成果、助力乡村振兴积极开展慈善活动,金谷信托信达大爱(乡村振兴)1号、2号慈善信托投入1 375万元资金支持了14个乡村建设项目,涵盖乡村建设、教育支持、医疗设备配置、村容改造等领域。中诚信托2021年落地7个慈善信托帮扶项目,覆盖三区三州的甘肃临夏和政县、云南怒江泸水市,以及新疆吐鲁番市、甘肃临洮县、北京延庆区等地区,帮扶金额116.41万元,惠及脱贫群众和学生共1.3万余户。

●▶ 案例14-3

慈善信托项目案例——"光信善·恩派慈善信托"

2021年,光大信托"光信善·恩派慈善信托"划款148.80万元开展社区类公益项目,陆续支持375个公益项目在上海、深圳、福州、成都、南京等31个省市落地执行,服务领域涉及社区为老助老类、社区儿童服务类、社区助残类、社区环保类、社区文化建设类、社区治理类等领域。以上公益项目主要由各社区领袖/社区自组织提案并执行落地,目前已开展800余场活动,直接受益人数超过10 000人次。

●▶ 案例14-4

慈善信托项目案例——平安碳中和绿色金融发展慈善信托

2021年,由平安信托受托设立的"平安碳中和绿色金融发展慈善信托"正式成立,该慈善信托为集合类慈善信托,初始设立资金来源于平安普惠、平安租赁，后续可接受平安集团成员公司加入该慈善信托，初始信托规模为590万元。

作为国内首只碳中和主题慈善信托，"平安碳中和绿色金融发展慈善信托"旨在围绕碳中和目标，促进生态文明建设，包括但不限于资助、支持和推广绿色低碳优秀项目；为倡导和普及绿色金融理念传播组织开展相关领域公益活动；通过资金、物资等多种方式补贴贫困群体使用清洁能源等。

在本慈善信托项下，平安旗下各个机构发挥专业优势、资源优势、生态优势，共同探索出一条特色公益金融之道。依托前述慈善信托的成立，委托人之一平安普惠正式推出新的公益行动"平安守护者行动——国家公园"项目，计划第一年实现支持100位生态守护者及栖息地改造，守护1 000个动、植物物种，守望10 000平方公里土地。此外，委托人之一平安租赁将借助前述慈善信托捐建光伏电站，为希望小学建设光伏屋顶，为贫困地区学生带去绿色光伏能源和爱心公益课堂，运用信健全托收益改善学生学习质量。

（三）管理运营体系日益健全

随着慈善信托数量和规模的增长，信托公司对于提升慈善信托受托管理的专业度和规范度日益重视。在专业度方面，基于慈善信托在业务拓展、慈善项目实施管理、慈善信托期间运营上的能力要求与传统投融资信托业务的差异，越来越多的信托公司开始通过设立慈善信托专营部门、组建专业团队来开展慈善信托业务。根据中国信托业协会调研数据显示，截至2021年末，已有22家信托公司设立了专职部门开展慈善信托业务，较2020年增加了6家，专职从事慈善信托业务的人员数量接近80人（见图14-3）。

除了专业的组织架构作为基础保障，信托公司还通过制定和完善慈善信托业务的管理制度、建立专门的慈善信托业务审批及运营管理流程、规范慈善信托各类展业模式的合同模板、加强信息披露、引入针对性的业务激励机制等促进慈善信托运作的标准化、规范化，提高受托履职能力和综合化服务能力，保障慈善信托的可持续发展。根据中国信托业协会调研数据，上述22家信托公司均制定了慈善信托业务

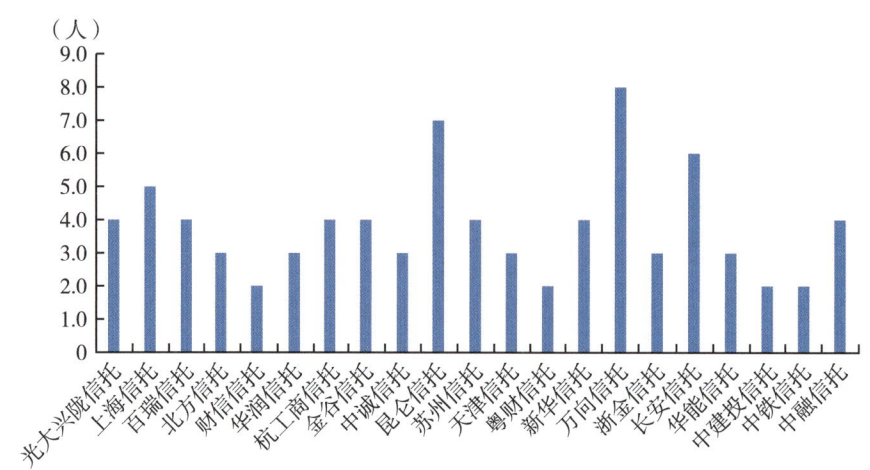

图14-3　信托公司慈善信托专职人员情况

数据来源：中国信托业协会行业调研统计。

的专项制度，构建与慈善信托业务特点相契合的业务标准和操作要求，提升项目运营管理效。例如光大信托制定了《慈善信托业务内部指南》《慈善信托业务考核奖惩办法》《慈善信托保值增值投资管理实施办法》《关于加强慈善信托过程管理的通知》等制度文件，为业务团队开展慈善信托提供制度支持和激励引导。五矿信托于2021年制定了公司慈善信托"十四五"发展规划，并出台了《慈善信托业务奖励办法》。

三、慈善信托业务的挑战与展望

尽管近几年在信托公司的积极推动下，慈善信托获得了一定的发展，慈善信托作为一种新的慈善方式逐步走入公众视野，但是慈善信托的进一步发展也面临诸多挑战，包括社会认知度低、资金来源渠道狭窄、配套支持政策迟迟缺位等。

（一）慈善信托面临的主要挑战

1.社会认知和接受程度依然不高

尽管慈善信托拥有信托制度所赋予的财产独立、风险隔离、架构灵活、设立简单、运作透明等种种优势，但自2016年《慈善法》公布实施以来，虽然慈善信托的发展已历经6年，但至2021末慈善信托的规模仍不足40亿元。根据《2020年度中国慈善捐赠报告》披露，2020年我国内地共接受境内外慈善捐赠2 086亿元，慈善信托发展6年的规模仅相当于一年慈善捐赠的1.92%。造成慈善信托发展慢、规模小的原因一方面是社会各界对于慈善信托这一新的慈善方式的认知度和接受度还较低，另一方面是因为慈善信托发展缺乏与慈善捐赠同等的税收优惠政策支持。由于上述原因，慈善信托的资金来源非常狭窄，信托公司主要依赖于利用已有客户资源、股东资源甚至是员工自身等来发起设立慈善信托，很难面向社会广泛动员慈善资源。

提高社会公众对于慈善信托的认知和接受度任重道远。长期以来，社会公众对信托的认知主要局限于其投资理财功能，信托的社会服务功能几乎不为人所知，由此严重制约了信托公司向家族信托、慈善信托等信托本源业务转型的步伐。要提高社会公众对于慈善信托的认知，一方面要加强对信托制度、信托文化的宣传，积极发挥信托的功能优势，参与到更多社会事务中去；另一方面还需要加大对慈善信托成果的宣传力度，积极树立信托公司慈善信托的品牌和影响力，令慈善信托更多走入公众视野。

2.政策层面的制约亟待突破

目前制约慈善信托业务发展的另一个重要原因在于政策制度层面。

一是慈善信托税收优惠政策迟迟未能落地。税收优惠是出资人选择慈善工具时的一个重要考量要素。目前慈善信托配套的税收优惠制度还未出台，慈善信托受托人无法为委托人开具抵税凭证，慈善信托委托人无法享受与慈善捐赠同等的抵税优惠，这直接影响了企业、个人设立慈善信托的积极性，制约了慈善信托拓宽资金来源渠道。

二是非货币资金型慈善信托设立困难，限制了慈善信托财产类型的多元化。目前国内的慈善信托绝大多数都是以货币资金设立，这主要是因为以非货币财产设立慈善信托存在种种制约。一方面，目前，我国的非交易过户仅适用于慈善捐赠、赠予、继承等情形。委托人以股权、不动产等非货币财产设立慈善信托视同转让，如果该财产的市场价值大于财产原值，需要交纳企业所得税或个人所得税。这就使以非货币财产设立慈善信托不仅不能享受税收抵扣优惠，还存在额外的交易税负。另一方面，信托登记制度缺乏影响信托的有效性。比如委托人以不动产设立慈善信托，依法需要进行信托登记才有效，但实务中，我国不动产登记机关未建立配套的信托登记制度，由此构成直接以不动产设立慈善信托的障碍。

三是慈善信托不能面向社会公募，制约了慈善信托的规模增长。《慈善法》第22条明确规定具备公募资格的仅有慈善组织，对信托公司作为慈善信托的受托人能否开展公募业务缺乏明确规定。目前信托公司开展慈善信托业务只局限于私募，大多数慈善信托为单一委托人，信托公司无法公开发起设立慈善信托极大制约了慈善信托募集资金的规模、效率，无法有效扩大慈善信托的覆盖面和影响力。信托公司担任受托人的慈善信托本身在设立、运作环节要受法律、监管的双重约束，如果有条件地允许信托公司开展慈善信托的公募业务，并对公募慈善信托的运作、资金使用等制定更严格的监管要求，这将大大推动信托公司慈善信托业务的发展，更好地为慈善事业的发展添砖加瓦。

（二）慈善信托的发展展望

1. 共同富裕目标推动慈善信托新发展

慈善信托虽然面临不少挑战，但也适逢良好的发展机遇。我国改革开放四十年以来经济持续发展带来了巨额财富积累，但同时也带来了地区、城乡发展的不平衡以及财富分配不均的问题，这种不平衡既蕴含着丰富的慈善资源供给，也意味着对慈善资源的巨大需求。党的十九届五中全会明确将"全体人民共同富裕取得更为明显的实质性进展"作为2035年社会主义现代化远景目标之一。2021年8月17日召开的中央财经委员会第十次会议对扎实促进共同富裕问题进行了重点研究。会议指出，要坚持以人民为中心的发展思想，在高质量发展中促进共同富裕，正确处理效率和公平的关系，构建初次分配、再分配、三次分配协调配套的基础性制度安排。"十四五"时期将是推动实现共同富裕的关键时期，慈善事业作为三次分配机制，将在推动实现共同富裕的过程中发挥重要作用。为此不仅要加大力度吸引更多的慈善捐赠资源，更需要充分发挥慈善信托这一新的慈善方式的作用，借助其灵活性和效率优势，推动慈善事业获得更进一步的发展，促进共同富裕目标的实现。

2022年3月，央行、银保监会、证监会、国家外汇局、浙江省政府发布了《关于金融支持浙江高质量发展建设共同富裕示范区的意见》，该意见明确提出要"发挥金融在第三次分配中的作用，大力发展慈善信托"。预计为完善三次分配机制、推动共同富裕目标的实现，未来国家、地方层面将会出台更多措施以激发企业、个人以及其他各类组织参与慈善事业的热情和意愿，促进更多的慈善捐赠和慈善信托设立需求，吸引更多的慈善资源，推动先富帮后富，先富带动后富。因此，实现共同富裕目标将为慈善信托这一新的慈善方式的发展和创新注入更多的动力，有望促进社会各界更多地了解、认识和重视慈善信托，并积极运用慈善信托，随着慈善信托在促进共同富裕方面作用的显现以及影响力的提升，未来给予慈善信托应有的税收优惠政策支持也将水到渠成。

2.多方携手推动慈善信托可持续发展

信托公司是营利性金融机构，而慈善信托属于公益慈善活动的一种，如何实现"金融＋慈善"的统一发展是信托公司的一个重要命题。由于慈善信托本身具有鲜明的公益属性，所以其社会价值应该摆在首位，信托公司应充分认识到慈善信托业务与营业信托业务在展业逻辑上的差异，站在金融机构服务社会和促进共同富裕的战略高位重视慈善信托业务的发展。当然，对于信托公司而言，将慈善信托作为一项业务来持续开展还是需要挖掘慈善信托作为一项业务的商业价值。从监管导向来看，新的信托业务分类将信托业务分为"资产管理信托、资产服务信托、公益/慈善信托"，监管机构也鼓励信托公司将慈善信托作为转型业务来培育。慈善信托的社会价值和商业价值并不矛盾，信托公司可以将金融机构的资金资源优势与信托制度的独立性、安全性、灵活性优势进行有效结合，以慈善信托的社会价值为核心驱动，通过慈善信托业务与营业信托业务的协同来转化慈善信托业务的商业价值，积极推动慈善信托业务与家族信托、财富管理、资产管理等业务的协同，有效引导和转换客户的慈善意愿，探索建立慈善信托资金获取的长效机制，实现业务价值与社会责任的有机统一，打造慈善信托可持续的发展模式。

当然，要实现慈善信托业务的可持续发展，还需要包括政策制定者、监管机构以及信托公司等各方的努力。首先需要政策层面的支持以突破慈善信托规模难以做大的困境，包括尽快给予慈善信托与慈善捐赠同等的税收激励安排，打通以股权、不动产等非货币财产设立慈善信托的障碍，放开信托公司开展慈善信托公募的资格申请、优化慈善信托追加委托的备案管理等。另外，还需要监管机构的扶持。比如积极协调有利于慈善信托发展的政策落地，将慈善信托展业作为监管评级、行业评级、创新业务资格审批等方面的加分项，对信托公司慈善信托展业情况进行年度考评或颁奖，给予荣誉激励等。信托公司也需要练好"内功"，切实提升慈善信托的专业受托能力，不断丰富慈善信托产品创新，更好地挖掘和满足委托人多样化的慈善需求，有效保障慈善信托的公信力，打造有影响力的慈善信托品牌。

信托公司是唯一具备慈善信托受托人资格的金融机构，未来应充分发挥自身既是金融企业又是慈善信托受托人的优势，一方面通过提升专业资产管理能力，为人民群众创造更多的财产性收入，促进财富的保值增值，让更多人富起来；另一方面，也要积极用好慈善信托这一工具，发挥自身拥有大量高净值客户及机构客户资源的优势，运用慈善信托筹集动员社会资源，发挥三次分配机制的作用，将资源有效地引入增进民生福祉、促进社会公平和谐、推动实体经济高质量发展、实现绿色可持续发展等领域中，为达成共同富裕的伟大目标而贡献力量。

第十五章
服务信托的新探索

一、特殊需要信托

（一）特殊需要信托发展背景

特殊需要信托是委托人以保障未成年人、心智障碍者、生活不能自理的残障人员、失能失智老人等特殊需要人群为目的，而将自己合法所有财产委托给受托人管理、运用和处分的信托行为。我国特殊需要人群范围广泛，数量众多，服务体系不完善，开展特殊需要信托具有重大现实意义，也有广泛的市场需求。

仅以残障人士和老年人为例，根据中国残联统计数据显示，2010年末我国残疾人总人数为8 502万人，占全国总人口的6.34%，较2006年的8 296万人增长2.42%。[①] 据国家统计局统计，2021年我国65岁及以上人口数量超2亿人，占全国总人口的14.2%，提前进入深度老龄化社会，因年龄导致心智缺损的残障人士数量也逐渐增多。

随我国国民经济持续稳健发展，人民生活水平不断提高，特殊需要家庭对特殊需要人群的生活质量、财产安全、服务专业性、差异性以及可持续性提出更高需求，但是当前针对特殊需要人群服务的制度供给和服务供给严重不足，特殊需求难以得到满足。2021年1月1日施行的《民法典》在原有"法定监护"制度的基础上设立了"意定监护"制度，确立了"最有利于被监护人""尊重被监护人的真实意愿""保障并协助"等监护原则，加强了对被监护人的法律保护，但在实施层面尚缺乏相关配套制度和有效的管理方式，实践中监护人利用监护地位侵害被监护人利益的情形时有发生，特殊需要人群的权益保护问题突出。

引入特殊需要信托服务特殊需要人群，可以有效解决这一问题。利用信托制度所

---

① 中国残疾人联合会最新数据截至2010年。

具有的风险隔离等功能，既可实现被监护人人身照管和财产管理分离，避免或减少监护人道德风险，也可充分发挥受托人专业化资产管理能力，实现被监护人财产保值增值，还可以广泛连接监察人、第三方中介组织、专业服务机构等相关机构，满足和服务特殊需要人群多样化、差异化的保障需求。特殊需要信托的上述优势，近年来逐步被社会各层面所认知，并开始付诸实践。2020年9月，深圳市残疾人联合会和深圳市地方金融监督管理局发布《关于促进身心障碍者信托发展的指导意见》，率先就身心障碍者信托关系建立、设立基本流程、监督管理、信托终止财产处理与争议解决做出了规定。

（二）特殊需要信托实践探索

近年来，包括万向信托、光大信托、平安信托、厦门信托、陕国投信托、天津信托等多家信托公司开始关注和重视特殊需要群体需求，发挥信托制度优势和跨界资源整合功能，积极试水特殊需要信托业务。

案例15-1

万向信托——监护支援信托

2019年，万向信托联合杭州市国立公证处和上海市普陀公证处（顾问单位）落地全国首单监护支援信托，首次在现实服务层面实现"信托制度+监护制度"的创新融合。委托人将资金交付信托公司，指定自己（包括配偶）作为信托受益人，并在公证处与信托公司协助下，与信任的人建立监护关系。未来，如果当事人发生失能失智的情况，监护人履行监护的权利和义务，信托受托人根据合同约定的方式将信托利益分配给受益人，使当事人的晚年生活得到充分保障（见图15-1）。

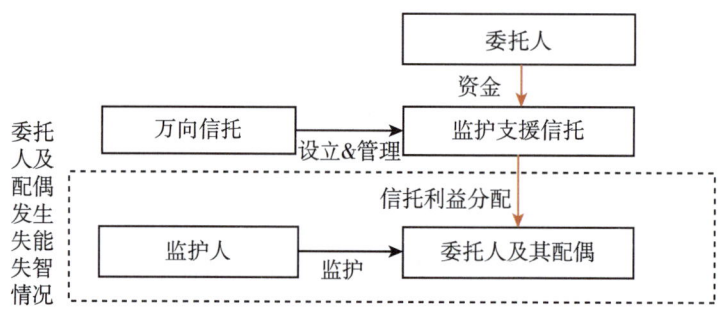

图15-1　万向信托监护支援信托交易结构图

2020年，万向信托再次联合上海市普陀公证处将信托制度与监护制度进一步融合，同时结合遗嘱，成功落地全国首单复合型监护支援信托。委托人指定自己和子女作为信托受益人，并对未来的信托分配进行详细的规划并为自己安排意定监护，为未成年子女安排委托监护。当事人通过订立遗嘱，打通身后财产、特别是非现金类财产追加交付信托的通道。未来如果当事人发生失能失智的情况，监护人即会履行对当事人及其子女的监护职责，信托受托人按照约定向受益人分配信托利益，保证当事人及子女都能得到好的照料，维持家庭的稳定。如果当事人去世，其遗产可依据遗嘱交付进信托，继续用于支持子女的生活（见图15-2）。

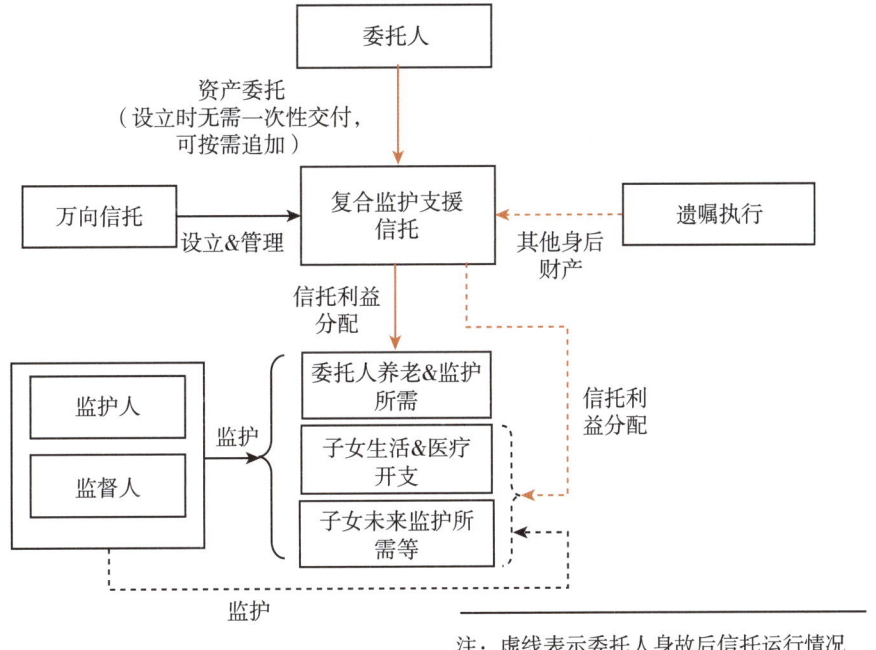

图15-2　万向信托复合型监护支援信托交易结构图

▶案例15-2

光大信托——国内首单身心障碍服务信托

2021年3月，光大信托落地国内首单身心障碍服务信托。产品认购起点为30万元并可随时注入资产，由信托公司开立专门账户管理资产和保值增值;由照护中心等管家式第三方评估平台为其受益人按需提供咨询服务;由第三方专业服务供应商为受益人采购并提供教育、医疗、康复、就业、基本生活照料、临终关怀和丧葬等专业服务。该单特殊需要服务信托有两点特殊设计:一是在受益人身故后将账户余款全部做捐赠处理,用于帮助其他身心障碍者;二是引入残联等专业机构作为信托监察人,定期监察、评估、调整或更换第三方机构以维护受益人最大利益(见图15-3)。

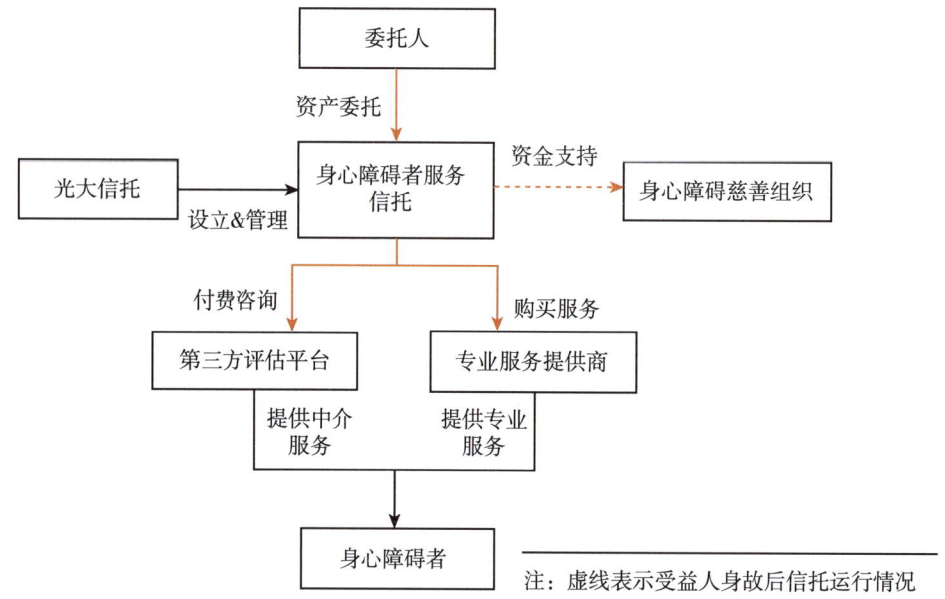

图15-3 光大信托身心障碍服务信托交易结构图

▶ 案例15-3

平安信托——"特殊需要 + 保险金"信托

平安信托成立一单"特殊需要+保险金"信托。委托人购入200万元保额终身险并设立保险金信托,身故受益人指定为平安信托。同时委托人、平安信托及服务机构签署三方协议,约定在其身故后,以保险金信托的财产向服务机构按季度支付服务费,用于自闭症子女未来的康复及照拂服务费用(见图15-4)。

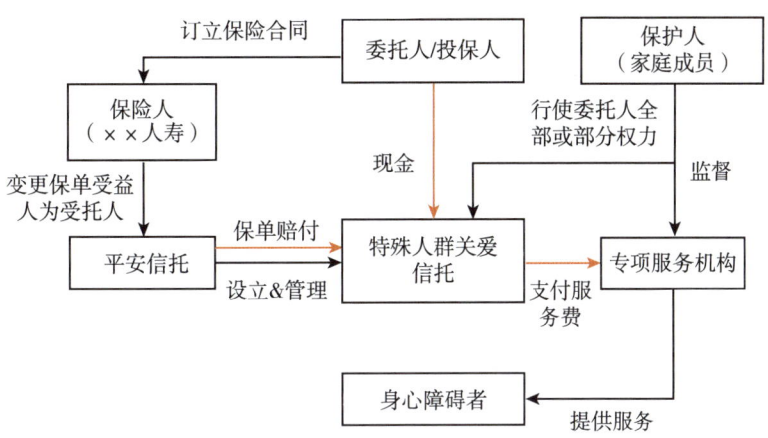

图15-4　平安信托"特殊需要+保险金"信托交易结构图

此外,信托公司也开始探索特殊需要领域的慈善信托。2021年,特殊需要领域的慈善信托新增备案5只,但规模体量还较小,总规模仅为37.3万元。厦门信托、陕国投信托、天津信托等信托公司均以慈善信托的方式参与特殊需要领域,将慈善资金用于帮扶自闭症、听障儿童等身心障碍者家庭以及为失能老人建设认知评估系统、为失能老人提供照顾等(见表15-1)。

表15-1　2021年成立的特殊需要慈善信托情况

信托计划	受托人	信托目的	信托期限	财产规模（万元）	备案时间
星之助公益讲堂慈善信托	厦门信托	帮助自闭症等特殊儿童家庭成长	不设固定期限	2.2	2021年5月11日
小蜗牛爱心托付慈善信托备案	厦门信托	帮助身心障碍者家庭	不设固定期限	3	2021年5月11日
陕国投·爱的分贝听障儿童救助慈善信托	陕国投信托	用于郑州慈善总会对郑州市区及郊县范围内的困难家庭中的听障儿童进行帮扶救助,包括助听设备的升级、维护、手术植入及语言康复训练及知识培训	1年	2	2021年8月30日
陕国投·久诚关爱2号援助重疾家庭慈善信托	陕国投信托	用于西安市扶弱助困公益慈善基金会举办的关于关爱重疾家庭公益活动	2年	0.1	2021年12月24日
天信世嘉·信德认知测评慈善信托	天津信托	建立60岁以上老年人认知评估系统、建立养老机构内标准化痴呆患者照护模式	2年	30	2021年12月20日

（三）特殊需要信托挑战与展望

1.特殊需要信托的挑战

特殊需要信托现处于探索阶段，要发展为一项成熟的业务，目前还有不少挑战。

一是特殊需要信托服务框架下存在角色缺失。我国特殊需要信托处于初期发展阶段，虽然已经基本形成了由信托公司负责财产管理、监护人负责分配决策、监察人负责监督流程、服务中介机构对接第三方服务的业务框架，但由于与特殊需要信托匹配的服务产业链尚未完全形成，因此，除信托公司外的其他服务角色严重缺失，客户对特殊需要信托是否确实可依信托文件确立的服务框架实现对特殊需要人群的保障存有疑虑。

二是特殊需要信托服务链条长，系统建设要求高。特殊需要信托管理周期长、内容复杂，随业务规模扩大及后端服务资源的接入，信息与数据量随之增长。特殊需要信托设立、运营、信托利益分配等流程均需较强信息处理和数据服务与治理能力，目前信托公司的业务系统尚难以完全对接与支撑，一定程度上影响特殊需要信托业务的大规模开展。

2.特殊需要信托发展展望

特殊需要信托有望得到进一步发展。特殊需要人群保障需求巨大，信托制度管理优势突出，两者结合使得特殊需要信托具有巨大发展空间，未来有望成为信托公司主要的转型业务方向之一。在实践探索的基础上，由监管部门或行业协会主导的相关义务规范或指引未来也有望出台，进一步厘清特殊需要信托规范定义，明确各相关当事人关系及各类主体责任与义务，从特殊需要信托的设立与管理、受托人及服务机构准入、受益人保障、外部监督管理等方面引导特殊需要信托规范发展。

特殊需要信托服务框架有望进一步完善。特殊需要人群不同阶段需求不同，需要不同的服务主体提供诸如法律、财务、投资、医疗、教育、康养等多方面的不同服务。当前特殊需要信托服务框架存在一定角色缺失，随着特殊需要信托业务的开展与需求增多，相关主体有望不断孵化与补位。同时，可推动政府等具有公信力的角色，以监察人的身份完善和充实整个架构。

特殊需要信托服务场景有望进一步丰富。特殊需要人群个体差异大，需求个性化、差异化特征明显。信托公司可根据客户不同需求，因事制宜，开展"特殊需要+家族"信托、"特殊需要+保险金"信托、"特殊需要+养老"信托、"特殊需要+慈善"信托等创新型业务，拓展特殊需要信托服务场景，满足不同情况下特殊需要人群的差异化需求。

二、预付类资金受托服务信托

（一）预付类资金受托服务信托发展背景

预付类资金受托服务信托是指对各类服务商家收取的预付款及押金、物业公司收取的物业管理相关资金以及其他预付类资金进行受托管理的信托。预付类资金受托服务信托的应用场景多样、覆盖面广，包括酒店、美容美发、餐饮娱乐、健身等预付式消费中的预付款管理，租车、租房、长租公寓、连锁加盟、二手房买卖等共享经济及交易中的押金管理，物业相关资金管理，以及补贴与赔偿款、工程结算资金等资金的管理。

当前预付类资金存管面临较大问题，预付款和押金管理存在"资金混同"，商家往往挪用资金，甚至卷款跑路；物业相关资金管理存在"委托—代理"问题，资金管理不透明。运用信托制度管理预付类资金，不仅可实现预付资金与其他资金的风险隔离，对信托财产进行安全保管，还可引入政府管理部门、行业协会担任监察人，保障消费者的合法权益，同时也可将沉淀资金投资于高流动、低风险金融资产，满足预付类资金管理的保值增值要求。

2020年"两会"期间，全国人大代表、中国银保监会信托部主任赖秀福建议"进一步强化信托机制在涉众性社会资金管理方面的推广应用，在预付式消费、分享经济、物业维修基金等领域，推广运用信托机制进行资金管理"。银保监会在2020年底对该建议的答复中明确表示，引导信托业利用信托在财产独立性、风险隔离、账户管理等方面的制度优势，积极发展预付款信托、资金存管信托等服务信托业务，将上述内容纳入信托业转型改革方案积极推进实施。

2021年，有两项针对预付资金监管领域的政策出台。1月19日，中国人民银行发布《非银行支付机构客户备付金存管办法》，针对预付卡的备付金存管提出了更为细致的监管要求。12月28日，无锡市教育局等七部门联合印发《无锡市学科类校外培训机构预收费资金监管办法（试行）》，为信托模式监管校外培训预付资金确立制度基础。

（二）预付类资金受托服务信托实践探索

近年来，信托行业持续深化对服务信托的探索，已有多家信托公司在教育预付款、物业服务管理等预付类资金管理领域探索尝试，设立管理信托提供预存资金保管、交易安全保障、支付结算等服务，实现资金监管等功能。除已落地的预付类资金管理信托项目外，也有多家信托公司探索开发相关信托服务，包括五矿信托开发的五缴星系列服务信托、浙金信托探索企业食堂餐费预付款信托、紫金信托的教培行业资金管理信托、东莞信托的医学健康管理服务信托和农民工工资服务信托等。

1.预付款和押金类服务信托实践

（1）中信信托殡葬服务预付款管理信托

从2013年起，中信信托就尝试推进预付类资金受托服务信托，陆续探索过旅游、养老、殡葬、劳务结算等应用场景。2017年11月，中信信托与专业从事殡葬服务的北京同泰投资管理有限公司合作开展"北京同泰平台事务管理信托项目"，为国内首单预付款管理信托。在该项目中，客户认购"泰康·礼赞人生"产品，北京同泰收到客户付款后逐笔将约定比例的资金交付至信托项目。双方通过系统对接，对每笔业务的订单信息、客户信息、资金流水、信托文件等多个维度进行精准登记。

当客户正常行权，北京同泰按约定提供相应殡葬服务后，中信信托对客户行权材料进行审核，审核后向北京同泰结算资金；当客户申请退款或因北京同泰出现重大不利情形等导致客户与同泰之间合同解除时，中信信托将向客户退还资金（见图15-5）。

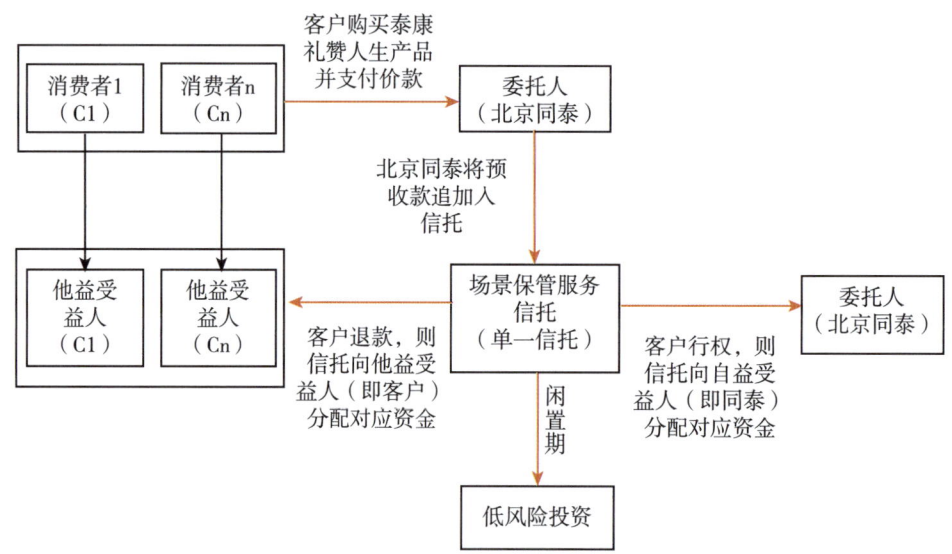

图15-5　中信信托·北京同泰平台事务管理信托交易结构图

资料来源：中信信托整理。

（2）国通信托预付款管理信托

2019年11月，国通信托设立单一服务信托，受益人为中顺易旗下消费商城的消费者。国通信托为每个消费者开立信托账户作为其在商城内的结算工具，并提供预存资金保管、交易安全保障、支付结算等服务（见图15-6）。

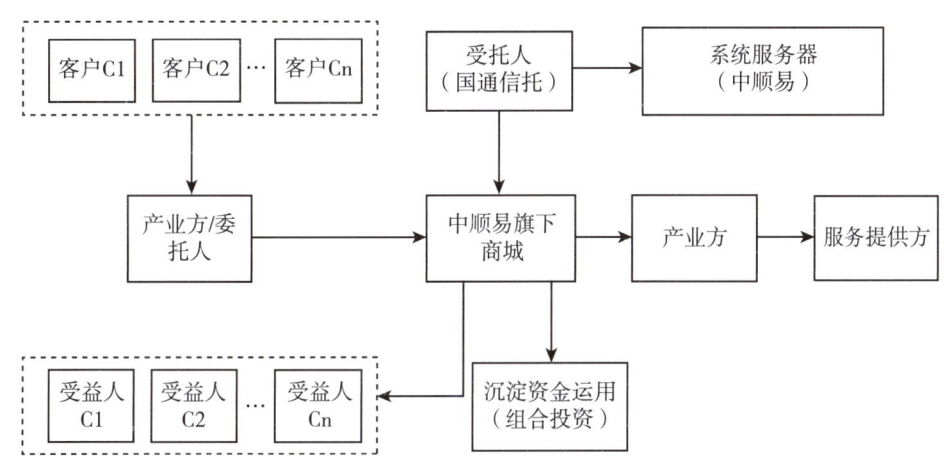

图15-6　国通信托·服务信托系列单一事务管理信托交易结构图

（3）国联信托教育培训资金监管服务信托

2021年10月20日，国联信托成立"国联信托·教育培训资金管理0号服务信托计划"，系信托业内首单教育培训资金监管的服务信托。国联信托投入500万元开发预付资金管理系统，与"无锡市教培机构监管系统""灵锡"APP连接，建立教培机构、消费者和信托公司一体化平台，线上完成三方合同签署和资金划付。

消费者将培训费作为委托财产交付给信托公司，信托公司按照培训进度定期向培训机构划付已结课程的费用。期间如一方提出退费，信托公司按消费者和培训机构协商的退费金额或比例进行退、付；如培训机构"跑路"，则在教育主管部门核实后向消费者退费。信托公司对存量资金进行低风险投资，在培训机构完全履行培训义务情况下，投资收益归培训机构；未完全履行培训义务的，投资收益归消费者。无锡市教育、市场监督等主管部门作为监察人，对信托资金运作情况进行监督（见图15-7）。

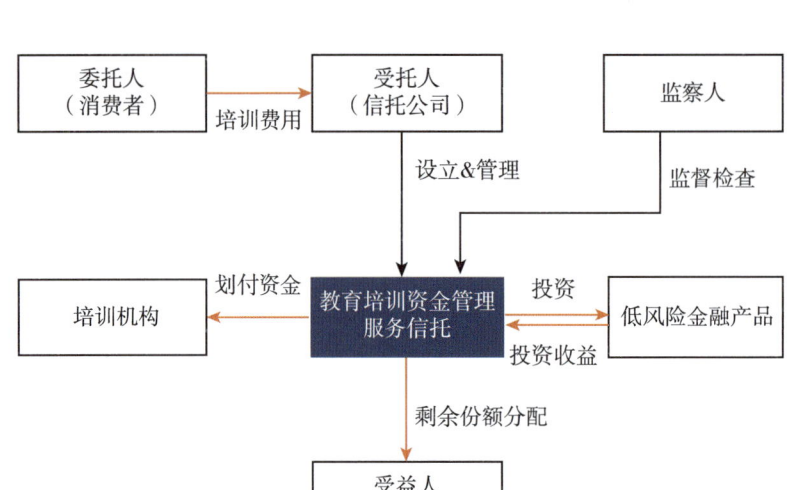

图 15-7　教育培训资金管理服务信托产品模式图

（4）苏州信托校外培训资金监管服务信托

2021年11月12日，苏州信托成立"苏信服务·新科教育众安1号服务信托计划"。苏州市地方金融监督管理局牵头建设苏州市预付式消费资金管理平台，此平台包含消费者端、商户端、金管局管理端、各个行业主管部门（如教育局、体育局、住建局等）管理端和信托管理端，苏州市校外培训预付资金信托管理系统是其子系统，苏州信托作为受托人负责提供信托服务和系统运营服务（见图15-8）。

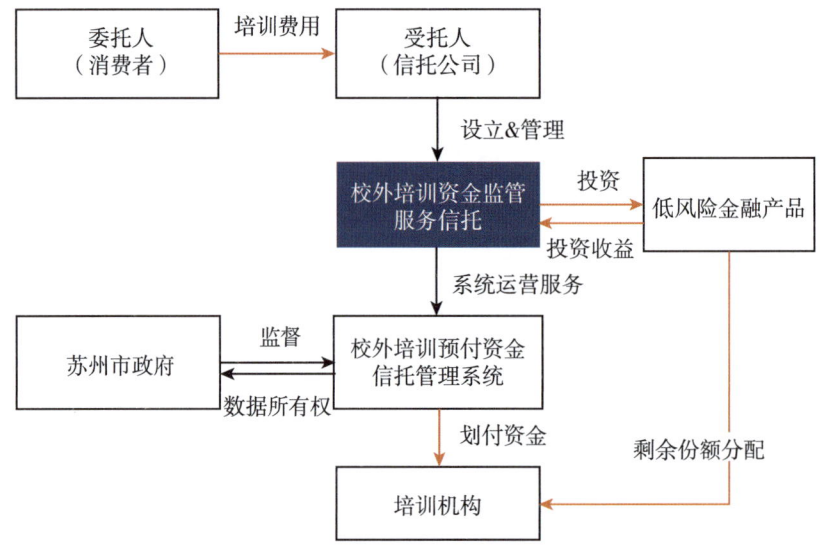

图 15-8　校外培训资金监管服务信托产品模式图

目前，苏州市预付式消费资金管理平台已开发的预付资金托管系统还包括体育领域、住房租赁、商超预付资金管理等。

2.物业服务信托实践

针对物业服务行业社会公信力下降的治理危机，信托制物业模式在全国多个小区快速发展，为信托参与物业资金管理打造了良好基础。

> **专栏15-1**
>
> ### "信托制物业"的发展
>
> "信托制物业"最早于2007年在北京朗琴园小区试行实施，以信托为基石，以物业管理活动的公开透明为特色，建立了业主与物业的良性合作关系。2019年，成都市武侯区创新推进"信托制物业"服务模式，将物业费和公共收益全部设立为业主共有基金。物业公司回归"忠诚管家"的受托管理角色，依照物业服务年度预算、标准管理、信息披露和自我举证制度管理共有基金，业主拥有查询和质询权。同时将社区"两委"和律师、会计师等社会专业人士设为监察人，赋予与业主同样的权力。
>
> 截至2021年底，已有北京、四川、河南、山东等地共19个小区进行试点，试点小区居民矛盾纠纷量逐年递减10%左右，物业费收缴率平均达到95%以上，小区居民满意度平均达到93%以上，取得了良好的社会效果。

（1）万向信托——物业服务信托

2021年9月，万向信托落地"阳光物业系列"服务信托。万向信托为受托人，对小区物业费及公共收益等资金进行安全及高效运用管理，为小区业主提供资产保值增值、破产隔离、安全管理及资金运用信息披露等专业服务。物业公司为委托人，履行社区管理职能。小区业主为受益人，可通过手机端小程序实时查询账户资金使用明细，对物业服务进行有效监督（见图15-9）。

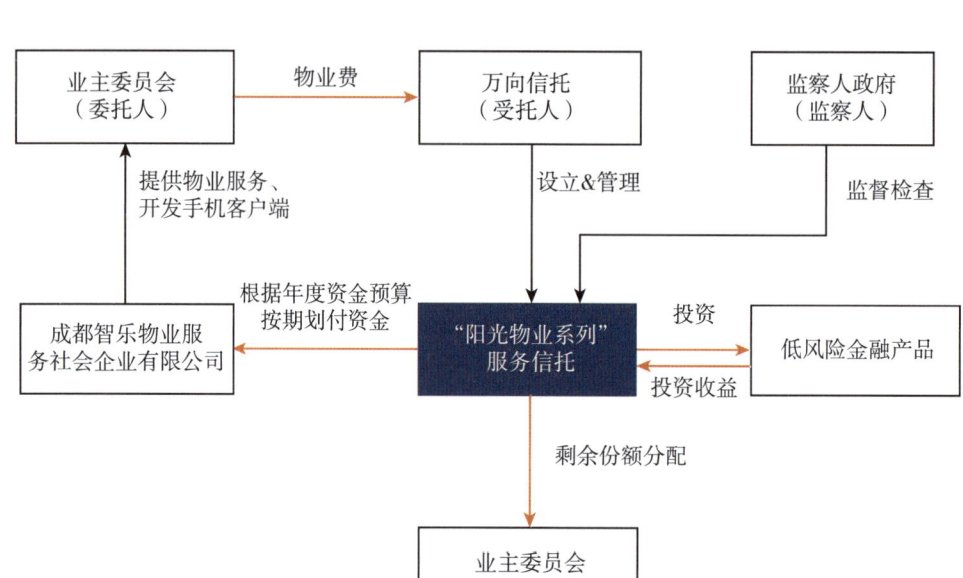

图15-9 万向信托物业服务信托交易结构图

（2）中航信托——社区管理服务信托

2021年10月，中航信托与成都市武侯社区发展基金会设立了国内首单社区发展基金管理服务信托。中航信托以信托账户为载体，发挥信托财产独立、破产隔离、资源整合的优势，为社区发展基金会提供独立建账、财产保管、流动性管理、保值增值、匹配捐赠人、孵化资助项目等系列服务，助力其更好地实现共建共治共享的目的（见图15-10）。

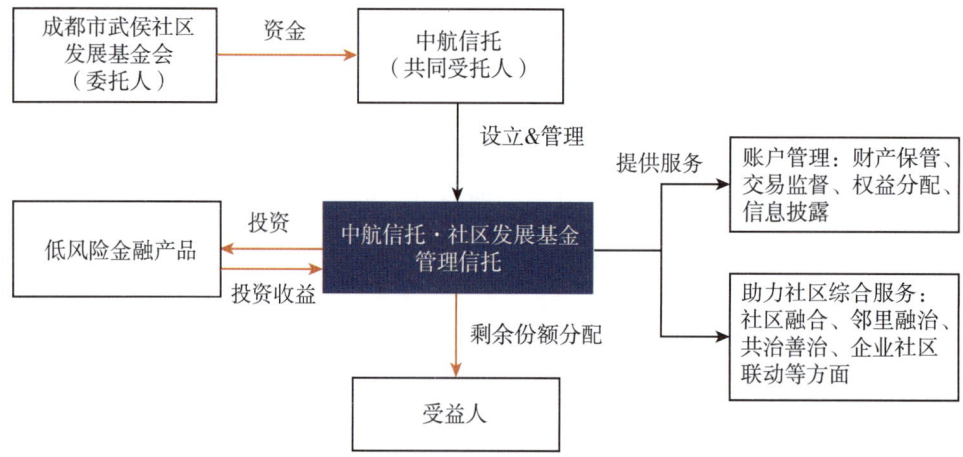

图15-10 中航信托社区发展基金管理信托交易结构图

（3）中航信托——"双受托制"物业管理服务信托

2021年10月13日，中航信托与成都市香城丽园小区、香江岸小区、福珠苑小区业委会以及成都益民源、成都诚智物业、成都智乐物业签订合同，落地物业管理服务信托，是国内首单"双受托制"物业管理服务信托。

业主大会或业委会作为委托人，物业企业和信托公司共同作为受托人，发挥各自领域的专业优势，既相互配合又相互约束。物业公司承担小区物业服务工作。信托公司承担小区物业费、公共收益等业主共有资金的管家角色，以业主共有资金信托专户为载体，开展财产保管、权益登记与分摊、支付结算、执行监督、清算、信息披露等托管运营服务，实现共有资金的事务管理和保值增值需求。小区业主可定期了解账户资金变动情况，对物业费的支出使用进行有效监督。"双受托制"物业管理服务信托让物业公司真正回归"管家"角色，真正做好社区服务，最终实现业主、物业公司、信托公司多方共赢（见图15-11）。

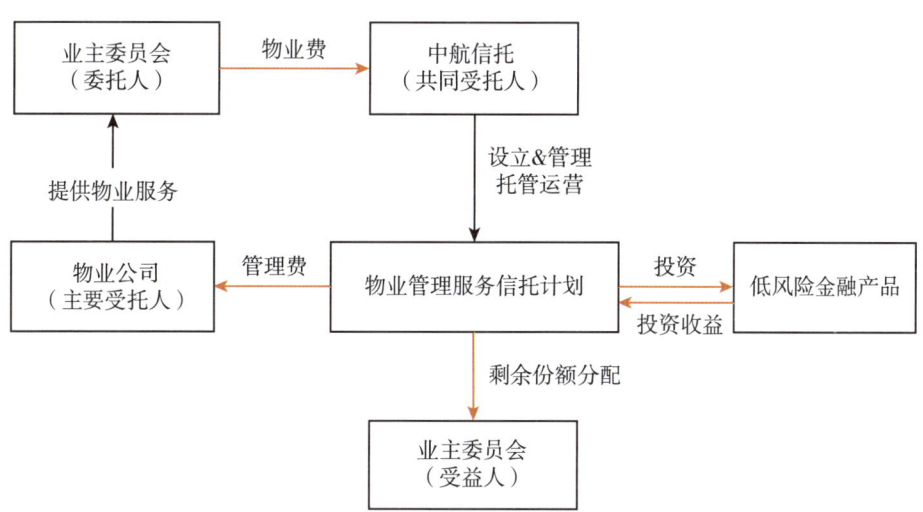

图15-11 中航信托"双受托制"物业管理服务信托交易结构图

3.其他预付类资金受托服务信托实践

（1）资金结算服务信托

2018年6月27日，中信信托携手佰所仟讯，通过资金清结算服务信托体系，共同打造全球工业原料服务平台，为石油化工、塑料、煤焦、造纸等行业的上下游企业提供商品报价、交易撮合、支付结算、货物交收等综合服务。中信信托资金清结算服务信托为"商品通"首批产业客户提供了基于客户资金委托、资金支付、资金管理等综合服务。

2019年，西部信托成立了"西部信托·通享1号服务信托"，为资金结算服务信托。网络货运平台公司为委托人，信托公司为受托人，为委托人开设统一的专用信托账户，利用银行以及第三方支付公司的线上及线下服务工具，按照委托人指令，为其运输货款的清分、贸易资金支付提供结算服务，同时为资金方的融资资金提供清算及监管服务。该服务信托有效提高中小企业的资金使用效率和账户管理安全性，增强线上贸易的安全性。

（2）资金存管服务信托

2021年，爱建信托积极探索开展房地产预售资金存管服务信托，预计规模不超过18.5亿元。在该项目中，房地产项目公司作为委托人，以房地产预售资金设立"资金存管服务信托"，信托资金用于项目开发建设。信托资金用于支付工程款等划付时，由房地产项目公司和预售资金监管银行共同发出指令。该信托项目可以保证项目资金的准确运用，避免在市场下行中因资金被抽调等导致项目停工烂尾的风险，有助于维护房地产市场稳定。

（三）预付类资金受托服务信托挑战与展望

1.预付类资金受托服务信托的挑战

相关政策制度体系有待完善。我国目前关于预付消费的规定主要散见在《民法典》《消费者权益保护法》《非银行支付机构客户备付金存管办法》等法律法规之中，相关规定不具备可操作性、系统性和针对性。预付类资金管理亟须在立法和监管层面加强研究、填补已有制度体系的空白。

社会公众对信托认知度不高导致展业困难。预付类资金受托服务信托的潜在委托人和受益人为社会公众，但是普通社会公众对信托较为陌生，作为资金收取方的商户也不愿接受资金的托管与监管，造成预付类资金信托的展业困难。

信息科技系统建设要求较高。预付类资金的日常运营中需要管理海量信息数据，完成资金的灵活、及时划转，业务开展必须依赖体系化、标准化的账户运作与管理，对信托公司的信息科技系统建设要求较高。信息系统建设与运维前期投入高，可能制约预付类资金受托服务信托的发展。

2.预付类资金受托服务信托发展展望

配套法律法规有望进一步完善。2020年11月银保监会回复"两会"建议表示，将会同相关部门推动信托机制用于预付款信托、资金存管信托的可行方式，加强制度建设，为信托机制应用创造良好环境。信托参与预付类资金管理的制度环境预计将逐步建立健全。

服务领域有望进一步延伸。预付类资金受托服务信托涉及资金规模巨大、场景多样，市场空间广阔，服务领域有望进一步延伸。未来在预付式消费、共享经济、物业领域的信托有望成立更多产品。在医美、教育、养老等单笔金额较大的预付式消费受托管理中，也有利于信托公司锁定高净值客户、深入高端消费服务市场。另外，可以在实现基本受托功能的同时开展附加业务满足不同角色的多元化需求。

信托公司管理服务体系不断完善。信托公司发展预付类资金受托服务信托，将根据目标场景需求开展预付类业务顶层设计，逐步建立相适应的业务体系，设计业务模式、风控标准、运营模式，培养和引进专业人才。同时将增强信息系统建设，强调受托人文化，增加客户满意度，扩大受托管理的规模，推动预付类资金受托服务信托不断发展。

三、破产重整信托

（一）破产重整信托发展背景

目前，业内尚未形成对破产重整信托的统一定义，参照业务实践，广义的破产重整信托可定义为信托公司在企业破产重整过程中，通过服务信托、股权投资、信托贷款等模式，整合不同的金融工具，提供重整融资、事务管理、运营清收等一揽子的解决方案，帮助投资人、管理人、债权人等重整利益相关方实现各种诉求。狭义的破产重整信托则聚焦于服务信托，即信托公司在企业重整过程中剥离资产设立财产权信托，通过对资产的管理与处分实现信托财产的增值或清收和债权的清偿，使债权人获得资产运营处置的相关收益。

专栏15-2

破产重整信托发展的社会背景与市场需求

近年来，随着新冠肺炎疫情蔓延反复，经济增长动能转换，我国金融体系和实体经济领域的风险持续积累和暴露，不良资产规模增长迅速。金融系统中，我国商业银行不良贷款经过高速增长进入相对平稳阶段，银保监会2021年第四季度银行业保险业主要监管指标数据情况显示，2021年末不良贷款余额2.85万亿元，同比增速5.4%；但非银金融领域风险仍然持续暴露，据保守估计，来自信托、租赁、银行理财子公司、资管公司等非银部门的不良资产超过万亿元；债券市场全年累计37家企业违约，规模达1 076亿元。实体领域，随着新冠肺炎疫情反复、消费需求下滑、供应链紧张、原材料价格上涨等因素影响，企业经营压力增长，偿债能力堪忧，实体经济不良资产持续增长。同时，破产案件呈上升趋势，审结重整案件数量同步增长。据全国企业破产重整案件信息网披露，仅2021年，破产案件公告就已多达59 290件，比上年增长59.5%。2021年度有77家上市公司被实施ST，20家公司退市，退市数量为历史新高。

在此背景下，对破产重整服务类信托产生巨大诉求。越来越多的大型或超大型规模的企业集团，由于负债多、结构不合理、财务成本高昂，最终由流动性风险演变为破产的结局。几乎没有投资者有能力或者有意愿接收所有资产；部分待处置资产在短期内无法立即处置，往往成为超大型企业破产重整路上的拦路虎，甚至会拖延破产重整流程。

信托公司凭借灵活的制度优势、风险隔离的特点，将能很好地解决破产重整中各参与方的痛点。近年来破产重整信托逐步发展，信托在破产重整中突出体现出他益特征、隔离特征、管理特征和金融特征四个特征：第一，他益特征指的是在破产重整信托中，以债务人财产或其收益权作为委托财产委托给受托人设立信托计划，受托人通过管理运用和处分信托财产，通过向原债权人分配信托利益或原债权人将信托受益权转让的方式实现债权清偿。第二，隔离特征指的是信托财产具有效力层级最高的法定破产隔离的作用，破产重整项目中，以剥离资产设立财产权信托，该部分资产不纳入企业破产财产，由信托公司独立运作，可以有效隔离与原破产主体其他财产之间的关联性，有效避免风险传染。第三，服务管理特征指的是破产重整信托通过受托人构建资产管理平台，有效发挥信托的财产管理功能，对置入信托的财产进行专业管理和处置。第四，金融特征指的是在破产重整信托中，可以利用信托灵活的业务模式和资金运用方式，充分发挥投融资功能，为破产重整提供资金和资源支持。

（二）破产重整信托实践探索

1. 破产重整信托的整体进展

近年来，各信托公司主动创新求变，发挥信托本源优势，针对大型和超大型破产重整主体存续时间长、法律关系复杂、债权债务体量大，需要充分时间和大量投入进行全盘梳理和解决等特点，和投资人、管理人、债权人等利益相关者诉求不一难以协调的痛点，巧妙运用信托制度搭建持股平台、资产平台、处置平台，及时帮助实体企业纾困。我国法院在企业破产重整中也开始引入信托架构，并演化出多种信托服务模式。

2019年，建信信托首创"彩蝶"系列破产重整服务信托业务，将信托模式成功运用到天津渤海钢铁集团破产重整项目中，开行业先河，此后多家信托公司纷纷试水。根据协会调研数据和公开资料不完全统计，2021年，共有6家信托公司着力布局破产重整信托业务，2家参与或有意向参与，2021年底整体受托资产规模已超过4 500亿元（见表15-2）。

表15-2　　典型信托公司破产重整业务开展情况

信托公司	业务规模	部门建设与人才队伍	系统建设	展业区域	典型案例
建信信托	中标总金额约3 000亿元，已落地项目6个，落地受托财产规模超2 300亿元	2021年设立债务重组事业部，设置债务重组业务专项研究团队和债务重组运营团队	搭建债务重组业务服务平台，实现科技系统支持及相关运营环节的线上化	覆盖天津、山东、重庆、广东、辽宁、青海等多个省市	渤钢集团、康美药业
国民信托	落地实践的模式为信托平台搭建，落地规模总计约为1 067亿元	2021年中旬成立服务信托事业部，现有50余人，专注相关领域业务的开发与落地，并在核心客户所在地设置常驻机构			天津物产、中科建设、湖北新楚风汽车、西王集团

续表

信托公司	业务规模	部门建设与人才队伍	系统建设	展业区域	典型案例
平安信托	特殊资产财产权信托在手业务规模已达320亿元［不含方正项目（公开信息查询）］	归入平安信托特殊资产事业部相关团队管理	耗费数百万元，开发客户信息采集及核验系统，专项用于支持破产重整中财产权信托的信息采集及监管信息报送工作		北大方正

实践中，建信信托、国民信托等机构的破产重整信托已经形成一定规模，并归属专门部门进行统一拓展和管理。建信信托与平安信托搭建了专门的应用系统，针对通过科技和数字化手段实现破产重整业务的运营线上化和客户信息管理数字化。

专栏15-3

平安信托客户信息采集及核验系统

区别于传统资金信托，破产重整的财产权信托受益人规模庞大且客户配合意愿低，而客户基础信息、相关税收信息、反洗钱等信息核查及监管报送工作涉及采集要素100余个。海航集团重整设计债权人数量超六万名，如采取人工采集受益人信息的方式，不仅难度非常大，且极易引发严重的操作风险。在北大方正财产权信托项目推动过程中，为提升客户的服务体验、提高数据采集准确率、降低客户的沟通成本、避免人工操作风险，平安信托组建了超百人的科技支持团队、耗费数百万元资金成本，开发了一套强大的客户信息采集及核验系统，专项用于支持破产重整中财产权信托的信息采集及监管信息报送工作。

该系统可实现财产权信托产品运营管理全流程线上化，包括但不限于产品建立、超500名受益人份额登记、产品成立公告、信息披露、清算分配、监管报送、单证管理等功能，可提高业务处理效率、提升客户服务体验、保障业务开展质量。

根据信托公司的角色，目前实践中破产重整信托主要有破产重整服务信托、破产重整融资信托和破产重整投资信托三类业务模式，破产重整服务信托是目前信托公司开展业务的主流模式（见表15-3）。

表15-3　　　　　　　信托公司开展破产重整信托情况统计

序号	受托人	重整企业	项目名称	类别	信托规模（资金/财产，亿元）
1	建信信托	渤钢集团	彩蝶1号财产权信托计划	破产重整服务信托（出售式重整）	1 216.63
2	建信信托	康美药业	彩蝶7号财产权信托计划	破产重整服务信托（出售式重整）	18.20
3	平安信托	北大方正	平安信托北极一号财产权信托	破产重整服务信托（出售式重整）	
4	国民信托	天津物产集团		破产重整服务信托（出售式重整）	
5	国民信托	中科建设		破产重整服务信托（存续式重整）	
6	中信信托	永泰科技	中信信托·永泰财产权信托计划	破产重整服务信托（存续式重整）	155.00
7	大业信托	华瀚科技	大业信托——华瀚科技破产重整项目集合资金信托计划	破产重整融资信托	33.268
8	中航信托	国开置业		破产重整投资信托	2.70

2.破产重整服务信托典型模式及案例

实践中，信托公司已经通过不同模式的破产重整服务信托，参与了渤钢集团、北大方正、中科建设、康美药业、海航集团等多个市场关注度高、社会影响力大的大型超、大型企业的破产重整，具有良好的示范效应。

（1）出售式破产重整服务信托

该模式适用于破产企业产业多元，重整投资人仅希望持有其核心资产，其余资产通过清收处置能产生一定的现金流或具有清收价值的业务场景。信托公司将重整投资人不愿投资的非主营资产或核心资产剥离，设立服务信托；并视资产情况确定是否提供受托清收服务。这种模式具有以下四点优势：①风险隔离：通过信托架构实现了优质资产与低效资产的风险隔离；②换取时间：破产重整的程序需要6+3个月，无法在短期内完成低效资产的处置，通过设立财产权信托，为财产处置争取了充分的时间；③中立地位：由信托受托人或委托第三方进行低效资产的处置，确保破产程序中中立第三方主导处置工作的延续性；④补充分配：财产权信托对低效资产的处置所得，将向债权人进行补充分配，未获清偿的债权可以进一步得到清偿。

建信信托——彩蝶1号财产权信托计划于2020年1月15日成立。该项目作为全国首例以信托模式参与企业重整的项目，通过发挥信托制度及受托管理服务优势，不但有效化解了渤钢集团重整中的难点问题，同时也为企业重整及相关金融风险化解开拓了一条新路径。

▶ 案例15-4

建信信托——彩蝶1号财产权信托计划（渤钢集团）

2018年，"渤钢系"48家企业陷入债务危机，并经法院裁定破产重整。2019年，《渤钢系企业重整计划》经债权人会议通过并经法院裁定批准。重整计划引入投资人唐山德龙，并与信达资产、建信信托密切合作，采用"出售式重整"模式，一分为二，分别重组为"钢铁资产控股平台（新渤钢）"和"非钢资产平台（老渤钢）"。其中，非钢资产平台承接未纳入钢铁资产平台的全部资产、运营业务，并解决渤钢系企业部分负债。以总价值1 216.63亿元的资产为基础，成立财产权信托，并委托第三方专业资产管理公司，有效运营、管理和处置非钢资产，债权人通过获得信托受益权份额实现债权清偿。

渤钢系企业重整具有项目规模大、债权人众多、方案结构复杂等特点，重整方案确立期间存在以下难点：①债权人数量众多且诉求不同，难以形成一致意见；②重整资产规模庞大、种类庞杂且处置期限较长，资产管理与处置难度较高；③重整资产无法实现安全隔离，债权人利益难以得到保障；④传统重整方案下债权人受偿率严重受限，中小金融机构将承受巨大损失压力，甚至可能导致金融风险的集中爆发；⑤难以建立高效、有效的债权人决策及监督机制；⑥企业生产型资产占全部资产的比例较小，剩余资产包括企业长期股权投资、应收账款等资产，战投无意参与。

通过破产重整服务信托方案使上述问题得到了较为有效的解决。截至2021年7月，已协助一千余名债权人与委托人完成信托受益权份额的转让，并向受益人进行两次利益分配。目前，项目处于平稳运行阶段（见图15-12）。

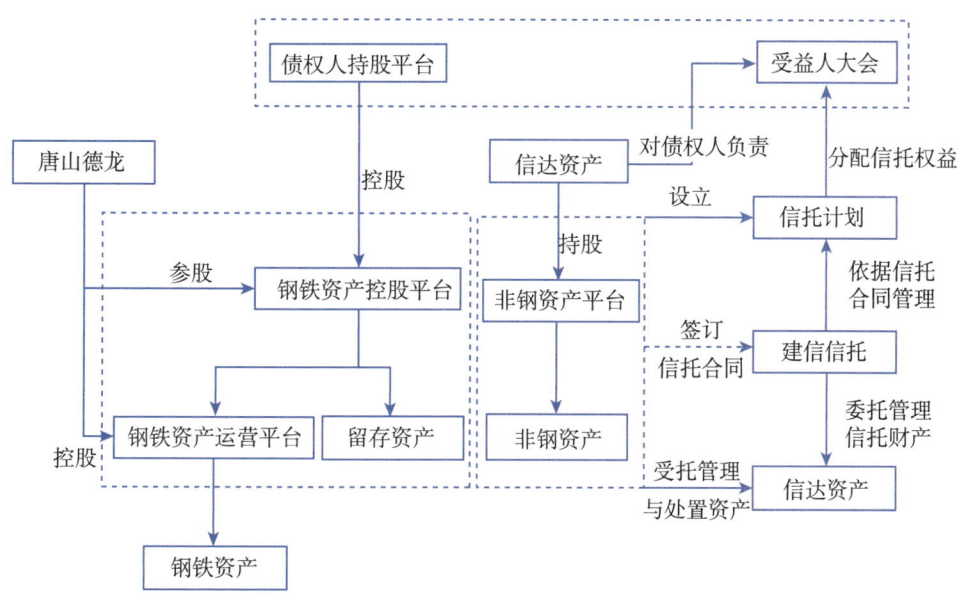

图15-12　渤钢集团破产重整方案

出售式重整的交易架构在近年来的重整服务信托中广泛运用，平安信托2021年落地的方正集团破产重整信托也采用此模式，以财产权信托作为"待处置资产"的持股平台，提供信托事务管理和清收服务。

▶ 案例15-5

平安信托——北极一号财产权信托（方正集团项目）

北大方正集团2019年底开始陷入债务危机，引发社会与市场的强烈关注。2020年2月北京一中院受理对方正集团的重整申请，并指定由人民银行、教育部、有关金融监管机构和北京市有关职能部门组成的清算组担任北大方正管理人。2021年中，方正集团及其四家子公司"资产出售式"合并重整方案获表决通过。

方正集团各个板块的保留资产由联合投资者整体承接，除保留资产之外的待处置资产阶段性留在重整主体。因历史遗留问题，待处置资产情况复杂，短期内处置不具有可操作性。平安信托成立财产权信托，承接这部分待处置资产（见图15-13）。

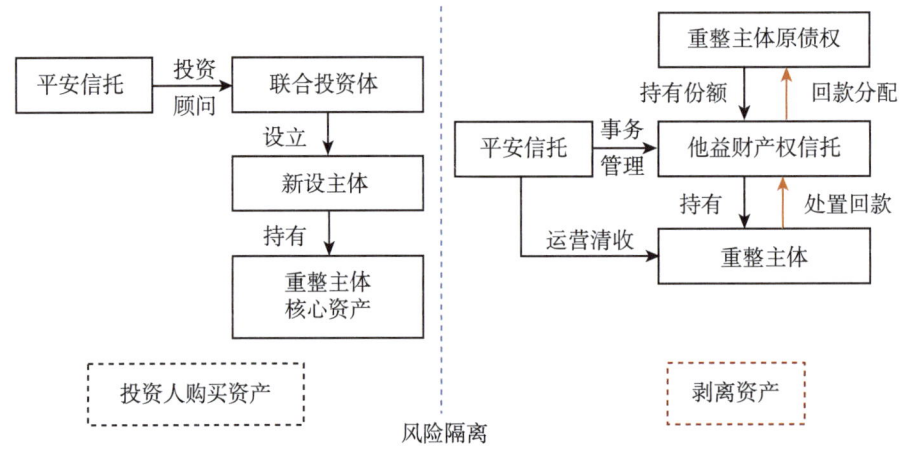

图15-13　方正集团破产重整方案

财产权信托计划的管理和处置采用分层决策机制，区分对受益权权益影响的情况及时效要求的程度划分决策层级，兼顾了决策的规范性、原则性和灵活性。平安信托在提供事务管理服务同时，为信托受益人提供应收账款清收、瑕疵资产确权、资产破产清算等一揽子运营清收服务（见图15-14）。

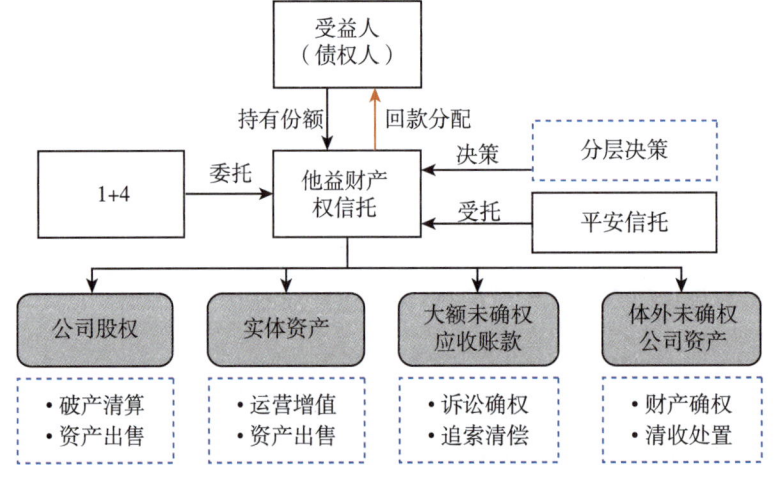

图15-14　方正集团财产权信托提供的清收服务

（2）存续式破产重整服务信托

存续式重整适用于破产企业面临暂时性、流动性危机，但资产有稳定现金流，具有自救性，原股东和管理层稳定，有继续经营意愿及专业能力的场景。在实操中，原股东作为委托人，将破产重整企业股权转让给作为受托人的信托公司设立服务信托，受益人为全体债权人。该模式的优势在于：①破产重整企业属于信托财产，具有独立性，债权人不能对该企业股权资产进行申请冻结查封，原股东也无法将企业财产质押；②破产企业偿还完债权人负债后，信托资产按原状分配，可使原股东继续享有股东权益。国民信托的中科建设项目和中信信托的永泰科技项目是该模式的典型案例。

▶ 案例15-6

国民信托——中科建设项目

2018年5月，中科建设开发总公司（以下简称"中科建设"）出现债务违约，后引发多米诺骨牌效应，导致中科建设及其关联公司全面的债务危机。2020年10月10日，上海市第三中级人民法院依法裁定受理中科建设重整。

在此项目中，中科建设全部资产纳入信托计划，中科院行管局将持有的中科建设全部股权无偿划转至信托计划，从而实现全部资产用于清偿债权。并根据后续潜在投资方的需求以及具体资产经营情况，同时基于受益人大会、受益人常务委员会的决策，对中科建设子公司的经营、管理、资产进行梳理和调整，并将为重整企业提供恢复主业所需的部分资金。信托计划还为债权人引入纾困方案，债权人可通过重整服务信托专项系统实现信托收益权份额转让和进行消费（见图15-15）。

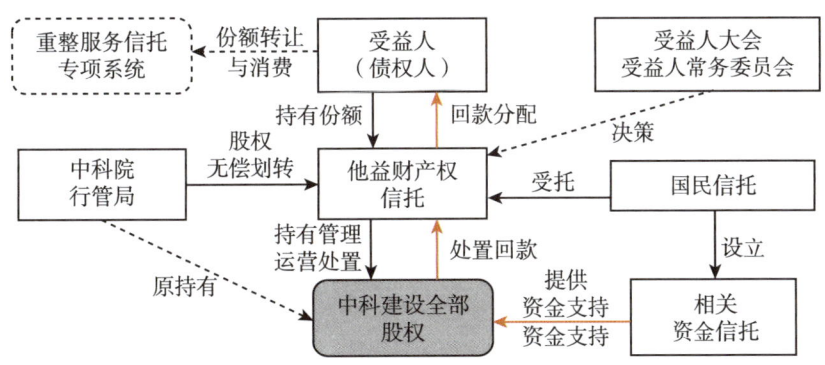

图15-15 国民信托中科建设重整项目结构图

该方案能够简化债权清偿程序，可有效实现中科建设价值最大化，最大限度保障债权人权益，并为个人债权提供纾困服务，为债权人提供更多的处置选择。

2021年12月，中信信托参与永泰科技投资有限公司等五家公司实质合并重整计划，并担任破产重整服务信托的受托人。信托规模约155亿元，由中信信托特殊资产业务部开展。

● ▶ **案例15-7**

中信信托——永泰财产权信托计划

2021年12月31日，中信信托设立中信信托·永泰财产权信托计划，承担永泰科技投资有限公司等五家公司实质合并重整计划的财产权信托的受托人工作，该财产权信托计划规模约155亿元，信托期限6年，可根据信托文件约定予以延长。信托财产为委托人持有的永泰集团有限责任公司全部股权对应的收益权及对其的债权。信托计划的主要收益来自于永泰集团有限责任公司等五家公司的底层资产的经营处置收益，以及所持有上市公司的利润分红及股票减持收益。该信托计划采用自益信托，委托人将持有的信托受益权份额拆分转让至普通债权人以清偿普通债务。信托计划设置受益人大会、管理委员会及下属秘书处，其中：受益人大会为最高决策机构并对特殊重大事项进行决策，管理委员会负责信托计划具体事项的决策及实施，秘书处主要负责管理委员会的日常管理。中信信托作为受托人，主要承担信托受益权登记及转让、受益人大会召开、协助管理委员会/秘书处进行信托事务管理、信息披露、信托利益分配等工作。

（3）其他破产重整服务信托模式

破产重整服务信托除了上述出售式和存续式模式外，还有将财产权信托作为留债平台和转股平台等模式。此等模式可以简化留债、转股等复杂的交易结构，同时又不受债权人人数限制，可大幅缩短执行时间，提高执行效率。截至目前，行业尚未见这两种业务模式的项目落地，留债平台和转股平台模式尚处于研究推进中。

3.破产重整融资信托与破产重整投资信托的实践探索

除了破产重整服务信托外,破产重整融资信托和破产重整投资信托也在积极探索中。

大业信托依托股东东方资产管理公司的股东资源,设立大业信托·华瀚科技破产重整项目集合资金信托计划,向华瀚科技的重整投资人发放信托贷款,通过破产重整融资信托模式参与华瀚科技的破产重整。

▶ 案例15-8

大业信托·华瀚科技破产重整项目

华瀚科技有限公司是一家以管道研、产、销为主业的高新科技企业。近年来,因经营失误出现资金链断裂,陷入债务困境,2019年底经深圳中院批准进入破产重整程序。为助力华瀚科技推进重整、恢复经营,东方国际联合华润资产、华润置地作为重整投资人,通过大业信托设立集合类服务型信托后注资重整投资人,于2020年7月20日完成首期重整投资款30亿元的投放,用于向法院申请启动破产重整计划。后续通过资产剥离和非主营资产剥离进行城市更新等综合方式提升债务人资产价值,实现债务清偿及重整投资人的投资收益(见图15-16)。

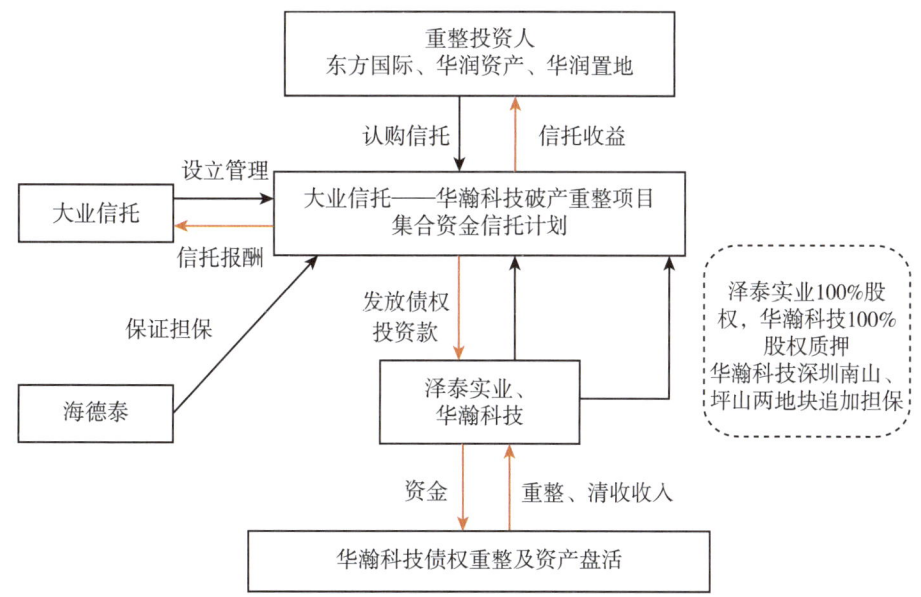

图15-16 大业信托华瀚科技破产重整信托结构图

中航信托把包含破产重整业务在内的特殊机会投资作为业务重点。在国开公馆项目中，实现了对烂尾开发项目的盘活。

●▶ 案例15-9

中航信托——国开置业破产重整项目

安徽国开置业有限公司（简称"国开置业"）由于经营不善，陷入众多诉讼纠纷，部分预售房屋、土地、银行账户等被多家法院多轮查封。为解决房屋烂尾问题，由合肥包河区政府牵头成立国开公馆项目推进小组。2017年6月，合肥包河经济开发区管委会下属的全资公司与国厚资产联合成立包河国厚资产管理股份有限公司（以下简称"包河国厚公司"），启动国开公馆复建工作。后由垫资分包方提出"执转破"申请，并于2018年12月经法院做出受理的裁定。2019年1月国开公馆二期交房，600余户业主拿到房子，国开公馆前期处置工作取得阶段性成功，为破产重整奠定了坚实基础。

包河国厚公司后中标投资人。中航信托与包河国厚公司合作成立铜陵市航鑫企业管理服务部（有限合伙）（以下简称"重整基金"），包河国厚作为GP，中航信托发起设立信托计划认购重整基金的全部LP份额。最终，重整基金通过包河国厚向国开公馆项目注入约2.7亿元资金，以"小股+大债"并提供复工重建的必要开支的方式盘活国开公馆项目。经测算，本次重整大幅提升了一般债权人的清偿率。

2019年12月，"国开公馆"三期开始预售。信托计划于2021年1月顺利退出。

（三）破产重整信托挑战与展望

破产重整信托业务尚处于发展初期，在配套制度、业务开展、团队能力、盈利能力等方面都存在着难点与挑战。一是项目具有个性化特征、业务需求趋于多样化，对持续创新能力提出挑战。二是债权人数量多且构成复杂，对客户服务能力要求高。三是存续期间信托计划层面事务性工作及底层资产层面经营处置工作工作量大且较为复杂，要求具备高水平的运营管理能力。四是一般参与项目阶段较晚，要求能够根据基本确定的重整计划及时调整信托方案。五是行业存在低价竞争情况，破产重整业务，尤其是破产重整服务信托的盈利模式尚不清晰。

从未来发展来看，针对破产重整业务链，开展涵盖服务信托、融资信托和投资信托在内的破产重整信托业务，具有广泛的市场空间，对于具备条件的信托公司可以作为一项重要的转型业务加以布局。为此，相关信托公司针对上述挑战也在积极探索解决的路径，未来有望从研究引领、运营保障、科技支持、加强合作四个方面入手，不断提高破产重整信托业务能力，推进业务发展。一是加强业务研发，为破产重整项目从结构设计、合规论证、后期管理、信托收益分配、财务成本测算、系统开发支持等方面提供研究支持。二是成立专业化业务团队，组织化推动业务发展，不断提高业务运营效率和服务质量。三是搭建科技化业务服务平台和系统，进一步提升信托受益权转让及信息披露环节的工作效率、准确性及客户体验。四是通过与资产管理处置机构、评估机构、审计机构等相关参与方建立战略合作关系，发挥协同资源优势，为资产变现增值提供更多可能。

四、养老信托

（一）养老信托发展背景

养老信托是信托公司以信托的基本要素为前提，面向养老金、养老服务与养老产业三大养老领域所提供的信托产品和信托服务。在养老问题日益突出和养老保障服务体系变革的大背景下，也引来了养老信托的发展良机。

据中国保险行业协会2020年发布的《中国养老金第三支柱研究报告》预计，未来5—10年，将会有8万亿—10万亿元的养老金缺口。在巨大养老金缺口面前，国家政策正积极推动养老金融体系发展。2021年12月17日，中央审议通过《关于推动个人养老金发展的意见》，国内或将按"税延＋个人账户"设计发展第三支柱养老金体系，这预示着个人养老金"新时代"或将全面到来，我国养老金融体系也面临重塑，养老信托开始受到越来越广泛的关注和重视。

2021年，全国人大代表方燕建议建立养老信托制度，全国政协委员金李提出让信托机制在养老等领域发挥更大作用。同年，中国信托业协会召开常务理事会议，设立"中国信托业协会养老信托专业委员会"，共同探索信托公司如何发挥金融作用帮助解决养老问题，助力信托行业深入养老金融服务领域规范发展。

2022年2月，国务院印发《"十四五"国家老龄事业发展和养老服务体系规划》，该规划提出"鼓励金融机构开发符合老年人特点的支付、储蓄、理财、信托、保险、公募基金等养老金融产品"。可以预见，我国养老服务体系建设将提速，各类金融机构亦加快布局养老金融服务，信托行业全面布局养老信托服务的时机已经到来。

相较于其他金融服务模式，信托的财产隔离和独立性、连续性设计与养老需求匹配度较高，可有效保障养老资产的安全、跨周期管理；信托公司高效的事务管理能力可围绕养老场景实现康养医疗、子女教育、财富传承、遗产分配等多样化的特定目的；贯穿养老金、养老服务与养老产业三大养老领域的服务范畴也为信托公司综合性地开展"一站式"养老信托服务提供了广阔的市场空间。

（二）养老信托实践探索

近年来，信托公司积极尝试发展养老信托。结合信托的功能和信托公司已有实践，当前信托公司参与养老领域的方式以养老金信托、养老服务信托、养老产业投融资信托及养老公益信托等为主。服务内容涉及将信托财产运用于受益人的个人养老或养老相关其他目的、为养老产业链上的机构提供资产管理和资金清算等金融服务、将信托财产用于养老产业的开发建设、以慈善资金助力养老扶老事业发展等方方面面。

1. 养老金信托开展情况

企业年金和职业年金是国家鼓励发展的多层次养老保障体系的"第二支柱"，是基本养老金的必要和有效补充，可以很大程度上弥补未来社保替代率的不足，改善员工退休后的养老生活水平。据人社部数据显示，截至2021年末，我国已建立企业年金的企业达到11.75万家，参加职工数达2 875.24万人，累计基金规模2.64万亿元，同比增速分别为11.69%、5.78%、17.38%。企业年金和职业年金信托是典型的以受托管理为特点的服务信托，符合信托行业回归本源业务的发展方向，但当前信托公司在年金市场中的参与程度与竞争力相对较弱，市场份额还比较有限。

当前具有企业年金业务相关资格的信托公司十分有限，仅为2家，市场份额极低，不足1%。根据《企业年金基金管理办法》，我国企业年金基金管理涉及受托人、账户管理人、托管人和投资管理人四类机构主体，由人社部统一认定，采用资格准入制，金融机构需要获得相应业务资质才可从事企业年金业务。2021年10月18日，人社部发布《关于企业年金基金管理机构资格延续的通告》，12家企业年金基金法人受托机构中，仅中信信托一家信托公司入围。18家企业年金基金账户管理机构中，仅华宝信托一家信托公司入围。

人社部数据显示，截至2021年末，信托公司作为企业年金基金法人受托管理机构，共管理365家企业、18.54万人的企业年金，管理规模146.85亿元，市场占比分别为0.38%、0.83%、0.79%；信托公司作为企业年金基金账户管理机构，管理企业账户396个，个人账户26.10万个，市场占比分别为0.34%、0.91%。

从信托行业参与程度来看，信托公司企业年金业务发展增速低于市场平均水平，在市场中服务的企业、受托业务规模及企业账户数等较2020年同比均出现下降，信托公司在年金市场的市场份额仍有较大的拓展的空间（见表15-4、表15-5）。

表15-4　　2021年信托公司企业年金法人受托业务开展情况

企业年金基金管理机构	企业数（家）	职工数（人）	受托业务规模（万元）
华宝信托有限责任公司	350	182 156	1 429 074.95
中信信托有限责任公司	15	3 294	39 382.38
信托公司合计	365	185 450	1 468 457.33
年金市场合计	97 001	22 286 601	186 346 740.93

表15-5　　2021年信托公司企业基金账户管理情况

企业年金基金管理机构	企业账户数（个）	个人账户数（个）
华宝信托有限责任公司	396	260 969
年金市场合计	117 529	28 752 414

信托公司在职业年金业务方面参与刚刚起步。2020年，中信信托在职业年金受托管理上取得行业突破，成为浙江省与广东省职业年金计划受托人，受托管理2只企业年金。2021年，中信信托进一步扩大职业年金参与力度，年底中信信托共管理3只职业年金计划，受托规模184.06亿元，相较2020年增加55%。

2.养老服务信托实践探索

部分信托公司自2015年以来开始探索养老消费信托产品，以期发挥信托的资产隔离、权利重构功能，建立养老理财和养老消费服务之间的桥梁。中信信托、北京信托、中航信托、国投泰康信托等都发行了养老消费信托产品。

案例 15-10

国投泰康信托——"赫奕祈年1号集合资金信托计划"

2021年国投泰康信托推出"赫奕祈年信托计划"。该产品属于消费型服务信托，面向个人合格投资者及家族信托发行。该信托产品嫁接于国投健康旗下的北京国投健康长者公寓，投资者可享受"保障入住、优先入住、体验入住和费用优惠"综合权益，链接康养旅居、健康服务、健康用品等品质增值服务（见表15-6）。

表 15-6　　国投泰康信托——"赫奕祈年1号集合资金信托计划"产品要素表

信托名称	国投泰康信托赫奕祈年1号集合资金信托计划
受益权类型	A类份额：面向个人合格投资者发行 B类份额：面向特定机构客户发行
权益	1. 优先入住权益 2. 保障入住权益：提出入住申请后，12个月内入住床位 3. 体验入住权益："试住一晚"名额2个 4. 费用优惠权益：床位费按照同期优惠价格基础上，再享受9.5折优惠
入住权益转让	可转让给配偶、受益人父母、配偶父母（需提供关系证明）
养老社区基本入住条件	无攻击性、重度抑郁（有自杀倾向）等精神类疾病 入住前持有本信托计划，且持续持有不短于2年 具体是否满足入住标准以国投泰康入住前的评测结果为准
权益满足条件	1. 优先入住权益：A类投资者，持有满100万份，2年（认购豁免） 2. 保障入住权益：A类投资者，持有满500万份，2年（认购豁免） 　　　　　　　　B类投资者，持有满100万份，3年（认购豁免） 3. 体验入住权益：认购/申购即可获得，每季度组织一次 4. 费用优惠权益：入住即可获得 具体以养老服务机构出具的《确认函》为准

除养老消费信托外，部分信托公司也开始探索其他领域的养老服务信托。例如，2021年，长安信托设立"长安信托·悦养系列服务信托"，为委托人提供可选择的高端定制体检、线下导医陪诊、候鸟式旅居养老等服务。昆仑信托设立"昆仑

信托·德恒深圳合伙人退休关爱计划服务信托",接受北京德恒(深圳)律师事务所委托,为事务所退休的合伙人和重大贡献的员工发放的退休金提供管理与支付服务,目前该信托存续规模1 500万元。

值得一提的是,部分信托公司近年来开始积极探索个人配置型养老服务信托,并不断加强与其他业务的协同创新。个人配置型养老信托指个人委托人为退休后获得养老生活保障,将资金或资产一次或多次交付信托公司,信托公司作为受托人对该资金或资产进行投资管理的业务模式。目前,个人配置型养老信托主要借鉴家族信托设计框架,金额设置门槛较高,部分个人配置型养老信托与保险金信托、遗嘱信托创新融合,将商业养老保险、遗嘱等嵌入,实现了个人养老规划、家族财富传承、资产税务筹划等多重受托目的。

▶ 案例15-11

五矿信托——"颐享世家养老信托"

五矿信托于2021年落地"五矿信托——颐享世家养老信托"。在该信托项下,五矿信托受托管理委托人的现金、金融产品受益权、保险金请求权等资产,信托资金主要投资于五矿信托主动管理的优质集合信托产品。颐享世家养老信托以"专业财富管理+优质养老服务平台"为核心优势,其中五矿信托筛选并向受益人提供五大类养老服务清单(包括养老社区、高端医疗、适老化改造、意定监护、殡葬),为受益人提供客户养老服务选择、消费、支付一体化服务(见图15-17)。

3. 养老慈善信托开展情况

自2016年《慈善法》实施后,养老领域的慈善信托也不断出现,为养老慈善事业创新、养老慈善资源汇集、养老慈善事业服务做出了贡献。根据慈善中国备案的慈善信托统计,2021年养老慈善信托新增备案10只,规模合计498.82万元,较2020年备案数量与规模增加明显。具体信托目的包括直接将慈善信托资金用于敬爱、扶老等公益慈善事业,以"信托+保险"模式为失能老人投保健康意外伤害险,建立老年人认知评估系统及开展认知训练,推动养老机构服务水平提升,改善养老院内老年人生活环境和提高生活条件等,捐助方式更加多样,关注群体更加广泛(见表15-7)。

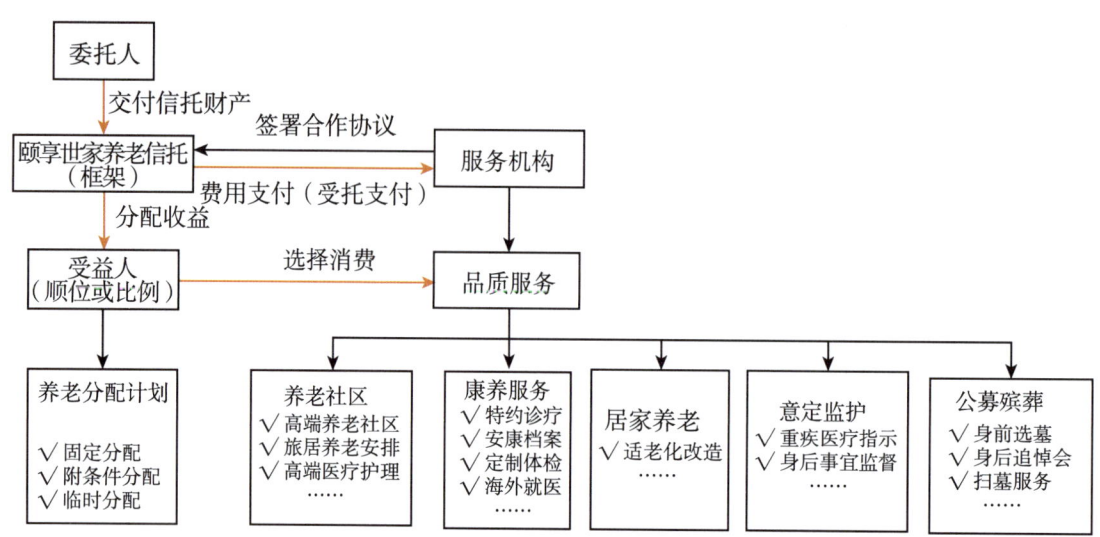

图 15-17　五矿信托"颐享世家养老信托"交易结构图

表 15-7　　　　　　　　　2021 年成立的养老慈善信托情况

慈善信托名称	受托人	信托目的	财产规模（万元）	信托期限	备案日期
幸福婺城助老慈善信托	金华市婺城区慈善总会、万向信托	用于开展敬老、爱老，帮助贫困、孤寡、空巢老人缓解困境，提升生活质量	10	无固定期限	2021年12月
天信世嘉·信德首善上实2号慈善信托	天津信托	为天津市享受居家养老补贴的困难失能老年人建立老年人健康意外险等方式提高其基础社会保障水平	10	2年	2021年12月
北方信托·关爱老年人认知障碍群体1期慈善信托	北方国际信托	为天津市60岁以上老年人进行认知评估、建立养老机构内标准化痴呆患者照护模式，并探索认知训练对健康老年人和轻度认知障碍患者罹患痴呆的预防作用	25	2年	2021年12月
北方信托·养老事业公益培训1期慈善信托	北方国际信托	为提高天津市养老机构的服务水平，推进天津市养老事业的发展，加强天津市养老机构后备管理干部队伍建设	1	2年	2021年12月
天信世嘉·信德认知测评慈善信托计划	天津信托	主要用于建立60岁以上老年人认知评估系统、建立养老机构内标准化痴呆患者照护模式，并探索认知训练对健康老年人和轻度认知障碍患者罹患痴呆的预防作用	30	2年	2021年12月

续表

慈善信托名称	受托人	信托目的	财产规模（万元）	信托期限	备案日期
财信善——常德鼎力慈善信托	财信信托	资助湖南省常德市鼎城区灌溪镇敬老院，改善老年人生活环境和提高生活条件	3	无固定期限	2021年12月
杭工信——阳光18号失独助困慈善信托	杭州市萧山区慈善总会、杭工商信托	萧山区辖区内失独困难家庭的救助	30	36个月	2021年11月
"娥江晚情"慈善信托	万向信托	用于开展助老、扶老等慈善活动	30	无固定期限	2021年11月
国元信托·2021美好小岗慈善信托	国元信托	向"美好小岗创新奖励资金"获得者中的年长者进行扶老捐赠	340	20年	2021年3月
天信世嘉·信德首善上实1号慈善信托	天津信托	通过为天津市失能老年人投保意外伤害保险等形式提高天津市失能老年人基础社会保障水平	19.82	2年	2021年1月
合计			498.82		

（三）养老信托挑战与展望

近年信托行业虽积极探索养老金融服务的发展路径，探索开创了一系列有创新、有成效的养老信托产品与服务，但总体而言，我国养老信托还处于初步探索阶段，尚未形成可持续化、规模化的养老信托业务模式，其核心问题源于多个方面：配套政策和政府引导仍然欠缺，企业年金等业务资质难以取得突破，养老保险第三支柱发展体系中暂未包含信托，信托业仅能在有限的领域进行探索；传统观念约束下群众养老资产准备不足、金融养老意识有限；在现有市场需求特征下创新长期养老信托产品的动力不足等。

从未来发展看，基于政策导向、市场需求和在养老金融价值链中的定位，养老信托的发展空间有望进一步加大，信托行业将持续积极深耕养老金融服务建设：

第一，为养老客户提供定制化、多元化养老规划和资产管理方案。信托公司长期以来在家族信托业务上已积累了较强的财富规划、资产配置和运营管理能力，近年来还发展出遗嘱信托、监护支援信托等模式。通过服务集成，可以提供资产配置、养老规划、财富传承等全场景、全方位的养老服务生态圈。另外，基于不动产在中国家庭资产占比高的特点，可探索基于信托账户的现金、动产、不动产等的管理方案，提高养老服务的普惠性。

第二，加强符合养老资金配置需求的产品研发，积极申请企业年金、职业年金相关资质，拓展养老第二、第三支柱业务机会。信托公司可基于在证券信托、家族信托等业务上积累的受托管理、科技能力，争取受托人、账户管理人、投资管理人资质。基于客户需求和生命周期特点，开发养老主题FOF产品等，通过多资产、多策略的动态配置，降低波动与最大回撤，满足养老资金长期限稳定收益的需求，争取进入第三支柱的配置范围。

第三，布局优质养老领域企业股权投资，挖掘优质养老社区项目。信托公司可切入养老、大健康等赛道，引入多元化资金，以投贷联动、股权投资、产业基金、Pre-REITs等方式为相关企业提供资金支持。探索与优质养老开发商、运营商合作，以城市更新等方式打造养老社区，培育和储备优质养老REITs资产。养老资产的布局有助于拓展养老圈层资源，与资金端的养老服务相衔接。

第四，探索养老服务的预付款信托，助力完善老年人权益保护的机制。信托公司可与养老机构、养老客户形成三方合作，客户缴纳预付费至服务信托账户，信托公司作为受托人根据养老机构的服务履行情况定期划付费用，同时可设置政府监管部门为监察人，通过信托制度弥补养老机构不擅长理财的缺陷，预防资金被骗用于非法集资等行为，更重要的是防止养老机构将资金非法挪作他用或因养老机构破产而导致未消费款项无法追回的现象发生。

后 记

《中国信托业发展报告》(以下简称《报告》)是中国信托业协会组织行业内外专家倾心撰写的行业研究报告,翔实、深入展示行业发展全貌,承载对信托业未来的展望。2022年,协会连续第九年组织撰写《报告》。《报告》由清华大学法学院金融与法律研究中心牵头,各会员单位积极参与,《报告》的整体撰写工作得以顺利完成。

今年的《报告》由导论、环境篇、机构篇、业务篇(一):资产管理信托、业务篇(二):资产服务信托组成,主体部分共十五章。各篇章的写作分工如下:导论由清华大学法学院金融与法律研究中心周小明撰写,第一章由外贸信托陶斐斐、张恩瑜、付饶撰写,第二章由兴业信托孙李众、施旖、信托保障基金陈明仁、信托登记公司彭黛、信托业协会张嘉怡撰写,第三章由交银信托徐学涛、刘明娟、靖东晓撰写,第四章由中诚信托王玉国撰写,第五章由英大信托刘博研、周静怡、吴思竹、张蕴蕾、张惠栋、潘亮宇撰写,第六章由上海锦天城律师事务所梁光勇撰写,第七章由上海信托简永军、蒋进、朱英、朱逸哲撰写,第八章由国投泰康信托方玉红、闫利撰写,第九章由五矿信托张毅、周末撰写,第十章由中航信托袁田、郭思彤、熊志远撰写,第十一章由粤财信托杨显峰、徐因撰写,第十二章由中信信托周萍、杜哲、朱文君撰写,第十三章由中诚信托和晋予撰写,第十四章由长安信托邓婷撰写,第十五章由北京信托韩波、高雅、任萌、周轩宇、王思默撰写。

《报告》由清华大学法学院金融与法律研究中心周小明负责整体审阅,编写组通过开展集中研讨、书面调研、在线封闭写作、交叉审阅等工作,对《报告》进行反复修改完善,保证了《报告》按期、保质、保量地完成。在此特向编写组全体成员表示衷心的感谢!

本《报告》编写过程中,得到了各方的大力支持。银保监会信托部高度重视,一直关心《报告》的撰写工作。协会行业发展研究专业委员会对《报告》提出了宝贵意见和建议。协会通过问卷调查的方式对各会员单位开展信托业务的具体情况进行了调研，各会员单位积极反馈并配合调研工作，为《报告》的编写提供了大量一手资料。在此一并表示衷心的感谢！

受数据基础、时间精力、研究写作水平所限，疏漏之处在所难免，敬请社会各界专家和读者不吝赐教，批评匡正。

《中国信托业发展报告（2021—2022）》写作组

2022年8月